박문각

합격을 결정짓는

김상진 필수서

공인중개사법 · 중개실무 2차

박문각 공인중개사

브랜드만족 1위 박문각

2025

근거자료 별면표기

이 책의 머리말

공인중개사 시험에서 “공인중개사법 · 중개실무”는 2차 과목의 “전략과목”으로서 다른 과목에 비하여 “고득점”이 가능합니다. 이 과목에서 전략적으로 “80점 이상”의 고득점을 획득하여야 자격증 취득의 유리한 고지를 점령하게 되실 겁니다.

본서(本書)는 2024년과 2025년 상반기까지의 개정사항을 모두 반영하였습니다. 주거용 건축물 확인서 서식, 중개보조원의 신분고지의무와 채용숫자의 제한, 자격증이나 등록증의 양도 · 대여 및 알선행위까지, 처벌, 집행유예와 관련된 결격기간의 연장, 주택임대차 중개시에 설명의무의 추가, 업무보증금의 증액, 형법 위반으로 인한 자격취소사유의 확대, 거래질서교란행위의 범위 확대, 부동산거래신고사항의 확대(자금조달계획), 부동산거래신고시 거짓신고의 처벌규정 강화, 부당이득목적의 허위신고와 허위해제신고 처벌의 강화, 토지거래허가제도와 관련된 특정 허가제도의 도입 등을 모두 반영하였습니다.

또한 암기력과 정리성을 높이기 위하여 필수 핵심내용의 “도표”를 많이 수록하였으며, 도표 우측에는 기억력을 높이기 위하여 “핵심 Key-word”를 첨부하였고, 양쪽 옆 보조단에는 최근의 “기출지문”을 수록하여 이해력과 득점성을 한층 높일 수 있도록 하였습니다. 그리고 특히 자주 출제되는 중요 부분은 “별표”로 표시하여 강조하였습니다.

본서(本書)는 시험의 시작부터 최종 합격까지 여러분의 곁에서 늘 함께 있을 것입니다. 본 필수서 한 권으로도 충분하고 풍족한 "비밀병기"가 될 것입니다. 아무쪼록 건강하고 즐거운 수험생활로 행복한 합격의 영광이 본서(本書)와 함께하시기를 기원하며 또한 확신합니다. 필승!!! 파이팅~~

2025년 2월

편저자 김상진 배상

김상진의 공인중개사법 전국 1타 수험생
https://band.us/band/86052732

CONTENTS

이 책의 차례

공인중개사 법령

부동산 거래신고 등에 관한 법령

중개실무

박문각 공인중개사

공인중개사법령

총 칙

출제경향 및 학습방법

제1장에서는 통상 2~3문제 정도가 출제된다.

기출 부동산중개업의 적절한 규율을 이 법의 제정 목적으로 한다. (×) 제20회

기출

1. '공인중개사'는 이 법에 의한 공인중개사자격을 취득하고 중개업을 영위하는 자를 말한다. (×) 제22회
2. '개업공인중개사'라 함은 공인중개사자격을 가지고 중개를 업으로 하는 자를 말한다. (×) 제29회
3. '중개보조원'이란 공인중개사가 아닌 자로서 중개업을 하는 자를 말한다. (×) 제25회

1 법 제정의 목적(법 제1조)★ key 정 · 전 · 업 · 건 · 육

법 제1조 【목적】 이 법은 공인중개사의 업무 등에 관한 사항을 정하여 그 '전문성'을 제고하고 부동산'중개업'을 건전하게 육성하여 '국민경제'에 이바지함을 목적으로 한다.

주의 공정성 제고 ×, 부동산중개 육성 ×, 의뢰인의 재산권 보호 ×

2 용어의 정의(법 제2조)★★ 제27회, 제28회, 제29회, 제30회, 제33회, 제34회

법 제2조 【정의】 이 법에서 사용하는 용어의 정의는 다음과 같다.

1. "중개"라 함은 제3조에 따른 중개대상물에 대하여 거래당사자 간의 매매 · 교환 · 임대차 그 밖의 권리의 득실변경에 관한 행위를 알선하는 것을 말한다.
2. "공인중개사"라 함은 이 법에 의한 공인중개사자격을 취득한 자를 말한다.
3. "중개업"이라 함은 다른 사람의 의뢰에 의하여 일정한 보수를 받고 중개를 업으로 행하는 것을 말한다.
4. "개업공인중개사"라 함은 이 법에 의하여 중개사무소의 개설등록을 한 자를 말한다.
5. "소속공인중개사"라 함은 개업공인중개사에 소속된 공인중개사(개업공인중개사인 법인의 사원 또는 임원으로서 공인중개사인 자를 '포함'한다)로서 중개업무를 수행하거나 개업공인중개사의 중개업무를 보조하는 자를 말한다.
6. "중개보조원"이라 함은 공인중개사가 아닌 자로서 개업공인중개사에 소속되어 중개대상물에 대한 현장안내 및 일반서무 등 개업공인중개사의 중개업무와 관련된 단순한 업무를 보조하는 자를 말한다.

1. 중개(仲介)

(1) 의의

'중개'라 함은 법 제3조의 중개대상물(토지, 건축물 그 밖의 토지의 정착물, 입목, 광업재단, 공장재단 등)에 대하여 거래당사자 간의 매매행위, 교환행위, 임대차행위 및 그 밖의 (부동산에 관련한) 권리의 득실변경에 관한 거래행위를 '알선'하는 것을 말한다.

> 기출 '중개'는 중개대상물에 대하여 거래당사자 간의 매매·교환·임대차 그 밖의 권리의 득실변경에 관한 행위를 알선하는 것을 말한다. (○) 제33회

판례

중개행위의 성격

1. 중개행위는 사실행위에 해당한다.★
   중개행위는 당사자 사이에 매매 등 법률행위가 용이하게 성립할 수 있도록 조력하고 주선하는 '사실행위'라 할 것이다(대판 2003두14888).
2. 중개행위는 상행위에 해당한다.
   부동산중개업무는 '기본적 상행위'에 해당하고, 상인이 영업을 위하여 하는 행위는 상행위이며, 상인의 행위는 영업을 위하여 하는 것으로 추정된다(대판 2007다66590).

(2) 중개대상

① 중개대상물에 대한 거래행위(법률행위)를 중개의 대상으로 한다.

② 중개의 대상이 되는 권리에는 '부동산'(동산 제외)에 대한 권리이다.

(3) 중개의 종류

구분	내용
상사중개와 민사중개	① 중개행위의 대상에 따른 구분이다. ② 상인과 상인 사이의 상행위를 중개하면 상사중개가 되며, 상사중개 이외의 모든 중개를 민사중개라 한다. ③ 부동산중개는 '민사중개'에 해당한다.★
일방중개와 쌍방중개	① 중개의뢰의 수에 따른 구분이다. ② '일방중개'란 거래당사자 일방으로부터만 의뢰를 받아서, 공동중개의 형태로 중개를 완성하는 것을 말하며, '쌍방중개'란 거래당사자 쌍방으로부터 의뢰를 받아서, 단독중개의 형태로 중개를 완성하는 것을 말한다. ③ 판례 개업공인중개사가 거래당사자 '쌍방'으로부터 모두 중개의뢰를 받아야 하는 것은 아니며, 거래의 '일방' 당사자의 의뢰에 의해 중개대상물을 알선하는 경우도 중개업무에 포함된다(대판 94다47261).★
기타	① 물건의 소재지에 따라, 국내중개와 국제중개로 구분할 수 있다. ② 개업공인중개사의 수에 따라, 단독중개와 공동중개로 구분할 수 있다. ③ 개업공인중개사의 개입정도에 따라 전시중개(자료제공만 하는 것)와 참여중개(거래계약서 작성까지 다 하는 것)로 구분할 수도 있다.

> 기출 중개행위에는 개업공인중개사가 거래의 쌍방 당사자로부터 의뢰를 받아 중개하는 경우뿐만 아니라 거래의 일방 당사자의 의뢰에 의하여 중개하는 경우도 포함한다. (○) 제20회

기출

1. '중개'의 정의에서 말하는 '그 밖의 권리'에 저당권은 포함되지 않는다. (×) 제26회
2. 동산질권은 중개대상이 아니다. (○) 제21회, 제30회

(4) 중개의 대상 – 부동산에 관한 거래 가능한 권리

중개대상인 권리	중개대상이 아닌 권리
① (부동산) 소유권	① 동산질권★
② (부동산) 임차권	② 점유권
③ 용익물권(지상권, 지역권, 전세권)	③ 유치권(법정담보물권)의 **'성립'**★
④ 담보물권(저당권★, 근저당권, 담보가등기)	④ 1필지 토지 '일부'에 대한 저당권의 설정
⑤ (등기된) 환매권의 **'이전'**	⑤ 법정저당권의 **'성립'**
⑥ **유치권의 '이전' 등★**	⑥ 법정지상권의 **'성립'**★
⑦ 법정지상권의 '이전' 등	⑦ 분묘기지권
	⑧ 판결·상속 등 법률의 규정에 의한 권리변동

판례

중개대상인 권리

1. 저당권도 중개대상에 해당한다.★
「공인중개사법」 제2조 제1호에서 말하는 '기타(그 밖의) 권리'에는 '저당권' 등 담보물권도 포함되고, 따라서 타인의 의뢰에 의하여 일정한 보수를 받고 저당권의 설정에 관한 행위의 알선을 업으로 하는 경우에는 중개업에 해당하고, 그 행위가 금전소비대차의 알선에 부수하여 이루어졌다 하여 달리 볼 것도 아니다(대판 96도1641).
2. 유치권의 '이전'도 중개대상에 해당한다.★
유치권은 일신전속적이 아닌 재산권으로서 피담보채권과 목적물의 점유를 함께 '이전'하는 경우, 그 이전이 가능하다(서울행정법원 2001구860).

2. 중개업(仲介業) 제24회, 제25회, 제29회

① 다음의 요건을 모두 갖춘 경우에 '중개업'에 해당한다.

다른 사람의 '의뢰'에 의하여	㉠ 중개(의뢰)계약을 체결한다는 의미이다. ㉡ 쌍방의뢰(쌍방중개)일 수도 있고, '일방의뢰(일방중개)'일 수도 있다.★
일정한 '보수'를 '받고'	㉠ 법정 한도 범위 내에서 중개보수를 받아야 한다. ㉡ 중개보수를 받기로 약속하거나 요구만 한 상태가 아니라, '현실적으로 받아야' 중개업에 해당한다.★ ㉢ 현실적으로 보수를 받지 아니한 경우에는 중개업에 해당하지 아니한다.★ 판례 중개보수를 현실적으로 받지 아니하고, 단지 보수를 받을 것을 약속하거나 거래당사자들에게 보수를 요구하는 데 그친 경우에는 '중개업'에 해당한다고 할 수 없어, 무등록 중개행위로서의 처벌대상이 아니다(대판 2006도4842). ㉣ '보수를 받았다'는 의미에는 다른 사람의 중개의뢰를 받았다는 기본전제가 포함되어 있다고 해석하기도 한다.
중개를	중개대상물에 대한 거래행위를 알선한다는 의미이다.
'업(業)'으로 행하는 것	㉠ 중개를 직업적으로 행하는 것을 말한다. ㉡ 어떠한 행위를 직업적으로 행한다는 것은, 불특정다수를 대상으로 '계속적 · 반복적'으로 영리를 목적으로 한다는 의미이다.★ 판례 알선 · 중개를 업으로 한다고 함은 반복 · 계속하여 영업으로 알선 · 중개를 하는 것을 의미한다. 알선 · 중개를 업으로 하였는지의 여부는 알선 · 중개행위의 반복 · 계속성, 영업성 등의 유무와 그 행위의 목적이나 규모, 횟수, 기간, 태양 등 **여러 사정을 종합**적으로 고려하여 사회통념에 따라 판단하여야 할 것이다(대판 88도998). ㉢ 우연한 기회에 단 1회 건물전세 계약의 중개를 하고 보수를 받은 사실만으로는 알선 · 중개를 업으로 한 것이라고 볼 수 없다(대판 88도998).

기출
1. 중개업으로 인정받기 위해서는 계속 · 반복적 영업행위가 있어야 한다. (○)
2. 반복 · 계속성이나 영업성이 없이 우연한 기회에 타인 간의 거래행위를 중개한 경우에는 중개업에 해당하지 않는다. (○)

② 중개와 중개업의 구별★

무등록 중개업과 무등록중개를 구별	㉠ 무등록인 상태에서 '중개업'에 해당하는 행위를 한 경우(즉, 무등록중개업)에는 3년 이하의 징역 또는 3천만원 이하의 벌금으로 처벌된다. ㉡ 무등록인 상태라도 '중개업'에 해당하지 '않는' 경우에는 처벌되지 아니한다. 즉, 무등록 중개는 처벌되지 아니한다.

3. 개업공인중개사(開業公認仲介士)

(1) 의의

'개업공인중개사'란 이 법에 의하여 중개사무소의 개설'등록'을 한 자를 말한다.

(2) 종별의 구분

개업공인중개사에는 ① 법인인 개업공인중개사, ② 공인중개사인 개업공인중개사, ③ 부칙상의 개업공인중개사(부칙 규정에 따라 등록을 한 것으로 보는 자, 공인중개사 자격증이 없이 1985년 1회 시험 이전에 이미 등록이 된 자, 이른바 복덕방 중개인)가 있다. 자세한 내용은 제4장 제1절(개업공인중개사의 업무범위)에서 정리한다.

3 중개대상물(법 제3조)★★ 제28회, 제29회, 제30회, 제31회, 제32회, 제33회, 제34회

판례

최종적으로 중개대상물이 되기 위한 요건

「공인중개사법」 제3조에 따른 법정 중개대상물은 '토지, 건물 그 밖의 토지의 정착물, 「입목에 관한 법률」에 따른 입목, 「공장 및 광업재단 저당법」에 따른 광업재단, 「공장 및 광업재단 저당법」에 따른 공장재단'이 있다 할 것인데, 이러한 법정 중개대상물에 해당하는 물건이라 하더라도 '사적 소유의 대상'이 될 수 있어야 하고, 중개행위의 '개입이 가능'해야 한다(서울행정법원 2004구합4017).

기출 주택이 철거될 경우 일정한 요건하에 이주자택지를 공급받을 대토권은 중개대상물에 해당하지 아니한다. (○) 제28회

기출

1. 신축 중인 건물로서 기둥과 지붕 그리고 주벽이 이루어진 미등기 상태의 건물도 중개대상물에 해당한다. (○) 제22회, 제33회
2. 피분양자가 선정된 장차 건축될 특정의 건물은 중개대상물에 해당한다. (○) 제28회

중개대상물의 종류

구분	내용
토지	① 토지는 부동산으로서, 당연히 중개대상물에 해당한다. ② 토지의 종류는 불문(택지, 산지, 농지 등)한다. ③ 1필지 토지의 일부도(거래가 가능한 용익물권이나 임대차계약 등의 대상으로는) 중개대상물에 해당한다. ④ 사유(私有)하천, 사도(私道)도 중개대상물에 해당한다. ⑤ 공유수면 매립지(허가 및 준공된 것)도 중개대상물에 해당한다. 구별 1. 수목 · 담장 · 교량 × ⇨ 토지의 일부에 불과하다. 2. 토사 · 암석 · 지하수 × ⇨ 토지의 구성부분에 불과하다. 3. 1필지 토지의 '일부'에 대한 '저당권'설정 × ⇨ 거래가 불가하여, 중개대상에 해당하지 않는다. 4. 대토권(代土權) × ⇨ 이주자택지를 공급받을 수 있는 지위에 불과하다.★

건물	① 건물은 토지와 별개의 부동산(독립정착물)으로서, 토지와 별개의 독자적인 중개대상물에 해당한다. 중개대상물로서의 건물은 「민법」상의 건물 개념으로서, '기둥 + 지붕 + 주벽'을 갖춘 것을 말한다(판례). ② 건물의 종류는 불문(상가, 주택, 사무실 등)한다. ③ 1동 건물의 일부도 중개대상이 된다(전세권, 임대차 가능). ④ 구분건물이나 미등기·무허가건물도 중개대상물에 해당한다. ⑤ 동·호수가 '특정(선정)'된 장래의 건물(= 분양권)도 중개대상물에 해당한다.★ ⑥ 동·호수가 '특정(선정)'된 **재건축·재개발 분양권도 중개대상물에 해당한다.** ◘ 구별: 세차장구조물 ×★, 「주택법」(청약)상의 입주권(청약통장) ×★
그 밖의 토지의 정착물	명인방법(明認方法)을 갖춘 수목의 집단: 토지와 별개로 소유한다는 명인방법을 갖춘 경우에는 토지와 별개의 부동산이 되며, 토지와 별개의 중개대상물에 해당한다. ◘ 구별: 수목 ×, 수목의 집단 ×(단순한 수목이나 수목의 집단은 토지의 종속정착물에 해당하여, 토지의 일부로 보며 독자적인 부동산은 아니다)
입목	① '입목(立木)'이란 수목의 집단이 「입목에 관한 법률」에 따라 소유권보존등기를 한 것을 말한다. ② 입목은 토지와 별개의 독자적 부동산(독립정착물)에 해당하여, 토지와 별개의 중개대상물에 해당한다.
광업재단	① '광업재단'이란 광업기업의 재산으로서, 재단목록을 작성하여 재단등기를 한 것을 말한다. ② 광업재단은 재단 전체를 1개의 부동산(집합물)으로 취급하여, 재단 전체로서 거래가 되며, 중개대상물에 해당한다.
공장재단	① '공장재단'이란 공장기업의 재산으로서, 재단목록을 작성하여 재단등기를 한 것을 말한다. ② 공장재단은 재단 전체를 1개의 부동산(집합물)으로 취급하여, 재단 전체로서 거래가 되며, 중개대상물에 해당한다. ◘ 구별: 어업재단 ×★, 항만운송사업재단 ×

참고 | 토지의 정착물에는 토지의 일부로 보는 '종속정착물'(수목, 담장, 교량 등)이 있고, 토지와 별개의 부동산으로 보는 '독립정착물'(건물, 입목, 명인방법을 갖춘 수목 등)이 있다. '종속정착물'은 토지와 별개의 중개대상물에는 해당하지 않으며, '독립정착물'은 토지와 별개의 중개대상물에 해당한다.

기출 주택이 철거될 경우 일정한 요건하에서 택지개발지구 내 이주자택지를 공급받을 수 있는 지위인 '대토권'은 중개대상물에 해당한다. (×) 제25회, 제33회

기출 콘크리트 지반 위에 볼트로 조립되어 쉽게 분리·철거가 가능하고 3면에 천막이나 유리를 설치하여 주벽이라고 할 만한 것이 없는 '세차장구조물'은 중개대상물에 해당하지 아니한다. (○) 제25회, 제29회

기출

1. 아파트에 대한 추첨기일에 신청을 하여 당첨이 되면 아파트의 분양예정자로 선정될 수 있는 지위를 가리키는 입주권도 중개대상물이 된다. (×) 제21회, 제33회
2. 거래처, 신용 또는 점포 위치에 따른 영업상의 이점 등 무형물은 중개대상물에 해당하지 아니한다. (○) 제25회, 제28회

판례

중개대상물의 범위

1. 지번이 특정되지 아니한 대토권(代土權)은 중개대상물이 아니다.★
   '대토권'은 이 사건 주택이 철거될 경우 일정한 요건하에 택지개발지구 내에 이주자택지를 공급받을 지위에 불과하고, 특정한 토지나 건물에 해당한다고 볼 수 없으므로, 법 제3조에서 정한 중개대상물에 해당하지 '않는다'. 또한 이 사건 대토권의 매매 등을 알선한 행위가 공제사업자를 상대로 개업공인중개사의 손해배상책임을 물을 수 있는 중개행위에 해당한다고 할 수 '없다'(대판 2011다23682).
2. 중개대상물로서의 건축물은 '「민법」'상의 건축물에 한정된다.
   여기서 말하는 '건축물'은 「민법」 제99조상의 부동산에 해당하는 건축물에 한정되어야 할 것이다. 법률상 독립된 부동산으로서의 건물이라고 하려면 최소한의 기둥과 지붕 그리고 주벽이 이루어져야 할 것이다(대판 2008도9427).
3. '세차장구조물'은 중개대상물이 아니다.
   '세차장구조물'은 (중략) 주벽이라고 할 만한 것이 없고, 볼트만 해체하면 쉽게 토지로부터 분리·철거가 가능하므로 이를 토지의 정착물이라 볼 수는 없다(대판 2008도9427). 그러므로 **이는 중개대상물로 인정할 수 없다.**★
4. 동·호수가 "특정(선정)"된 분양권은 중개대상물이다.★
   중개대상물 중 '건물'에는 기존의 건축물뿐만 아니라, 장차 건축될 특정의 건물도 포함된다. 아파트의 특정 동·호수에 대하여 피분양자가 '선정되거나', '분양계약이 체결된 후'에는 그 특정아파트가 완성되기 전이라 하여도, 이에 대한 매매 등 거래를 중개하는 것은 '건물'의 중개에 해당한다(대판 2004도62). (매매계약시 부동산거래신고의 대상이 된다)
5. 동·호수가 "특정(선정)"된 (재건축·재개발) 분양권은 중개대상물이다.★
   「도시 및 주거환경정비법」상의 사업계획승인을 얻어서 건설 공급하는 주택의 입주자로 '선정된 지위'(소위, 재건축·재개발 분양권)는 거래가능하고, 중개가능하다. (매매계약의 경우에는 부동산 거래신고의 대상이기도 하다)
6. 동·호수가 특정(선정)된 것이 아닌, 선정 "될 수 있는 지위"에 불과한 입주권(청약통장)은 중개대상물이 아니다.★
   특정한 아파트에 입주할 수 있는 권리가 아니라 아파트에 대한 추첨기일에 신청을 하여 당첨이 되면 아파트의 분양예정자로 '선정될 수 있는' 지위를 가리키는 데에 불과한 '입주권'은 중개대상물인 건물에 해당한다고 보기 '어렵다'(대판 90도1287). (주; 부동산거래신고의 대상도 될 수 없다)
7. 상가건물의 '권리금'은 중개대상물이 아니다.★
   영업용 건물의 영업시설·비품 등 유형물이나 거래처, 신용, 영업상의 노하우 등 무형의 재산적 가치(이른바 권리금)는 중개대상물이라고 할 수 없다. 이른바 '권리금' 등을 수수하도록 중개한 것은 중개행위에 해당하지 아니한다(대판 2005도6054).
8. 금전채권은 중개대상이 아니다.★
   '금전채권'은 「공인중개사법」 제3조, 같은 법 시행령 제2조에서 정한 중개대상물이 아니다(대판 2017도13559).

핵심다지기

최종적으로 중개대상물이 되기 위한 요건

법정 중개대상물 해당성	㉠ 법정 중개대상물에 우선 해당하여야 한다.
거래가능성	㉡ 사적 소유의 대상으로서 거래가 가능하여야 한다. ⓐ 국유·공유재산 중의 '행정재산' × (청와대건물, 시청건물, 도청건물, 경복궁건물, 독립문 등) ⓑ 공도(公道) ×, 공유수면(公有水面) × (바다 ×, 하천 ×) ⓒ 포락지 × 무주(無主)의 부동산 × 미채굴 광물 × ⓓ 1필지 토지 일부에 대한 저당권 설정 × 1동 건물의 일부에 대한 저당권 설정 ⓔ 가압류된 부동산의 매매계약 ○ ⓕ 경매개시등기가 된 부동산의 매매계약 ○
중개가능성	㉢ 중개가 가능한 법률행위여야 한다. ⓐ 법률의 규정에 의하여 성립되는 것은 중개대상이 아니다. ⓑ 법정지상권의 성립 ×★, 유치권의 성립 ×★, 상속 ×★,공용수용 × 등

심화학습 입목, 광업재단 및 공장재단의 비교

구분	입목	광업재단	공장재단
근거법률	「입목에 관한 법률」	「공장 및 광업재단 저당법」	
개념	입목법에 의해 등기된 수목의 집단(= 입목)	광산에 속하는 일단의 기업재산	공장에 속하는 일단의 기업재산
범위(구성)	① 입목등기시 수종(나무 종류)이나 수량(나무의 숫자)의 제한은 없다. ② 입목은 1필의 토지 전부 또는 일부에 생육하고 있어도 등기가 가능하다.	기업재산의 전부 또는 일부로써 구성할 수 있다.	
요건	입목등록원부에 등록	재단목록을 작성	
소유권 보존등기	① 소유권, 저당권의 목적이 된다('공장재단'의 경우는 저당권자의 동의가 있으면 임대차가 가능). ② 명인방법을 갖춘 수목의 집단은 소유권의 대상은 되나, 저당권의 대상은 되지 않는다는 점에서 입목과 구별된다.		

기출

1. 20톤 미만의 선박은 중개대상물이 된다. (×) 제25회
2. 공용폐지가 되지 아니한 행정재산인 토지는 중개대상물에 해당하지 않는다. (○) 제26회
3. 토지거래허가구역 내의 토지는 중개대상물에 해당한다. (○) 제29회
4. 토지에서 채굴되지 않은 광물은 중개대상물이 아니다. (○) 제32회

기출

1. 「입목에 관한 법률」에 따른 입목은 중개대상물에 해당한다. (○) 제23회
2. 「공장 및 광업재단 저당법」에 따른 광업재단은 중개대상물에 해당한다. (○) 제23회

기출

1. 토지소유권 또는 지상권의 처분의 효력은 입목에 미치지 아니한다. (○) 제20회
2. 입목을 목적으로 하는 저당권의 효력은 입목을 베어 낸 경우에 그 토지로부터 분리된 수목에 대하여는 미치지 않는다. (×) 제20회

기출 입목의 경매나 그 밖의 사유로 토지와 그 입목이 각각 다른 소유자에게 속하게 되는 경우에는 토지소유자는 입목소유자에 대하여 지상권을 설정한 것으로 본다. (○) 제20회

	① 토지소유권, 지상권의 처분의 효력은 입목에 영향을 미치지 아니한다(토지와 별개의 부동산). ② 입목에 대한 저당권의 효력은 그 지반인 토지에는 미치지 않는다.★ ③ 입목을 목적으로 하는 저당권의 효력은 입목을 베어 낸 경우에 그 토지로부터 분리된 수목에도 미친다(다만, 벌채되어 외부로 반출되어 담보물의 특정성을 상실한 경우에는 미치지 않는다).★ ④ 지상권자 또는 토지의 임차인에게 속하는 입목이 저당권의 목적이 되어 있는 경우에는 지상권자 또는 임차인은 저당권자의 승낙 없이 그 권리를 포기하거나 계약을 해지할 수 없다(입목법 제7조). ⑤ 입목과 토지가 동일인 소유였다가 저당권 실행으로 입목과 토지의 소유자가 달라진 경우에는 토지소유자는 입목소유자에게 지상권을 설정한 것으로 본다(입목법 제6조). ⇨ 법정지상권이 성립	① "집합물"로서 '일체성' 인정 ⇨ 재단 전체를 "1개의 부동산"으로 취급한다. ② 재단을 구성하는 각각의 구성물들은 재단과 구별하여 분리처분할 수 없다. ③ 재단 등기 후, "10개월"이 지나도록 저당권설정이 없는 경우에는 재단등기는 실효된다.
공시	토지등기부 '표제부'에 입목등기번호가 표시된다.	그 재단에 속한 부동산 등의 등기부 '해당구(상당구) 사항란'에 공장재단(광업재단)에 속하였다는 취지가 기재된다.

Chapter 02 공인중개사 시험제도 및 교육제도

1 공인중개사 자격시험제도

1. 시험시행기관 ★ 제30회

(1) 원칙

시험시행기관은 원칙적으로 '시 · 도지사(특별시장 · 광역시장 · 도지사 · 특별자치도지사)'이다.

(2) 예외

예외적으로 '국토교통부장관'은 자격시험 수준의 균형유지 등을 위하여 필요한 때에는 공인중개사 정책심의위원회의 의결을 미리 거쳐, 시험을 시행하거나 직접 시험문제를 출제할 수 있다.

(3) 위탁시행

시험시행기관의 장은 공인중개사협회 또는 대통령령으로 정하는 기관(공기업, 준정부기관)에 시험을 위탁하여 시행할 수도 있다.

☐ 현재는 한국산업인력공단에 위탁하여 시행하고 있다.

2. 출제위원

(1) 부동산중개업무 및 관련 분야에 관한 학식과 경험이 풍부한 자 중에서 시험시행기관장이 임명 또는 위촉한다.

(2) 출제위원 및 시험시행업무 등에 종사하는 자에 대하여는 예산의 범위 안에서 수당 및 여비를 지급할 수 있다.

(3) 시험시행기관의 장은 출제위원이 성실의무 위반으로 시험의 신뢰도를 현저히 저하시킨 경우에는 그 위원의 명단을 다른 시험시행기관장 및 그 출제위원이 소속하고 있는 기관의 장에게 통보하여야 하며, 국토교통부장관 또는 시 · 도지사는 그 위원에 대하여는 그 명단을 통보한 날부터 '5년간' 출제위원으로 위촉하여서는 아니 된다.

출제경향 및 학습방법

제2장은 공인중개사 시험제도 1문제, 공인중개사 정책심의위원회 1문제, 교육제도 1문제 정도의 출제비중을 차지한다.

기출

1. 공인중개사 시험은 국토교통부장관이 시행하는 것이 원칙이나, 예외적으로 시 · 도지사가 시행할 수 있다. (×) 제22회
2. 국토교통부장관이 직접 시험문제를 출제하려는 경우에는 공인중개사 정책심의위원회의 사후의결을 거쳐야 한다. (×) 제23회

기출

1. 공인중개사자격이 취소된 자는 그 자격이 취소된 후 3년이 지나야 공인중개사가 될 수 있다. (○) 제22회
2. 미국 국적을 가진 자는 공인중개사 시험에 응시할 수 없다. (×) 제18회

기출 공인중개사 시험의 응시원서 접수마감일의 다음 날부터 7일 이내에 접수를 취소한 자는 납입한 수수료의 100분의 60을 반환받을 수 있다. (○) 제22회

3. 응시자격 ★ 제30회

시험은 국적과 연령의 제한 없이 누구라도 응시하여 공인중개사가 될 수 있으나, 다음의 경우에는 시험에 응시할 수 없다.

(1) 일정한 사유로 공인중개사자격이 취소되고 '3년'이 지나지 아니한 자는 시험에 응시할 수 없다.★

(2) 시험의 무효 처분일로부터 '5년'이 지나지 아니한 자는 시험에 응시할 수 없다.★

① 시험시행기관의 장은 시험에서 부정한 행위를 한 응시자에 대하여는 그 시험을 무효로 하고, 그 처분이 있은 날부터 5년간 시험응시자격을 정지한다.

② 시험시행기관의 장은 부정행위를 한 자의 명단을 지체 없이 다른 시험시행기관의 장에게 통보하여야 한다.

1. 위의 두 가지에 해당하는 경우에는 시험에 응시하여 공인중개사가 될 수 없다.
2. 위의 두 가지에 해당하지 아니하는 자는 연령이나 국적의 제한 없이 시험에 응시하여 공인중개사가 될 수 있다. 그러므로 미성년자나 피한정후견인, 피성년후견인, 외국인, 집행유예기간 중인 자도 공인중개사 시험에 응시하여 공인중개사가 될 수 있다.

심화학습 응시원서 및 응시수수료

1. 응시수수료의 결정

① 원칙: 시·도 조례
응시수수료는 원칙적으로 지방자치단체 조례(특·광·시·도 조례)에 따른다.

② 예외: 국토교통부장관이 결정
국토교통부장관이 직접 시험을 시행하는 경우에는 국토교통부장관이 결정·공고하는 응시수수료를 납부하여야 한다.

③ 위탁시행의 경우: 위탁받은 자가 결정
공인중개사자격시험의 시행을 위탁한 경우에는 업무를 위탁받은 자가 위탁한 자의 승인을 얻어 결정·공고하는 응시수수료를 납부하여야 한다.

2. 응시수수료의 반환

시험시행기관장은 응시수수료를 납부한 자가 다음의 어느 하나에 해당하는 경우에는 국토교통부령으로 정하는 바에 따라 응시수수료의 전부 또는 일부를 반환하여야 한다. 응시수수료(이하 '수수료'라 한다)의 반환기준은 다음과 같다.

① 수수료를 과·오납한 경우에는 그 과·오납한 금액의 전부
② 시험시행기관의 귀책사유로 시험에 응하지 못한 경우에는 납입한 수수료의 전부
③ 응시원서 접수기간 내에 접수를 취소하는 경우에는 납입한 수수료의 전부
④ 응시원서 접수마감일의 다음 날부터 '7일' 이내에 접수를 취소하는 경우에는 납입한 수수료의 100분의 60
⑤ ④에서 정한 기간을 경과한 날부터 시험시행일 '10일' 전까지 접수를 취소하는 경우에는 납입한 수수료의 100분의 50

4. 시험의 시행

(1) 시험시기

시험은 매년 '1회 이상' (1회 ×) 시행한다. 다만, 시험시행기관의 장은 시험을 시행하기 어려운 부득이한 사정이 있는 경우에는 공인중개사 정책심의위원회의 의결을 거쳐 당해 연도의 시험을 생략할 수도 있다.

기출 공인중개사 시험은 매년 1회 이상 시행해야 하나, 부득이한 사정이 있는 경우 공인중개사 정책심의위원회의 의결을 거쳐 당해 연도에는 시행하지 않을 수 있다. (○) 제22회

(2) 시험의 공고 제30회

① **개략적 공고**: 시험시행기관장은 법 제4조에 따라 시험을 시행하려는 때에는 예정 시험일시 · 시험방법 등 시험시행에 관한 개략적인 사항을 매년 '2월 말일'까지 「신문 등의 진흥에 관한 법률」 제2조 제1호 가목에 따른 일반일간신문(이하 '일간신문'이라 한다), 관보, 방송 중 하나 이상에 공고하고, 인터넷 홈페이지 등에도 이를 공고해야 한다.

② **구체적 공고**: 시험시행기관장은 ①에 따른 공고 후 시험을 시행하려는 때에는 시험일시, 시험장소, 시험방법, 합격자 결정방법 및 응시수수료의 반환에 관한 사항 등 시험의 시행에 필요한 사항을 시험시행일 '90일 전'까지 일간신문, 관보, 방송 중 하나 이상에 공고하고, 인터넷 홈페이지 등에도 이를 공고해야 한다.

(3) 시험방법

① **구분시행**: 제1차 시험과 제2차 시험으로 구분하여 시행한다. 다만, 구분하되 동시에 시행할 수 있으며, 이 경우 제2차 시험방법은 제1차 시험방법에 따른다.

② **원칙**

㉠ 제1차 시험은 선택형을 원칙으로 하되, 주관식 단답형 또는 기입형을 가미할 수 있다.

㉡ 제2차 시험은 논문형을 원칙으로 하되, 주관식 단답형 또는 기입형을 가미할 수 있다.

③ **일부면제**: 제1차 시험에 합격한 자에 대하여는 다음 '회'의 시험에 한하여 제1차 시험을 면제한다.

5. 합격자 결정 및 공고 제27회

(1) 합격자 결정

① **제1차 시험**(절대평가): 매 과목 100점을 만점으로 하여 매 과목 40점 이상, 전 과목 평균 60점 이상 득점한 자를 합격자로 결정한다.

② **제2차 시험**(원칙은 절대평가, 예외적으로 상대평가 또는 절대평가 후 보충적 상대평가)

㉠ 원칙: 매 과목 100점을 만점으로 하여 매 과목 40점 이상, 전 과목 평균 60점 이상 득점한 자를 합격자로 결정한다.

㉡ 예외

ⓐ 선발예정인원을 공고한 경우(상대평가): 매 과목 40점 이상인 자 중에서 고득점자 순으로 결정한다.

ⓑ 최소선발인원(또는 비율)을 공고한 경우(절대평가 후 보충적 상대평가): 매 과목 40점 이상, 전 과목 평균 60점 이상 득점한 자가, 최소선발인원(또는 비율)에 미달되는 경우에는 매 과목 40점 이상인 자 중에서 고득점자 순으로 결정하며, 동점자는 모두를 합격자로 한다.

(2) 합격자 공고

'시험시행기관의 장'은 시험의 합격자가 결정된 때에는 이를 공고하여야 한다.

6. 자격증의 교부 및 관리 – 시 · 도지사 ★ 제33회

기출

1. 국토교통부장관은 공인중개사 시험의 합격자에게 공인중개사자격증을 교부하여야 한다. (×) 제23회
2. 공인중개사자격증교부대장은 전자적 처리가 불가능한 특별한 사유가 없으면 전자적 처리가 가능한 방법으로 작성 · 관리하여야 한다. (○) 제20회

(1) 자격증의 교부

① '시 · 도지사'는 시험합격자 결정공고일로부터 '1개월' 이내에 시험합격자에 관한 사항을 공인중개사자격증교부대장에 기재한 후, 해당 시험합격자에게 공인중개사자격증을 교부하여야 한다.

② 자격증교부대장은 전자적 처리가 불가능한 특별한 사유가 없으면 전자적 처리가 가능한 방법으로 작성 · 관리하여야 한다(전자대장).

(2) 자격증의 관리

① 자격증의 관리는 자격증을 '교부'한 시 · 도지사가 한다. 그러므로 자격취소처분이나 자격정지처분도 자격증을 교부한 시 · 도지사가 하며, 자격증 재교부도 자격증을 교부한 시 · 도지사가 한다.★

② 자격증을 잃어버리거나(분실) 못쓰게 된 경우(훼손)에는 해당 자격증을 '교부'한 시 · 도지사에게 자격증 재교부를 신청하여야 한다. ⇨ 행정수수료 납부★

2 자격증 관련 제재

1. 자격증 양도 · 대여 · 알선 등의 금지 ★ 제24회, 제28회, 제33회

① 자신의 자격증을 타인에게 양도 · 대여하여서는 아니 된다. 위반시 '자격취소' 사유에 해당하며, 또한 '1년 이하의 징역 또는 1천만원 이하의 벌금' 사유에도 해당한다. 자격증을 양수 · 대여 받은 자는 1년 이하의 징역 또는 1천만원 이하의 벌금 사유에 해당한다.

② 또한 이를 "알선"한 자도 1년 이하의 징역 또는 1천만원 이하의 벌금 사유에 해당한다(개정법령).

판례

자격증(등록증) **양도 · 대여**

1. [1] '공인중개사자격증(등록증)의 대여'란 다른 사람이 그 자격증(등록증)을 이용하여 공인중개사로 행세하면서 공인중개사의 업무를 행하려는 것을 '알면서'도 그에게 자격증 자체를 빌려주는 것을 말한다.★

[2] 공인중개사가 무자격자로 하여금 그 공인중개사 명의로 개설등록을 마친 중개사무소의 경영에 관여하거나 자금을 투자하고 그로 인한 이익을 분배받도록 하는 경우라도, 공인중개사 자신이 그 중개사무소에서 공인중개사의 업무인 부동산 거래 중개행위를 수행하고 무자격자로 하여금 공인중개사의 업무를 수행하도록 하지 않는다면, 이를 가리켜 등록증 · 자격증의 대여를 한 것이라고 말할 수는 없다.

[3] 무자격자가 공인중개사의 업무를 수행하였는지 여부는 외관상 공인중개사가 직접 업무를 수행하는 형식을 취하였는지 여부에 구애됨이 없이, '실질적'으로 무자격자가 공인중개사의 명의를 사용하여 업무를 수행하였는지 여부에 따라 판단하여야 한다.★

[4] 공인중개사가 비록 스스로 몇 건의 중개업무를 직접 수행한 바 있다 하더라도, 적어도 무자격자가 성사시킨 거래에 관해서는 무자격자가 거래를 성사시켜 작성한 계약서에 자신의 인감을 날인하는 방법은 자신이 직접 공인중개사 업무를 수행하는 형식만 갖추었을 뿐, 실질적으로는 무자격자로 하여금 자기 명의로 공인중개사 업무를 수행하도록 한 것이므로, 이는 공인중개사 자격증(등록증)의 대여행위에 해당한다(대판 2006도9334, 2012도4542).★

2. 공인중개사가 자신의 명의로 중개사무소 개설등록이 되어 있으나, 실제로는 공인중개사가 아닌 자가 주도적으로 운영하는 형식(즉, 자격증 · 등록증 양도 · 대여 형식)으로 동업하여 중개사무소를 운영한 경우에, 자격증 명의자가 일방적으로 폐업신고를 하였다 하여 대여받은 자의 업무를 방해한다는 이유로 「형법」상의 업무방해죄로 처벌되지는 않는다(대판 2006도6599).

기출 공인중개사자격증의 대여란 다른 사람이 그 자격증을 이용하여 공인중개사로 행세하면서 공인중개사의 업무를 행하려는 것을 알면서도 그에게 자격증 자체를 빌려주는 것을 말한다. (○) 제27회

기출 공인중개사가 아닌 자로서 공인중개사 명칭을 사용한 자는 1년 이하의 징역 또는 1천만원 이하의 벌금에 처한다. (○) 第33회

2. 유사명칭의 사용금지 ★ 제24회, 제33회

공인중개사 '아닌 자'는 공인중개사 또는 이와 유사한 명칭을 사용하지 못한다. 위반시에는 '1년 이하의 징역 또는 1천만원 이하의 벌금'에 처한다.

판례

유사명칭 사용

'중개사무소의 대표자'를 가리키는 명칭은 일반인으로 하여금 그 명칭을 사용하는 자를 공인중개사로 오인하도록 할 위험성이 있는 것으로 「공인중개사법」 제8조가 사용을 금지하는 '공인중개사와 유사한 명칭'에 해당한다. 그러므로 무자격자가 자신의 명함에 '부동산뉴스 대표'라는 명칭을 기재하여 사용한 것은 공인중개사와 유사한 명칭을 사용한 것에 해당한다(대판 2006도9334).

3 공인중개사 정책심의위원회 제28회, 제30회, 제32회, 제33회, 제34회, 제35회

1. 정책심의위원회

(1) 공인중개사의 업무에 관한 중요한 사항들을 심의하기 위하여 '국토교통부'에 '공인중개사 정책심의위원회[이하 '(정책)심의위원회'라 한다]'를 '둘 수 있다'.★

(2) '국토교통부' 관할이며, 또한 필수기관이 아닌 '임의기관'에 해당한다.

기출
1. 중개보수 변경에 관한 사항의 심의는 공인중개사 정책심의위원회의 소관사항에 해당한다. (○) 第28회, 第32회
2. 부동산중개업의 육성에 관한 사항은 공인중개사 정책심의위원회의 심의사항에 해당한다. (○) 第33회

2. 정책심의위원회의 심의사항

(1) 심의사항의 내용

정책심의위원회에서는 다음의 사항을 심의한다.★

내용	key
① '손해배상책임'의 보장 등에 관한 사항	손
② (공인중개사의 시험 등) 공인중개사의 '자격취득'에 관한 사항	자
③ 중개'보수 변경'에 관한 사항	보
④ 부동산중개업의 '육성'에 관한 사항	육

(2) 심의사항의 구속력★

심의위원회에서 공인중개사의 '자격취득'에 관한 사항을 정하는 경우에는 '시·도지사'(특별시장·광역시장·도지사·특별자치도지사)는 이에 따라야 한다.

3. 정책심의위원회의 구성과 운영 제30회

(1) 구성★

① **전체 구성**: 심의위원회는 '위원장 1명을 "포함"한 "7명 이상 11명 이내"의 위원'으로 구성한다.

② **위원장**: (심의위원회) '위원장'은 국토교통부 '제1차관'이 된다.★

심화 학습 위원장의 직무

1. '위원장'은 심의위원회를 대표하고, 심의위원회의 업무를 총괄한다.
2. '위원장'은 심의위원회의 회의를 소집하고, 그 의장이 된다.
3. 위원장이 심의위원회의 회의를 소집하려면 회의 '개최 7일 전'까지 회의의 일시, 장소 및 안건을 각 위원에게 통보하여야 한다. 다만, 긴급하게 개최하여야 하거나 부득이한 사유가 있는 경우에는 회의 '개최 전날'까지 통보할 수 있다.
4. 위원장은 심의에 필요하다고 인정하는 경우 관계 전문가를 출석하게 하여 의견을 듣거나 의견 제출을 요청할 수 있다.
5. 위원장이 부득이한 사유로 직무를 수행할 수 없을 때에는 위원장이 미리 '지명한 위원'이 그 직무를 대행한다.
6. **위원장의 간사 지명**: 심의위원회의 사무를 처리할 '간사' 1명을 둔다. 간사는 심의위원회의 '위원장'이 국토교통부 소속 공무원 중에서 지명한다.

③ **위원**

㉠ 위원의 자격: (심의위원회) '위원'은 다음의 어느 하나에 해당하는 사람 중에서 '국토교통부장관'이 임명하거나 위촉한다.

내용	key
ⓐ 국토교통부의 "4급" 이상 또는 이에 상당하는 공무원이나 고위공무원단에 속하는 일반직공무원	국사 – 고일
ⓑ 그 밖에 부동산·금융 관련 분야에 학식과 경험이 풍부한 사람	학식자
ⓒ '변호사' 또는 공인'회계사'의 자격이 있는 사람 ⓓ '부교수' 이상의 직(職)에 재직하고 있는 사람 ⓔ 소비자단체 또는 한국'소비자원'의 임직원으로 재직하고 있는 사람	변·회·부·소
ⓕ 공인중개사협회에서 추천하는 사람 ⓖ 공인중개사자격시험의 시행에 관한 업무를 위탁받은 기관(한국산업인력공단)의 장이 추천하는 사람 ⓗ 비영리민간단체에서 추천한 사람	추천자

㉡ 위원의 임기: 위의 ⓐ의 공무원은 그 맡은 기간 동안 업무를 수행할 것이고, 위의 ⓑ~ⓗ까지의 위원은 임기를 '2년'으로 한다. 위원의 사임 등으로 새로 위촉된 위원의 임기는 전임위원 임기의 '남은 기간'으로 한다.★

기출 공인중개사 정책심의위원회는 위원장 1명을 포함하여 7명 이상 11명 이내의 위원으로 구성한다. (○) 제27회, 제32회

기출 공인중개사 정책심의위원회 위원장이 부득이한 사유로 직무를 수행할 수 없을 때에는 위원장이 미리 지명한 위원이 그 직무를 대행한다. (○) 제27회

(2) 운영

① 심의위원회의 회의는 재적위원 '과반수'의 출석으로 개의(開議)하고, 출석위원 '과반수'의 찬성으로 의결한다.

② 심의위원회에 출석한 위원 및 관계 전문가에게는 예산의 범위에서 수당과 여비를 지급할 수 있다. 다만, 공무원인 위원이 그 소관 업무와 직접적으로 관련되어 심의위원회에 출석하는 경우에는 그러하지 아니하다.

③ 위의 규정한 사항 외에 심의위원회의 운영 등에 필요한 기타의 사항(기타의 운영세칙)은 심의위원회 의결을 거쳐 위원장이 정한다.

4. 위원의 제척 · 기피 · 회피 등

(1) 위원의 제척사유 제30회

심의위원회의 위원이 다음의 어느 하나에 해당하는 경우에는 심의위원회의 심의 · 의결에서 '제척(除斥)'된다.★

내용	key
① 위원(또는 그 배우자나 배우자이었던 사람)이 해당 안건의 '당사자'(당사자가 법인 · 단체 등인 경우에는 그 임원을 포함)가 되거나 그 안건의 당사자와 공동권리자 또는 공동의무자인 경우	당
② 위원이 해당 안건의 당사자와 '친족'이거나 친족이었던 경우	친
③ 위원이 해당 안건에 대하여 증언, 진술, 자문, 조사, '연구, 용역' 또는 감정을 한 경우	연
④ 위원(이나 위원이 속한 법인 · 단체 등)이 해당 안건의 당사자의 '대리인'이거나 대리인이었던 경우	대

기출 공인중개사 정책심의위원회 위원이 해당 안건에 대하여 연구, 용역 또는 감정을 한 경우 심의위원회의 심의 · 의결에서 제척된다. (○) 제27회

(2) 위원의 회피

'위원 본인'이 제척사유에 해당하는 경우에는 '스스로' 해당 안건의 심의 · 의결에서 '회피(回避)'하여야 한다.

(3) 국토교통부장관의 해촉

'국토교통부장관'은 위원이 제척사유에 해당하는 데에도 불구하고 회피하지 아니한 경우에는 해당 위원을 '해촉(解囑)'할 수 있다.

(4) 당사자의 기피

해당 안건의 '당사자'는 위원에게 공정한 심의·의결을 기대하기 어려운 사정이 있는 경우에는 심의위원회에 '기피 신청'을 할 수 있고, 심의위원회는 '의결'로 이를 결정한다. 이 경우 기피 신청의 대상인 위원은 그 의결에 참여하지 못한다.

기출 공인중개사 정책심의위원회의 심의위원에 대한 기피 신청을 받아들일 것인지 여부에 관한 의결은 공인중개사 정책심의위원회의 소관사항에 해당한다. (○) 제28회

4 교육제도 제27회, 제28회, 제29회, 제30회, 제31회, 제34회

1. 실무교육(實務敎育)

(1) 실무교육의 수료의무와 면제★

① 중개사무소의 '개설등록을 신청하려는' 자는 '등록신청일 전 1년 이내'에 '시·도지사'가 실시하는 '실무교육'을 수료하여야 한다.

② 법인인 개업공인중개사의 '임원(또는 무한책임사원)'이 되고자 하는 자는 법인인 개업공인중개사의 '등록신청일' 전 '1년 이내'에 '시·도지사'가 실시하는 실무교육을 받아야 한다.

③ 법인인 개업공인중개사의 분사무소의 '책임자'가 되고자 하는 자는 '분사무소 설치신고일' 전 '1년 이내'에 '시·도지사'가 실시하는 실무교육을 받아야 한다.

④ '소속공인중개사'가 되려는 자는 개업공인중개사의 '고용신고일' 전 '1년 이내'에 '시·도지사'가 실시하는 실무교육을 받아야 한다.

⑤ **실무교육의 면제**: 다음의 경우에는 실무교육이 면제된다.★

> ㉠ '개업공인중개사'로서 폐업신고 후, '1년 이내'에 중개사무소의 개설등록을 다시 신청하려는 자
> ㉡ '개업공인중개사'로서 폐업신고를 한 후 '1년 이내'에 '소속공인중개사'로 고용신고를 하려는 자
> ㉢ '소속공인중개사'로서 고용관계 종료신고 후 '1년 이내'에 '소속공인중개사'로 고용신고를 다시 하려는 자
> ㉣ '소속공인중개사'로서 고용관계 종료신고 후 '1년 이내'에 '개업공인중개사'로 중개사무소의 개설등록을 신청하려는 자

기출
1. 실무교육의 실시는 시·도지사가 한다. (○) 제23회
2. 개업공인중개사로서 폐업신고를 한 후 1년 이내에 소속공인중개사로 고용신고를 하려는 자는 실무교육을 받아야 한다. (×) 제29회

(2) 실무교육의 내용 및 시간 key 법·부·직

① **교육내용**: 개업공인중개사 및 소속공인중개사의 직무수행에 필요한 '법률지식, 부동산중개 및 경영실무, 직업윤리' 등을 실무교육의 내용으로 한다.

② **교육시간**: '28시간 이상 32시간 이하'로 한다. (개정안 64시간 이상)★

2. 연수교육(研修教育)

(1) 연수교육의 대상

① 실무교육을 받은 '개업공인중개사' 및 '소속공인중개사'(법인인 개업공인중개사의 임원·사원, 분사무소 책임자 포함)는 실무교육을 받은 후, '2년마다' '시·도지사'가 실시하는 '연수교육'을 받아야 한다.★

② 연수교육의 실시권자는 '시·도지사'이며, 연수교육의 대상은 실무교육을 받은 개업공인중개사나 소속공인중개사이고, 기간은 '실무교육을 받은 후' '2년' 마다 연수교육을 받아야 한다.

(2) 연수교육의 통지

기출 시·도지사는 실무교육을 받은 자가 실무교육을 받은 후, 2년이 되기 2개월 전까지 연수교육의 통지를 하여야 한다. (○) 제24회 변형

시·도지사는 연수교육을 실시하려는 경우 실무교육 또는 연수교육을 받은 후 '2년이 되기 2개월 전까지' 연수교육의 일시·장소·내용 등을 대상자에게 통지하여야 한다.★

(3) 연수교육의 내용 및 시간 key 변·부·직

① **교육내용**: 부동산중개 관련 법·제도의 '변경사항, 부동산중개 및 경영 실무, 직업윤리' 등을 연수교육의 내용으로 한다.

② **교육시간**: '12시간 이상 16시간 이하'로 한다. (개정안 16시간 이상)★

기출
1. 연수교육의 교육시간은 28시간 이상 32시간 이하이다. (×) 제29회
2. 연수교육의 교육시간은 3시간 이상 4시간 이하이다. (×) 제27회
3. 연수교육을 정당한 사유 없이 받지 않으면 500만원 이하의 과태료를 부과한다. (○) 제29회

(4) 위반시 제재

연수교육을 정당한 사유 없이 받지 아니한 자에 대하여는 '500만원 이하의 과태료'를 '시·도지사'가 부과한다.★

3. 직무교육(職務教育)

(1) 직무교육의 수료의무

① '중개보조원'이 되려는 자는 고용신고일 전 1년 이내에 '시·도지사 또는 등록관청'이 실시하는 '직무교육'을 받아야 한다.★

② 직무교육의 실시권자는 '시·도지사' 또는 '등록관청'이며, 직무교육의 대상은 '중개보조원'이 되고자 하는 자이다. 직무교육은 고용신고일 전에 미리 받아야 할 사전교육(事前教育)의 성격을 갖는다.

(2) 직무교육의 면제

중개보조원의 고용관계 종료신고 후, '1년 이내'에 고용신고를 다시 하려는 자는 직무교육이 면제된다.

(3) 직무교육의 내용 및 시간 key 직·직

① **교육내용**: 중개보조원의 직무수행에 필요한 '직업윤리' 등을 직무교육의 내용으로 한다.

② **교육시간**: '3시간 이상 4시간 이하'로 한다. (개정안 8시간 이상)★

심화 학습 실무교육·연수교육·직무교육의 지침

1. **국토교통부장관의 교육지침**
'국토교통부장관'은 시·도지사가 실시하는 실무교육, 연수교육 및 직무교육의 전국적인 균형유지를 위하여 필요하다고 인정하면 해당 '교육의 지침'을 마련하여 시행할 수 있다.★
2. **교육지침의 내용**
교육지침에는 다음의 사항이 포함되어야 한다.
① 교육의 목적
② 교육대상
③ 교육과목 및 교육시간
④ 강사의 자격
⑤ 수강료
⑥ 수강신청, 출결(出缺) 확인, 교육평가, 교육수료증 발급 등 학사 운영 및 관리
⑦ 그 밖에 균형 있는 교육의 실시에 필요한 기준과 절차

기출 국토교통부장관이 마련하여 시행하는 교육지침에는 교육대상, 교육과목 및 교육시간 등이 포함되어야 하나 수강료는 그러하지 않다. (×) 제26회

4. 임의교육(부동산거래사고 예방교육)

(1) 부동산거래사고 예방교육의 실시

'국토교통부장관, 시·도지사 및 등록관청'은 필요하다고 인정하면 대통령령으로 정하는 바에 따라 개업공인중개사 등의 '부동산거래사고 예방을 위한 교육'을 '실시할 수' 있다. 이는 강제성은 없는 임의적 교육에 해당한다.

기출 중개거래사고 예방교육은 시·도지사만이 할 수 있다. (×)

(2) 부동산거래사고 예방교육의 통지★

국토교통부장관, 시·도지사 및 등록관청은 부동산 거래질서를 확립하고, 부동산거래사고로 인한 피해를 방지하기 위하여 부동산거래사고 예방을 위한 교육을 실시하려는 경우에는 교육일 '10일 전까지' 교육일시·교육장소 및 교육내용, 그 밖에 교육에 필요한 사항을 공고하거나 교육대상자에게 통지하여야 한다.

(3) 교육비의 지원

① 국토교통부장관, 시 · 도지사 및 등록관청은 개업공인중개사 등이 부동산거래사고 예방 등을 위하여 교육을 받는 경우에는 대통령령으로 정하는 바에 따라 필요한 비용을 지원할 수 있다.

② 부동산거래사고 예방 등의 교육을 위하여 지원할 수 있는 비용은 다음과 같다.

㉠ 교육시설 및 장비의 설치에 필요한 비용
㉡ 교육자료의 개발 및 보급에 필요한 비용
㉢ 교육 관련 조사 및 연구에 필요한 비용
㉣ 교육 실시에 따른 강사비

주의 교통비, 숙박료, 식사비 등은 지원할 수 있는 비용으로 규정되어 있지 않다.

핵심다지기

공인중개사법령상의 4가지 교육의 구별 · 정리★

구분	실무교육	연수교육	직무교육	부동산거래사고 예방교육
실시 권자	시 · 도지사	시 · 도지사	시 · 도지사 또는 '등록관청'	'국토교통부장관', 시 · 도지사, '등록관청'
대상자	개업공인중개사, 법인인 개업공인중개사의 임원(사원), 분사무소 책임자, 소속공인중개사(중개보조원은 제외)		중개보조원만을 대상	개업공인중개사 '등'(소속공인중개사, 중개보조원 모두 포함)
기간	(사전) 1년 이내	매 '2년'마다	(사전) 1년 이내	필요한 때
교육 통지	–	실무(연수) 교육을 받은 후 2년이 되기 '2개월' 전까지 통지	–	교육일 '10일' 전까지 공고하거나 통지
비고	국토교통부장관이 교육의 지침을 마련하여 시행			교육비 지원

Chapter 03

중개업의 등록 및 결격사유

1 중개업의 등록(登錄)

1. 등록의 개념

(1) 의의 및 등록관청

① **등록**: 중개대상물에 대하여 부동산'중개업'을 하려면 중개사무소를 개설'등록'을 하여 '개업공인중개사'가 되어야 한다. '등록(登錄)'이란, 등록관청이 등록대장(전자적 관리)에 개업공인중개사로 이름을 올려(登) 기재하여(錄), 개업공인중개사임을 증명하는 것을 말한다.

② **등록관청**: 중개사무소 개설등록은 '중개사무소를 두고자 하는 지역(즉, 중개업을 영위하려는 지역)의 시장・군수・구청장'에게 하여야 한다. 주민등록상의 주소지와는 상관없다. 구청이 없는 경우에는 시장이 등록관청이 되고, 구청이 있는 경우에는 구청장이 등록관청이 된다.

(2) 등록의 법적 성질

① **일신전속권**(一身專屬權): 등록의 효력은 자신에게만 전속되어, 타인에게 양도・대여를 할 수 없다.

② **대인적**(對人的) **등록**: '1인 1등록주의'가 적용되며, 이중등록은 처벌된다.

③ **영속성**(永續性): 등록의 갱신제도는 없다.

④ **기속성**(羈束性): 일정한 요건만 구비되면 등록관청에서는 등록을 해 주어야 한다. 등록관청은 재량성이 없다.

> **영 제13조【중개사무소 개설등록의 기준 등】** ② 시장(구가 설치되지 아니한 시의 시장과 특별자치도의 행정시장을 말한다. 이하 같다)・군수 또는 구청장(이하 "등록관청"이라 한다)은 법 제9조에 따른 개설등록 신청이 다음 각 호의 어느 하나에 해당하는 경우를 제외하고는 개설등록을 해 주어야 한다.
> 1. 공인중개사 또는 법인이 아닌 자가 중개사무소의 개설등록을 신청한 경우
> 2. 중개사무소의 개설등록을 신청한 자가 법 제10조 제1항(등록의 결격사유) 각 호의 어느 하나에 해당하는 경우
> 3. 제1항의 개설등록 기준에 적합하지 아니한 경우
> 4. 그 밖에 이 법 또는 다른 법령에 따른 제한에 위반되는 경우

출제경향 및 학습방법

제3장에서는 통상 2~3문제 정도가 출제된다. 특히 중개업 등록의 '절차'와 등록의 '기준(요건)', 결격사유 부분은 매년 출제되므로 충분히 이해하고 반복하여야 한다.

⑤ **중개업의 적법요건**(適法要件) : 등록을 한 자만이 적법하게 중개업을 수행할 수 있다. 무등록 중개업은 처벌된다.

2. 중개업의 등록절차 ★ 제25회, 제32회, 제35회 key 신청 ⇨ 등록 ⇨ 보증 ⇨ '증'

기출
1. 공인중개사(소속공인중개사 제외) 또는 법인이 아닌 자는 중개사무소의 개설등록을 신청할 수 없다. (○) 제25회
2. 소속공인중개사는 중개사무소의 개설등록을 신청할 수 있다. (×) 제28회

기출 부동산중개사무소 개설등록 신청서 서식에서 개업공인중개사 종별로는 법인과 공인중개사만이 있다.

기출 등록관청이 중개사무소등록증을 교부한 때에는 이 사실을 다음 달 10일까지 국토교통부장관에게 통보해야 한다. (×) 제25회

등록 신청 ⇩	① 공인중개사(소속공인중개사를 '제외'한다) 또는 법인이 아닌 자는 등록을 신청할 수 없다(법 제9조 제2항).★ 부칙상의 개업공인중개사로 신규 등록을 할 수 없다. ② '1인 1등록주의'에 따라, 각자가 등록요건을 갖추어 각자 등록신청을 하여야 한다. 공동명의는 허용되지 않는다. ③ 소속공인중개사 상태에서는 등록을 할 수 없다(이중소속금지의 위반). □ 즉, 중개사무소에 소속된 상태에서는 등록을 신청할 수 없고, 단순한 공인중개사인 상태에서 등록을 신청하여야 한다. ④ 외국인도 일정한 요건을 갖춘 경우에는 등록을 신청할 수 있다. ⑤ 변호사나 컨설팅업자라도 중개업의 등록요건(공인중개사)을 갖추지 아니하면 등록을 할 수 없다. ⑥ 개업공인중개사가 업무정지기간 중에 폐업을 한 경우, 그 업무정지기간이 지나지 아니하면 등록을 신청할 수 없다.
등록 ⇩	① 등록관청(중개사무소가 소재하는 시장·군수·구청장)은 등록대장에 종별에 따라 구분하여 기재하여 '등록(登錄)'하고, 이를 서면으로 신청인에게 통지한다. ② 등록관청은 등록신청일로부터 '7일 이내'에 등록을 하고 통지하여야 한다.★
보증 ⇩	① 등록을 한 개업공인중개사는 '업무개시 전'까지 (중개사고로 인한 손해배상책임을 보장하기 위한) 업무'보증'을 설정하여야 한다(공인중개사인 개업공인중개사는 2억원 이상, 법인인 개업공인중개사는 4억원 이상).★ ② 보증보험 또는 공제나 공탁을 하여야 한다(법 제30조 제3항).
증	① 등록관청은 중개사무소의 개설등록을 한 자가 업무보증을 설정하였는지 여부를 확인한 후 중개사무소 개설'등록증'을 '지체 없이' 교부하여야 한다(규칙 제5조 제1항).★ ② 등록관청은 중개사무소등록증을 교부한 때에는 그 등록사항을 다음 달 10일까지 공인중개사협회에 통보하여야 한다. ③ 개업공인중개사는 등록증을 중개사무소 안의 보기 쉬운 곳에 게시하고, 업무를 개시하여야 한다.

(1) 등록의 요건구비 제27회, 제28회, 제29회, 제31회, 제32회, 제33회, 제34회

① 공인중개사인 개업공인중개사로 등록을 하려는 경우★

내용	key
㉠ 공인중개사 '자격증'이 있어야 한다.	자
㉡ 법 제10조의 '결격사유'가 없어야 한다.	결
㉢ 건축물대장(가설건축물대장은 제외)에 기재된 건물(준공검사・사용승인 등을 받은 건물은 포함)에 중개사무소를 확보하여야 한다(즉, 적법한 건물을 확보하여야 한다). 1. 가설건축물대장에 기재된 가건물은 등록할 수 없다. 2. 적법하게 준공검사・사용승인・사용인가 등을 받은 건물은 등록할 수 있다. 3. 건물의 확보 형태는 본인 소유의 건물일 필요는 없고, 임대차, 전세권 또는 사용대차 등도 가능하다.	사
㉣ 시・도지사가 시행하는 '실무교육'을 등록 신청하기 '1년 이내'에 수료하여야 한다.	실

② 법인인 개업공인중개사로 등록을 하려는 경우★★

내용	key
㉠ **법 제14조에 규정된 업무만을 영위할 '목적'으로 설립되어야 한다.** 법 제14조의 업무: 중개업, 부동산의 관리대행, 부동산의 이용・개발・거래에 관한 상담, 그 밖에 중개업의 부수적인 용역업의 알선, 주택 및 상가건물의 분양대행, 개업공인중개사를 대상으로 한 중개업의 경영기법 및 경영정보의 제공, 경매・공매물건의 권리분석 및 취득의 알선과 매수신청(입찰신청)의 대리	목
㉡ 「상법」상 회사이거나 「협동조합 기본법」상의 협동조합(사회적 협동조합은 제외)으로서, **'자본금'이 5천만원 이상이어야 한다.** 1. 사회적 협동조합은 등록할 수 없다. 2. 「상법」상 회사의 종류는 불문한다(주식회사, 유한회사, 유한책임회사, 합자회사, 합명회사를 불문).	자
㉢ '**대표자**'는 공인중개사이어야 하며, 실무교육을 받아야 하고, 결격사유가 없어야 한다.	대
㉣ 대표자를 제외하고도, 임원 또는 사원(합자회사나 합명회사의 무한책임사원을 말함. 이하 같음)의 1/3 이상이 공인중개사이어야 한다. ㉤ **'임원 또는 사원(무한책임사원을 말함)' '전원'이 시・도지사가 시행하는 실무교육을 등록신청일 전 1년 이내에 수료하여야 하며, 전원이 결격사유가 없어야 한다.**	임
㉥ 중개'**사무소**'를 **확보하여야** 한다(개인중개사무소와 동일한 내용).	사

기출
1. 개업공인중개사는 중개사무소를 설치할 건물에 관한 소유권을 반드시 확보해야 하는 것은 아니다. (○) 제21회
2. 실무교육을 받는 것은 중개사무소 개설등록의 기준에 해당한다. (○) 제29회

기출
1. 중개업 및 주택의 분양대행업을 영위할 목적으로 설립된 법인은 개설등록을 신청할 수 있다. (○) 제23회
2. 「협동조합 기본법」상의 사회적 협동조합은 중개사무소의 등록을 할 수 없다. (○) 제32회
3. 대표자, 임원 또는 사원 반수 이상 및 분사무소의 책임자가 실무교육을 받았어야 한다. (×) 제20회

기출

1. 법인이 중개사무소 개설등록을 하기 위해서는 대표자, 임원 또는 사원 전원이 부동산거래사고 예방교육을 받아야 한다. (×) 제27회
2. 법인이 중개사무소 개설등록을 하기 위해서는 건축물대장에 기재된 건물에 100m² 이상의 중개사무소를 확보하여야 한다. (×) 제27회

ㅁ 1. 부칙상의 개업공인중개사(중개인)는 신규 등록대상이 아니다.
2. 중개사무소 개설등록의 기준은 대통령령으로 정한다.
3. 법인의 등록기준은 다른 법률에 따라 중개업을 할 수 있는 특수법인에게는 적용되지 아니한다(지역농업협동조합의 대표자는 공인중개사일 필요가 없다).

심화 학습 법인의 임원과 무한책임사원

1. **법인의 임원**(任員): 일반적으로 법인의 임원으로는 회사의 이사 및 감사, 협동조합의 이사 및 감사 등 법률상 임원으로서 정해져 있는 자를 말한다. 상법상 임원인 이사 및 감사는 주주총회에서 선임된다. 임원은 "전원"이 실무교육을 받아야 한다.
2. **합명회사**(合名會社)**의 사원**: 연대무한(連帶無限)의 책임을 지는 사원("무한책임사원")만으로 구성되는 회사를 합병회사라 한다. 회사의 채무에 대해서 연대무한 책임을 지며, 원칙적으로 사원 모두가 회사의 업무를 집행하고 대표한다. 무한책임사원은 "전원"이 실무교육을 받아야 한다.
3. **합자회사**(合資會社)**의 사원**: 합자회사는 두 사람 이상이 자본을 투입하여 만든 회사로서, "무한책임사원"과 "유한책임사원"으로 조직된 회사이다. 경영과 업무 집행은 무한책임사원이 수행하며, 유한책임사원은 투자와 감독권을 행사하게 된다. "무한책임사원"은 실무교육을 받아야 하나, "유한책임사원"은 실무교육을 받을 필요가 없다.

(2) 등록의 신청 ⇨ (등록신청시 구비서류와 행정수수료를 납부하여야 한다) 제34회

구분	등록신청서류(지자체 조례에 따른 행정수수료 납부)	key
(요건구비) **증명서류**	① 등록신청서	등신
	② 사무소 확보 증명서류[(임대차계약서 등) + (건축물대장이 없는 경우에는 대장 기재 '지연사유서' 첨부)]	사
	③ 실무교육 수료확인증 사본(실무교육을 위탁받은 기관 또는 단체가 실무교육 수료 여부를 등록관청이 전자적으로 확인할 수 있도록 조치한 경우는 제외한다)	실
	④ '여권용' 사진	사
	ㅁ 업무보증설정 증명서류와 공인중개사 자격증 사본은 등록신청시의 제출서류에 해당하지 않는다.	
외국인 · 외국법인	위의 서류 + 외국인 스스로 '결격사유' 없음을 증명하는 서류[결격사유 없음을 증명할 수 있는 그 해당 국가의 정부가 발행하는 증명서류(공증인, 아포스티유 확인 발급기관이 발급한 서류 등 포함) 또는 그 국가에 주재하는 대한민국 영사관 등의 확인서류] + 「상법」에 따른 '영업소의 등기'를 증명할 수 있는 서류(외국법인에 한함)	
행정수수료	지방자치단체 조례(시 · 군 · 자치구 조례)로 정해진 등록수수료를 납부하여야 한다.	

기출

1. 중개사무소의 개설등록신청서에는 신청인의 여권용 사진을 첨부하지 않아도 된다. (×) 제28회
2. 외국에 주된 영업소를 둔 법인이 개설등록을 하기 위해서는 「상법」상 외국회사 규정에 따른 영업소의 등기를 증명할 수 있는 서류를 첨부해야 한다. (○) 제22회

(3) 등록처리 및 통지

등록관청은 종별에 따라 구분하여 개설등록을 하고, 개설등록 신청을 받은 날부터 '7일 이내'에 등록처리 후 서면으로 통지하여야 한다.★

(4) 업무보증설정 신고

① 등록의 통지(등록번호 등을 통지받음)를 받은 후, '업무개시 전'까지 중개 사고에 따른 손해배상책임을 대비하여 '업무보증'을 설정하여야 한다(법 제30조).

② 업무보증은 보증보험 또는 공제에 가입하거나 공탁을 하여야 한다.

(5) 등록증 교부 및 공인중개사협회 통보 제28회

① 업무보증의 설정신고(또는 보증기관으로부터의 통보)를 받은 등록관청은 업무보증을 설정하였는지 여부를 "확인"한 후, 중개사무소등록증을 '지체 없이' 교부하여야 한다.★

기출 등록관청은 중개사무소등록증을 교부하기 전에 개설등록을 한 자가 손해배상책임을 보장하기 위한 조치(보증)를 하였는지 여부를 확인해야 한다. (○) 제28회

② 등록관청은 다음의 어느 하나에 해당하는 때에는 다음 달 10일까지 공인중개사협회에 통보하여야 한다.

내용	key
㉠ 등록증을 교부한 때	등
㉡ 분사무소 설치신고를 받은 때	분
㉢ 행정처분(업무정지, 등록취소)을 한 때	행
㉣ 휴업·폐업·재개·휴업기간 변경신고를 받은 때	휴
㉤ 사무소 이전신고를 받은 때	사이
㉥ 고용인(소속공인중개사 또는 중개보조원)의 고용이나 고용관계 종료신고를 받은 때	코

주의 업무보증설정신고를 받은 때, 인장등록신고를 받은 때 등은 공인중개사협회에 통보하여야 할 사항이 아니다.

3. 등록의 효력소멸

(1) 등록의 효력이 실효되는 사유: 다음의 경우에는 등록이 실효된다.

내용	key
① 등록'취소'처분	취
② 개업공인중개사의 '사망'	사
③ 법인인 개업공인중개사의 '해산'	해
④ '폐업신고'가 수리된 경우	폐

☞ 등록취소 사유가 발생했다고 하여 바로 등록의 효력이 실효되지는 않는다. 등록관청에서 등록의 취소처분을 하여야 등록의 효력이 소멸된다. 다만, 개업공인중개사가 사망하거나 법인인 개업공인중개사가 해산한 경우에는 등록취소처분이 없어도 바로(사망시, 해산시) 등록의 효력이 소멸된다.

(2) 효과

등록의 효력이 소멸된 후 계속 중개업무를 수행한 경우에는 '무등록 중개업'으로 처벌된다(3년 이하의 징역 또는 3천만원 이하의 벌금).

기출

1. A군에서 중개사무소 개설등록을 하여 중개업을 하고 있는 자가 다시 A군에서 개설등록을 한 경우, 이중등록에 해당한다. (○) 제27회
2. B군에서 중개사무소 개설등록을 하여 중개업을 하고 있는 자가 다시 C군에서 개설등록을 한 경우, 이중등록에 해당한다. (○) 제27회
3. 등록관청은 이중으로 등록된 중개사무소의 개설등록을 취소해야 한다. (○) 제27회

4. 등록에 대한 제제 ★ 제24회, 제27회

(1) 이중등록의 금지★

개업공인중개사는 이중으로 중개사무소의 개설등록을 하여 중개업을 할 수 없다(법 제12조 제1항). 이를 위반한 경우에는 중개업 등록이 취소된다(절대적 등록취소 사유). 또한 1년 이하의 징역 또는 1천만원 이하의 벌금의 대상이기도 하다(법 제49조 제1항 제3호).

기출

1. 개업공인중개사 甲에게 고용되어 있는 중개보조원은 개업공인중개사인 법인 乙의 사원이 될 수 없다. (○) 제27회
2. 이중소속의 금지에 위반한 경우 1년 이하의 징역 또는 1천만원 이하의 벌금형에 처한다. (○) 제27회

(2) 이중소속의 금지★

개업공인중개사 등은 다른 개업공인중개사의 소속공인중개사·중개보조원 또는 개업공인중개사인 법인의 사원·임원이 될 수 없다(법 제12조 제2항).

구분	행정처분	행정형벌
개업공인중개사	절대적 등록취소	1년 이하의 징역 또는 1천만원 이하의 벌금
소속공인중개사	자격정지	1년 이하의 징역 또는 1천만원 이하의 벌금
	자격정지기간 중에 이중소속은 자격취소 사유	
중개보조원	–	1년 이하의 징역 또는 1천만원 이하의 벌금

(3) 등록증 양도 · 대여 · 알선 등의 금지★

① 개업공인중개사는 다른 사람에게 자기의 성명 또는 상호를 사용하여 중개업무를 하게 하거나 등록증을 양도 또는 대여하는 행위를 하여서는 아니 된다. 이를 위반하면 등록은 취소되며(절대적 등록취소 사유), 위반시 1년 이하의 징역 또는 1천만원 이하의 벌금에 처한다(법 제49조 제1항 제7호).

② 등록증을 양수 · 대여 받은 자도 1년 이하의 징역 또는 1천만원 이하의 벌금형의 대상이 된다. 또한 이를 "알선"한 자로 마찬가지이다.

(4) 허위(거짓) · 부정등록의 금지★

거짓이나 그 밖의 부정한 방법으로 중개사무소의 개설등록을 한 자는 등록이 취소(절대적 등록취소 사유)되며, 3년 이하의 징역 또는 3천만원 이하의 벌금사유에 해당한다(법 제48조 제2호).

(5) 무등록 중개업★

무등록으로 부동산중개를 업으로 하는 자(소위 무등록 중개업자)는 3년 이하의 징역 또는 3천만원 이하의 벌금에 처한다(법 제48조 제1호).

심화학습 무등록 중개업

1. 무등록 중개업의 유형

① 처음부터 중개업 등록을 하지 않고 중개업무를 행하는 경우
② 등록신청을 하였으나 등록처분이 있기 전에 중개업을 한 경우
③ 등록이 취소된 후에도 계속 중개업무를 행하는 경우
④ 법인인 개업공인중개사가 해산등기한 후에도 계속 중개업무를 행하는 경우
⑤ 등록관청에 폐업신고가 수리된 후에도 중개업무를 계속 행하는 경우 등

2. 무등록 중개업 관련 주의사항

① 휴업기간 또는 업무정지기간 중 중개업무를 계속하여도 무등록은 아니다.★
② 등록의 통지를 받고 등록증을 교부받기 전에 중개업무를 하여도 무등록은 아니다.
③ **무등록으로 중개를 하여도 그 거래계약의 효력은 유효하다**(등록은 적법요건일 뿐이지 거래의 효력발생요건은 아니다).★
④ 판례 **무등록 중개업을 한 자는 중개보수청구권이 없다.★ 중개보수지급약정은 "무효"이다. 그러므로 이미 받은 것이 있다면 이는 반환하여야 한다(부당이득반환의무).**

참고 | 무등록 중개업자의 중개행위로 인한 부동산 매매계약은 유효하다.★

판 례

무등록 중개업에 관한 주요 판례

1. **무등록 중개업★**
   ① 부동산컨설팅업을 하면서 「공인중개사법」에 따라 등록을 받지 아니하고 부동산 컨설팅 행위에 수반하여 부동산을 중개한 사실은 무등록 중개업에 해당한다(대판 2006도7594).
   ② 변호사의 직무에 부동산중개행위가 당연히 포함된다고 해석할 수도 없고, 변호사는 「공인중개사법」에 규정된 중개사무소 개설등록의 기준을 적용받지 않는다고 할 수는 없다(대판 2003두14888). 그러므로 변호사가 공인중개사자격증과 중개사무소 개설등록 없이 중개업을 수행하는 경우에는 무등록 중개업으로 처벌된다.
2. **무등록 중개와 무등록 중개업의 차이**
   ① 무등록 '중개업'은 처벌되고, 보수 약정도 무효이다.★
   중개사무소의 개설등록을 하지 않고 부동산중개'업'을 한 자에게 행정적 제재나 형사적 처벌을 가하는 것만으로는 부족하고, 그러한 자격이 없는 자가 한 중개보수 약정에 대한 사법상의 효력을 제한하는 이른바 강행법규에 해당하고, 따라서 자격 요건을 갖추지 못한 자가 한 부동산중개보수 약정은 무효이다(대판 2008다75119).
   ② 무등록 '중개'는 처벌되지 않으며, 보수 약정도 유효하다.★
   공인중개사자격이 없는 자가 우연한 기회에 단 1회 타인 간의 거래행위를 중개한 경우 등과 같이, 중개를 '업'으로 한 것이 '아니라면' 그에 따른 중개보수 지급약정이 강행법규에 위배되어 무효라고 할 것은 아니고(주; 유효하다), 다만 중개보수 약정이 부당하게 과다하여 「민법」상 신의성실 원칙이나 형평 원칙에 반한다고 볼 만한 사정이 있는 경우에는 상당하다고 인정되는 범위 내로 감액된 보수액만을 청구할 수 있다(대판 2010다86525).
3. **무등록 중개업자에게 의뢰한 자를 공동정범으로 처벌하지는 않는다.**
   거래당사자가 무자격자(무등록 중개업자)에게 중개를 의뢰한 행위는 무등록 중개업자와 공동정범으로 처벌되지 아니한다(대판 2013도3246).

기출 공인중개사자격이 없는 자가 중개사무소 개설등록을 하지 아니한 채, 부동산중개업을 하면서 거래당사자와 체결한 중개보수 지급약정은 무효이다. (○) 제26회

5. 기타 – 종별변경

(1) 원칙 – 신규 등록(등록신청서 제출)

공인중개사인 개업공인중개사가 법인인 개업공인중개사로 종별을 변경하고자 하는 경우에는 기존의 등록증을 반납하고, 새로운 종별에 대하여 신규 등록을 하여야 하나 기존에 제출했던 서류는 변동사항이 없는 한 다시 제출하지 아니할 수 있다. 법인인 개업공인중개사가 공인중개사인 개업공인중개사로 종별을 변경하는 경우에도 마찬가지이다.

(2) **예외 – 등록증 재교부신청**(등록증 재교부신청서 제출)

부칙상의 개업공인중개사(중개인)가 + 동일 등록관청 관할구역 내에서 + 공인중개사인 개업공인중개사로 업무를 계속하고자 하는 경우, 기존 등록증의 기재사항 변경으로 인한 등록증 재교부신청(등록증과 변경사항을 증명하는 서류를 첨부하여 신청)을 하면, '즉시' 변경하여 재교부하여 준다.

2 개업공인중개사 '등'의 결격사유★

법 제10조 【등록의 결격사유 등】 ① 다음 각 호의 어느 하나에 해당하는 자는 중개사무소의 개설등록을 할 수 없다.

1. 미성년자
2. 피성년후견인 또는 피한정후견인
3. 파산선고를 받고 복권되지 아니한 자
4. 금고 이상의 실형의 선고를 받고 그 집행이 종료(집행이 종료된 것으로 보는 경우를 포함한다)되거나 집행이 면제된 날부터 3년이 지나지 아니한 자
5. 금고 이상의 형의 집행유예를 받고 그 유예기간이 만료된 날부터 2년이 지나지 아니한 자
6. 제35조 제1항에 따라 공인중개사의 자격이 취소된 후 3년이 지나지 아니한 자
7. 제36조 제1항에 따라 공인중개사의 자격이 정지된 자로서 자격정지기간 중에 있는 자
8. 제38조 제1항 제2호 · 제4호부터 제8호까지, 같은 조 제2항 제2호부터 제11호까지에 해당하는 사유로 중개사무소의 개설등록이 취소된 후 3년(제40조 제3항에 따라 등록이 취소된 경우에는 3년에서 같은 항 제1호에 따른 폐업기간을 공제한 기간을 말한다)이 지나지 아니한 자
9. 제39조에 따라 업무정지처분을 받고 제21조에 따른 폐업신고를 한 자로서 업무정지기간(폐업에 불구하고 진행되는 것으로 본다)이 지나지 아니한 자
10. 제39조에 따라 업무정지처분을 받은 개업공인중개사인 법인의 업무정지의 사유가 발생한 당시의 사원 또는 임원이었던 자로서 해당 개업공인중개사에 대한 업무정지기간이 지나지 아니한 자
11. 이 법을 위반하여 300만원 이상의 벌금형의 선고를 받고 3년이 지나지 아니한 자
12. 사원 또는 임원 중 제1호부터 제11호까지의 어느 하나에 해당하는 자가 있는 법인

② 제1항 제1호부터 제11호까지의 어느 하나에 해당하는 자는 소속공인중개사 또는 중개보조원이 될 수 없다.

③ 등록관청은 개업공인중개사 · 소속공인중개사 · 중개보조원 및 개업공인중개사인 법인의 사원 · 임원(이하 "개업공인중개사 등"이라 한다)이 제1항 제1호부터 제11호까지의 어느 하나에 해당하는지 여부를 확인하기 위하여 관계 기관에 조회할 수 있다.

법 제10조의2 【벌금형의 분리 선고】 「형법」 제38조에도 불구하고 제48조 및 제49조에 규정된 죄와 다른 죄의 경합범(競合犯)에 대하여 벌금형을 선고하는 경우에는 이를 분리 선고하여야 한다.

1. 결격의 효과

(1) 결격사유에 해당하는 자는 개업공인중개사로 중개사무소 개설등록을 할 수 없으며, 또한 고용인(직원)으로 조차 근무할 수 없다.

(2) 기존의 '개업공인중개사'에게 이러한 결격사유가 발생되면 기존의 등록은 취소된다(원칙).

참고 |
1. '피한정후견인'이라 함은 질병, 장애, 노령, 그 밖의 사유로 인한 정신적 제약으로 사무를 처리할 능력이 부족하여 가정법원으로부터 한정후견 개시심판을 받은 자를 말한다.
2. '피성년후견인'이라 함은 질병, 장애, 노령, 그 밖의 사유로 인한 정신적 제약으로 사무를 처리할 능력이 지속적으로 결여되어, 가정법원으로부터 성년후견개시의 심판을 받은 자를 말한다.

기출
1. 만 19세에 달하지 아니한 자는 중개업의 결격사유에 해당한다. (○) 제25회
2. 파산선고를 받고 복권되지 아니한 자는 중개업의 결격사유에 해당한다. (○) 제25회

기출 금고 이상의 실형의 선고를 받고 그 집행이 종료되거나 집행이 면제된 날부터 3년이 지나지 아니한 자는 결격사유에 해당한다. (○) 제25회

2. 결격사유 제28회, 제30회, 제31회, 제32회, 제33회, 제35회

(1) 결격사유의 정리

사유	결격사유	기간	비고
제한능력자	① **미성년자**(만 19세가 되지 않은 자)	만 19세 미만까지는 결격이다.	예외 없다(친권자의 동의를 받아도 결격).
	② **피한정후견인**(개시심판을 받은 자) ③ **피성년후견인**(개시심판을 받은 자)	종료 심판시까지는 결격이다.	① 예외 없다(후견인의 동의를 받아도 결격). ② "피특정후견인"은 결격사유가 아니다.★
파산자	④ **파산선고를 받고 복권되지 아니한 자** (신용불량자나 "개인회생신청자"는 결격사유자가 아니다)	① (면책) 복권시까지 결격이다. ② (면책) 복권이 되어야 결격에서 벗어난다.	〈파산법〉 ① 면책 결정을 받으면 당연복권이 된다. ② 파산선고(사기파산은 제외)를 받고 10년이 지나면 당연복권이 된다.
금고 이상의 실형(사형, 징역, 금고)	⑤ **집행이 종료되거나** ㉠ 형기만료(만기석방) ㉡ 가석방은 잔형기 경과	+ '3년'이 지나지 아니한 자는 결격이다.	무기징역이나 무기금고형에 대한 가석방은 잔형기(10년) + 3년 경과 시에 중개업 종사가 가능하다.
	⑥ 집행이 면제되고 ㉠ 법률의 변경(또는 법률의 폐지)으로 인한 면제 ㉡ 형 집행의 시효완성으로 인한 면제 ㉢ **특별사면을 받아 면제**		

<table>
<tr><td></td><td>⑦ 집행유예를 받고★</td><td>그 유예기간이 만료된 날부터 2년이 지나지 아니한 자는 결격이다.</td><td>'선고유예'나 '기소유예'는 결격사유가 아니다. ★</td></tr>
<tr><td rowspan="7">「공인중개사법」 위반
(이 법 위반)</td><td>⑧ (이 법 위반) 벌금형 300만원 이상의 선고를 받고★</td><td>+'3년'이 지나지 아니한 자는 결격이다.</td><td>타법 위반(선거법 ×, 「도로교통법」 ×)은 결격사유가 아니다.★</td></tr>
<tr><td>⑨ 공인중개사자격이 취소된 후</td><td>+'3년'이 지나지 아니한 자는 결격이다.</td><td>시험 응시자격도 없다.</td></tr>
<tr><td>⑩ 공인중개사자격이 정지된 자로서</td><td colspan="2">자격'정지기간' 중에 있는 자는 결격이다(이는 소속공인중개사에게만 적용).</td></tr>
<tr><td>⑪ (일정한 사유로) 중개사무소의 개설등록이 취소(절대적/상대적)된 후★</td><td>+'3년'이 지나지 아니한 자는 결격이다.</td><td>예외 있다.</td></tr>
<tr><td colspan="3">〈예외〉
• 등록취소를 기준으로 하지 아니하는 경우★ key 결·사·해·미
⇨ 1. '결격'사유로 인한 등록취소, 2. '사망'('해산')으로 인한 등록취소, 3. 등록기준 '미달'로 인한 등록취소의 경우에는 등록취소를 기준으로 하지 않고, 위의 사유(결격·사망·해산·미달)만 해소되면(되어야) 중개업 종사가 가능하다. 즉, 등록취소된 날이 기준이 아니다.
• 개업공인중개사가 폐업한 후 다시 재등록한 경우
⇨ 폐업 전의 위법행위로 재등록관청에서 등록을 취소하였다면, 등록취소 + '3년'에서 폐업기간(반성기간)을 공제한 기간 동안만 결격기간이 된다.★</td></tr>
<tr><td>⑫ (개업공인중개사가) 업무정지처분을 받고 폐업신고를 한 자로서</td><td colspan="2">업무'정지기간'이 지나지 아니한 자는 결격이다.</td></tr>
<tr><td>⑬ 업무정지처분을 받은 개업공인중개사인 법인의 업무정지 '사유가 발생한 당시'의 임원 또는 사원이었던 자로서★
key 사·발·당</td><td>해당 개업공인중개사에 대한 '업무정지기간'이 지나지 아니한 자는 결격이다.</td><td>업무정지 사유 발생 '당시' 임원이 결격이며, 업무정지 사유 '발생 후'에 선임된 임원은 결격이 아님에 유의하여야 한다.</td></tr>
<tr><td colspan="2">⑭ 임원(사원)중 결격사유 어느 하나에 해당하는 자가 있는 법인인 개업공인중개사도 결격이다.</td><td colspan="2">2개월 이내에 그 사유를 해소하여야 한다. 그렇지 않으면 법인인 개업공인중개사의 등록은 취소된다(절대적 등록취소 사유).</td></tr>
</table>

기출 금고 이상의 형의 집행유예를 받고 그 유예기간 중에 있는 자나, 기간 만료된 날로부터 2년이 경과되지 아니한 자는 중개사무소의 등록을 할 수 없다. (○) 제32회 변형

기출
1. 업무정지처분을 받고 폐업신고를 한 자로서 업무정지기간이 지나지 않은 자는 등록을 할 수 있다. (×) 제22회
2. 업무정지 사유 발생 당시 개업공인중개사인 법인의 임원이었던 자로서 해당 법인에 대한 업무정지기간 중인 경우는 결격사유에 해당한다. (○) 제21회
3. 법인인 개업공인중개사의 업무정지 사유 발생 후 업무정지처분을 받기 전에 그 법인의 임원으로 선임되었던 자는 등록을 할 수 있다. (○) 제22회

심화 학습 등록취소 + 3년의 적용 여부

1. **등록취소된 후, 등록취소를 기준으로 3년의 결격기간이 적용되는 경우**

이 법 제38조 제1항(절대적 등록취소 사유) 중에서 제2호, 제4호~제8호 위반 사유로 인하여 등록이 취소된 경우와, 이 법 제38조 제2항(상대적 등록취소 사유) 중에서 제2호~제11호 위반 사유로 인하여 등록이 취소된 경우에 3년의 결격사유에 해당한다.

① 이 법 제38조 제1항(절대적 등록취소) 위반 사유

제2호	거짓이나 그 밖의 부정한 방법으로 중개사무소의 개설등록을 한 경우
제4호	이중으로 중개사무소의 개설등록을 한 경우
제5호	개업공인중개사가 다른 개업공인중개사의 소속공인중개사·중개보조원 또는 개업공인중개사인 법인의 사원·임원이 된 경우
제5의 2호	개업공인중개사가 고용할 수 있는 중개보조원의 수인 개업공인중개사와 소속공인중개사를 합한 수의 5배를 초과하여 중개보조원을 고용한 경우
제6호	다른 사람에게 자기의 성명 또는 상호를 사용하여 중개업무를 하게 하거나 중개사무소등록증을 양도 또는 대여한 경우
제7호	업무정지기간 중에 중개업무를 하거나 자격정지처분을 받은 소속공인중개사로 하여금 자격정지기간 중에 중개업무를 하게 한 경우
제8호	최근 1년 이내에 이 법에 의하여 2회 이상 업무정지처분을 받고 다시 업무정지처분에 해당하는 행위를 한 경우

② 이 법 제38조 제2항(상대적 등록취소) 위반 사유

제2호	둘 이상의 중개사무소를 둔 경우
제3호	임시 중개시설물을 설치한 경우
제4호	법인인 개업공인중개사가 법 제14조 제1항 규정을 위반하여 겸업을 한 경우
제5호	휴업신고의무를 위반하여 계속하여 6개월을 초과하여 (무단)휴업한 경우
제6호	전속중개계약을 체결한 개업공인중개사가 중개대상물에 관한 정보를 공개하지 아니하거나 중개의뢰인의 비공개요청에도 불구하고 정보를 공개한 경우
제7호	거래계약서에 거래금액 등 거래내용을 거짓으로 기재하거나 서로 다른 둘 이상의 거래계약서를 작성한 경우
제8호	손해배상책임을 보장하기 위한 조치를 이행하지 아니하고 업무를 개시한 경우

제9호	법 제33조 제1항 각 호에 규정된 금지행위를 한 경우
제10호	최근 1년 이내에 이 법에 의하여 3회 이상 업무정지 또는 과태료의 처분을 받고 다시 업무정지 또는 과태료의 처분에 해당하는 행위를 한 경우
제11호	독점규제법을 위반하여 최근 2년 이내에 2회 이상 과징금 또는 시정조치를 공정거래위원회로부터 받은 경우

2. '결격사유'로 인하여 등록이 취소된 경우에는 그 결격사유 자체가 해소되면 중개업 종사가 가능하다.
3. 개업공인중개사의 '사망'으로 등록이 취소된 경우에는 3년이 지났다고 해서 중개업에 종사할 수 있는 것이 아니다.
4. 법인인 개업공인중개사의 '해산'으로 인하여 등록이 취소된 경우에는 3년과 관계없이 언제라도 법인인 개업공인중개사로 다시 등록을 하여 중개업 종사를 할 수 있다.
5. 개업공인중개사가 '등록기준의 미달'로 인하여 등록이 취소된 경우에는 다시 등록기준을 충족시키면 3년과 관계없이 등록이 가능하다.
6. 개업공인중개사가 1년을 폐업한 후에 다시 등록을 한 경우, 폐업 전의 사유로 인하여 등록이 취소되었다면, 3년에서 1년(폐업기간)을 공제(뺀)한 기간인 2년간 결격기간이 된다.

심화 학습 **등록의 결격사유**

1. 미성년자는 혼인을 하거나 법정대리인의 동의를 받아도 결격이다.
2. 정신박약이나 심신상실의 상태에 있는 자도 법원의 선고나 심판(피한정후견 개시심판, 피성년후견 개시심판)을 받기 전까지는 결격이 아니다.
3. 정신능력이 회복이 되어도 피한정후견인과 피성년후견인은 종료심판을 받기 전에는 여전히 결격사유에 해당한다.
4. 파산선고를 받은 자(파산자)는 법적으로 복권(면책)이 되기 전까지는 채무를 변제하여도 결격이다.
5. 가석방은 잔여형기가 지나고 또한 3년이 지나야 결격에서 벗어난다(무기징역이나 무기금고는 가석방의 잔형기를 10년으로 본다).
6. 특별사면으로 인한 집행면제는 그 면제된 날로부터 3년이 지나야 결격에서 벗어난다.
7. 금고 이상의 실형에 대한 집행유예는 그 유예기간이 만료된 날부터 2년이 지나지 않으면 결격이다(선고유예나 기소유예는 결격사유가 아니다).★
8. **'「공인중개사법」 위반'으로 받은 벌금형(300만원 이상)만 결격이며, '타법 위반'으로 받은 벌금형은 결격이 아니다.★** 또한 본인의 귀책사유로 인하여 벌금형의 선고를 받은 경우에만 해당하며, 고용인(직원)의 귀책사유로 인하여 법 제50조의 양벌규정에 따라 받은 벌금은 결격사유에 해당하지 아니한다.
9. 「공인중개사법」 위반의 "공인중개사 자격취소 + 3년" 미경과자는 등록결격에도 해당하고, 시험의 응시자격도 없다.

기출 공인중개사자격시험에 응시하여 부정행위로 적발된 후 5년이 지나지 아니한 자는 고용인이 될 수 없다. (×)

(2) 공인중개사 시험 응시자격과 결격사유의 구별

사유	공인중개사 시험응시	중개업의 종사
자격취소 + 3년	불가	불가(등록결격에 해당)
부정행위 + 5년	불가	가능(중개보조원)

핵심다지기

결격사유의 효과(중개업 종사 불가, 등록 불가)

차후에 결격사유가 발생되는 경우	기존의 개업공인중개사	절대적 등록취소 사유(성격상 예외 있음)
	고용인	"2개월" 이내에 사유 해소하여야 함(그렇지 않으면 **개업공인중개사는 "업무정지"**)
	법인의 임원(사원)	"2개월" 이내에 사유 해소하여야 함(그렇지 않으면 **법인인 개업공인중개사는 '등록취소"**)

심화학습 결격사유 중 절대적 등록취소와 무관한 것 key 미·취·정·정

다음의 결격사유는 중개업 등록취소 사유에 해당하지 아니한다(법 제38조 제1항).

1. 미성년자
2. 「공인중개사법」 위반으로 등록취소된 후 3년이 지나지 아니한 자
3. 업무정지기간 중인 자
4. 자격정지기간 중인 자

1. 위의 결격사유에 해당한다 하더라도 그 사유로서 「공인중개사법」에 의해 다시 등록이 취소되는 것은 아니다.
2. 미성년자라는 결격사유는 개업공인중개사 등록 이후 차후에 발생할 수 있는 사유가 아니며, 등록취소 + 3년의 경우에는 이미 등록이 취소된 상태이므로 다시 등록취소사유에는 해당할 수 없다. 업무정지나 자격정지의 경우에는 6개월 범위 이내에서 그 효력의 "정지"로서의 효력만 있는 것이지, 그 이유로서 등록취소가 되는 것은 아니다. 따라서 위의 결격사유는 성격상·법조문상 절대적 등록취소 사유에 해당하지 아니한다.

중개업의 경영

1 개업공인중개사 등의 업무범위

개업공인중개사에는 「공인중개사법」 본칙(本則)에서 규정하고 있는 법인인 개업공인중개사와 공인중개사인 개업공인중개사, 그리고 「공인중개사법」 부칙(附則)에서 규정하고 있는 부칙상의 개업공인중개사(이른바 부칙 규정에 따라 등록을 한 것으로 보는 자, 중개인), 모두 세 종류가 있다.

개업공인중개사의 종류별 특징

구분	지역적 범위	겸업의 범위	중개대상물의 범위
① **법인인 개업공인중개사**	전국 (전국에 소재하는 중개대상물)	법 '제14조'에 규정된 업무만 수행할 수 있다.★	중개대상물은 종별 구분 없이 동일하다.
② **공인중개사인 개업공인중개사**	전국 (전국에 소재하는 중개대상물)	㉠ (「공인중개사법」상) 겸업의 제한이 없다. ㉡ **법 '제14조'의 규정 업무 + '기타' 겸업 가능한 업무를 수행할 수 있다.★**	
③ **부칙상의 개업공인중개사** (중개인)	중개사무소가 소재하는 '특별시 · 광역시 · 도' + 부칙상의 개업공인중개사가 가입한 해당 부동산거래정보망에 공개된 물건을 중개할 수 있다.	**법 '제14조'의 규정 업무** (다만, 경매 · 공매물건의 권리분석 및 취득의 알선과 매수신청 또는 입찰신청 대리는 불가) + **'기타' 겸업이 가능한 업무를 수행할 수 있다.★**	

(1) 법인인 개업공인중개사의 업무범위(겸업의 제한)

제29회, 제30회, 제31회, 제32회, 제33회, 제34회, 제35회

① 법인인 개업공인중개사는 업무지역의 제한이 없다. 그러므로 전국에 소재하는 중개대상물을 모두 중개할 수 있다.

② 법인인 개업공인중개사는 법 제14조에 규정된 다음의 업무만을 수행할 수 있다. 위반시에는 등록이 취소될 수 있다(상대적 등록취소 사유).

출제경향 및 학습방법

제4장에서는 통상 5~6문제 정도가 출제된다.

참고 | 현행법령상 개업공인중개사로 인정되는 종류는 3종류이다. 그러나 법 제9조 제2항에 따라 신규등록이 가능한 개업공인중개사는 ① 법인인 개업공인중개사와 ② 공인중개사인 개업공인중개사, 2종류뿐이다. 부칙상의 개업공인중개사로는 신규 등록을 할 수 없다.

기출
1. 공인중개사인 개업공인중개사는 공인중개사법령 및 다른 법령에서 제한하지 않는 업무를 겸업할 수 있다. (○) 제20회
2. 공인중개사인 개업공인중개사는 이사업체를 소개할 수 있다. (○) 제20회

기출 법인인 개업공인중개사가 겸업제한을 위반할 경우 중개사무소 개설등록을 취소할 수 있다. (○) 제20회

기출
1. 법인인 개업공인중개사는 부동산의 개발에 관한 상담을 할 수 있다. (○) 제28회
2. 법인인 개업공인중개사는 부동산펀드 조성 및 부동산개발사업을 할 수 있다. (×) 제19회
3. 법인인 개업공인중개사는 중개업에 부수되는 도배 및 이사업체를 운영할 수 있다. (×) 제25회
4. 법인인 개업공인중개사는 토지의 분양대행을 할 수 있다. (×) 제24회, 제25회, 제28회

법 제14조의 업무★★★

구분	내용	key
본업	㉠ '중개업'(본업)	중
겸업	㉡ 상업용 건축물 및 주택의 임대관리 등 부동산의 '**관리대행**'★ ☐ 임대업 ×	관
	㉢ 부동산의 이용 · 개발 · 거래에 관한 '**상담**'(부동산컨설팅) ☐ 부동산개발업 ×	상
	㉣ '**기타**'(그 밖에) 중개업에 부수되는 업무로서 대통령령으로 정하는 업무(각종 용역업의 '알선', 이사업체 · 도배업체 등의 '소개' · '알선')★ ☐ 용역업 ×	기
	㉤ '주택' 및 '상가건물'의 '**분양대행**'★ ☐ 토지(택지) 분양대행 ×, 공장건물 분양대행 ×, 분양업 ×	분
	㉥ 개업공인중개사를 대상으로 한 중개업의 '**경영기법**' 및 **경영정보의 제공**(프랜차이즈 ○, 경영컨설팅 ○)★ ☐ 공인중개사를 대상으로 한 창업기법의 제공 ×, 일반인을 대상으로 한 경영기법의 제공 ×	경
	㉦ '**경매**' 및 **공매**대상 부동산의 권리분석 및 취득의 알선과 매수신청(입찰신청)의 대리업무	경

(2) 공인중개사인 개업공인중개사

① 업무지역은 전국이다. 그러므로 전국에 소재하는 모든 중개대상물을 중개할 수 있다.

기출 모든 개업공인중개사는 개업공인중개사를 대상으로 한 중개업의 경영기법의 제공업무를 겸업할 수 있다. (○) 제22회

② 공인중개사인 개업공인중개사는 겸업의 제한이 없다. 그러므로 법 제14조에 규정된 업무뿐만 아니라, 기타 다른 업무도 능력껏 겸할 수 있다. 다만, 다른 법령에서 겸업을 금지하거나, 불법적인 업무는 당연히 겸할 수 없다.

(3) 부칙상의 개업공인중개사

① 부칙상의 개업공인중개사는 공인중개사자격증이 없기 때문에 「공인중개사법」의 부칙 규정에서 업무지역과 겸업과 사무소명칭사용에 일정한 제한을 하고 있다.

부칙상의 개업공인중개사(중개인) 정리

내용	key
㉠ '경매'·공매대상 부동산에 대한 권리분석 및 취득의 알선과 매수신청(입찰신청)의 대리를 할 수 없다(부칙 제6조 제2항).	경
㉡ '사무소'의 명칭에 '공인중개사사무소'라는 문자를 사용하여서는 아니 된다(부칙 제6조 제3항). ⇨ 위반시 100만원 이하의 과태료	사
㉢ (업무)'지역'은 해당 중개사무소가 소재하는 특별시·광역시·도의 관할구역으로 하며, 그 관할구역 안에 있는 중개대상물에 한하여 중개행위를 할 수 있다(다만, 법 제24조의 규정에 의한 부동산거래정보망에 가입하고 이를 이용하여 중개하는 경우에는 해당 정보망에 공개된 관할구역 외의 중개대상물에 대하여도 이를 중개할 수 있다). ⇨ 위반시 업무정지	지

② 부칙상 개업공인중개사(중개인)는 중개사무소 이전을 '전국'으로 할 수 있으나, 이전 후에도 업무지역의 제한(중개사무소가 소재하는 특·광·도)은 여전히 받는다.

예를 들어, 서울특별시에 소재하는 부칙상 개업공인중개사 부산광역시로 중개사무소를 이전하면, 이후부터는 업무지역이 부산광역시로 제한된다(원칙).

(4) **특수법인**(다른 법률의 규정으로 중개업을 하는 법인)

특수법인은 「공인중개사법」을 근거로 중개를 하는 것이 아니라 개별적인 특별법을 근거로 설립되고, 그 특별법을 근거로 하여 자신의 고유업과 이에 관련되는 중개를 할 수 있는 법인을 말한다. 이러한 특수법인에 대하여는 「공인중개사법」이 부분적으로만 적용된다.

구분	지역농업 협동조합	지역산림조합	산업단지 관리기관	한국자산 관리공사
근거법률	「농업협동조합법」	「산림조합법」	「산업집적활성화 및 공장설립에 관한 법률」	「한국자산관리공사의 설립 등에 관한 법률」
중개업 등록★	등록 불요	등록 불요	등록 불요	**등록해야 함**
등록기준★	적용되지 않음			
업무범위	조합원을 대상으로 농지에 한해 매매, 교환, 임대차의 중개를 할 수 있다.	조합원을 대상으로 입목·임야의 매매·교환·임대차 등의 중개를 할 수 있다.	해당 산업단지의 공장용지 및 공장건축물에 대한 부동산중개업을 할 수 있다.	비업무용 자산 및 구조개선기업의 자산의 관리·매각·매매의 중개를 할 수 있다.

업무보증금	2천만원 이상★
분사무소 설치요건	**분사무소 책임자 요건은 「공인중개사법」이 적용되지 "않는다".★ (그러므로 책임자가 공인중개사일 필요는 없으며, 실무교육을 받을 필요도 없다)**

특수법인의 업무범위는 '고유업 + 중개업'이다. 그러므로 특수법인과 법인인 개업공인중개사의 업무범위(중개업 + 6가지 겸업)가 동일한 것은 아니다.

2 개업공인중개사의 고용인(사용인, 직원)

1. 고용인의 비교 제28회, 제30회, 제31회, 제32회, 제34회, 제35회

기출

1. 소속공인중개사의 고용신고를 받은 등록관청은 공인중개사자격증을 발급한 시·도지사에게 그 소속공인중개사의 공인중개사자격 확인을 요청해야 한다. (○) 제26회, 제28회
2. 소속공인중개사에 대한 고용신고는 전자문서에 의하여도 할 수 있다. (○) 제28회
3. 개업공인중개사는 중개보조원에 대해 고용관계 종료일로부터 10일 이내에 등록관청에 신고해야 한다. (○) 제30회, 제32회

구분		개업공인중개사의 고용인	
		소속공인중개사	중개보조원
공통점	개업공인 중개사의 고용신고 및 종료신고	① 개업공인중개사는 고용인을 고용한 경우, 고용신고를 하여야 한다. 고용신고는 고용인의 '업무개시 전'까지 개업공인중개사가 하여야 한다. (**위반시 업무정지**)★ ② 고용신고를 받은 '등록관청'은 법 제10조에 따른 '결격사유 해당 여부'와 '교육(실무교육, 직무교육) 수료 여부'를 확인하여야 하며, 소속공인중개사의 자격증을 발급한 시·도지사에게 공인중개사자격 확인을 요청하여야 한다.★ ③ 소속공인중개사 또는 중개보조원으로 '외국인'을 고용하는 경우에는 외국인의 결격사유 없음을 증명하는 서류를 첨부하여야 한다.★ ④ 고용신고는 '전자문서'에 의한 신고도 가능하다.★ ⑤ 개업공인중개사는 고용관계가 종료되면, 고용관계 종료신고(해고신고)를 하여야 한다. 종료신고는 고용관계 종료일(해고일)로부터 '10일 이내'에 하여야 한다. (**위반시 업무정지**)★	
	양적 제한	개업공인중개사가 고용할 수 있는 중개보조원의 수는 개업공인중개사와 소속공인중개사를 합한 수의 5배를 초과하여서는 아니 된다.	
	질적 제한	법 제10조의 결격사유에 해당하는 자를 고용하면 안 된다.	
	금지행위(법 제33조), 비밀준수의무(법 제29조), 결격사유(법 제10조), 이중소속 금지(법 제12조), 사고예방교육(법 제34조의2)은 고용인 모두에게 적용된다(이는 개업공인중개사 '등'에게 모두 적용된다).		

	구분	소속공인중개사	중개보조원
차이점	자격 유무	공인중개사자격증 보유	자격증 없음
	업무범위	중개업무 수행 + 중개업무를 보조	중개업무와 관련된 단순한 업무를 보조
	서명 및 날인	**서명 '및' 날인의무 있음★** 〈거.확〉(**"거래계약서"**와 중개대상물**"확인 · 설명서"**)	없음
	인장등록 의무	있음	없음
	부동산 거래신고	신고 대행 가능 (**방문신고에 한함**)★	불가
	행정처분의 대상	"자격취소"(공인중개사로서), "자격정지"(소속공인중개사로서)의 대상이 됨	해당 없음(중개보조원은 행정처분의 대상이 되지 않음에 유의)★
	교육대상	**실무교육과 연수교육의 대상★**	**직무교육의 대상★**

참고 | 개업공인중개사는 중개보조원에게 거래계약서와 중개대상물 확인 · 설명서의 작성 등 중요한 업무를 수행하게 해서는 아니 된다.

기출

1. 중개보조원은 중개대상물 확인 · 설명서에 날인할 의무가 있다. (×) 제25회
2. 중개보조원의 행위가 이 법령을 위반하여 업무정지처분의 사유에 해당하더라도 업무정지처분은 개업공인중개사만 받는다. (○) 제20회

2. 고용인의 책임 및 개업공인중개사의 고용상 책임 제26회, 제30회, 제31회

고용인의 책임	개업공인중개사의 책임	책임의 특성
민사책임 (고의, 과실)	민사책임 (무과실책임)	(부진정) 연대채무, 면책 없음
행정책임 (소속공인중개사는 자격정지)	행정책임 (등록취소 또는 업무정지)	면책 없음
형사책임 (징역 또는 벌금)	형사책임 ⇨ (해당 조에 규정된) 벌금형(제50조)	양벌규정이 적용 (**단, 면책조항 있음**)★

(1) 고용인의 '업무상' 행위는 그를 고용한 개업공인중개사의 행위로 '본다'(간주규정).★

① **민사책임**: 고용인이 중개업무와 관련하여 고의 또는 과실로서 중개의뢰인에게 재산상의 손해를 발생하게 한 경우에는 그 고용인과 더불어 그를 고용한 개업공인중개사도 함께 민사상 손해배상책임(연대책임)을 지게 된다.★

② **행정책임**: 고용인의 행위가 「공인중개사법」상의 행정처분으로서 등록취소나 업무정지의 대상이 되는 경우에는 그를 고용한 개업공인중개사가 등록이 취소되거나 업무정지처분을 받게 된다.★

기출

1. 중개보조원의 업무상 행위는 그를 고용한 개업공인중개사의 행위로 본다. (○) 제20회
2. 중개보조원의 모든 행위는 그를 고용한 개업공인중개사의 행위로 본다. (×) 제22회

③ 형사책임

㉠ 고용인의 행위가 「공인중개사법」상의 행정형벌(징역 또는 벌금)의 대상이 되는 경우에는 그를 고용한 개업공인중개사에 대하여도 해당하는 벌금형으로 처벌한다(법 제50조 양벌규정의 적용).★

㉡ 다만, 양벌규정에 따라 개업공인중개사가 벌금형의 선고를 받아도 이는 결격(법 제10조)으로 처리되는 것은 아니며(판례), 벌금만 내면 된다. 또한 이러한 양벌규정에 의한 벌금형은 반드시 부과되는 것은 아니며,★ 개업공인중개사가 그 고용인에 대한 관리 감독상의 주의의무를 게을리하지 않은 경우에는 면책조항이 적용되어, 벌금형의 선고를 받지 않는다.★

(2) 고용인의 업무상 행위로 인하여 '징역형'으로 처벌되는 경우는 없음에 유의하여야 한다.

기출 중개보조원의 업무상 과실로 인한 불법행위로 의뢰인에게 손해를 입힌 경우 개업공인중개사가 손해배상책임을 지고, 중개보조원은 그 책임을 지지 않는다. (×) 제26회

(3) 개업공인중개사가 민사상의 손해배상책임을 지더라도 고용인의 배상책임이 면책되는 것은 아니다. 따라서 개업공인중개사가 고용인의 업무상 행위로 인한 민사상의 손해배상을 한 때에는 그 고용인에 대하여 '구상권'을 행사할 수 있다.

판례

사용자 책임

1. 고용인의 업무상 행위

① '고용인의 업무상 행위'는 중개대상물의 거래에 관한 알선업무뿐만 아니라 위 업무와 관련이 있고, <u>외형상 객관적으로 중개업무 또는 그와 관련된 것으로 보이는 행위도 포함된다</u>(서울지방법원 92가합14350).★

② 고용인의 업무상 행위는 외형상 객관적으로 고용인의 사업활동 내지 사무집행행위 또는 그와 관련된 것이라고 보일 때에는 <u>행위자의 주관적 사정을 고려하지 않는다</u>(대판 94다43115).★

③ '업무상 행위'의 개념은 단순히 '권리의 득실 · 변경에 관한 행위를 알선하는 것'뿐만 아니라 중개보조원이 중개의뢰인이 맡겼던 <u>계약금을 횡령한 경우에도 중개업무와 관련된 행위로 본다</u>(대판 67다2222).★

기출 중개보조원이 중개 관련 업무로 「공인중개사법」을 위반하여 개업공인중개사가 양벌규정에 따라 벌금형의 선고를 받은 경우는 등록의 결격사유에 포함되지 않는다. (○) 제20회

2. 구상권

사용자는 손해의 공평한 분담이라는 견지에서 신의칙상 상당하다고 인정되는 한도 내에서만 피용자에 대하여 손해배상을 청구하거나 그 구상권을 행사할 수 있다(대판 2009다59350).

3. 배상책임과 관련하여 과실상계

① 중개보조원이 업무상 행위로 거래당사자인 피해자에게 고의로 불법행위를 저지른 경우라 하더라도 중개보조원을 고용하였을 뿐 이러한 불법행위에 가담하지 아니한 <u>개업공인중개사에게 책임을 묻고 있는 피해자에 과실이 있다면,</u> 법원은 과실상계의 법리에 좇아 손해배상책임 및 그 금액을 정하면서 이를 참작하여야 한다(대판 2008다22276; 대판 2011다21143).

② 사용자의 감독이 소홀한 틈을 이용하여 고의로 불법행위를 저지른 피용자가 바로 그 사용자의 부주의를 이유로 자신의 책임의 감액을 주장하는 것은 신의칙상 허용될 수 없고, 사용자와 피용자가 명의대여자와 명의차용자의 관계에 있다고 하더라도 마찬가지이다(대판 2009다59350).

4. 양벌규정에 의한 개업공인중개사의 벌금형은 결격사유가 아니다.★

법 제10조(등록의 결격) 제1항 제11호에 규정된 '이 법을 위반하여 벌금형의 선고를 받고 3년이 지나지 아니한 자'에는 중개보조인 등이 중개업무에 관하여 법 제8조(유사명칭의 사용금지)에 위반하여 그 사용주인 개업공인중개사가 법 제50조의 양벌규정으로 처벌받는 경우는 포함되지 않는다(대판 2007두26568).

3 중개사무소 제27회, 제28회, 제29회, 제30회, 제31회, 제32회, 제34회, 제35회

1. 중개사무소의 설치

(1) 1등록 1사무소의 원칙

① 개업공인중개사는 그 등록관청의 관할구역 안에 중개사무소를 두되, 1개의 중개사무소만을 둘 수 있다(법 제13조 제1항). 즉, 1등록 1중개사무소의 원칙이 적용된다.

② 다만, 법인인 개업공인중개사는 대통령령으로 정하는 기준과 절차에 따라 등록관청에 신고하고 그 관할구역 외의 지역에 분사무소를 둘 수 있다(동조 제3항).

기출 개업공인중개사는 그 등록관청의 관할구역 안에 1개의 중개사무소만 둘 수 있다. (○) 제32회

(2) 이중사무소 설치 금지 · 임시시설물 설치 금지★

개업공인중개사는 2개 이상의 사무소를 두어서는 아니 되며, 천막 그 밖에 이동이 용이한 임시 중개시설물을 설치하여서는 아니 된다. 위반시에는 등록이 취소될 수 있으며(상대적 등록취소 사유), 또한 1년 이하의 징역 또는 1천만원 이하의 벌금에 처한다.

기출 개업공인중개사는 등록관청의 허가를 받아 천막 등 임시 중개시설물을 설치할 수 있다. (×) 제21회

(3) 중개사무소의 명칭★ 제28회, 제31회, 제34회

① 개업공인중개사(부칙상의 개업공인중개사는 제외)는 그 사무소의 명칭에 '공인중개사사무소' 또는 '부동산중개'라는 명칭을 사용하여야 한다. 부칙상의 개업공인중개사는 '부동산중개'라는 명칭을 사용하여야 한다. 위반시에는 100만원 이하의 과태료에 처한다.★

② 개업공인중개사가 '아닌 자'가 '공인중개사사무소', '부동산중개' 또는 이와 유사한 명칭을 사용할 경우 1년 이하의 징역 또는 1천만원 이하의 벌금에 처한다.

기출 개업공인중개사가 아닌 자로서 '부동산중개'라는 명칭을 사용한 자는 1년 이하의 징역 또는 1천만원 이하의 벌금에 처한다. (○) 제28회

기출

1. 개업공인중개사는 옥외광고물을 설치할 의무를 부담하지 않는다. (○) 제27회
2. 개업공인중개사가 아닌 자가 사무소 간판에 '공인중개사사무소'의 명칭을 사용한 경우 등록관청은 그 간판의 철거를 명할 수 있다. (○) 제27회

기출

1. 법인인 개업공인중개사의 분사무소에는 분사무소설치신고확인서(원본)를 게시해야 한다. (○) 제28회, 제32회
2. 소속공인중개사가 있는 경우 소속공인중개사자격증(원본)을 게시해야 한다. (○) 제28회, 제32회
3. 중개사무소 안에 실무교육이수증(수료증)을 게시해야 한다. (×) 제19회

기출 중개사무소의 최소 면적에 관한 명문의 규정은 없다. (○) 제19회

(4) 개업공인중개사의 게시의무★ 제34회, 제35회

개업공인중개사는 다음의 사항을 중개사무소 안의 보기 쉬운 곳에 게시하여야 한다. 위반시 100만원 이하의 과태료에 처한다.

내용	key
① ㉠ 중개사무소등록증(분사무소는 **설치신고확인서**) 원본 ㉡ 「부가가치세법 시행령」 제11조에 따른 사업자등록증 원본	등(신)
② 개업공인중개사 및 '소속공인중개사'의 공인중개사**자격증** 원본	자
③ (업무)**보증의 설정을 증명할 수 있는 서류**	보
④ **중개보수·실비의 요율 및 한도액표** ⇨ 주택 외의 중개대상물에 대하여는 0.9% 내에서 받고자 하는 중개보수의 상한요율 명시	수

주의 ㉠ 사본이 아닌 "원본"으로 게시하여야 한다.
㉡ 소속공인중개사의 자격증도 게시되어야 하며, 위반시에는 개업공인중개사가 처벌된다.
㉢ 실무교육수료증이나 인근 지도에 대한 게시의무는 없다.

(5) 기타

① 최소 면적에 대한 확보의무는 없다. 중개사무소는 면적에 상관없이 설치가 가능하다.

② 중개사무소를 반드시 본인 명의로 소유 또는 임차하여야 하는 것은 아니다. 소유권이든, 임차권이든 어떠한 형태든 사무소에 대한 '사용권한'이 있으면 된다.

③ 중개사무소는 「건축법」상의 적법한 사무소이어야 한다.

□ 중개사무소는 건축물대장(가설건축물대장은 제외)에 기재된 건물이거나, 또는 준공검사·사용승인 등이 된 건물이어야 한다. 불법·무허가건물은 인정되지 않는다.

2. 중개사무소의 이전 제28회, 제29회, 제31회, 제32회, 제34회

(1) 사후신고

이전한 후 '10일 이내'에 등록관청(관할구역 밖으로 이전시에는 '이전 후' 등록관청)에 이전사실을 신고하여야 한다.

(2) 구비서류★

내용	key
① **이전신고서**	이
② **사무소 확보 증명서류**[임대차계약서 등 + (건축물대장 지연시) 지연 사유서]	사
③ **등록증** ⇨ 반납 후 재교부 원칙 / 관할구역 안에서 이전시에는 변경교부 가능★	등

(3) 등록증 재교부 및 공인중개사협회 통보

① 등록관청은 이전신고를 받은 때에는 그 내용이 적합한 경우 등록증을 재교부하여야 한다(수수료 납부 ○). 다만, 등록관청 관할구역 내로 이전한 경우에는 등록관청은 등록증에 변경사항을 기재하여 이를 교부할 수 있다(수수료 납부 ×).

② 등록관청은 이전신고를 받은 때에는 '다음 달 10일'까지 공인중개사협회에 통보하여야 한다.

(4) **서류송부**(관할지역 밖으로 이전시)

이전신고를 받은 이전 후의 등록관청은 종전의 등록관청에 관련 서류를 송부하여 줄 것을 요청하여야 한다. 이 경우 종전의 등록관청은 지체 없이 관련 서류를 이전 후 등록관청에 송부하여야 한다.

송부하는 서류

내용	key
① 중개사무소 **등록대장**	등
② 중개사무소 개설등록 **신청서류**	등
③ 최근 1년간의 행정처분서류 및 행정처분절차가 진행 중인 경우 관련 서류	1

주의 등록증은 송부서류가 아니다. ⇨ 중개사무소 이전신고시 제출할 서류이다.

기출

1. 개업공인중개사는 이전 후의 중개사무소를 관할하는 등록관청에 이전사실을 신고해야 한다. (○) 제26회, 제27회
2. 등록관청 관할구역 밖으로 이전한 경우에는 이전신고를 받은 등록관청은 원래의 중개사무소등록증에 변경사항을 기재하여 이를 교부할 수 있다. (×) 제23회
3. 건축물대장에 기재되지 않은 건물에 중개사무소를 확보한 경우, 건축물대장의 기재가 지연된 사유를 적은 서류를 첨부하여 이전신고를 하여야 한다. (○) 제31회, 제32회

참고 | 중개사무소의 이전신고를 받은 등록관청은 그 내용이 적합한 경우에는 중개사무소등록증 또는 분사무소설치신고확인서를 '재교부' 하여야 한다. 다만, 개업공인중개사가 등록관청의 '관할지역 내'로 이전한 경우에는 등록관청은 중개사무소등록증 또는 분사무소설치신고확인서에 '변경사항을 기재하여 이를 교부'할 수 있다(규칙 제11조 제2항).

(5) 행정처분의 승계★

중개사무소 이전신고 전에 발생한 사유로 인한 개업공인중개사에 대한 행정처분은 '이전 후' 등록관청이 이를 행한다.

기출
1. 이전신고 전에 발생한 사유로 인한 개업공인중개사에 대한 행정처분은 이전 후 등록관청이 이를 행한다. (○) 제26회, 제28회
2. 이전신고 전에 발생한 사유로 인한 개업공인중개사에 대한 행정처분은 이전 전의 등록관청이 이를 행한다. (×) 제23회

심화학습 중개사무소의 이전

1. 개업공인중개사는 개인업자이든, 법인인 개업공인중개사이든 종별을 불문하고 언제라도 중개사무소를 이전할 수 있다. 부칙상의 개업공인중개사도 전국 어느 곳이나 이전이 가능하다. 다만, 이전 후의 중개사무소 소재지 관할 특・광・도의 업무지역의 제한은 여전히 적용된다.
2. 개업공인중개사는 휴업기간 중이나 업무정지기간 중이라 하더라도 중개사무소 이전이 가능하다. 다만, 휴업기간 중에 중개사무소를 이전한 경우에는 바로 업무를 재개할 수는 없고, 업무재개신고를 하고 등록증을 반환받아서 업무를 재개하여야 한다. 업무정지기간 중에 중개사무소를 이전한 경우에는 바로 업무를 재개할 수는 없고, 업무정지기간이 지난 후에 종사가 가능하다.
3. 이전할 중개사무소도 당연히 건축물대장에 기재된 사무소(준공검사, 사용승인된 건물을 포함)이어야 한다. 중개사무소 등록기준에 적합한 건물에 중개사무소를 설치하여야 하므로, 불법 무허가 건물에는 중개사무소 이전이 되지 않는다.
4. **중개사무소 이전의 제한**: ① 법인인 개업공인중개사의 분사무소는 주된 사무소 소재지 등록관청 관할 이내로는 이전할 수 없다. ② 또한 업무정지 중인 중개사무소로는 중개사무소를 이전할 수 없다.

3. 법인의 분사무소 제27회, 제28회, 제29회, 제30회, 제31회, 제32회

법인인 개업공인중개사에 한하여 분사무소 설치가 가능하며, 개인사업자는 절대 분사무소를 설치할 수 없다.★

기출 법인인 개업공인중개사는 주된 사무소가 소재하는 등록관청 관할구역 안에 분사무소를 둘 수 없다. (○)

(1) 법인의 분사무소 설치요건★★★

내용	key
① (분사무소) **책임자**는 공인중개사이어야 한다. 또한 실무교육을 받아야 하며, 결격사유가 없어야 한다. ⇨ 책임자 요건은 지역농업협동조합과 같이 다른 법률의 규정에 따라 중개업을 할 수 있는 특수법인에게는 적용되지 아니한다.	책
② (분사무소마다) 2억원 이상의 업무**보증**을 **추가**로 설정하여야 한다.	보
③ **시・군・구별**로 1개소를 초과할 수 없다. ⇨ 시・도별로 ×	시
④ 주된 사무소의 소재지가 속한 시・군・구를 '제외'한 시・군・구별로 설치할 수 있다.	주

기출
1. 다른 법률의 규정에 따라 중개업을 할 수 있는 법인의 분사무소에는 공인중개사를 책임자로 두지 않아도 된다. (○) 제27회, 제32회
2. 분사무소는 주된 사무소의 소재지가 속한 시・군・구에 설치할 수 있다. (×) 제27회

(2) 설치신고

① 분사무소 설치신고서에 구비서류를 첨부하여 '주된 사무소 소재지 등록관청'에 제출하여야 한다.★

법인인 개업공인중개사의 분사무소 설치신고시 구비서류

내용	key
㉠ 분사무소 설치신고서	분신
㉡ (책임자의) 실무교육수료증 사본	실
㉢ 업무보증설정 증명서류	업
㉣ 사무소 확보 증명서류[임대차계약서 등 + (건축물대장 지연시) 지연 사유서]	사

② 설치신고를 받은 주된 사무소 등록관청은 '7일 이내'에 신고확인서를 교부하여야 한다. 또한 분사무소 소재지 관할 시·군·구청장에게 '지체 없이' 통보하고, 또한 '다음 달 10일'까지 공인중개사협회에도 통보하여야 한다.

(3) 분사무소의 이전

① 이전한 날로부터 '10일 이내'에 '주된 사무소의 소재지를 관할하는 등록관청'에 이전신고를 하여야 한다.★

분사무소 이전신고시 구비서류★

내용	key
㉠ 이전신고서	이
㉡ 사무소 **확보 증명서류**[임대차계약서 등 + (건축물대장 지연시) 지연 사유서]	사
㉢ **신고확인서** ⇨ 반납 후 재교부 원칙 / 관할구역 안에서 이전시에는 변경교부 가능	신

② 분사무소의 이전신고를 받은 등록관청은 '지체 없이' 그 분사무소의 이전 전 '및' 이전 후의 소재지를 관할하는 시·군·구청장에게 이를 통보하여야 한다. 또한 '다음 달 10일'까지 공인중개사협회에도 통보하여야 한다.★

③ 분사무소와 관련된 서류는 모두 '주된 사무소' 소재지 등록관청이 관할하고 있으므로, 분사무소의 관할구역 밖으로의 이전과 관련하여서는 서류의 송부는 필요 없다.

기출

1. 분사무소를 이전한 때에는 주된 사무소의 소재지를 관할하는 등록관청에 이전신고를 해야 한다. (○) 제28회
2. 분사무소의 이전신고를 하려는 법인인 개업공인중개사는 중개사무소등록증을 첨부해야 한다. (×) 제28회
3. 분사무소의 이전신고를 받은 등록관청은 지체 없이 이를 이전 전 및 이전 후의 소재지를 관할하는 시장·군수 또는 구청장에게 통보해야 한다. (○) 제28회

핵심다지기

분사무소 관련 관할관청★★

구분	해당 관할관청
분사무소 설치신고 및 이전신고	주된 사무소 소재지 관할 등록관청
분사무소의 휴업 · 폐업 · 재개 · 휴업기간 변경신고	
분사무소에서 사용할 인장등록	
분사무소에 대한 업무정지처분	
분사무소에서 주택거래 중개시 중개보수 기준	분사무소 소재지 관할 시 · 도 조례

4. 중개사무소 공동활용 제26회, 제32회

(1) 설치의 임의사항

① 개업공인중개사는 그 업무의 효율적인 수행을 위하여 다른 개업공인중개사와 중개사무소를 공동으로 사용'할 수' 있다. ⇨ 공동사무소를 설치할 수 있다 ○, 설치하여야 한다. ×

② **설치유형**: '승낙서' 첨부하여 "신규 등록" 또는 "이전신고"

㉠ 기존 개업공인중개사 甲의 사무소를 함께 사용하기 위하여 공인중개사 乙이 甲의 사무소에 신규 등록의 형태로 공동사용하는 경우에는 기존 개업공인중개사 甲의 (사용) '승낙서'를 첨부하여 등록관청에 신규 등록을 하면 된다.★

㉡ 기존 개업공인중개사 甲의 사무소를 함께 사용하기 위하여 공인중개사인 개업공인중개사 乙이 자신의 사무소를 甲의 사무소로 이전하는 형태로 공동사용하는 경우에는 기존 개업공인중개사 甲의 (사용) '승낙서'를 첨부하여 등록관청에 중개사무소 이전신고를 하면 된다.★

③ 개업공인중개사의 '종별'이 서로 다른 경우에도 공동사무소는 가능하다(예를 들어 공인중개사인 개업공인중개사와 법인인 개업공인중개사가 공동사무소를 함께 운영할 수도 있다).

기출 개업공인중개사가 중개사무소를 공동으로 사용하려면 중개사무소의 개설등록 또는 이전신고를 할 때 그 중개사무소를 사용할 권리가 있는 다른 개업공인중개사의 승낙서를 첨부해야 한다. (○) 제32회

(2) **공동사무소 설치의 제한**(업무정지 개업공인중개사는 불가)

① '업무정지기간' 중에 있는 개업공인중개사('업무정지 개업공인중개사'라 한다)는 다음의 어느 하나에 해당하는 방법으로 다른 개업공인중개사와 중개사무소를 공동으로 사용할 수 없다.★

㉠ '업무정지 개업공인중개사'가 다른 개업공인중개사에게 중개사무소의 공동사용을 위하여 '승낙서를 주는 방법' ㉡ '업무정지 개업공인중개사'가 다른 개업공인중개사의 중개사무소를 공동으로 사용하기 위하여 중개사무소의 '이전신고를 하는 방법'

② 다만, 업무정지 개업공인중개사가 업무정지처분을 받기 '전부터' 중개사무소를 공동사용 중인 '다른' 개업공인중개사는 여전히 공동활용할 수 있다.★

(3) **법률관계**(각자 운영, 각자 책임)★

① 소위 공동사무소는 중개사무소의 공동활용에 불과할 뿐이고, 구성 개업공인중개사가 '각자' 운영하고, '각자' 책임진다.

② 등록, 업무보증, 인장등록, 중개사무소 이전신고, 거래계약서의 보관의무, 부동산 거래신고 등은 '각자' 개별적으로 하여야 한다.

③ 공동사무소의 대표자는 없으며, 공동사무소 설치신고서를 별도로 제출하지 않는다.

4 옥외광고물과 광고 및 모니터링

(1) **옥외광고물**(간판실명제와 철거의무)

① 개업공인중개사는 옥외광고물(간판)을 설치하여야 할 「공인중개사법」상의 의무는 '없다'.

② 다만, 옥외광고물을 설치하는 경우에는 옥외광고물 중 '간판'으로서, 벽면이용간판(가로형 간판, 세로형 간판), 돌출간판 또는 옥상간판에는 등록증에 표기된 개업공인중개사의 '성명'을 표기하여야 한다. 성명은 '인식할 수 있는 정도의 크기'로 표기하여야 한다.

③ 법인인 개업공인중개사의 경우에는 '대표자'의 성명을 표기하여야 하고, 법인인 개업공인중개사의 분사무소의 경우에는 신고확인서에 기재된 '책임자'의 성명을 표기하여야 한다. 위반시에는 100만원 이하의 과태료처분 사유에 해당한다.★

④ 개업공인중개사는 다음의 어느 하나에 해당하는 경우에는 '지체 없이' 사무소의 간판을 철거하여야 한다.★

간판철거의 사유	key
㉠ (법 제38조 제1항 또는 제2항에 따라) 중개사무소의 개설등록 **취소처분**을 받은 경우	취
㉡ (법 제21조 제1항에 따라) 등록관청에 **폐업사실을 신고**한 경우	폐
㉢ (법 제20조 제1항에 따라) 등록관청에 중개사무소의 **이전사실을 신고**한 경우	이

⑤ 등록관청은 간판의 철거를 개업공인중개사가 이행하지 아니하는 경우에는 「행정대집행법」에 따라 대집행을 할 수 있다.

(2) 개업공인중개사의 중개대상물 광고물에 성명 등의 명시의무(광고실명제)★

제30회, 제31회, 제33회

기출 개업공인중개사는 의뢰받은 중개대상물에 대한 표시·광고에 중개보조원에 관한 사항을 명시해서는 아니 된다. (○) 제33회

① **광고실명제**: 개업공인중개사가 의뢰받은 '중개대상물'에 대하여 표시·광고(「표시·광고의 공정화에 관한 법률」 제2조에 따른 표시·광고를 말한다)를 하려면 중개사무소, 개업공인중개사에 관한 사항으로서 대통령령으로 정하는 사항을 명시하여야 하며, "중개보조원"에 관한 사항은 명시하여서는 아니 된다. 위반시에는 100만원 이하의 과태료처분의 대상이 된다(법 제51조 제3항 제2의2호).

> **영 제17조의2 【중개대상물의 표시·광고】** ① 법 제18조의2 제1항에서 "대통령령으로 정하는 사항"이란 다음 각 호의 사항을 말한다.
> 1. "중개사무소"의 명칭, 소재지, 연락처 및 등록번호
> 2. "개업공인중개사"의 성명(법인인 경우에는 대표자의 성명)

② **인터넷광고의 추가사항**: 개업공인중개사가 "인터넷"을 이용하여 중개대상물에 대한 표시·광고를 하는 때에는 ①에서 정하는 사항 외에 "추가"로 "중개대상물"의 종류별로 대통령령으로 정하는 소재지, 면적, 가격, 중개대상물의 종류, 거래 형태, 기타 국토교통부장관이 고시하는 사항을 명시하여야 한다. 이를 위반시에는 100만원 이하의 과태료를 등록관청이 부과한다(법 제51조 제3항 제2의2호).

> **영 제17조의2 【중개대상물의 표시 · 광고】** ② 법 제18조의2 제2항에서 "대통령령으로 정하는 소재지, 면적, 가격 등의 사항"이란 다음 각 호의 사항을 말한다.
> 1. 소재지　　2. 면적　　3. 가격
> 4. 중개대상물 종류　　5. 거래 형태
> 6. 건축물 및 그 밖의 토지의 정착물인 경우 다음 각 목의 사항
>   가. 총 층수
>   나. 「건축법」 또는 「주택법」 등 관련 법률에 따른 사용승인 · 사용검사 · 준공검사 등을 받은 날
>   다. 해당 건축물의 방향, 방의 개수, 욕실의 개수, 입주가능일, 주차대수 및 관리비

③ 중개대상물의 표시 · 광고 명시사항에 관한 세부기준은 국토교통부장관이 정하여 고시한다.

④ 개업공인중개사가 '아닌 자'는 중개대상물에 대한 표시 · 광고를 하여서는 아니 된다. 위반시에는 1년 이하의 징역 또는 1천만원 이하의 벌금에 처한다(법 제49조 제1항 제6의2호).

기출 개업공인중개사가 아닌 자는 중개대상물에 대한 표시 · 광고를 해서는 안 된다. (○) 제27회, 제28회

(3) 개업공인중개사의 부당한 표시 · 광고 등의 금지★

① 개업공인중개사는 중개대상물에 대하여 다음의 어느 하나에 해당하는 부당한 표시 · 광고를 하여서는 아니 된다(법 제18조의2 제4항). 이를 위반한 경우에는 500만원 이하의 과태료를 '등록관청'이 부과한다(법 제51조 제2항 제1호).

> ㉠ 중개대상물이 존재하지 않아서 실제로 거래를 할 수 없는 중개대상물에 대한 표시 · 광고
> ㉡ 중개대상물의 가격 등 내용을 사실과 다르게 거짓으로 표시 · 광고하거나 사실을 과장되게 하는 표시 · 광고
> ㉢ 그 밖에 표시 · 광고의 내용이 부동산 거래질서를 해치거나, 중개의뢰인에게 피해를 줄 우려가 있는 것으로서 '대통령령'으로 정하는 내용의 표시 · 광고

> **영 제17조의2 【중개대상물의 표시 · 광고】** ④ 법 제18조의2 제4항 제3호에서 "대통령령으로 정하는 내용의 표시 · 광고"란 다음 각 호의 사항을 말한다.
> 1. 중개대상물이 존재하지만 실제로 중개의 대상이 될 수 없는 중개대상물에 대한 표시 · 광고
> 2. 중개대상물이 존재하지만 실제로 중개할 의사가 없는 중개대상물에 대한 표시 · 광고
> 3. 중개대상물의 입지조건, 생활여건, 가격 및 거래조건 등 중개대상물 선택에 중요한 영향을 미칠 수 있는 사실을 빠뜨리거나 은폐 · 축소하는 등의 방법으로 소비자를 속이는 표시 · 광고

② 부당한 표시 · 광고의 세부적인 유형 및 기준 등에 관한 사항은 국토교통부장관이 정하여 고시한다.

참고 | '정보통신서비스 제공자'란 「전기통신사업법」 제2조 제8호에 따른 전기통신사업자와 영리를 목적으로 전기통신사업자의 전기통신역무를 이용하여 정보를 제공하거나 정보의 제공을 매개하는 자를 말한다(「정보통신망 이용촉진 및 정보보호 등에 관한 법률」 제2조 제1항 제3호).

(4) **국토교통부장관의 인터넷 표시 · 광고 모니터링**(법 제18조의3) 제31회

① 국토교통부장관은 인터넷을 이용한 중개대상물에 대한 표시 · 광고가 적법한지 여부를 모니터링할 수 있다.

② 국토교통부장관은 모니터링을 위하여 필요한 때에는 '정보통신서비스 제공자'(「정보통신망 이용촉진 및 정보보호 등에 관한 법률」 제2조 제1항 제3호에 따른 정보통신서비스 제공자를 말한다)에게 관련 자료의 제출을 요구할 수 있다. 이 경우 관련 자료의 제출을 요구받은 정보통신서비스 제공자는 정당한 사유가 없으면 이에 따라야 한다. 위반시에는 '500만원' 이하의 과태료를 '국토교통부장관'이 부과한다.

③ 국토교통부장관은 모니터링 결과에 따라 정보통신서비스 제공자에게 이 법 위반이 의심되는 표시 · 광고에 대한 확인 또는 추가정보의 게재 등 필요한 조치를 요구할 수 있다. 이 경우 필요한 조치를 요구받은 정보통신서비스 제공자는 정당한 사유가 없으면 이에 따라야 한다. 위반시에는 '500만원' 이하의 과태료를 '국토교통부장관'이 부과한다.

④ 국토교통부장관은 모니터링 업무를 대통령령으로 정하는 기관에 위탁할 수 있다.

> **영 제17조의3【인터넷 표시 · 광고 모니터링 업무의 위탁】** ① 국토교통부장관은 법 제18조의3 제4항에 따라 다음 각 호의 어느 하나에 해당하는 기관에 같은 조 제1항에 따른 모니터링 업무를 위탁할 수 있다.
> 1. 「공공기관의 운영에 관한 법률」 제4조에 따른 공공기관
> 2. 「정부출연연구기관 등의 설립 · 운영 및 육성에 관한 법률」 제2조에 따른 정부출연연구기관
> 3. 「민법」 제32조에 따라 설립된 비영리법인으로서 인터넷 표시 · 광고 모니터링 또는 인터넷 광고 시장 감시와 관련된 업무를 수행하는 법인
> 4. 그 밖에 인터넷 표시 · 광고 모니터링 업무 수행에 필요한 전문인력과 전담조직을 갖췄다고 국토교통부장관이 인정하는 기관 또는 단체
>
> ② 국토교통부장관은 제1항에 따라 업무를 위탁하는 경우에는 위탁받는 기관 및 위탁업무의 내용을 고시해야 한다.

⑤ 국토교통부장관은 업무위탁기관에 예산의 범위에서 위탁업무 수행에 필요한 예산을 지원할 수 있다.

⑥ 모니터링의 내용, 방법, 절차 등에 관한 사항은 국토교통부령으로 정한다.

규칙 제10조의3 【인터넷 표시·광고 모니터링 업무의 내용 및 방법 등】 ① 법 제18조의3 제1항에 따른 모니터링 업무는 다음 각 호의 구분에 따라 수행한다.
1. 기본 모니터링 업무: 제2항 제1호에 따른 모니터링 기본계획서에 따라 "분기별"로 실시하는 모니터링
2. 수시 모니터링 업무: 법 제18조의2를 위반한 사실이 의심되는 경우 등 국토교통부장관이 "필요"하다고 판단하여 실시하는 모니터링

② 영 제17조의3 제2항에 따라 고시된 모니터링 업무 수탁기관(이하 "모니터링 기관"이라 한다)은 제1항에 따라 업무를 수행하려면 다음 각 호의 구분에 따라 계획서를 국토교통부장관에게 제출해야 한다.
1. 기본 모니터링 업무: 모니터링 대상, 모니터링 체계 등을 포함한 다음 연도의 모니터링 "기본계획서"를 매년 "12월 31일"까지 제출할 것
2. 수시 모니터링 업무: 모니터링의 기간, 내용 및 방법 등을 포함한 계획서를 제출할 것

③ 모니터링 기관은 제1항에 따라 업무를 수행한 경우 해당 업무에 따른 "결과보고서"를 다음 각 호의 구분에 따른 기한까지 국토교통부장관에게 제출해야 한다.
1. 기본 모니터링 업무: "매 분기"의 마지막 날부터 "30일" 이내
2. 수시 모니터링 업무: 해당 모니터링 업무를 "완료한 날"부터 "15일" 이내

④ 국토교통부장관은 제3항에 따라 제출받은 결과보고서를 시·도지사 및 등록관청 등에 통보하고 필요한 조사 및 조치를 요구할 수 있다.

⑤ 시·도지사 및 등록관청 등은 제4항에 따른 요구를 받으면 신속하게 조사 및 조치를 완료하고, 완료한 날부터 "10일" 이내에 그 결과를 국토교통부장관에게 통보해야 한다.

⑥ 제1항부터 제5항까지에서 규정한 사항 외에 모니터링의 기준, 절차 및 방법 등에 관한 세부적인 사항은 국토교통부장관이 정하여 고시한다.

〈정리〉	기본모니터링	수시모니터링
시기	분기별	수시(필요시)
계획서 제출	매년 12월 31일까지 제출	필요시
결과보고서 제출	매 분기 마지막 날부터 30일 이내 제출	완료한 날부터 15일 이내 제출

기출
1. 국토교통부장관은 인터넷을 이용한 중개대상물에 대한 표시·광고의 규정준수 여부에 관하여 기본 모니터링과 수시 모니터링을 할 수 있다. (○) 제32회
2. 모니터링 업무 위탁기관은 기본계획서에 따라 분기별로 기본 모니터링 업무를 수행한다. (○) 제31회

5 인장등록 제28회, 제29회, 제30회, 제31회, 제34회

1. 인장등록의 주체와 시기 ★

① '개업공인중개사" 및 "소속공인중개사"는 '업무개시 전'까지 중개행위에 사용할 인장을 등록'하여야' 한다.

② 중개사무소 개설등록 신청시에나 고용신고시에도 인장등록을 신청'할 수' 있다.

③ "중개보조원"은 인장등록의 의무가 없다.

2. 등록할 인장

구분		등록할 인장	등록장소	등록절차
법인인 개업공인 중개사	주된 사무소	「상업등기규칙」에 따라 신고한 '법인의 인장'으로 등록하여야 한다(법인대표자 인장 ×).	등록관청	인감증명서 제출로 갈음한다.
	분사무소	① 원칙은 '법인의 인장'을 등록하여 사용하나, ② 편의상 「상업등기규칙」에 따라 법인의 '대표자가 보증하는 인장'으로 등록할 수 있다.★	주된 사무소 소재지 등록관청★	
공인중개사인 개업공인중개사, 부칙상의 개업공인중개사, 소속공인중개사 (즉, 개인)		'가'족관계등록부나 '주'민등록표에 기재된 성명이 나타난 인장으로서, 크기는 가로・세로 각각 '7mm' 이상 '30mm' 이하의 인장이어야 한다.★ key 가・족・치・세	등록관청	인감도장이 아니어도 무방하다.

① "개인"인장에는 "실명"이 나타나 있어야 한다. 인장 "크기"의 제한이 있다. 그러나 모양(원형, 사각형 등)의 제한은 없다.

② "법인"의 인장등록은 「상업등기규칙」에 따른 "인감증명서" 제출로 갈음한다.

③ 인장의 등록은 국토교통부령 별지(제11호의2) 서식(인장등록신고서)에 따른다.

④ 인장의 등록은 '전자문서'에 의하여도 가능하다(규칙 제9조 제1항).★

3. 인장변경 ★

① 인장이 변경된 경우에는 인장변경 후 '7일 이내' 변경등록을 하여야 한다.

② 인장의 변경등록은 국토교통부령 별지(제11호의2) 서식(등록인장변경신고서)에 따른다.

③ 인장의 변경등록은 '전자문서'에 의하여도 가능하다(규칙 제9조 제2항).

> 기출 등록한 인장을 변경한 경우 개업공인중개사는 변경일부터 10일 이내에 그 변경된 인장을 등록관청에 등록해야 한다. (×) 제27회, 제28회

4. 제재(업무정지, 자격정지) ★

인장을 등록하지 아니하거나 등록한 인장을 사용하지 아니한 경우에는 개업공인중개사는 '업무정지'의 대상이며, 소속공인중개사는 '자격정지'의 대상이다.

6 휴업 · 폐업 제28회, 제29회, 제30회, 제31회, 제32회, 제34회, 제35회

1. 휴업 · 폐업의 신고

① 3개월을 '초과'하여 휴업을 '하고자' 하거나, 폐업을 '하고자' 하는 경우에는 휴 · 폐업신고서에 등록증(분사무소는 신고확인서)을 첨부하여, 등록관청(분사무소는 주된 사무소 소재지 등록관청)에 미리 신고하여야 한다.

② "휴업신고"나 "폐업신고"는 사전신고로서, "등록증(분사무소는 신고확인서")을 첨부하여 직접 "방문신고"하여야 한다. 전자문서로는 신고할 수 없다.★

③ 3개월을 '초과'하는 휴업을 하고자 할 때에 신고하므로, 3개월 이하의 휴업은 신고의무가 없다.

> 기출
> 1. 중개업의 휴업 · 폐업신고는 직접 방문 외에 전자문서로 할 수 있다. (×) 제20회
> 2. 휴업신고를 하지 않고 3개월 이하의 휴업을 할 수 있다. (○) 제20회

④ 중개업 등록 후 3개월을 초과하는 업무 미(未)개시는 휴업신고를 요한다(위반시 100만원 이하 과태료). 또한 중개업 등록 후, 정당한 사유 없이 6개월을 초과하는 업무 미(未)개시는 상대적 등록취소 사유에 해당한다.

⑤ 개업공인중개사는 폐업의 자유를 갖는다. 그러므로 업무정지 중이나 휴업 중에도 폐업은 가능하다.

⑥ 휴업기간 중이더라도, 이중소속은 할 수 없다.

> 기출 휴업기간 중에 있는 개업공인중개사는 다른 개업공인중개사의 소속공인중개사가 될 수 있다. (×) 제25회

⑦ 사망시에는 폐업신고를 하지 않아도 무방하다. 그러므로 세대를 같이하는 자가 폐업신고를 해야 할 필요는 없다.

기출

1. 휴업기간의 변경신고를 할 경우 중개사무소등록증을 첨부해야 한다. (×) 제21회
2. 중개업 재개 · 휴업기간의 변경신고의 경우 전자문서에 의한 신고도 가능하다. (○) 제23회, 제32회

2. 휴업기간 변경신고(사전신고) – 전자문서 가능

휴업기간을 '변경하고자' 할 때에도 변경신고서에 의하여 변경신고를 하여야 한다. 휴업기간 변경신고는 전자문서에 의한 신고도 가능하다.★

3. (업무)재개신고(사전신고) – 전자문서 가능

휴업신고 후 업무를 '재개하고자' 할 때에는 미리 재개신고를 하여야 한다. 이 경우 등록관청은 휴업신고 때 반납받았던 등록증을 '즉시' 반환하여야 한다. 업무에 대한 재개신고는 전자문서에 의한 신고도 가능하다.★

4. 제재

기출

1. 휴업은 6개월을 초과할 수 없으나, 취학의 경우에는 6개월을 초과할 수 있다. (○) 제20회
2. 개업공인중개사가 3개월을 초과하는 휴업을 하면서 휴업신고를 하지 않은 경우에는 100만원 이하의 과태료를 부과한다. (○) 제24회

① 휴업신고에 의한 휴업기간은 '6개월'을 초과할 수 없다. 다만, 부득이한 사유(질병으로 인한 요양, 징집으로 인한 입영, 취학, 임신 또는 출산, 공무, 그 밖에 이에 준하는 사유)가 있는 경우에는 그러하지 아니하다.★

② 부득이한 사유 없이 계속하여 6개월을 초과하여 휴업한 경우에는 '상대적 등록취소 사유'에 해당한다.★

③ 휴업신고 · 폐업신고 · 재개신고 · 휴업기간 변경신고 위반시에는 100만원 이하의 과태료에 처한다.★

구분	휴업신고	폐업신고	재개신고	휴업기간 변경신고
신고방법	등록증(원본) 첨부하여 '방문신고' (전자문서로는 할 수 없다) key 휴. 폐 빵		방문신고뿐만 아니라, '전자문서에' 의한 신고도 가능 key 재변 · 전자	
제재	100만원 이하 과태료			

5. 휴업 · 폐업신고의 일원화 · 편리화

영 제18조【휴업 또는 폐업의 신고 등】 ③ 제1항 또는 제2항에 따라 신고하려는 자가 「부가가치세법」 제8조 제8항에 따른 신고를 "같이" 하려는 경우에는 제1항의 신고서에 같은 법 시행령 제13조 제1항에 따른 신고서를 "함께" 제출해야 한다. 이 경우 등록관청은 함께 제출받은 신고서를 지체 없이 관할 세무서장에게 송부(정보통신망을 이용한 송부를 포함한다. 이하 이 조에서 같다)해야 한다.
④ 관할 세무서장이 「부가가치세법 시행령」 제13조 제5항에 따라 제1항의 신고서를 받아 해당 등록관청에 송부한 경우에는 제1항의 신고서가 제출된 것으로 본다.

심화 학습 분사무소의 휴업 및 폐업신고

1. 법인인 개업공인중개사는 분사무소를 둔 경우에 분사무소별로 휴업신고, 휴업기간변경신고, 업무재개신고, 폐업신고를 할 수 있다.
2. 분사무소의 휴업신고 등은 모두 '주된' 사무소 소재지 등록관청에 하여야 한다.
3. 분사무소의 휴업신고와 폐업신고는 등록증 대신에 분사무소설치신고확인서를 첨부하여 신고하여야 한다.
4. 분사무소에 대한 업무재개신고를 받은 등록관청은 분사무소설치신고확인서를 즉시 반환하여야 한다.

심화 학습 간판철거의무 등

1. 중개업의 휴업기간 중에는 간판을 철거할 의무가 없다. 중개업의 휴업은 출입문에 표시할 필요도 없다.
2. 중개업의 폐업을 한 경우, 지체 없이 간판을 철거하여야 한다.

Chapter 05

중개업무상의 의무

출제경향 및 학습방법

제5장에서는 6~8문제 정도가 출제된다.

1 개업공인중개사의 기본윤리 제30회, 제32회

1. 품위유지 · 공정중개의무

(1) '개업공인중개사' 및 '소속공인중개사'는 전문직업인으로서 품위를 유지하고 신의와 성실로써 공정하게 중개 관련 업무를 수행하여야 한다(법 제29조 제1항). 이러한 의무는 '중개보조원'에게는 적용되지 않는다.

(2) **선량한 관리자의 주의의무**

판례

선관주의(善管注意)

부동산 개업공인중개사와 중개의뢰인과의 법률관계는 「민법」상의 위임관계와 같으므로 개업공인중개사는 중개의뢰의 본지에 따라 선량한 관리자의 주의로써 의뢰받은 중개업무를 처리하여야 할 의무가 있다(대판 92다55350).

- 선량한 관리자의 주의의무는 공인중개사법령상의 규정은 없지만, 판례에서 인정하는 개업공인중개사의 의무이다.

2. 비밀준수의무

(1) **비밀준수의무의 원칙**

① 개업공인중개사 '등'은 그 업무상 알게 된 비밀을 누설하여서는 아니 되며, 개업공인중개사 등이 그 업무를 떠난 후에도 또한 같다(동조 제2항).★

② 적용대상은 개업공인중개사 '등'이다. 즉, 개업공인중개사뿐만 아니라 고용인(중개보조원 포함) 모두에게도 적용된다.★

③ 비밀준수의무는 중개업을 그만둔 이후에도 계속 적용된다.★

심화학습 비밀준수의무의 예외

1. 의뢰인의 승낙이 있는 경우(승낙이 있는 경우는 더 이상 비밀이 아님)
2. 그 비밀사항이 거래상의 중요사항인 경우(개업공인중개사의 설명의무가 적용됨)
3. 다른 법률에 특별한 규정이 있는 경우(공무원의 질문에 응답 및 선서한 증인 등)

(2) 위반시 제재★

① 1년 이하의 징역 또는 1천만원 이하의 벌금에 처한다.

② 반의사불벌죄(反意思不罰罪)로서, 피해자(의뢰인)의 명백한 의사에 반(反)해서는 처벌하지 않는다(不罰).

③ 피해자의 고소가 있어야 처벌되는 친고죄(親告罪)는 아니다.

> 기출 비밀준수의무에 위반한 처벌은 피해자의 명시한 의사에 반하여 벌할 수는 없다. (○) 제32회

2 중개계약상의 의무 제25회, 제26회

기본기

기본개념

1. 부동산중개계약은 **민사중개계약, 낙성 · 불요식계약이며, 유상 · 쌍무계약이다.** 또한 「민법」상의 위임계약과 유사하다(대판 2007다44156).
2. 「공인중개사법」에서는 불특정 다수의 개업공인중개사에게 의뢰를 하고 그중 가장 먼저 거래를 성사시킨 개업공인중개사에게 보수를 지급하는 '일반중개계약'과 특정한 개업공인중개사를 지정하여 그 개업공인중개사에 한정하여 중개를 하도록 하는 '전속중개계약'이 규정되어 있다.

> 기출 특정한 개업공인중개사를 정하여 그 개업공인중개사에 한하여 중개대상물을 중개하도록 하는 계약이 전속중개계약이다. (○) 제27회

> 기출
> 1. 중개의뢰인은 일반중개계약을 체결하였다 하더라도 중개대상물의 거래에 관한 중개를 다른 개업공인중개사에게도 의뢰할 수 있다. 제28회
> 2. 일반중개계약서는 국토교통부장관이 정한 표준이 되는 서식을 사용해야 한다. (×) 제28회
> 3. 일반중개계약의 체결은 서면으로 해야 한다. (×) 28회

1. 일반중개계약상의 의무 제28회, 제29회, 제30회, 제31회, 제33회, 제34회, 제35회

(1) 의뢰인은 중개의뢰내용을 명확하게 하기 위하여 필요한 경우에는 개업공인중개사에게 다음의 사항을 기재한 일반중개계약서의 작성을 요청할 수 있다(법 제22조).★

일반중개계약서 기재 요청사항

내용	key
① 거래예정가격	거
② 중개대상물의 위치 및 규모	위
③ 거래예정가격에 대한 중개보수	수
④ 그 밖에 개업공인중개사와 중개의뢰인이 준수하여야 할 사항	준

(2) 국토교통부장관은 표준이 되는 서식을 정하여 그 사용을 권장할 수 있다. 권장양식은 국토교통부령으로 정해져 있으나, 이를 사용할 법률상의 의무는 "없다".★

(3) 일반중개계약서에 대해 개업공인중개사에게 작성의무는 "없다". 또한 보관의무도 "없으며", 국토교통부장관이 권장하고 있는 권장양식을 사용할 의무도 "없음"에 주의하여야 한다.★

2. 전속중개계약상의 의무 제27회, 제28회, 제29회, 제30회, 제31회, 제32회, 제32회, 제35회

(1) 전속개업공인중개사의 의무★★★

구분	의무사항	내용	위반시 제재
전속 중개 계약상의 의무	① '전속중개계약서'를 반드시 작성"하여야" 한다. 전속중개계약서는 법정 강제양식이 규정되어 있으며 이 양식을 사용"하여야" 한다.★	중개의뢰인에게 교부하고 개업공인중개사는 '3년'간 보존하여야 한다.	**업무정지**
	② 물건에 대한 정보를 공개"하여야" 한다. 다만, 의뢰인이 비공개를 요청한 경우에는 공개하여서는 아니 된다.★	계약 체결 후 '7일 이내' 부동산거래정보망 '또는' 일간신문에 공개하여야 한다(택 1).	**상대적 등록취소 (업무정지)**
	③ 공개한 내용을 지체 없이 의뢰인에게 통지"하여야" 한다.	문서(서면)로써 통지하여야 한다.★	**업무정지**
	④ 업무처리 상황을 의뢰인에게 보고"하여야" 한다.	'2주일에 1회 이상' 문서(서면)로써 통지하여야 한다.	**업무정지**

기출

1. 전속중개계약을 체결한 때에는 해당 계약서를 5년간 보존하여야 한다는 명문의 규정이 있다. (×) 제19회
2. 전속중개계약을 체결한 개업공인중개사는 중개의뢰인에게 2주일에 1회 이상 중개업무처리 상황을 문서로써 통지해야 한다. (○) 제26회, 제27회

(2) 전속중개계약시의 정보공개사항 제25회, 제30회

내용	key
① 중개대상물의 종류, 소재지, 지목 및 면적, 건축물의 용도·구조 및 건축연도 등 중개대상물을 특정하기 위하여 필요한 사항(물건의 **기본적인 사항**)	기
② 소유권·전세권·저당권·지상권 및 임차권 등 중개대상물의 **권리관계**에 관한 사항(다만, 각 권리자의 주소·성명 등 인적사항에 관한 정보는 공개하여서는 아니 된다)★★	권
③ **공법상** 이용제한 및 거래규제에 관한 사항	공법
④ **수도**·전기·가스·소방·열공급·승강기 설비, 오수·폐수·쓰레기 처리시설 등의 상태	수
⑤ **벽면** 및 도배의 상태	벽
⑥ **일조**·소음·진동 등 환경조건	일
⑦ **도로** 및 대중교통수단과의 연계성, 시장·학교 등과의 근접성, 지형 등 입지조건	도
⑧ 중개대상물의 **거래예정금액**	거
⑨ 공시**지가**(다만, 임대차거래의 경우에는 공시지가를 공개하지 아니할 수 있다)★★	지

기출

1. 전속중개계약을 체결한 개업공인중개사는 부동산거래정보망에 중개대상물의 정보를 공개할 경우, 권리자의 주소·성명을 공개해야 한다. (×) 제25회, 제26회
2. 전속중개계약 체결 후 개업공인중개사가 공개해야 할 부동산에 관한 정보에는 도로 및 대중교통수단과의 연계성이 포함된다. (○) 제28회

(3) 중개의뢰인의 의무

① 전속중개계약의 유효기간에 대해 원칙은 '3개월'이며, 특약으로 달리 약정할 수도 있다.

② 전속중개계약을 체결한 전속의뢰인의 책임은 다음과 같다.

유효기간(원칙 : 3개월) 이내	전속중개의뢰인의 책임
㉠ 전속중개의뢰인이 '다른' 개업공인중개사에 의뢰하여 그 다른 개업공인중개사를 통하여 거래를 한 경우(배신)	전속개업공인중개사에게 중개보수(약정보수)의 100%를 '위약금'(중개보수 ×)으로 지급하여야 한다.★
㉡ 전속중개의뢰인이 전속개업공인중개사가 소개한 다른 사람과 전속개업공인중개사를 '배제'하고, 직거래를 한 경우(배제)	전속개업공인중개사에게 중개보수(약정보수)의 100%를 '위약금'으로 지급하여야 한다.★
㉢ 전속중개의뢰인이 스스로 발견한 상대방과 직거래를 한 경우 key 스 · 발 · 상 OB	전속개업공인중개사에게 중개보수(약정보수)의 '50% 범위 내에서 전속개업공인중개사가 지출한 비용(사회통념상 인정되는 비용)'(중개보수 ×)을 지급하여야 한다.★
㉠㉡㉢ 모두 거래계약은 "유효"하다. (전속중개의뢰인은 위약책임은 져야 한다)	

예시 : 약정보수가 1,000만원이고, 개업공인중개사가 (광고비를 포함한) 700만원의 비용을 지출하였다면, ㉠의 경우에는 1,000만원, ㉡의 경우도 1,000만원, ㉢의 경우는 500만원을 전속의뢰인이 개업공인중개사에게 지급하여야 한다.

③ 전속중개의뢰인은 전속개업공인중개사의 확인 · 설명에 협조하여야 한다(일반중개의뢰인과 동일한 내용).

(4) 일반중개계약서 서식과 전속중개계약서 서식의 비교

① 의뢰인과 개업공인중개사의 권리와 의무에 대한 내용은 서로 다르다,

② 의뢰인의 협조의무를 포함한 유효기간부터 (중개보수, 손해배상책임, 기타약정 등) 끝부분까지의 기술내용은 동일하다.

③ 두 서식 모두 권리이전용과 권리취득용을 구분하여 기재한다.

④ 두 서식 모두 소속공인중개사는 중개계약서에는 서명이나 날인의 의무가 없다.

기출 전속중개계약을 체결할 경우 당사자 간에 다른 약정이 없으면 그 유효기간은 6개월로 한다. (×) 제23회

기출

1. 전속중개계약의 유효기간 내에 다른 개업공인중개사에게 해당 중개대상물의 중개를 의뢰하여 거래한 중개의뢰인은 전속중개계약을 체결한 개업공인중개사에게 위약금 지급의무를 진다. (○) 제27회
2. 중개의뢰인이 전속중개계약의 유효기간 내에 스스로 발견한 상대방과 직접 거래한 경우, 중개의뢰인은 개업공인중개사에게 중개보수의 50%를 지급할 의무가 있다. (×) 제24회

기출 중개의뢰인 甲과 개업공인중개사 乙은 공인중개사법령에 따른 전속중개계약을 체결한 경우, 甲은 乙이 공인중개사법령상의 중개대상물 확인 · 설명의무를 이행하는 데 협조해야 한다. (○) 제33회

■ 공인중개사법 시행규칙 [별지 제14호 서식] <개정 2014 .7. 29.> (앞쪽)

일반중개계약서 제30회

([ ] 매도 [ ] 매수 [ ] 임대 [ ] 임차 [ ] 그 밖의 계약( ))

※ 해당하는 곳의 [ ]란에 ✓표를 하시기 바랍니다.

중개의뢰인(갑)은 이 계약서에 의하여 뒤쪽에 표시한 중개대상물의 중개를 개업공인중개사(을)에게 의뢰하고 을은 이를 승낙한다.

1. 을의 의무사항
   을은 중개대상물의 거래가 조속히 이루어지도록 성실히 노력하여야 한다.
2. 갑의 권리·의무 사항
   1) **갑은 이 계약에도 불구하고 중개대상물의 거래에 관한 중개를 다른 개업공인중개사에게도 의뢰할 수 있다.★**
   2) **갑은 을이 「공인중개사법」(이하 "법"이라 한다) 제25조에 따른 중개대상물의 확인·설명의무를 이행하는 데 협조하여야 한다.★**
3. 유효기간
   이 계약의 유효기간은 년 월 일까지로 한다.
   ※ **유효기간은 3개월을 원칙으로 하되, 갑과 을이 합의하여 별도로 정한 경우에는 그 기간에 따른다.★**
4. 중개보수
   중개대상물에 대한 거래계약이 성립한 경우 갑은 거래가액의 ( )%(또는 원)을 중개보수로 을에게 지급한다.
   ※ 뒤쪽 별표의 요율을 넘지 않아야 하며, 실비는 별도로 지급한다.
5. 을의 손해배상 책임
   을이 다음의 행위를 한 경우에는 갑에게 그 손해를 배상하여야 한다.
   1) 중개보수 또는 실비의 과다수령: 차액 환급
   2) 중개대상물의 확인·설명을 소홀히 하여 재산상의 피해를 발생하게 한 경우: 손해액 배상
6. 그 밖의 사항
   이 계약에 정하지 않은 사항에 대하여는 갑과 을이 합의하여 별도로 정할 수 있다.

이 계약을 확인하기 위하여 계약서 2통을 작성하여 계약 당사자 간에 이의가 없음을 확인하고 각자 서명 또는 날인한 후 쌍방이 1통씩 보관한다. 년 월 일

계약자

중개의뢰인 (갑)	주소(체류지)		성명	(서명 또는 인)★
	생년월일		전화번호	
개업 공인중개사 (을)	주소(체류지)		성명(대표자)	(서명 또는 인)★
	상호(명칭)		등록번호	
	생년월일		전화번호	

210mm×297mm[일반용지 60g/m^2(재활용품)]

(뒤쪽)

※ 중개대상물의 거래내용이 권리를 이전(매도 · 임대 등)하려는 경우에는 「Ⅰ. 권리이전용(매도 · 임대 등)」에 적고, 권리를 취득(매수 · 임차 등)하려는 경우에는 「Ⅱ. 권리취득용(매수 · 임차 등)」에 적습니다.

Ⅰ. 권리이전용(매도 · 임대 등)

<table>
<tr><td>구분</td><td colspan="4">[ ] 매도 [ ] 임대 [ ] 그 밖의 사항( )</td></tr>
<tr><td rowspan="2">소유자 및
등기명의인</td><td colspan="3">성명</td><td>생년월일</td></tr>
<tr><td colspan="4">주소</td></tr>
<tr><td rowspan="5">중개대상물의
표시</td><td rowspan="2">건축물</td><td colspan="2">소재지</td><td>건축연도</td></tr>
<tr><td>면적 ㎡</td><td>구조</td><td>용도</td></tr>
<tr><td rowspan="2">토지</td><td colspan="2">소재지</td><td>지목</td></tr>
<tr><td>면적 ㎡</td><td>지역 · 지구 등</td><td>현재 용도</td></tr>
<tr><td colspan="4">은행융자 · 권리금 · 제세공과금 등(또는 월임대료 · 보증금 · 관리비 등)</td></tr>
<tr><td>권리관계</td><td colspan="4"></td></tr>
<tr><td>거래규제 및
공법상 제한사항</td><td colspan="4"></td></tr>
<tr><td>중개의뢰 금액</td><td colspan="4"></td></tr>
<tr><td>그 밖의 사항</td><td colspan="4"></td></tr>
</table>

Ⅱ. 권리취득용(매수 · 임차 등)

<table>
<tr><td>구분</td><td colspan="2">[ ] 매수 [ ] 임차 [ ] 그 밖의 사항( )</td></tr>
<tr><td>항목</td><td>내용</td><td>세부내용</td></tr>
<tr><td>희망물건의 종류</td><td></td><td></td></tr>
<tr><td>취득 희망가격</td><td></td><td></td></tr>
<tr><td>희망지역</td><td></td><td></td></tr>
<tr><td>그 밖의 희망조건</td><td colspan="2"></td></tr>
</table>

첨부서류	중개보수 요율표(「공인중개사법」 제32조 제4항 및 같은 법 시행규칙 제20조에 따른 요율표를 수록합니다) ※ 해당 내용을 요약하여 수록하거나, 별지로 첨부합니다.

유의사항

[개업공인중개사 위법행위 신고안내]

개업공인중개사가 중개보수 과다수령 등 위법행위시 시 · 군 · 구 부동산중개업 담당 부서에 신고할 수 있으며, 시 · 군 · 구에서는 신고사실을 조사한 후 적정한 조치를 취하게 됩니다.

210mm×297mm[일반용지 60g/㎡(재활용품)]

■ 공인중개사법 시행규칙 [별지 제15호 서식] <개정 2021. 8. 27.>

전속중개계약서

([ ] 매도 [ ] 매수 [ ] 임대 [ ] 임차 [ ] 그 밖의 계약( ))

※ 해당하는 곳의 [ ]란에 ✓표를 하시기 바랍니다. (앞쪽)

중개의뢰인(갑)은 이 계약서에 의하여 뒤쪽에 표시한 중개대상물의 중개를 개업공인중개사(을)에게 의뢰하고 을은 이를 승낙한다.

1. 을의 의무사항★
   ① 을은 갑에게 계약 체결 후 2주일에 1회 이상 중개업무 처리상황을 문서로 통지하여야 한다.
   ② 을은 이 전속중개계약 체결 후 7일 이내 「공인중개사법」(이하 "법"이라 한다) 제24조에 따른 부동산거래정보망 또는 일간신문에 중개대상물에 관한 정보를 공개하여야 하며, 중개대상물을 공개한 때에는 지체 없이 갑에게 그 내용을 문서로 통지하여야 한다. 다만, 갑이 비공개를 요청한 경우에는 이를 공개하지 아니한다. (공개 또는 비공개 여부:)
   ③ 법 제25조 및 같은 법 시행령 제21조에 따라 중개대상물에 관한 확인·설명의무를 성실하게 이행하여야 한다.
2. 갑의 권리·의무 사항★
   ① 다음 각 호의 어느 하나에 해당하는 경우에는 갑은 그가 지급해야 할 중개보수에 해당하는 금액을 을에게 위약금으로 지급해야 한다. 다만, 제3호의 경우에는 중개보수의 50퍼센트에 해당하는 금액의 범위에서 을이 중개행위를 할 때 소요된 비용(사회통념에 비추어 상당하다고 인정되는 비용을 말한다)을 지급한다.
      1. 전속중개계약의 유효기간 내에 을 외의 다른 개업공인중개사에게 중개를 의뢰하여 거래한 경우
      2. 전속중개계약의 유효기간 내에 을의 소개에 의하여 알게 된 상대방과 을을 배제하고 거래당사자 간에 직접 거래한 경우
      3. 전속중개계약의 유효기간 내에 갑이 스스로 발견한 상대방과 거래한 경우
   ② **갑은 을이 법 제25조에 따른 중개대상물 확인·설명의무를 이행하는 데 협조하여야 한다.★**
3. 유효기간
   이 계약의 유효기간은 년 월 일까지로 한다.
   ※ **유효기간은 3개월을 원칙으로 하되, 갑과 을이 합의하여 별도로 정한 경우에는 그 기간에 따른다.★**
4. 중개보수
   중개대상물에 대한 거래계약이 성립한 경우 갑은 거래가액의 ( )%(또는 원)을 중개보수로 을에게 지급한다.
   ※ 뒤쪽 별표의 요율을 넘지 않아야 하며, 실비는 별도로 지급한다.
5. 을의 손해배상 책임
   을이 다음의 행위를 한 경우에는 갑에게 그 손해를 배상하여야 한다.
   1) 중개보수 또는 실비의 과다수령: 차액 환급
   2) 중개대상물의 확인·설명을 소홀히 하여 재산상의 피해를 발생하게 한 경우: 손해액 배상
6. 그 밖의 사항
   이 계약에 정하지 않은 사항에 대하여는 갑과 을이 합의하여 별도로 정할 수 있다.

이 계약을 확인하기 위하여 계약서 2통을 작성하여 계약 당사자 간에 이의가 없음을 확인하고 각자 서명 또는 날인한 후 쌍방이 1통씩 보관한다.

년 월 일

계약자

중개의뢰인 (갑)	주소(체류지)		성명	(서명 또는 인)★
	생년월일		전화번호	
개업 공인중개사 (을)	주소(체류지)		성명(대표자)	(서명 또는 인)★
	상호(명칭)		등록번호	
	생년월일		전화번호	

210mm × 297mm[일반용지 $60g/m^2$(재활용품)]

⋮

(뒤쪽)

※ 중개대상물의 거래내용이 권리를 이전(매도 · 임대 등)하려는 경우에는 「Ⅰ. 권리이전용(매도 · 임대 등)」에 적고, 권리를 취득(매수 · 임차 등)하려는 경우에는 「Ⅱ. 권리취득용(매수 · 임차 등)」에 적습니다.

Ⅰ. 권리이전용(매도 · 임대 등)

구분	[ ] 매도 [ ] 임대 [ ] 그 밖의 사항( )			
소유자 및 등기명의인	성명			생년월일
	주소			
중개대상물의 표시	건축물	소재지		건축연도
		면적 m^2	구조	용도
	토지	소재지		지목
		면적 m^2	지역 · 지구 등	현재 용도
	은행융자 · 권리금 · 제세공과금 등(또는 월임대료 · 보증금 · 관리비 등)			
권리관계				
거래규제 및 공법상 제한사항				
중개의뢰 금액				
그 밖의 사항				

Ⅱ. 권리취득용(매수 · 임차 등)

구분	[ ] 매수 [ ] 임차 [ ] 그 밖의 사항( )	
항목	내용	세부내용
희망물건의 종류		
취득 희망가격		
희망지역		
그 밖의 희망조건		

첨부서류	중개보수 요율표(「공인중개사법」 제32조 제4항 및 같은 법 시행규칙 제20조에 따른 요율표를 수록합니다) ※ 해당 내용을 요약하여 수록하거나, 별지로 첨부합니다.

유의사항
[개업공인중개사 위법행위 신고안내] 개업공인중개사가 중개보수 과다수령 등 위법행위시 시 · 군 · 구 부동산중개업 담당 부서에 신고할 수 있으며, 시 · 군 · 구에서는 신고사실을 조사한 후 적정한 조치를 취하게 됩니다.

210mm×297mm[일반용지 60g/m^2(재활용품)]

기출
1. 개업공인중개사가 중개를 의뢰받은 경우 중개대상물에 대한 확인·설명은 중개가 완성되기 전에 해야 한다. (○) 제23회
2. 개업공인중개사의 중개대상물에 대한 확인·설명은 해당 중개대상물에 대한 권리를 취득하고자 하는 중개의뢰인에게 해야 한다. (○) 제23회

3 중개대상물 확인·설명의무

1. 중개대상물의 확인·설명의 방법

법 제25조 【중개대상물의 확인·설명】 ① 개업공인중개사는 중개를 의뢰받은 경우에는 중개가 완성되기 전에 다음 각 호의 사항을 확인하여 이를 해당 중개대상물에 관한 권리를 "취득"하고자 하는 중개의뢰인에게 성실·정확하게 설명하고, 토지대장 등본 또는 부동산종합증명서, 등기사항증명서 등 설명의 "근거자료"를 제시하여야 한다.
1. 해당 중개대상물의 상태·입지 및 권리관계
2. 법령의 규정에 의한 거래 또는 이용제한사항
3. 그 밖에 대통령령으로 정하는 사항

(1) 개업공인중개사는 권리'취득'의뢰인에게(거래당사자 쌍방에게 설명 ×), 설명의 근거자료(대장·등기사항증명서 등)를 제시하고(제시하거나 ×), 성실·정확하게 설명하여야 한다(법 제25조 제1항). 즉, 권리취득의뢰인에게 설명의 근거자료 제시와 물건에 대한 설명을 모두 하여야 한다.★

(2) 개업공인중개사가 이러한 설명의무를 위반한 경우에는 "500만원 이하"의 과태료처분 대상에 해당한다.★ ⇨ 소속공인중개사는 "자격정지" 처분의 대상★

2. 확인·설명의무와 확인·설명서 작성·교부의무 ★

제28회, 제30회, 제31회, 제32회, 제34회

기출 개업공인중개사는 중개가 완성되어 거래계약서를 작성하는 때에는 중개대상물 확인·설명서를 작성하여 거래당사자에게 교부하여야 한다. (○) 제23회

법 제25조 【중개대상물의 확인·설명】 ③ 개업공인중개사는 중개가 완성되어 거래계약서를 작성하는 때에는 제1항에 따른 확인·설명사항을 대통령령으로 정하는 바에 따라 서면으로 작성하여 거래당사자에게 교부하고, 대통령령으로 정하는 기간(주; 3년) 동안 그 원본, 사본 또는 전자문서를 보존하여야 한다. 다만, 확인·설명사항이 「전자문서 및 전자거래 기본법」 제2조 제9호에 따른 공인전자문서센터(이하 "공인전자문서센터"라 한다)에 보관된 경우에는 그러하지 아니하다.

<table>
<tr><th>구분</th><th>확인 · 설명의무</th><th>확인 · 설명서 작성 · 교부의무</th></tr>
<tr><td rowspan="2">시기★</td><td>중개 완성 "전"</td><td>중개 완성 "후"</td></tr>
<tr><td>중개계약 체결시 ~ 거래계약성립 전까지(즉, 중개가 완성되기 전까지) 설명하여야 한다.</td><td>중개가 완성되어 거래계약서를 작성하는 때에는 중개대상물 확인 · 설명서도 작성 · 교부하여야 한다.</td></tr>
<tr><td>대상★</td><td>물건에 대한 설명은 권리를 '취득'하고자 하는 의뢰인에게 하여야 한다.★</td><td>중개대상물 확인 · 설명서는 거래당사자 '쌍방'에게 교부하여야 한다.★</td></tr>
<tr><td>내용★</td><td>물건의 권리관계 등에 대하여 확인하여, 설명의 근거자료를 '제시하고' 성실 · 정확하게 설명하여야 한다.</td><td>확인 · 설명한 사항을 서면(법정서식 사용)으로 작성하고, 서명 및 날인하여 거래당사자 쌍방에게 교부하고, 그 원본, 사본 또는 전자문서를 3년간 보존하여야 한다(공인전자문서센터에 보관시 제외).★</td></tr>
<tr><td>위반시 제재★</td><td>개업공인중개사가 물건에 대한 설명의무를 위반한 경우에는 "500만원 이하의 과태료" 처분 사유에 해당한다.★</td><td>개업공인중개사가 중개대상물 확인 · 설명서를 작성 · 교부 · 보존 · 서명 및 날인하지 아니한 경우에는 "업무정지" 처분의 대상이 된다.★</td></tr>
<tr><td>소속 공인 중개사</td><td colspan="2">① 소속공인중개사가 물건에 대해 성실하고 정확하게 설명하지 아니하거나, 설명의 근거자료를 제시하지 아니하거나, 중개대상물 확인 · 설명서에 서명 및 날인을 하지 아니한 경우에는 '자격정지'처분의 대상이 된다.★
② 소속공인중개사에게는 작성 · 교부 · 보관의무는 없고, 서명 및 날인의 의무가 있다. 업무를 담당한 소속공인중개사의 서명 및 날인의무는 거래계약서와 중개대상물 확인 · 설명서에 한한다.</td></tr>
</table>

기출 개업공인중개사는 중개대상물 확인 · 설명서의 그 원본이나 사본 또는 전자문서를 5년간 보존하여야 한다. 다만, 공인전자문서센터에 보관된 경우에는 그러하지 아니하다. (×) 제32회

3. 확인 · 설명사항 제26회, 제29회, 제30회, 제31회, 제34회

(1) 공통설명사항

개업공인중개사가 중개시 취득의뢰인에게 확인 · 설명하여야 할 사항은 다음과 같다(영 제21조 제1항).★

기출

1. 주거용 건축물의 구조나 진동에 관한 확인 · 설명의무는 없다. (×) 제24회
2. 주거용 건축물의 경우 소음 · 진동은 개업공인중개사가 확인하기 곤란하므로 확인 · 설명할 사항에 해당하지 않는다. (×) 제23회
3. 시장 · 학교와의 근접성 등 중개대상물의 입지조건은 개업공인중개사가 확인 · 설명해야 하는 사항에 해당한다. (○) 제28회
4. 중개대상물에 대한 권리를 취득함에 따라 부담해야 할 조세의 종류 및 세율은 개업공인중개사가 확인 · 설명해야 할 사항이다. (○) 제26회

내용	key
① 중개대상물의 종류 · 소재지 · 지번 · 지목 · 면적 · 용도 · 구조 및 건축연도 등 중개대상물에 관한 **기본적인 사항**	기
② 소유권 · 전세권 · 저당권 · 지상권 및 임차권 등 중개대상물의 **권리관계**에 관한 사항	권
③ 토지이용계획, **공법상** 거래규제 및 이용제한에 관한 사항	공법
④ **수도** · 전기 · 가스 · 소방 · 열공급 · 승강기 및 배수 등 시설물의 **상태**	수
⑤ **벽면 · 바닥면** 및 도배의 **상태**	벽
⑥ **일조** · 소음 · 진동 등 '**환경조건**'	일
⑦ **도로** 및 대중교통수단과의 연계성, 시장 · 학교와의 근접성 등 '**입지조건**'	도
⑧ 중개대상물에 대한 권리를 '**취득**'함에 따라 부담하여야 할 **조세의 종류** 및 세율 ☐ 이전에 따른 조세나 보유시 조세에 대한 설명의무는 없다.	조
⑨ **거래**예정금액	거
⑩ 중개**보수** 및 실비의 금액과 그 산출내역	수

주의 물건의 경제적 가치나 투자수익율 등에 대한 설명의무는 없다.

(2) 주택임대차계약시 추가설명사항 key 전.세.확.임대인.최우선.보.관

① 〈전〉 「주민등록법」 제29조의2에 따른 '**전입세대확인서**'의 열람 또는 교부에 관한 사항
② 〈세〉 「국세징수법」 제109조 제1항 · 제2항 및 「지방세징수법」 제6조 제1항 · 제3항에 따라 임대인이 납부하지 아니한 **국세 및 지방세**의 열람을 신청할 수 있다는 사항
③ 〈확〉 「주택임대차보호법」 제3조의6 제4항에 따라 **확정일자**부여기관에 정보제공을 요청할 수 있다는 사항
④ 〈임대인〉 〈최우선〉 「주택임대차보호법」 제3조의7에 따른 '**임대인의 정보 제시 의무** 및 같은 법 제8조에 따른 보증금 중 일정액의 보호(즉, **최우선**변제권)
⑤ 〈보〉 「민간임대주택에 관한 특별법」 제49조에 따른 임대보증금에 대한 **보증에 관한 사항**(민간임대주택인 경우)
⑥ 〈관〉 "**관리비**" 금액과 그 산출내역

4. 자료요구

(1) 매도 · 임대의뢰인에의 자료요구

개업공인중개사는 확인 · 설명을 위하여 필요한 경우에는 중개대상물의 매도 · 임대의뢰인 등 권리를 '이전'하고자 하는 자에게 해당 중개대상물의 '상태'에 관한 자료를 요구할 수 있다.★

(2) '상태'에 관한 자료

상태에 관한 자료에 해당하는 것은 다음과 같다.

내용	key
① 수도 · 전기 · 가스 등 (내 · 외부) 시설물의 상태	수
② 벽면 · 바닥면 및 도배상태	벽
③ 일조 · 소음 · 진동 등 환경조건	일

(3) 자료요구에 불응시

불응한 사실을 (매수 · 임차의뢰인 등) 권리를 취득하려는 의뢰인에게 '설명하고' (설명하거나 ×), 중개대상물 확인 · 설명서에 '기재'하여야 한다. 설명도 '하고' 중개대상물 확인 · 설명서에 기재도 모두 하여야 한다.★

5. 중개의뢰인에 대한 신분증 제시 요구권

개업공인중개사는 중개업무의 수행을 위하여 필요한 경우에는 중개의뢰인에게 주민등록증 등 신분을 확인할 수 있는 증표를 제시할 것을 요구할 수 있다.

기출 중개의뢰인이 개업공인중개사에게 소정의 중개보수를 지급하지 아니하였다고 해서 개업공인중개사의 확인·설명의무 위반에 따른 손해배상책임이 당연히 소멸되는 것이 아니다. (○) 제23회

기출 중개대상물에 근저당권이 설정된 경우, 실제의 피담보채무액까지 조사·확인하여 설명할 의무는 없다. (○) 제24회

판례

확인·설명의무

1. 부동산중개계약에 따른 개업공인중개사의 확인·설명의무와 이에 위반한 경우의 손해배상의무는 중개의뢰인이 개업공인중개사에게 소정의 보수를 지급하지 아니하였다고 해서 당연히 소멸되는 것이 아니다(대판 2001다71484).★
2. 확인·설명사항으로서의 권리관계에는 권리자에 관한 사항도 포함된다. 그러므로 개업공인중개사는 매도의뢰인이 진정한 권리자와 동일인지의 여부를 부동산등기부와 주민등록증 등을 통하여 조사·확인해야 할 의무가 있다(대판 92다55350).
3. 중개대상물건에 근저당이 설정된 경우에는 개업공인중개사는 채권최고액만을 조사·확인해서 의뢰인에게 설명하면 족하고, 실제의 현재 채무액까지 설명해 주어야 할 의무는 없다(대판 98다30667).★
4. [1] 개업공인중개사는 다가구주택의 일부에 대한 임대차계약을 중개함에 있어서 임차의뢰인이 임대차계약이 종료된 후에 임대차보증금을 제대로 반환받을 수 있는지 판단하는 데 필요한 다가구주택의 권리관계 등에 관한 자료를 제공하여야 한다.

   [2] 임차의뢰인에게 부동산등기부상에 표시된 중개대상물의 권리관계 등을 확인·설명하는 데 그쳐서는 아니 되고, 임대의뢰인에게 그 다가구주택 내에 이미 거주해서 살고 있는 '다른 임차인'의 (임대차계약내역 중 개인정보에 관한 부분을 제외하고) 임대차보증금, 임대차의 시기와 종기 등에 관한 부분의 자료를 요구하여 이를 확인한 다음 임차의뢰인에게 설명하고, 그 자료를 제시하여야 한다.

   [3] 개업공인중개사가 고의나 과실로 이러한 의무를 위반하여 임차의뢰인에게 재산상의 손해를 발생하게 한 때에는 「공인중개사법」 제30조에 의하여 이를 배상할 책임이 있다(대판 2011다63857).
5. [1] 공인중개사는 자기가 조사·확인하여 설명할 의무가 없는 사항이라도 중개의뢰인이 계약을 맺을지를 결정하는 데 중요한 것이라면 그에 관해 그릇된 정보를 제공해서는 안 되고, 그 정보가 진실인 것처럼 그대로 전달하여 중개의뢰인이 이를 믿고 계약을 체결하도록 했다면 선량한 관리자의 주의로 신의를 지켜 성실하게 중개해야 할 의무를 위반한 것이 된다.

   [2] 다가구주택에서 먼저 대항력을 취득한 임차인의 보증금이 얼마나 되는지 또는 소액임차인의 수가 어느 정도인지는 임차인이 보증금을 돌려받지 못할 위험성을 따져보고 계약 체결 여부를 결정하는 데 중요한 사항이므로, 기존 임차인들의 실제 보증금 합계액이 임대인이 공인중개사를 통해 알려 준 것보다 훨씬 많고 그중 상당수의 임차인들이 소액임차인에 해당할 수 있다는 것을 甲 등이 알았다면 다가구주택을 임차하지 않았을 개연성은 충분한 경우, 공인중개사의 중개계약상 의무 위반에 해당한다(대판 2022다212594).
6. 개업공인중개사는 당해 중개대상물의 권리관계 등을 확인하여 중개의뢰인에게 설명할 의무가 있고, 한편 직접적인 위탁관계가 없다고 하더라도 부동산중개업자의 개입을 신뢰하여 거래를 하기에 이른 거래 상대방에 대하여도 신의성실의 원칙상 목적부동산의 하자, 권리자의 진위, 대리관계의 적법성 등에 대하여 각별한 주의를 기울여야 할 업무상의 일반적인 주의의무를 부담한다(대판 2007다73611).

4 중개대상물 확인 · 설명서 작성의무 제28회, 제29회, 제30회, 제31회, 제33회, 제34회, 제35회

(1) 개업공인중개사는 거래계약서를 작성할 때 중개대상물 확인 · 설명서를 작성하고 서명 및 날인하여, 쌍방의뢰인에게 교부하며, 그 원본, 사본 또는 전자문서를 '3년간' 보관하여야 한다(공인전자문서센터에 보관시 제외). ⇨ 위반시 업무정지★

(2) 중개대상물 확인 · 설명서 서식은 시행규칙의 별지(제20호) 서식으로 규정되어 있다. 서식은 ① 주거용 건축물[Ⅰ], ② 비주거용 건축물[Ⅱ], ③ 토지[Ⅲ], ④ 입목 · 광업재단 · 공장재단[Ⅳ]에 대한 확인 · 설명서로 모두 4종류가 있다. 각각의 중개대상물의 종류에 맞는 확인 · 설명서를 기재하여야 한다.

기출 개업공인중개사는 거래계약서를 작성하는 때에는 중개대상물 확인 · 설명서를 작성하여 거래당사자에게 교부하고 확인 · 설명서를 3년 동안 보존해야 한다(공인전자문서센터에 보관시 제외). (○)
제26회 변형

■ 공인중개사법 시행규칙 [별지 제20호 서식] <개정 2024. 7. 2.> (6쪽 중 제1쪽)

중개대상물 확인 · 설명서[Ⅰ] (주거용 건축물)

(주택 유형 : [ ] 단독주택 [ ] 공동주택 [ ] 주거용 오피스텔)

(거래 형태 : [ ] 매매 · 교환 [ ] 임대)

확인 · 설명 자료	확인 · 설명 근거자료 등	[ ] 등기권리증 [ ] 등기사항증명서 [ ] 토지대장 [ ] 건축물대장 [ ] 지적도 [ ] 임야도 [ ] 토지이용계획확인서 [ ] 확정일자 부여현황 [ ] 전입세대확인서 [ ] 국세납세증명서 [ ] 지방세납세증명서 [ ] 그 밖의 자료( )
	대상물건의 상태에 관한 자료요구 사항	

유의사항	
개업공인중개사의 확인 · 설명 의무	개업공인중개사는 중개대상물에 관한 권리를 취득하려는 중개의뢰인에게 성실 · 정확하게 설명하고, 토지대장 등본, 등기사항증명서 등 설명의 근거자료를 제시해야 합니다.
실제 거래가격 신고	「부동산 거래신고 등에 관한 법률」 제3조 및 같은 법 시행령 별표 1 제1호 마목에 따른 실제 거래가격은 매수인이 매수한 부동산을 양도하는 경우 「소득세법」 제97조 제1항 및 제7항과 같은 법 시행령 제163조 제11항 제2호에 따라 취득 당시의 실제 거래가액으로 보아 양도차익이 계산될 수 있음을 유의하시기 바랍니다.

Ⅰ. 개업공인중개사 기본 확인사항

① 대상물건의 표시	토지	소재지				
		면적(m^2)		지목	공부상 지목	
					실제 이용 상태	
	건축물	전용면적(m^2)			대지지분(m^2)	
		준공년도 (증개축년도)		용도	건축물대장상 용도	
					실제 용도	
		구조		방향		(기준 :)
		내진설계 적용 여부		내진능력		
		건축물대장상 위반건축물 여부	[ ] 위반 [ ] 적법	위반내용		

② 권리관계	등기부 기재사항	소유권에 관한 사항		소유권 외의 권리사항	
		토지		토지	
		건축물		건축물	

③ 토지이용계획, 공법상 이용제한 및 거래규제에 관한 사항(토지)	지역 · 지구	용도지역			건폐율 상한	용적률 상한
		용도지구			%	%
		용도구역				
	도시 · 군계획 시설		허가 · 신고 구역 여부	[ ] 토지거래허가구역		
			투기지역 여부	[ ] 토지투기지역 [ ] 주택투기지역 [ ] 투기과열지구		
	지구단위계획구역, 그 밖의 도시 · 군관리계획		그 밖의 이용제한 및 거래규제사항			

(6쪽 중 제2쪽)

④ 임대차 확인사항				
	확정일자 부여현황 정보	[ ] 임대인 자료 제출 [ ] 열람 동의		[ ] 임차인 권리 설명
	국세 및 지방세 체납정보	[ ] 임대인 자료 제출 [ ] 열람 동의		[ ] 임차인 권리 설명
	전입세대 확인서	[ ] 확인(확인서류 첨부) [ ] 미확인(열람 · 교부 신청방법 설명) [ ] 해당 없음		
	최우선변제금	소액임차인범위:　　　만원 이하　최우선변제금액:　　　만원 이하		
	민간 임대 등록 여부 / 등록	[ ] 장기일반민간임대주택 [ ] 공공지원민간임대주택 [ ] 그 밖의 유형(　　　)		[ ] 임대보증금 보증 설명
		임대의무기간	임대개시일	
	미등록 [ ]			
	계약갱신 요구권 행사 여부	[ ] 확인(확인서류 첨부)　[ ] 미확인　[ ] 해당 없음		

개업공인중개사가 "④ 임대차 확인사항"을 임대인 및 임차인에게 설명하였음을 확인함		
	임대인	(서명 또는 날인)
	임차인	(서명 또는 날인)
	개업공인중개사	(서명 또는 날인)
	개업공인중개사	(서명 또는 날인)

※ 민간임대주택의 임대사업자는 「민간임대주택에 관한 특별법」 제49조에 따라 임대보증금에 대한 보증에 가입해야 합니다.
※ 임차인은 주택도시보증공사(HUG) 등이 운영하는 전세보증금반환보증에 가입할 것을 권고합니다.
※ 임대차 계약 후 「부동산 거래신고 등에 관한 법률」 제6조의2에 따라 30일 이내 신고해야 합니다(신고시 확정일자 자동부여).
※ 최우선변제금은 근저당권 등 선순위 담보물권 설정 당시의 소액임차인범위 및 최우선변제금액을 기준으로 합니다.

⑤ 입지조건			
	도로와의 관계	(　m × 　m)도로에 접함 [ ] 포장　[ ] 비포장	접근성: [ ] 용이함　[ ] 불편함
	대중교통	버스	(　　　) 정류장,　소요시간: ([ ] 도보　[ ] 차량) 약　　분
		지하철	(　　　) 역,　소요시간: ([ ] 도보　[ ] 차량) 약　　분
	주차장	[ ] 없음　[ ] 전용주차시설　[ ] 공동주차시설 [ ] 그 밖의 주차시설 (　　　)	
	교육시설	초등학교	(　　　) 학교,　소요시간: ([ ] 도보　[ ] 차량) 약　　분
		중학교	(　　　) 학교,　소요시간: ([ ] 도보　[ ] 차량) 약　　분
		고등학교	(　　　) 학교,　소요시간: ([ ] 도보　[ ] 차량) 약　　분

⑥ 관리에 관한 사항			
	경비실	[ ] 있음　[ ] 없음	관리주체: [ ] 위탁관리　[ ] 자체관리　[ ] 그 밖의 유형
	관리비	관리비 금액: 총　　　　원 관리비 포함 비목: [ ] 전기료 [ ] 수도료 [ ] 가스사용료 [ ] 난방비 [ ] 인터넷 사용료 [ ] TV 수신료 [ ] 그 밖의 비목(　　　) 관리비 부과방식: [ ] 임대인이 직접 부과 [ ] 관리규약에 따라 부과 [ ] 그 밖의 부과 방식(　　　)	

⑦ 비선호시설(1km 이내)	[ ] 없음　　[ ] 있음 (종류 및 위치:　　　)

⑧ 거래예정금액 등				
	거래예정금액			
	개별공시지가(m^2당)		건물(주택) 공시가격	

⑨ 취득시 부담할 조세의 종류 및 세율	취득세	%	농어촌특별세	%	지방교육세	%
	※ 재산세와 종합부동산세는 6월 1일 기준으로 대상물건 소유자가 납세의무를 부담합니다.					

(6쪽 중 제3쪽)

Ⅱ. 개업공인중개사 세부 확인사항

⑩ 실제 권리관계 또는 공시되지 않은 물건의 권리 사항

<table>
<tr><td rowspan="11">⑪ 내부 · 외부 시설물의 상태 (건축물)</td><td rowspan="2">수도</td><td>파손 여부</td><td colspan="3">[ ] 없음 [ ] 있음 (위치:)</td></tr>
<tr><td>용수량</td><td colspan="3">[ ] 정상 [ ] 부족함 (위치:)</td></tr>
<tr><td>전기</td><td>공급상태</td><td colspan="3">[ ] 정상 [ ] 교체 필요 (교체할 부분:)</td></tr>
<tr><td>가스(취사용)</td><td>공급방식</td><td colspan="3">[ ] 도시가스 [ ] 그 밖의 방식 ( )</td></tr>
<tr><td>소방</td><td>단독경보형 감지기</td><td colspan="2">[ ] 없음
[ ] 있음(수량: 개)</td><td>※ 「소방시설 설치 및 관리에 관한 법률」 제10조 및 같은 법 시행령 제10조에 따른 주택용 소방시설로서 아파트(주택으로 사용하는 층수가 5개층 이상인 주택을 말한다)를 제외한 주택의 경우만 적습니다.</td></tr>
<tr><td rowspan="2">난방방식 및 연료공급</td><td>공급방식</td><td>[ ] 중앙공급
[ ] 개별공급
[ ] 지역난방</td><td>시설작동</td><td>[ ] 정상 [ ] 수선 필요 ( )
※ 개별 공급인 경우 사용연한 ( ) [ ] 확인불가</td></tr>
<tr><td>종류</td><td colspan="3">[ ] 도시가스 [ ] 기름 [ ] 프로판가스 [ ] 연탄
[ ] 그 밖의 종류 ( )</td></tr>
<tr><td>승강기</td><td colspan="4">[ ] 있음 ([ ] 양호 [ ] 불량) [ ] 없음</td></tr>
<tr><td>배수</td><td colspan="4">[ ] 정상 [ ] 수선 필요 ( )</td></tr>
<tr><td>그 밖의 시설물</td><td colspan="4"></td></tr>
</table>

<table>
<tr><td rowspan="4">⑫ 벽면·바닥면 및 도배 상태</td><td rowspan="2">벽면</td><td>균열</td><td>[ ] 없음 [ ] 있음 (위치:)</td></tr>
<tr><td>누수</td><td>[ ] 없음 [ ] 있음 (위치:)</td></tr>
<tr><td>바닥면</td><td colspan="2">[ ] 깨끗함 [ ] 보통임 [ ] 수리 필요 (위치:)</td></tr>
<tr><td>도배</td><td colspan="2">[ ] 깨끗함 [ ] 보통임 [ ] 도배 필요</td></tr>
</table>

<table>
<tr><td rowspan="2">⑬ 환경조건</td><td>일조량</td><td colspan="3">[ ] 풍부함 [ ] 보통임 [ ] 불충분 (이유:)</td></tr>
<tr><td>소음</td><td>[ ] 아주 작음 [ ] 보통임
[ ] 심한 편임</td><td>진동</td><td>[ ] 아주 작음 [ ] 보통임
[ ] 심한 편임</td></tr>
</table>

<table>
<tr><td>⑭ 현장안내</td><td>현장안내자</td><td>[ ] 개업공인중개사 [ ] 소속공인중개사 [ ] 중개보조원(신분고지 여부: [ ] 예 [ ] 아니오)
[ ] 해당 없음</td></tr>
</table>

※ "중개보조원"이란 공인중개사가 아닌 사람으로서 개업공인중개사에 소속되어 중개대상물에 대한 현장안내 및 일반서무 등 개업공인중개사의 중개업무와 관련된 단순한 업무를 보조하는 사람을 말합니다.

※ 중개보조원은 「공인중개사법」 제18조의4에 따라 현장안내 등 중개업무를 보조하는 경우 중개의뢰인에게 본인이 중개보조원이라는 사실을 미리 알려야 합니다.

(6쪽 중 제4쪽)

Ⅲ. 중개보수 등에 관한 사항

<table>
<tr><td rowspan="4">⑮ 중개보수 및 실비의 금액과 산출내역</td><td>중개보수</td><td></td><td rowspan="4"><산출내역>
중개보수:
실　　비:
※ 중개보수는 시·도 조례로 정한 요율한도에서 중개의뢰인과 개업공인중개사가 서로 협의하여 결정하며 부가가치세는 별도로 부과될 수 있습니다.</td></tr>
<tr><td>실비</td><td></td></tr>
<tr><td>계</td><td></td></tr>
<tr><td>지급시기</td><td></td></tr>
</table>

「공인중개사법」 제25조 제3항 및 제30조 제5항에 따라 거래당사자는 개업공인중개사로부터 위 중개대상물에 관한 확인·설명 및 손해배상책임의 보장에 관한 설명을 듣고, 같은 법 시행령 제21조 제3항에 따른 본 확인·설명서와 같은 법 시행령 제24조 제2항에 따른 손해배상책임 보장 증명서류(사본 또는 전자문서)를 수령합니다.

년　　월　　일

<table>
<tr><td rowspan="2">매도인
(임대인)</td><td>주소</td><td></td><td>성명</td><td>(서명 또는 날인)</td></tr>
<tr><td>생년월일</td><td></td><td>전화번호</td><td></td></tr>
<tr><td rowspan="2">매수인
(임차인)</td><td>주소</td><td></td><td>성명</td><td>(서명 또는 날인)</td></tr>
<tr><td>생년월일</td><td></td><td>전화번호</td><td></td></tr>
<tr><td rowspan="3">개업
공인중개사</td><td>등록번호</td><td></td><td>성명(대표자)</td><td>(서명 및 날인)</td></tr>
<tr><td>사무소 명칭</td><td></td><td>소속공인중개사</td><td>(서명 및 날인)</td></tr>
<tr><td>사무소 소재지</td><td></td><td>전화번호</td><td></td></tr>
<tr><td rowspan="3">개업
공인중개사</td><td>등록번호</td><td></td><td>성명(대표자)</td><td>(서명 및 날인)</td></tr>
<tr><td>사무소 명칭</td><td></td><td>소속공인중개사</td><td>(서명 및 날인)</td></tr>
<tr><td>사무소 소재지</td><td></td><td>전화번호</td><td></td></tr>
</table>

(3) 주거용 건축물 확인·설명서 작성방법

① 작성일반

㉠ '[ ]' 있는 항목은 해당하는 '[ ]' 안에 ✓로 표시한다.

㉡ 세부항목 작성시 해당 내용을 작성란에 모두 작성할 수 없는 경우에는 별지로 작성하여 첨부하고, 해당란에는 '별지 참고'라고 적는다.

② 세부항목

기출 개업공인중개사 기본 확인 사항은 개업공인중개사가 확인한 사항을 적어야 한다. (○) 제23회

1. 「확인·설명자료」 항목의 "확인·설명 근거자료 등"에는 개업공인중개사가 확인·설명 과정에서 제시한 자료를 적으며, "대상물건의 상태에 관한 자료요구 사항"에는 매도(임대)의뢰인에게 요구한 사항 및 그 관련 자료의 제출 여부와 ⑩ 실제 권리관계 또는 공시되지 않은 물건의 권리사항부터 ⑬ 환경조건까지의 항목을 확인하기 위한 자료의 요구 및 그 불응 여부를 적습니다.
2. ① 대상물건의 표시부터 ⑨ 취득시 부담할 조세의 종류 및 세율까지는 개업공인중개사가 확인한 사항을 적어야 합니다.
3. ① 대상물건의 표시는 토지대장 및 건축물대장 등을 확인하여 적고, 건축물의 방향은 주택의 경우 거실이나 안방 등 주실(主室)의 방향을, 그 밖의 건축물은 주된 출입구의 방향을 기준으로 남향, 북향 등 방향을 적고 방향의 기준이 불분명한 경우 기준(예 남동향 – 거실 앞 발코니 기준)을 표시하여 적습니다.

기출 권리관계의 '등기부 기재사항'은 등기사항증명서를 확인하여 적는다. (○) 제24회

4. ② 권리관계의 "등기부 기재사항"은 등기사항증명서를 확인하여 적습니다.
   가. 대상물건에 신탁등기가 되어 있는 경우에는 수탁자 및 신탁물건(신탁원부 번호)임을 적고, 신탁원부 약정사항에 명시된 대상물건에 대한 임대차계약의 요건(수탁자 및 수익자의 동의 또는 승낙, 임대차계약 체결의 당사자, 그 밖의 요건 등)을 확인하여 그 요건에 따라 유효한 임대차계약을 체결할 수 있음을 설명(신탁원부 교부 또는 ⑩ 실제 권리관계 또는 공시되지 않은 물건의 권리사항에 주요 내용을 작성)해야 합니다.
   나. 대상물건에 공동담보가 설정되어 있는 경우에는 공동담보 목록 등을 확인하여 공동담보의 채권최고액 등 해당 중개물건의 권리관계를 명확히 적고 설명해야 합니다.
      ※ 예를 들어, 다세대주택 건물 전체에 설정된 근저당권 현황을 확인·제시하지 않으면서, 계약대상 물건이 포함된 일부 호실의 공동담보 채권최고액이 마치 건물 전체에 설정된 근저당권의 채권최고액인 것처럼 중개의뢰인을 속이는 경우에는 「공인중개사법」 위반으로 형사처벌 대상이 될 수 있습니다.

기출 '건폐율 상한 및 용적률 상한'은 「주택법」에 따라 기재한다. (×) 제24회

5. ③ 토지이용계획, 공법상 이용제한 및 거래규제에 관한 사항(토지)의 "건폐율 상한 및 용적률 상한"은 시·군의 조례에 따라 적고, "도시·군계획시설", "지구단위계획구역, 그 밖의 도시·군관리계획"은 개업공인중개사가 확인하여 적으며, "그 밖의 이용제한 및 거래규제사항"은 토지이용계획확인서의 내용을 확인하고, 공부에서 확인할 수 없는 사항은 부동산종합공부시스템 등에서 확인하여 적습니다(임대차의 경우에는 생략할 수 있습니다).

6. ④ 임대차 확인사항은 다음 각 목의 구분에 따라 적습니다.

가. 「주택임대차보호법」 제3조의7에 따라 임대인이 확정일자 부여일, 차임 및 보증금 등 정보(확정일자 부여 현황 정보) 및 국세 및 지방세 납세증명서(국세 및 지방세 체납 정보)의 제출 또는 열람 동의로 갈음했는지 구분하여 표시하고, 「공인중개사법」 제25조의3에 따른 임차인의 권리에 관한 설명 여부를 표시합니다.

나. 임대인이 제출한 전입세대 확인서류가 있는 경우에는 확인에 √로 표시를 한 후 설명하고, 없는 경우에는 미확인에 √로 표시한 후 「주민등록법」 제29조의2에 따른 전입세대확인서의 열람·교부 방법에 대해 설명합니다(임대인이 거주하는 경우이거나 확정일자 부여현황을 통해 선순위의 모든 세대가 확인되는 경우 등에는‘해당 없음’에 √로 표시합니다).

다. 최우선변제금은 「주택임대차보호법 시행령」 제10조(보증금 중 일정액의 범위 등) 및 제11조(우선변제를 받을 임차인의 범위)를 확인하여 각각 적되, 근저당권 등 선순위 담보물권이 설정되어 있는 경우 선순위 담보물권 설정 당시의 소액임차인범위 및 최우선변제금액을 기준으로 적어야 합니다.

라. “민간임대 등록 여부”는 대상물건이 「민간임대주택에 관한 특별법」에 따라 등록된 민간임대주택인지 여부를 같은 법 제60조에 따른 임대주택정보체계에 접속하여 확인하거나 임대인에게 확인하여 “[ ]”안에 √로 표시하고, 민간임대주택인 경우 같은 법에 따른 권리·의무사항을 임대인 및 임차인에게 설명해야 합니다.

> ※ 민간임대주택은 「민간임대주택에 관한 특별법」 제5조에 따른 임대사업자가 등록한 주택으로서, 임대인과 임차인 간 임대차계약(재계약 포함) 시에는 다음의 사항이 적용됩니다.
>
> – 「민간임대주택에 관한 특별법」 제44조에 따라 임대의무기간 중 임대료 증액청구는 5%의 범위에서 주거비 물가지수, 인근 지역의 임대료 변동률 등을 고려하여 같은 법 시행령으로 정하는 증액비율을 초과하여 청구할 수 없으며, 임대차계약 또는 임대료 증액이 있은 후 1년 이내에는 그 임대료를 증액할 수 없습니다.
>
> – 「민간임대주택에 관한 특별법」 제45조에 따라 임대사업자는 임차인이 의무를 위반하거나 임대차를 계속하기 어려운 경우 등에 해당하지 않으면 임대의무기간 동안 임차인과의 계약을 해제·해지하거나 재계약을 거절할 수 없습니다.

마. “계약갱신요구권 행사 여부”는 대상물건이 「주택임대차보호법」의 적용을 받는 주택으로서 임차인이 있는 경우 매도인(임대인)으로부터 계약갱신요구권 행사 여부에 관한 사항을 확인할 수 있는 서류를 받으면 “확인”에 √로 표시하여 해당 서류를 첨부하고, 서류를 받지 못한 경우 “미확인”에 √로 표시하며, 임차인이 없는 경우에는 “해당 없음”에 √로 표시합니다. 이 경우 개업공인중개사는 「주택임대차보호법」에 따른 임대인과 임차인의 권리·의무사항을 매수인에게 설명해야 합니다.

7. ⑥ 관리비는 직전 1년간 월평균 관리비 등을 기초로 산출한 총 금액을 적되, 관리비에 포함되는 비목들에 대해서는 해당하는 곳에 √로 표시하며, 그 밖의 비목에 대해서는 √로 표시한 후 비목 내역을 적습니다. 관리비 부과방식은 해당하는 곳에 √로 표시하고, 그 밖의 부과방식을 선택한 경우에는 그 부과방식에 대해서 작성해야 합니다. 이 경우 세대별 사용량을 계량하여 부과하는 전기료, 수도료 등 비목은 실제 사용량에 따라 금액이 달라질 수 있고, 이에 따라 총 관리비가 변동될 수 있음을 설명해야 합니다.
8. ⑦ 비선호시설(1km 이내)의 "종류 및 위치"는 대상물건으로부터 1km 이내에 사회통념상 기피 시설인 화장장 · 봉안당 · 공동묘지 · 쓰레기처리장 · 쓰레기소각장 · 분뇨처리장 · 하수종말처리장 등의 시설이 있는 경우, 그 시설의 종류 및 위치를 적습니다.
9. ⑧ 거래예정금액 등의 "거래예정금액"은 중개가 완성되기 전 거래예정금액을, "개별공시지가(m^2당)" 및 "건물(주택)공시가격"은 중개가 완성되기 전 공시된 공시지가 또는 공시가격을 적습니다[임대차의 경우에는 "개별공시지가(m^2당)" 및 "건물(주택)공시가격"을 생략할 수 있습니다].
10. ⑨ 취득시 부담할 조세의 종류 및 세율은 중개가 완성되기 전 「지방세법」의 내용을 확인하여 적습니다(임대차의 경우에는 제외합니다).
11. ⑩ 실제 권리관계 또는 공시되지 않은 물건의 권리 사항은 매도(임대)의뢰인이 고지한 사항(법정지상권, 유치권, 「주택임대차보호법」에 따른 임대차, 토지에 부착된 조각물 및 정원수, 계약 전 소유권 변동 여부, 도로의 점용허가 여부 및 권리 · 의무 승계 대상 여부 등)을 적습니다. 「건축법 시행령」 별표 1 제2호에 따른 공동주택(기숙사는 제외합니다) 중 분양을 목적으로 건축되었으나 분양되지 않아 보존등기만 마쳐진 상태인 공동주택에 대해 임대차계약을 알선하는 경우에는 이를 임차인에게 설명해야 합니다.
   ※ 임대차계약의 경우 현재 존속 중인 임대차의 임대보증금, 월 단위의 차임액, 계약기간 및 임대차 계약의 장기수선충당금의 처리 등을 확인하여 적습니다. 그 밖에 경매 및 공매 등의 특이사항이 있는 경우 이를 확인하여 적습니다.
12. ⑪ 내부 · 외부 시설물의 상태(건축물), ⑫ 벽면 · 바닥면 및 도배 상태와 ⑬ 환경조건은 중개대상물에 대해 개업공인중개사가 매도(임대)의뢰인에게 자료를 요구하여 확인한 사항을 적고, ⑪ 내부 · 외부 시설물의 상태(건축물)의 "그 밖의 시설물"은 가정자동화 시설(Home Automation 등 IT 관련 시설)의 설치 여부를 적습니다.
13. ⑮ 중개보수 및 실비는 개업공인중개사와 중개의뢰인이 협의하여 결정한 금액을 적되 "중개보수"는 거래예정금액을 기준으로 계산하고, "산출내역(중개보수)"은 "거래예정금액(임대차의 경우에는 임대보증금 + 월 단위의 차임액 × 100) × 중개보수 요율"과 같이 적습니다. 다만, 임대차로서 거래예정금액이 5천만원 미만인 경우에는 "임대보증금 + 월 단위의 차임액 × 70"을 거래예정금액으로 합니다.
14. 공동중개시 참여한 개업공인중개사(소속공인중개사를 포함합니다)는 모두 서명 · 날인해야 하며, 2명을 넘는 경우에는 별지로 작성하여 첨부합니다.

기출 임대차의 경우 '개별공시지가' 및 '건물(주택)공시가격'을 반드시 기재해야 한다. (×) 제21회

기출

1. 취득시 부담할 조세의 종류 및 세율은 중개가 완성되기 전 「지방세법」의 내용을 확인하여 적어야 하며, 임대차의 경우에도 적어야 한다. (×) 제21회
2. 개업공인중개사가 주택의 '임대차'를 중개하면서 중개대상물 확인 · 설명서[I] (주거용 건축물)를 작성하는 경우, 취득시 부담할 조세의 종류 및 세율의 기재를 제외한다. (○) 제33회

심화 학습 중개대상물 확인 · 설명서 비교

구분	I (주거용 건축물)	II (비주거용 건축물)	III (토지)	IV (입목 · 광업재단 · 공장재단)
Ⅰ. 개업공인중개사 기본 확인사항				
① 대상물건의 표시	○	○	○	○
② 권리관계(등기부기재사항)	○	○	○	○
③ 토지이용계획, 공법상 이용제한 · 거래규제(토지)	○	○	○	공법상 제한× (입목생육 상태 · 재단 목록을 기재)
④ 임대차 확인사항(확정일자 부여 현황정보, 국세 및 지방세 체납정보, 전입세대 확인서, 최우선 변제금, 민간임대등록 여부, 계약갱신요구권 행사 여부)	○	×	×	×
⑤ 입지조건 [도로(접근성), 대중교통, 주차장, 교육시설]	입지조건 ○ (도 · 대 · 차 · 교육)	입지조건 ○ (도○ · 대○ · 차○ · 교육×)	입지조건 ○ (도○ · 대○ · 차× · 교육×)	×
⑥ 관리에 관한 사항 (경비실, 관리주체, 관리비)	○ (관리비 포함)	○ (관리비 제외)	×	×
⑦ 비선호시설(1km 이내)	○	×	○	×
⑧ 거래예정금액 등 (개별공시지가 · 공시가격)	○	○	○	○
⑨ 취득시 부담할 조세	○	○	○	○
Ⅱ. 개업공인중개사 세부 확인사항				
⑩ 실제권리관계 또는 공시되지 않은 물건의 권리사항	○	○	○	○
⑪ 내 · 외부 시설물의 상태(수도 · 전기 · 가스(취사용) · 소방 · 난방 · 승강기 · 배수 · 기타 시설)	○	○	×	×
⑫ 벽면 · 바닥면 및 도배상태	○ (벽면 ○, 바닥면 ○, 도배 ○)	○ (벽면 ○, 바닥면 ○, 도배 ×)	×	×
⑬ 환경조건(일조 · 소음 · 진동)	○	×	×	×
⑭ 현장안내(현장안내자, 중개보조원신분 고지 여부)	○	×	×	×
Ⅲ. 중개보수 등에 관한 사항				
⑮ 중개보수 · 실비	○	○	○	○

기출

1. 건축물의 내진설계 적용 여부와 내진능력은 개업공인중개사 기본 확인사항이다. (○) 제28회
2. 권리관계의 '등기부 기재사항'은 개업공인중개사 기본 확인사항으로, '실제 권리관계 또는 공시되지 않은 물건의 권리 사항'은 개업공인중개사 세부 확인사항으로 구분하여 기재한다. (○) 제25회

기출

1. 아파트를 제외한 주택의 경우, 단독경보형감지기 설치 여부는 개업공인중개사 세부 확인사항이 아니다. (×) 제28회
2. '환경조건'은 개업공인중개사의 세부 확인사항이다. (○) 제24회

기출 중개대상물 확인 · 설명서[Ⅱ](비거주용 건축물)에서 개업공인중개사의 기본 확인사항에 비선호시설(1km 이내)의 유무에 관한 사항은 포함되지 아니한다. (○)
제33회

1. 〈모든 서식의 공통적 기재사항〉 **물건표시, 권리관계(등기부기재사항, 실제권리관계), 조세, 거래예정금액, 중개보수는 4종류 서식에 기재란이 모두 다 있다.**
2. "주거용 건축물(Ⅰ)"은 단독주택과 공동주택, "주거용 오피스텔"을 구분하여 기재하고, "비주거용 건축물(Ⅱ)"은 공업용, 업무용, 상업용, 기타를 구분하여 기재한다.
3. **확인 · 설명서 서식 4종류 모두 거래유형에 따라 매매 · 교환, 임대차를 구분하여 기재한다.**
4. **개업공인중개사 "기본 확인사항"과 "세부 확인사항"을 구분하여 기재한다.**
5. **Ⅰ. 개업공인중개사 '기본 확인사항 ("개업공인중개사"가 확인하여 기재할 사항)' 에는 ① 물건의 표시, ② 권리관계, ③ 공법상 제한, ④ 임대차 확인사항, ⑤ 입지조건, ⑥ 관리에 관한 사항, ⑦ 비선호시설, ⑧ 거래예정금액, ⑨ 취득 조세를 기재한다.**
6. **Ⅱ. 개업공인중개사 '세부 확인사항** ("자료 요구"하여 확인하여, "세부적"으로 기재할 사항)'에는 ⑩ 실제권리관계, ⑪ 내 · 외부 시설물의 상태, ⑫ 벽면 · 바닥면 · 도배상태, ⑬ 환경조건(일조 · 소음 · 진동) ⑭ 현장안내(현장안내자 등)를 기재한다.
7. **'임대차' 중개의 경우에는 ① 미분양 아파트에 대한 임대차인지를 설명하여야 하고, ② 공시지가 · 공시가격은 기재의 생략이 가능하며, ③ 공법상 이용제한 · 거래규제도 기재의 생략이 가능하고, ④ 취득 조세는 기재를 제외한다.★**
8. **'중개보수'는 '거래예정금액(거래금액 ×)'을 기준으로 계산한다.★**
9. **'비주거용 건축물 확인 · 설명서[Ⅱ]'에는 도배, 환경조건, 교육시설, 비선호시설을 기재하는 란이 없다.★**
10. **'토지용 확인 · 설명서[Ⅲ]'에는 건물에 대한 사항, 건물의 상태(내 · 외부 시설물의 상태, 벽면 · 바닥면 및 도배상태), 건물의 관리에 관한 사항을 기재하는 란이 없다. 또한 교육시설, 주차장, 환경조건(일조 · 소음 · 진동)을 기재하는 란이 없다.★**
11. **입목 · 광업재단 · 공장재단 확인 · 설명서[Ⅳ]에는** ③ 입목의 생육상태 · 재단목록을 기재하는 란이 있다.
12. '소방'란의 '**단독경보형감지기**' 설치 여부와 '**도배**', '**환경조건**' 및 '**다가구주택**' 확인서류 제출 여부, 교육시설, 관리비, 임대차 확인사항, 현장안내는 **'주거용 건축물 확인 · 설명서[Ⅰ]' 서식에만 기재하는 란이 있다.★**
13. '소방'란의 경우 주거용[Ⅰ]에는 단독경보형감지기 설치 여부를 기재하고, 비주거용[Ⅱ]에는 소화전, 비상벨을 기재한다. 나머지 서식은 '소방'란이 없다.★
14. 주거용 '건축물[Ⅰ]'과 비주거용 '건축물'[Ⅱ]'에는 '내진설계적용 여부'와 '내진능력'을 기재하며, '민간임대등록 여부'와 '계약갱신요구권 행사 여부'를 확인하여 기재한다.★
15. '재산세와 종합부동산세는 6월 1일 기준 대상물건의 소유자가 납세의무를 부담한다'라고 기재되어 있다.
16. 중개대상물 확인 · 설명서 4종류에 대한 각각의 영문서식이 있다. 외국인에게는 "영문서식"을 작성하여 교부할 수도 있다.

5 거래계약서 작성의무 제27회, 제28회, 제29회, 제30회, 제31회, 제32회, 제33회, 제35회

1. 거래계약서 작성

> **법 제26조【거래계약서의 작성 등】** ① 개업공인중개사는 중개대상물에 관하여 중개가 완성된 때에는 대통령령으로 정하는 바에 따라 거래계약서를 작성하여 거래당사자에게 교부하고, 대통령령으로 정하는 기간(5년) 동안 그 원본, 사본 또는 전자문서를 보존하여야 한다. 다만, 거래계약서가 공인전자문서센터에 보관된 경우에는 그러하지 아니하다.

기출 작성된 거래계약서는 거래당사자에게 교부하고 3년간 그 사본을 보존해야 한다. (×) 제27회

2. 거래계약서의 서식

(1) 거래계약서는 법에서 정해진 강제서식(강제양식)이 없다.★ 국토교통부장관은 표준서식을 정하여 그 사용을 권장할 수 있다. 그러나 현재는 권장서식(권장양식)조차도 없다.

기출 개업공인중개사는 거래계약서 작성시, 반드시 정해진 서식을 사용해야 한다. (×) 제22회

(2) 그러므로 개업공인중개사는 서식의 제약을 받지 않고 자유로운 형식으로 기재하면 족하다. 다만, 법령에서 요구하는 필요적 기재사항은 반드시 기재하여야 한다.

3. 거래계약서의 필요적 기재사항 ★★★ 제24회, 제26회, 제27회, 제29회, 제31회

거래계약서에는 다음의 사항을 반드시 기재하여야 한다. ⇨ 위반시 업무정지 처분 대상

내용	key
① 거래당사자의 '인적사항'	인
② '물건'의 표시	물
③ '물건'의 인도일시	물
④ '권리이전'의 내용★	권
⑤ '거래금액★'·계약금액 및 그 지급일자 등 지급에 관한 사항	거
⑥ '계약일'	계
⑦ 계약의 '조건'이나 기한이 있는 경우에는 그 조건 또는 기한	조
⑧ 중개대상물 확인·설명서 '교부일자'★	교
⑨ '기타'(그 밖의) 약정내용(특약사항)	기

기출
1. 거래당사자가 원할 때에는 거래계약서에 매수인의 성명을 공란으로 둘 수 있다. (×) 제22회
2. 물건의 인도일시는 거래계약서에 기재해야 할 사항이다. (○) 제26회

기출
1. 계약의 조건이 있는 경우, 그 조건은 거래계약서에 기재해야 할 사항이다. (○) 제28회
2. 중개대상물 확인·설명서 교부일자는 거래계약서에 기재하여야 할 사항이다. (○) 제26회, 제27회, 제33회

주의 '공법'상 이용제한이나 거래규제, 취득시 '조세', 내·외부 시설물의 '상태', '환경조건' 등은 거래계약서의 필요적 기재사항이 아니다. 이는 중개대상물 확인·설명서에 기재할 사항이다. 또한 거래금액을 기재하는 것이지, '거래예정금액'을 기재하는 것이 아님에 주의하여야 한다. 또한 자금조달계획이나 이용계획은 일정한 경우 부동산거래신고사항에는 해당될 수 있어도, 거래계약서의 필요적 기재사항은 아님에 주의하여야 한다.

심화학습 거래예정금액과 거래금액의 구별

1. '**거래예정금액**'은 개업공인중개사가 매도인 등의 중개의뢰가격과 매수인 등의 중개희망가격을 고려하여, 거래가 예상될 수 있는 가격을 산정한 후 제시하는 가격을 말한다. 거래예정금액은 개업공인중개사가 설명해야 할 '설명사항'이며, 거래성사시 계약 체결 당시의 거래예정금액은 '중개대상물 확인·설명서'에 기재할 사항이기도 하다.
2. '**거래금액**(**거래대금**)'은 현실적으로 막상 거래가 성사된 금액을 말한다. 개업공인중개사가 거래예정금액을 제시하여도 현실적으로는 이와 다른 금액으로 거래가 성사될 수도 있는데, 현실적으로 거래가 성사된 금액을 거래금액(거래대금)이라고 하고, 이는 '거래계약서'에 기재한다.
3. **가격의 기재**: (중개)의뢰가격 또는 (중개)희망가격은 '중개계약서'에 기재하고, 거래예정가격은 '확인·설명'하고 '중개대상물 확인·설명서'에 기재하며, 거래가격(거래대금)은 '거래계약서'에 기재한다.

4. 이중계약서(거짓계약서) 작성 금지 ★

거짓계약서나 서로 다른 둘 이상의 계약서를 작성한 경우, 개업공인중개사는 등록취소나 업무정지처분을 받을 수 있으며(상대적 등록취소, 업무정지), 소속공인중개사는 자격정지처분을 받을 수 있다.

❑ 1년 이하의 징역 또는 1천만원 이하의 벌금 대상은 아님에 유의한다.

판례

거짓계약서를 작성했더라도 거래계약은 유효하다.

소득세법령의 규정에 의하여 해당 자산의 양도 당시의 기준시가가 아닌 양도자와 양수자 간에 실제로 거래한 가액을 양도가액으로 하는 경우, 양도소득세의 일부를 회피할 목적으로 매매계약서에 실제로 거래한 가액을 매매대금으로 기재하지 아니하고, 그보다 낮은 금액을 매매대금으로 기재하였다 하여, 그것만으로 그 매매계약이 사회질서에 반하는 법률행위로서 무효로 된다고 할 수는 없다(대판 2007다3285).

기출

1. 개업공인중개사가 거래금액을 거짓으로 기재하면 중개사무소 등록이 취소될 수 있다. (○) 제22회
2. 개업공인중개사가 거래계약서에 거래내용을 거짓으로 기재한 경우, 1년 이하의 징역 또는 1천만원 이하의 벌금에 처해진다. (×) 제25회

5. 거래계약서와 중개대상물 확인 · 설명서의 비교

구분	거래계약서	중개대상물 확인 · 설명서
법정 강제양식	거래계약서는 정해진 서식이 "없다".	중개대상물 확인 · 설명서는 법정 강제서식이 "있다".
	단, 국토교통부장관은 표준서식을 정하여 이를 권장할 수 있다.★	법에서 정해진 서식을 사용하여야 하며 위반시 업무정지★
작성의무	"개업공인중개사"는 작성하여야 한다(소속공인중개사는 이를 작성할 수는 있으나, 작성의무는 없다. 소속공인중개사가 작성한 것은 개업공인중개사가 작성한 것으로 본다).	
작성권한	① 개업공인중개사 및 소속공인중개사는 작성권한이 있다(가능). ② "중개보조원"은 작성권한 자체가 없다(중개보조원은 작성을 하여서는 아니 된다).	
서명 및 날인의무★	**개업공인중개사 + (해당 업무를 수행한) '담당' 소속공인중개사 최종적으로 함께 서명 "및" (또는 ×) 날인을 하여야 한다(등록인장 사용).** ☞ 1. 법인은 대표자 + 담당 소속공인중개사가 함께 서명 및 날인을 하여야 한다. 2. 법인의 분사무소는 분사무소 책임자(대표자가 아님에 주의) + 담당 소속공인중개사가 함께 서명 및 날인을 하여야 한다.★	
교부의무	거래당사자 "쌍방"에게 교부하여야 한다.	
보존기간★	5년간 보존하여야 한다.★ (공인전자문서센터에 보관시 제외)	3년간 보존하여야 한다.★ (공인전자문서센터에 보관시 제외)

기출
1. 분사무소의 소속공인중개사가 중개행위를 한 경우 그 소속공인중개사와 분사무소의 책임자가 함께 거래계약서에 서명 및 날인해야 한다. (○) 제27회
2. 개업공인중개사는 거래계약서의 그 원본, 사본 또는 전자문서를 5년간 보존하여야 한다. 다만, 공인전자문서센터에 보관된 경우에는 그러하지 아니하다. (○) 제32회

6 예치제도 제24회, 제30회, 제34회, 제35회

1. 계약금 등의 예치권고

(1) **권고사항**(임의사항)

개업공인중개사는 '거래계약의 이행이 완료될 때'까지, 계약금 · 중도금 또는 잔금을 예치기관에 예치하도록 거래당사자에게 '권고할 수 있다'(법 제31조 제1항). 이는 임의사항이므로 권고를 할 의무가 있는 것은 아님에 유의하여야 하며, 이러한 권고를 받은 거래당사자에게도 예치를 할 의무는 없음에 유의하여야 한다.

☞ 예치하도록 권고할 수 있는 것이지 반드시 하여야 한다는 것은 아니다.★

기출
1. 개업공인중개사가 거래당사자에게 계약금 등을 예치하도록 권고할 법률상 의무는 없다. (○) 제21회
2. 개업공인중개사는 계약금 이외에 중도금이나 잔금도 예치하도록 거래당사자에게 권고할 수 있다. (○) 제23회

(2) 예치기간

거래대금의 예치는 거래계약의 '이행이 완료될 때'까지로 한다.

(3) 예치금

예치금은 계약금 · 중도금 또는 잔금을 예치대상으로 한다.

2. 예치명의자 및 예치기관

(1) 예치명의자 제34회, 제35회

개업공인중개사 또는 대통령령으로 정하는 자의 명의로 예치할 수 있다.★★

내용(대통령령)	key
① 개업공인'중개사'	중
② 「은행법」에 따른 '은행'	은
③ 「우체국예금 · 보험에 관한 법률」에 따른 '체신관서'	체
④ 「보험업법」에 따른 '보험회사'	보
⑤ 「자본시장과 금융투자업에 관한 법률」에 따른 '신탁업자'	신
⑥ 부동산거래계약의 이행을 보장하기 위하여 계약금 · 중도금 또는 잔금 및 계약 관련 서류를 관리하는 업무를 수행하는 '전문회사'(즉, 에스크로우 전문회사를 말함)	전
⑦ 「공인중개사법」 제42조의 규정에 따라 '공제사업'을 하는 자(즉, 공인중개사협회를 말함)	공

기출

1. 계약금 등을 예치하는 경우 매도인 명의로 금융기관에 예치할 수 있다. (×) 제21회
2. 계약금 등을 예치하는 경우 공탁금을 예치받는 법원도 예치명의자가 될 수 있다. (×) 제24회

(2) 예치기관

금융기관, 「공인중개사법」에 따라 공제사업을 하는 자, 「자본시장과 금융투자업에 관한 법률」에 따른 신탁업자 '등'에게 예치할 수 있다. 체신관서나 보험회사 등도 해석상 예치기관이 될 수 있다.

3. '개업공인중개사 명의'로 예치하는 경우

(다른 자의 명의로 예치된 경우에는 적용되지 않음)
개업공인중개의 명의로 계약금 등이 예치되는 경우, 개업공인중개사는 다음의 의무를 부담하게 된다. 다음의 의무를 위반하게 된 경우에는 '업무정지' 처분의 대상이 된다.

(1) 예치금 관리 및 보존의무

'개업공인중개사'는 자기 재산과 분리하여 관리하여야 하며, 거래당사자의 동의 없이 마음대로 인출하여서는 아니 된다. 동의 방법은 미리 약정을 하여야 한다.

기출 개업공인중개사는 예치된 계약금이 자기 소유의 예치금과 분리하여 관리될 수 있도록 해야 한다. (○) 제23회

(2) 지급의 보장의무

'개업공인중개사'는 자기 명의로 예치하는 경우에는 예치 대상이 되는 계약금 등에 해당하는 금액의 지급을 보장하는 보증보험 또는 공제에 가입하거나 공탁을 하여야 하며, 거래당사자에게 관계증서 사본을 교부하거나 관계증서에 관한 전자문서를 제공하여야 한다.

(3) 예치에 관한 실비 등 약정의무

① 예치와 관련하여 개업공인중개사에게 비용이 소요된다면, 이를 미리 거래당사자와 약정을 하여야 한다.

② 약정된 실비는 권리를 '취득'하고자 하는 의뢰인에게 청구할 수 있다.

기출 금융기관에 예치하는 데 소요되는 실비는 특별한 약정이 없는 한 매도인이 부담한다. (×) 제23회

4. 개업공인중개사의 실비청구권

영수증을 첨부하여 권리를 '취득'하고자 하는 중개의뢰인에게 청구할 수 있다. 매매의 경우에는 매수인에게, 임대차의 경우에는 임차인에게 청구할 수 있다.★

5. 매도인 등의 사전수령권

매도인 · 임대인 등 계약금 등을 수령할 수 있는 권리가 있는 자는 (해당 계약을 해제한 때 계약금 등의 반환을 보장하는 내용의) 금융기관 또는 보증보험회사가 발행하는 보증서를 계약금 등의 '예치명의자'에게 교부하고 계약금 등을 미리 수령할 수 있다.

7 금지행위(법 제33조) 제27회, 제28회, 제29회, 제30회, 제31회, 제33회

법 제33조 【금지행위】 ① "개업공인중개사 등"은 다음 각 호의 행위를 하여서는 아니 된다. (주; 개업공인중개사 등의 금지행위)

1. 제3조에 따른 중개대상물의 매매를 업으로 하는 행위
2. 제9조에 따른 중개사무소의 개설등록을 하지 아니하고 중개업을 영위하는 자인 사실을 알면서 그를 통하여 중개를 의뢰받거나 그에게 자기의 명의를 이용하게 하는 행위
3. 사례·증여 그 밖의 어떠한 명목으로도 제32조에 따른 보수 또는 실비를 초과하여 금품을 받는 행위
4. 해당 중개대상물의 거래상의 중요사항에 관하여 거짓된 언행 그 밖의 방법으로 중개의뢰인의 판단을 그르치게 하는 행위
5. 관계 법령에서 양도·알선 등이 금지된 부동산의 분양·임대 등과 관련 있는 증서 등의 매매·교환 등을 중개하거나 그 매매를 업으로 하는 행위
6. 중개의뢰인과 직접 거래를 하거나 거래당사자 쌍방을 대리하는 행위
7. 탈세 등 관계 법령을 위반할 목적으로 소유권보존등기 또는 이전등기를 하지 아니한 부동산이나 관계 법령의 규정에 의하여 전매 등 권리의 변동이 제한된 부동산의 매매를 중개하는 등 부동산투기를 조장하는 행위
8. 부당한 이익을 얻거나 제3자에게 부당한 이익을 얻게 할 목적으로 거짓으로 거래가 완료된 것처럼 꾸미는 등 중개대상물의 시세에 부당한 영향을 주거나 줄 우려가 있는 행위
9. 단체를 구성하여 특정 중개대상물에 대하여 중개를 제한하거나, 단체 구성원 이외의 자와 공동중개를 제한하는 행위

② "누구든지" 시세에 부당한 영향을 줄 목적으로 다음 각 호의 어느 하나의 방법으로 개업공인중개사 등의 업무를 방해해서는 아니 된다. (주; 누구든지 금지행위)

1. 안내문, 온라인 커뮤니티 등을 이용하여 특정 개업공인중개사 등에 대한 중개의뢰를 제한하거나 제한을 유도하는 행위
2. 안내문, 온라인 커뮤니티 등을 이용하여 중개대상물에 대하여 시세보다 현저하게 높게 표시·광고 또는 중개하는 특정 개업공인중개사 등에게만 중개의뢰를 하도록 유도함으로써 다른 개업공인중개사 등을 부당하게 차별하는 행위
3. 안내문, 온라인 커뮤니티 등을 이용하여 특정 가격 이하로 중개를 의뢰하지 아니하도록 유도하는 행위
4. 정당한 사유 없이 개업공인중개사 등의 중개대상물에 대한 정당한 표시·광고 행위를 방해하는 행위
5. 개업공인중개사 등에게 중개대상물을 시세보다 현저하게 높게 표시·광고하도록 강요하거나 대가를 약속하고 시세보다 현저하게 높게 표시·광고하도록 유도하는 행위

1. 법 제33조 제1항 규정의 금지행위 (개업공인중개사 등의 금지행위)

(1) 적용대상

금지행위의 적용대상은 개업공인중개사 '등'이므로, 개업공인중개사뿐만 아니라 법인인 개업공인중개사의 임원 및 사원, 고용인으로서 소속공인중개사 · 중개보조원에게도 적용된다.

(2) 금지행위의 내용 key 거 · 금 · 매 · 친 – 증 · 직 / 쌍 · 투 – 시 · 카

① 〈거짓행위〉 해당 중개대상물의 거래상의 중요사항에 관하여 거짓된 언행 그 밖의 방법으로 중개의뢰인의 판단을 그르치게 하는 행위(거짓행위)를 해서는 아니 된다.★

참고 | '거래상의 중요사항'이란 가격, 면적, 소재지, 권리관계 등 계약 체결의 여부와 관련된 사항을 말한다.

판 례

'가격'도 거래상의 중요사항에 해당한다.★

1. '해당 중개대상물의 거래상의 중요사항'에는 해당 중개대상물 자체에 관한 사항뿐만 아니라 그 중개대상물의 '가격' 등에 관한 사항들도 그것이 해당 거래상의 중요사항으로 볼 수 있는 이상 포함된다고 보아야 할 것이다(대판 2007도9149).
2. 개업공인중개사 등이 서로 짜고 매도의뢰가액을 숨긴 채 이에 비하여 무척 높은 가액으로 중개의뢰인에게 부동산을 매도하고 그 차액을 취득한 행위가 불법행위를 구성한다(대판 91다25963).

② 〈초과중개보수 및 초과실비〉 법정 한도를 "초과"하여 "중개보수" 또는 "실비"를 받거나, 그 외에 사례, 증여 그 밖의 어떠한 명목으로라도 금품을 받아 그 한도를 초과하는 행위는 금지된다.★

㉠ 법정 한도를 초과하는 중개보수나 실비는 미리 합의(약정)가 되었더라도 초과보수는 처벌된다. 또한 초과분은 무효가 되어 부당이득으로서 반환하여야 하며, 반환을 한 경우라도 처벌된다.★

㉡ 순가중개의뢰계약 자체는 허용이 되나, 중개보수를 법정 보수 범위를 초과하여 받은 경우에는 초과금품수수(금지행위)로서 처벌된다.

기출
1. 개업공인중개사가 소정의 보수를 초과하여 사례비 명목으로 금품을 받은 경우 이 법령의 위반행위이다. (○) 제20회
2. 「공인중개사법」 등 관련 법령에서 정한 한도를 초과하는 부동산중개보수 약정은 그 전부가 무효이다. (×) 제28회, 제33회
3. 법령상 한도를 초과하는 보수를 유효한 당좌수표로 받았으나, 부도 처리되어 개업공인중개사가 그 수표를 반환한 경우에도 이는 위법하다. (○) 제19회

기출 개업공인중개사가 중개보수 산정에 관한 지방자치단체의 조례를 잘못 해석하여 법령이 허용하는 금액을 초과한 중개보수를 받은 경우 처벌대상이 되지 않는다. (×) 제19회

기출 법인인 개업공인중개사가 상가분양대행과 관련하여 법령상의 한도액을 초과한 금원을 받은 경우에는 금지행위에 해당한다. (×) 제23회

판례

초과 중개보수

1. 중개의 대가로 수수한 것은 명목을 불문한다.★
   개업공인중개사가 부동산의 거래를 중개한 후 **사례비나 수고비 등의 명목으로 금원을 받은 경우에도 그 금액이 소정의 보수를 초과하는 때에는 위 규정을 위반한 행위에 해당한다**(대판 98도3116).
2. 법정 한도를 초과하는 약정은 초과분이 무효이다.★
   법령에서 정한 한도를 초과하는 개업공인중개사와 중개의뢰인의 중개보수 약정은 그 한도를 '초과하는 범위 내'에서 무효라고 할 것이다(대판 전합 2005다32159).
3. 법정 한도를 초과하는 당좌수표수수는 처벌된다.★
   보수 등의 명목으로 소정의 한도를 초과하는 액면금액의 당좌수표를 교부 받은 경우에는 (특별한 사정이 없는 한), **그 당좌수표를 교부받는 단계에서 곧바로 이 법에 위반되며, 비록 그 후 그 당좌수표가 '부도' 처리되었다거나 또는 중개의뢰인에게 그대로 '반환'되었더라도 위 죄의 성립에는 아무런 영향이 없다**(대판 2004도4136).
4. 중개보수 산정에 대한 착오를 인정하지 않으며 처벌한다.★
   개업공인중개사가 아파트 분양권의 매매를 중개하면서 **중개보수 '산정'에 관한 지방자치단체의 조례를 '잘못' 해석하여** 법에서 허용하는 금액을 초과한 중개보수를 수수한 경우가 (정당한) 법률의 착오에 해당하지 아니하며, 이는 (초과금품수수로) 처벌된다(대판 2004도62).
5. 손해발생을 처벌의 요건으로 하지 않는다.★
   범죄의 본질은 개업공인중개사 등이 중개의뢰인으로부터 보수 등의 명목으로 법정의 한도를 초과하는 금품을 취득함에 있는 것이지, **중개의뢰인에게 현실적으로 그 한도 초과액 상당의 재산상 손해가 발생함을 요건으로 하는 것이 아니다**(대판 2004도4136).
6. "겸업보수"는 중개보수가 아니다.
   (1) 분양대행료는 중개보수가 아니다.★
   중개와 구별되는 이른바 '분양대행'과 관련하여 교부받은 금원에 해당할 경우에는 「공인중개사법」 제33조 제1항 제3호에 의하여 초과수수가 금지되는 금원이 아니다(대판 98도1914).
   (2) 권리금 알선료는 중개보수가 아니다.★
   이른바 '권리금' 등을 수수하도록 중개한 것은 중개행위에 해당하지 아니하고, 따라서 같은 법이 규정하고 있는 중개보수의 한도액 역시 이러한 거래대상의 중개행위에는 적용되지 아니한다(대판 2005도6054).
   (3) 신탁보수는 중개보수가 아니다.
   개업공인중개사가 이 사건 약정에 따라 이 사건 **토지를 분할하고 택지로 조성하여 그중 일부를 타에 매도하면서 어느 정도의 위험부담과 함께 이득을 취하는 일련의 행위로서** 「공인중개사법」 소정의 중개행위에 해당하지 않는다 할 것이고, 따라서 위 각 행위와 관련하여 개업공인중개사가 취득한 판시 금원 또한 초과수수가 금지되는 개업공인중개사의 보수 등 금품에는 해당하지 않는다(대판 2004도5271).
7. "포괄수수료"는 처벌되지 아니한다.
   공인중개사가 토지와 건물의 임차권 및 권리금, 시설비의 교환계약을 중개하고 그 사례 명목으로 **'포괄적'으로 지급받은 금원 중 어느 금액까지가 「공인중개사법」의 규율대상인 중개보수에 해당하는지를 특정할 수 없어, 같은 법이 정한 한도를 초과하여 중개보수를 지급받았다고 단정할 수 없다**(대판 2005도6054).

③ 〈**중개대상물 매매업**〉 법 제3조에 따른 중개대상물의 매매를 업으로 하는 행위는 금지행위에 해당한다.★ 제30회

㉠ 중개대상물에 대한 매매업은 부동산 투기의 우려가 있어 금지된다.

㉡ 중개대상물에 대한 매매업이므로, '토지' 매매업, '건물' 매매업, '입목' 매매업, '광업재단이나 공장재단' 매매업 등이 모두 금지된다.

㉢ 중개대상물의 매매를 '업'으로 하는 것이 금지되며, 매매를 '업'으로 하지 아니한 경우까지 처벌되는 것은 아니다. (개업공인중개사가 우연히 다른 개업공인중개사의 중개를 통하여 자기 집을 팔고 이사하는 경우나 중개사무소를 매수하는 경우 등은 처벌되지 않는다)

㉣ 부동산 '임대업'은 법 제33조의 금지행위에 해당하지는 않는다.

기출 개업공인중개사는 건축물의 매매를 업으로 해서는 안 된다. (○) 제22회

기출 등기된 입목의 매매를 업으로 하는 행위는 금지행위에 해당한다. (○) 제24회

판례

매매업의 해당 여부

부동산 매매업의 해당 여부는 양도의 규모, 횟수, 태양, 상대방 등에 비추어 그 양도가 수익을 목적으로 하고 있는지와 사업 활동으로 볼 수 있을 정도의 계속성과 반복성이 있는지 등을 고려하여 사회통념에 따라 판단하여야 한다(대판 94누14025).

④ 〈**무등록중개업자와 악의의 협력행위**〉 무등록 중개업을 하는 자인 사실을 '알면서' 그를 통하여 중개를 의뢰받거나 그에게 자기의 명의를 이용하게 하는 행위는 금지된다(친구 · 협력행위).★

㉠ 개업공인중개사가 무등록 중개업자임을 안 경우(악의)에는 처벌이 되나, 모르고(선의) 중개의뢰를 받은 경우에는 처벌되지 않는다.★

㉡ 다른 '개업공인중개사'로부터 의뢰받는 경우(이른바, 제2중개계약)에는 처벌의 대상이 되지 않는다.

기출 중개사무소 개설등록을 하지 않고 중개업을 영위하는 자인 사실을 알면서 그를 통하여 중개를 의뢰받는 행위는 금지행위에 해당한다. (○) 제28회

⑤ 〈**거래금지 증서 매매업 · 중개**〉 관계 법령에서 양도 · 알선 등이 금지된 부동산의 분양 · 임대 등과 관련 있는 증서(「주택법」상 청약통장 등의 거래금지증서) 등의 매매 · 교환 등을 중개하거나 그 매매를 업으로 하는 행위는 금지된다.★

참고 | 거래가 금지된 증서에는 주택청약통장, 주택조합원의 지위 등이 해당한다.

판례

분양권은 「공인중개사법」상의 거래금지증서가 아니다.★

1. 상가분양권은 거래금지증서가 아니다.
   상가 전부를 매도할 때 사용하려고 매각조건 등을 기재하여 인쇄해 놓은 양식에 매매대금과 지급기일 등 해당사항을 기재한 "분양계약서"는 상가의 매매계약서일 뿐, 「공인중개사법」 제33조 제1항 제5호 소정의 부동산 임대, 분양 등과 관련이 있는 증서라고 볼 수 없다(대판 93도773).

기출 아파트를 분양받으려는 자에게 청약통장의 거래를 알선한 경우는 금지행위에 해당하지 아니한다. (×) 제19회

■ 참고 | 개업공인중개사가 중개의뢰인으로부터 매도의뢰받은 주택을 직접 자기 명의로 매수하는 행위는 금지행위로 처벌된다.

기출

1. 개업공인중개사가 중개의뢰인으로부터 매도의뢰받은 주택을 직접 자기 명의로 매수하는 행위는 금지행위에 해당한다. (○) 제23회
2. 부동산 매매를 중개한 개업공인중개사가 해당 부동산을 다른 개업공인중개사의 중개를 통하여 임차한 경우에는 금지행위에 해당하지 아니한다. (○) 제19회

2. 아파트분양권은 거래금지증서가 아니다.
"아파트 당첨권(분양권)"에 대한 매매를 알선하는 행위는 이 법 소정의 '부동산의 분양과 관련 있는 증서(거래금지증서) 등의 매매를 알선, 중개하는 행위'에 해당한다고 볼 수 없다(대판 89도1886).

⑥ 〈중개의뢰인과 직접거래〉 중개의뢰인과 직접 거래를 하는 것은 금지된다.★

제24회, 제25회, 제30회

판례

중개의뢰인과 직접 거래 금지의 취지

「공인중개사법」이 개업공인중개사 등이 중개의뢰인과 직접 거래하는 행위를 금지하고 있는 취지는 이를 허용할 경우 개업공인중개사 등이 거래상 알게 된 정보 등을 자신의 이익을 꾀하는 데 이용함으로써 중개의뢰인의 이익을 해하는 일이 없도록 "중개의뢰인"을 보호하고자 함에 있다(대판 2021도6910).

판례

중개의뢰인과 직접 거래에 관한 주요 판례

1. 중개의뢰인에는 "대리인"과 "수임"인 포함된다.★
위 법조 소정의 '중개의뢰인'에는 중개대상물의 소유자뿐만 아니라 그 소유자로부터 거래에 관한 대리권을 수여받은 대리인이나 거래에 관한 사무의 처리를 위탁받은 수임인 등도 포함된다고 보아야 한다(대판 90도1872).
2. "경제공동체"인 배우자 명의로 거래한 것도 직접 거래로 처벌된다.
전세계약서상 명의자는 개업공인중개사의 배우자로서 경제적 공동체 관계이고, 개업공인중개사가 해당 아파트에 실제로 거주하며, 자신이 직접 시세보다 저렴한 금액으로 임차하는 이익을 얻은 경우에는 중개의뢰인과 직접 거래에 해당되어 처벌대상이 된다(대판 2021도6910).
3. 중개의뢰인과의 '간접' 거래(중개거래)는 허용된다.★
개업공인중개사가 매도인으로부터 매도중개의뢰를 받은 '다른' 개업공인중개사의 중개로 부동산을 매수하여 매수중개의뢰를 받은 또 '다른' 개업공인중개사의 중개로 매도한 경우 「공인중개사법」 제33조 제1항 제6호에 해당하지 아니한다(대판 90도2858).
4. 중개의뢰인이 아닌 신탁의뢰인(겸업의뢰인)과 직접 거래는 허용된다.
개업공인중개사가 토지소유자와 사이에 개업공인중개사 자신의 비용으로 토지를 택지로 조성하여 분할한 다음 토지 중 일부를 개업공인중개사가 임의로 정한 매매대금으로 타인에게 매도하되, 토지의 소유자에게는 그 매매대금의 수액에 관계없이 확정적인 금원을 지급하고 그로 인한 손익은 개업공인중개사에게 귀속시키기로 하는 약정을 한 경우, 이는 단순한 중개의뢰 약정이 아니라 위임 및 도급의 복합적인 성격을 가지는 약정(주; 신탁약정)으로서 개업공인중개사가 토지소유자로부터 토지에 관한 중개의뢰를 받았다고 할 수 없다(대판 2005도4494).
   - 그러므로 이러한 경우에는 중개의뢰인에 해당되지 않으며, 개업공인중개사는 중개의뢰인과 직접 거래로서 처벌되지 아니한다.

5. 중개의뢰인과 직접 거래에 대한 처벌규정은 '단속규정'에 불과하다.
중개의뢰인이 직접 거래임을 알면서도 자신의 이익을 위해 한 거래도 단지 직접 거래라는 이유로 효력이 부인되어(주; 부인되면), 거래의 안전을 해칠 우려가 있으므로, 위 규정은 강행규정이 아니라 '단속규정'이다(대판 2016다259677)

---

⑦ 〈거래계약체결의 쌍방대리〉 중개의뢰인 쌍방으로부터 거래계약체결의 대리 권한을 받는 것은 금지된다.★ 제24회, 제25회, 제30회

㉠ 거래계약 "체결 여부"에 대한 대리 권한이 개업공인중개사에게 전적으로 위임(대리)된 경우에는 개업공인중개사의 의사에 따라 거래당사자 중 일방의 이익에 피해를 줄 염려가 있으므로 이는 금지된다. 이는 거래당사자 쌍방의 동의를 받았어도 처벌된다.

㉡ 다만, 단순한 계약의 '이행단계'에서의 쌍방(이행)대리는 허용되며, 또한 거래계약 체결에 대하여 일방으로부터만 위임(대리)된 '일방대리'를 금지하는 규정은 없다.★

기출

1. 주택임대차계약에서 임대의뢰인과 임차의뢰인을 대리해 계약을 체결한 경우에는 금지행위에 해당하지 아니한다. (×) 제19회
2. 개업공인중개사가 거래당사자 일방을 대리하는 행위는 금지행위에 해당한다. (×) 제23회

⑧ 〈부동산투기 조장행위〉 (탈세 등 관계 법령을 위반할 목적으로 소유권보존등기 또는 이전등기를 하지 아니한 부동산이나 관계 법령의 규정에 의하여 전매 등 권리의 변동이 제한된 부동산의 매매를 중개하는 등) 부동산 "투기를 조장"하는 행위는 금지된다.★

㉠ 탈세·탈법 목적의 미등기전매·중간생략등기 등을 이용한 투기를 조장하는 행위는 금지된다(미등기전매를 한 자가 전매차익이 없다하더라도 이는 투기조장에 해당한다).★

㉡ 전매 등 권리변동이 제한된 부동산의 매매를 중개하는 행위는 금지된다(예 투기과열지구 내의 분양권 전매제한, 임대주택의 임대의무기간 내의 매각제한 등).

판 례

미등기전매의 중개 – 전매차익은 투기의 판단 기준이 아니다.★

甲이 결과적으로 '전매차익을 올리지 못하고 말았다고 할지라도' 丙의 위 전매중개는 「공인중개사법」 제33조(구. 제15조) 제1항 제7호 소정의 탈세를 목적으로 이전등기를 하지 아니한 부동산의 매매를 중개하여 부동산투기를 조장하는 행위에 '해당'한다(대판 90누4464).

---

⑨ 〈시세조작행위〉 개업공인중개사 등이 부당한 이익을 얻거나 제3자에게 부당한 이익을 얻게 할 목적으로, 거짓으로 거래가 완료된 것처럼 꾸미는 등 중개대상물의 '시세'에 부당한 영향을 주거나 줄 우려가 있는 행위는 금지된다.

㉠ 개업공인중개사 등은 거래가 안 된 물건을 아주 비싼 가격으로 거래가 된 것처럼 꾸미고 가장하고 홍보하여 실제 물건을 비싸게 거래가 되도록 유도하는 행위 등을 하여서는 아니 된다.

ⓛ 시세에 부당한 영향을 주거나 우려가 있는 행위를 함으로써 시세를 조작하는 행위는 처벌된다.

⑩ 〈(불법) **카르텔 조성**〉 불법으로 '단체'를 구성하여 특정 중개대상물에 대하여 중개를 제한하거나, 단체 구성원 이외의 자와 공동중개를 제한하는 행위는 금지된다.

㉠ 개업공인중개사 등은 단체를 구성하거나 '카르텔'을 형성하여, 특정 중개의뢰인의 물건을 중개를 하지 않기로 '담합'을 하는 행위는 금지되고 처벌된다.

ⓛ 개업공인중개사 등이 조직 · 단체를 구성하여, 그 조직 · 단체의 구성원이 아닌 자와는 협력하여 공동중개를 하지 아니하고, 또한 이를 방해하고 제한하는 행위를 해서는 아니 된다.

2. 법 제33조 제2항 규정의 금지행위(누구든지 금지행위)(업무방해 금지)

(1) 적용대상 제35회

법 제33조 제2항에서는 '누구든지 시세에 부당한 영향을 줄 목적으로 다음의 어느 하나의 방법으로 개업공인중개사 등의 업무를 방해해서는 아니 된다'라고 규정하고 있다. 이는 중개의뢰인을 포함하여 '누구든지' 모두에게 적용된다.

(2) 금지행위의 내용

누구든지 '부동산거래질서교란행위'로서, 개업공인중개사 등의 "업무를 방해"하는 다음의 행위는 모두 금지되고 처벌된다.

① 안내문, 온라인 커뮤니티 등을 이용하여 '특정' 개업공인중개사 등에 대한 중개의뢰를 제한하거나 제한을 유도하는 행위 ② 안내문, 온라인 커뮤니티 등을 이용하여 중개대상물에 대하여 시세보다 현저하게 높게 표시 · 광고 또는 중개하는 '특정' 개업공인중개사 등에게만 중개의뢰를 하도록 유도함으로써 다른 개업공인중개사 등을 부당하게 차별하는 행위 ③ 안내문, 온라인 커뮤니티 등을 이용하여 '특정' 가격 이하로 중개를 의뢰하지 아니하도록 유도하는 행위 ④ 정당한 사유 없이 개업공인중개사 등의 중개대상물에 대한 정당한 표시 · '광고'행위를 방해하는 행위 ⑤ 개업공인중개사 등에게 중개대상물을 시세보다 현저하게 높게 표시 · 광고하도록 강요하거나 대가를 약속하고 시세보다 현저하게 높게 표시 · '광고' 하도록 유도하는 행위

3. 금지행위의 처벌

구분		내용	key
행정형벌	1년 - 1천 이하	① '거짓행위'(거래상의 중요사항, 거짓된 언행 기타)	거
		② 초과'금품'수수(법정 중개보수 · 중개실비의 법정한도를 초과)	금
		③ 중개대상물의 "매매업"	매
		④ 무등록 중개업자와의 악의의 협력행위	친
	3년 - 3천 이하	⑤ 거래금지'증서'(청약통장 등)의 "매매업" · 중개	증
		⑥ 중개의뢰인(대리인 · 수임인 포함)과 '직접 거래'	직
		⑦ 거래당사자 쌍방대리	쌍
		⑧ 각종 부동산 '투기'의 조장	투
		⑨ '시세' 조작 등	시
		⑩ 불법단체를 결성하여, '카르텔' · 담합하는 행위 등	카
		⑪ 누구든지 '특정' 개업공인중개사 등에 대한 중개의뢰를 제한 · 유도하는 행위	특
		⑫ 누구든지 '특정' 개업공인중개사 등에게만 중개의뢰를 하도록 유도 · 다른 개업공인중개사 등을 차별하는 행위	특
		⑬ 누구든지 '특정' 가격 이하로 중개를 의뢰하지 아니하도록 유도하는 행위	특
		⑭ 누구든지 개업공인중개사 등의 중개대상물에 대한 정당한 표시 · '광고' 행위를 방해하는 행위	광
		⑮ 누구든지 개업공인중개사 등에게 중개대상물을 시세보다 현저하게 높게 표시 · '광고'하도록 강요 · 유도하는 행위	광

☐ 〈행정처분의 병과〉: 법 제33조 제1항 위반으로 인한 행정처분으로 개업공인중개사는 상대적 등록취소(또는 업무정지) 사유에 해당하며, 소속공인중개사는 자격정지처분의 대상이 된다(중개보조원은 자격정지처분 대상이 아니다).

기출 등록관청은 개업공인중개사가 금지행위를 한 경우에는 중개사무소의 개설등록을 취소할 수 있다. (○) 제22회

기출

1. 개업공인중개사가 중개행위를 함에 있어서 거래당사자에게 손해를 입힌 경우 고의·과실과 관계없이 그 손해를 배상해야 한다. (×) 제27회
2. 개업공인중개사가 자기의 중개사무소를 타인의 중개행위의 장소로 제공하여 거래당사자에게 재산상 손해를 입힌 경우 개업공인중개사에게 책임이 있다. (○) 제26회, 제27회, 제28회

8 손해배상책임과 업무보증설정의무 제29회, 제31회, 제32회, 제34회

법 제30조 【손해배상책임의 보장】 ① '개업공인중개사'는 '중개행위'를 하는 경우 고의 또는 과실로 인하여 거래당사자에게 재산상의 손해를 발생하게 한 때에는 그 손해를 배상할 책임이 있다.
② '개업공인중개사'는 자기의 중개사무소를 다른 사람의 '중개행위'의 장소로 제공함으로써 거래당사자에게 재산상의 손해를 발생하게 한 때에는 그 손해를 배상할 책임이 있다.
③ '개업공인중개사'는 "업무를 개시하기 전"에 '제1항 및 제2항'에 따른 손해배상책임을 보장하기 위하여 대통령령으로 정하는 바에 따라 보증보험 또는 제42조에 따른 공제에 가입하거나 공탁을 하여야 한다.

주의 「공인중개사법」 제30조의 손해배상책임 규정은 개업공인중개사에게 적용되는 것이며, 일반인(무등록 중개업자 등)에게는 적용되는 것이 아니다.

1. 중개행위로 인한 손해배상책임

① '중개행위'를 함에 있어서, '개업공인중개사의 고의 또는 과실'로서 의뢰인에게 재산상 손해가 발생(과실은 중과실·경과실을 불문)하여야 한다.

② 타인에게 자신의 중개사무소를 '중개행위'의 장소로 제공하여 의뢰인에게 재산상 손해가 발생(모든 행위의 장소제공이 아님)하여야 한다.

③ 일정한 원인행위로 인하여 중개의뢰인에게 '재산상'의 손해가 발생하여야 한다(법 제30조).

④ 손해의 발생 여부에 대해서는 피해를 주장하는 '의뢰인'(주장자)이 입증하여야 한다.

⑤ 「공인중개사법」 제30조에 따라 개업공인중개사가 배상책임을 부담하며, 이를 위하여 업무보증을 설정하여야 한다. 그러므로 보증기관에서도 배상책임을 부담하게 된다.★

⑥ 중개행위와 관련 없는 사적인 사고에 대해서는 보증기관이 책임을 지지 않는다. 또한 "보증기관"에서는 재산상 손해에 대하여만 배상책임을 지며 정신적 손해(위자료)는 책임을 부담하지 않는다.★

판례

법 제30조의 '중개행위' 해당 여부

1. 중개행위는 객관적으로 판단한다.★
   어떠한 행위가 중개행위에 해당하는지 여부는 개업공인중개사가 진정으로 거래당사자를 위하여 거래를 알선·중개하려는 의사를 갖고 있었느냐고 하는 개업공인중개사의 주관적 의사에 의하여 결정할 것이 아니라, 객관적으로 보아 사회통념상 거래의 알선·중개를 위한 행위라고 인정되는지 여부에 의하여 결정하여야 한다(대판 2005다32197).
2. 중개행위에는 알선뿐만 아니라 중개와 "관련"되는 행위도 포함된다.★
   부동산 매매계약 체결을 중개하고 계약 체결 후 계약금 및 중도금 지급에도 '관여한' 부동산 개업공인중개사가 "잔금" 중 일부를 횡령한 경우, "중개행위"를 함에 있어서 거래당사자에게 재산상의 손해를 발생하게 한 경우'에 해당한다(대판 2005다32197).
3. 중개행위는 알선뿐만 아니라 "관련"되는 행위도 포함된다.★
   임대차계약을 알선한 개업공인중개사가 계약 체결 후에도 보증금의 지급, 목적물의 인도, 확정일자의 취득 등과 같은 거래당사자의 계약상 의무의 실현에 '관여함으로써' 계약상 의무가 원만하게 이행되도록 주선할 것이 예정되어 있는 때에는 '중개행위'의 범주에 포함된다(대판 2005다55008).
4. 경매 "알선"도 중개행위에 해당한다.★
   '경매 대상 부동산에 대한 권리분석 및 취득의 알선' 행위는 비록 그 행위가 「공인중개사법」 제2조 제1호의 '중개' 그 자체에 해당되는 것은 아니라 하여도, 거래당사자의 보호에 목적을 둔 법 제30조 규정과 업무보증제도의 취지를 감안하면, 결국 '경매 대상 부동산에 대한 권리분석 및 취득의 알선' 행위도 사회통념상 '중개행위'에 해당한다(대판 2005다40853).
5. "거래"행위는 중개행위가 아니다.★
   甲이 공인중개사자격증과 중개사무소등록증을 대여 받아 중개사무소를 운영하던 중 오피스텔을 임차하기 위하여 위 중개사무소를 방문한 乙에게 자신이 오피스텔을 소유하고 있는 것처럼 가장하여 직접 거래당사자로서 임대차계약을 체결한 사안에서, 甲의 위 행위를 사회통념상 거래당사자 사이의 임대차를 알선·중개하는 행위에 해당한다고 볼 수 없다(대판 2010다101486).
   ☞ 그러므로 중개업의 보증기관에 책임을 물릴 수 없다.

기출 부동산 매매계약 체결을 중개하고 계약 체결 후 계약금 및 중도금 지급에도 관여한 개업공인중개사가 잔금 중 일부를 횡령한 경우, '개업공인중개사가 중개행위를 함에 있어서 거래당사자에게 재산상의 손해를 발생하게 한 경우'에 해당한다. (○) 제20회

기출 임대차계약을 알선한 개업공인중개사가 계약 체결 후에도 목적물의 인도 등 거래당사자의 계약상 의무의 실현에 관여함으로써 계약상 의무가 원만하게 이행되도록 주선할 것이 예정되어 있는 경우, 그러한 개업공인중개사의 행위는 사회통념상 중개행위의 범주에 포함된다. (○) 제32회

판례

손해배상책임에 관한 주요 판례

1. 중개행위의 "장소"로 제공한 경우 배상책임이 있다.★
   개업공인중개사인 甲이 자신의 사무소를 중개행위의 장소로 제공하여 乙이 그 사무소에서 임대차계약을 중개하면서 거래당사자로부터 종전 임차인에게 임대차보증금의 반환금을 전달하여 달라는 부탁을 받고 그 금원을 수령한 후 이를 횡령한 경우, 甲은 거래당사자가 입은 손해를 배상할 책임이 있다(대판 2000다48098).

2. 무상(無償)중개시에도 손해배상책임이 인정된다.★
   부동산중개계약에 따른 개업공인중개사의 확인・설명의무와 이에 위반한 경우의 손해배상의무는 중개의뢰인이 개업공인중개사에게 소정의 보수를 지급하지 아니하였다고 해서 당연히 소멸되는 것이 아니다(대판 2001다71484).

3. 대리권을 확인해야 한다.
   부동산 소유자의 인척으로부터 중개를 의뢰받고 적법한 대리권 유무를 조사・확인하지 않은 채 중개행위를 한 부동산 개업공인중개사의 부동산 매수인에 대한 손해배상책임을 인정한다(대판 2007다73611).

4. 확인하지 않은 정보의 전달은 과실이 인정된다.
   그릇된 정보를 제대로 확인하지도 않은 채, 마치 그것이 진실인 것처럼 의뢰인에게 그대로 전달하여 의뢰인이 그 정보를 믿고 상대방과 계약에 이르게 되었다면, 개업공인중개사의 그러한 행위는 선량한 관리자의 주의로 신의를 지켜 성실하게 중개행위를 하여야 할 개업공인중개사의 의무에 위반된다(대판 2008다42836).
   그러므로 이 경우에도 「공인중개사법」상의 손해배상책임을 지게 된다.

5. 대필해서는 아니 된다.★
   개업공인중개사는 중개가 완성된 때에만 거래계약서 등을 작성・교부하여야 하고, 중개를 하지 아니하였음에도 함부로 거래계약서 등을 작성・교부하여서는 아니 된다(대판 2009다78863, 78870).

6. 대필시 손해배상책임이 있다.★
   부동산 개업공인중개사가 자신의 중개로 전세계약이 체결되지 않았음에도 실제 계약당사자가 아닌 자에게 전세계약서와 중개대상물 확인・설명서 등을 작성・교부해 줌으로써 이를 담보로 제공받아 금전을 대여한 대부업자가 대여금을 회수하지 못하는 손해를 입은 사안에서, 개업공인중개사의 주의의무 위반에 따른 손해배상책임을 인정한다(대판 2009다78863, 78870).

2. 업무보증의 설정 및 유지 의무 제28회, 제29회, 제31회, 제32회, 제34회

(1) 업무보증의 설정의무

① **보증설정의 시기**: '개업공인중개사'는 공인중개사법상의 손해배상책임을 담보하기 위하여, 중개사무소 개설등록 후부터 '업무개시 전까지' 업무보증을 설정하여야 한다. 위반시에는 중개업의 등록이 취소 될 수 있다(상대적 등록취소 사유).★

주의 업무보증은 중개사무소 '개설등록의 요건은 아니다'. 즉, 업무보증은 등록신청시에 하는 것이 아니라 등록을 한 후 업무개시 전에 하는 것이다.

② **업무보증설정의 신고**

㉠ 업무보증설정은 '업무개시 전'까지 등록관청에 '개업공인중개사'가 신고하여야 한다. 다만, 보증기관이 직접 등록관청에 통보한 경우에는 개업공인중개사는 보증설정신고를 생략할 수 있다.

㉡ 신고방법: 업무보증설정 신고서 + 보증증서 사본(전자문서 포함) 첨부하여 등록관청에 제출하여야 한다.

(2) 보증설정의 방법 및 내용 ★★★

구분	업무보증설정 내용	보증설정 방법
법인인 개업공인중개사	4억원 이상 (단, 분사무소는 2억원 이상씩 추가 설정)	① 보증보험가입 ② 공제가입 ③ 공탁(법원)
공인중개사인 개업공인중개사, 부칙상 개업공인중개사	2억원 이상	
지역농업협동조합 등 특수법인	2천만원 이상	

① **보증설정의 방법**: 개업공인중개사는 손해배상책임을 보장하기 위하여 대통령령으로 정하는 바에 따라 보증보험 또는 제42조(협회)에 따른 공제에 가입하거나 공탁을 하여야 한다.

② **공탁금의 회수제한**: 공탁을 한 경우에는 공탁금은 개업공인중개사가 폐업 또는 사망한 날부터 '3년' 이내에는 이를 회수할 수 없다. (의뢰인을 보호하기 위함)

기출 개업공인중개사가 손해배상책임을 보장하기 위한 조치를 이행하지 아니하고 업무를 개시한 경우, 등록관청은 개설등록을 취소할 수 있다. (○) 제25회, 제31회

기출

1. 개업공인중개사가 폐업한 경우 폐업한 날부터 5년 이내에는 손해배상책임의 보장을 위하여 공탁한 공탁금을 회수할 수 없다. (×) 제27회
2. 지역농업협동조합이 부동산중개업을 하는 때에는 500만원 이상의 보증을 설정해야 한다. (×) 제21회

(3) 업무보증의 '유지'의무

① **기간만료로 인한 재설정**: 보증보험 또는 공제에 가입한 개업공인중개사로서 보증기간의 만료로 다시 보증을 설정하고자 하는 자는 해당 보증기간 '만료일까지' 다시 보증을 설정하고 신고하여야 한다.★

보증의 설정신고든, 변경신고든, 재설정신고든 모두 보증기관이 직접 등록관청에 통보를 한 경우에는 개업공인중개사는 신고를 '생략'할 수 있다.

② **보증의 변경**: 기존의 보증을 다른 보증으로 변경하고자 할 때에는 '이미 설정한 보증의 효력이 있는 기간 중에' 다른 보증을 설정하고, 업무보증변경신고서에 새로운 보증증서 사본을 첨부하여 신고하여야 한다.★

(4) 업무보증에 대한 설명의무 및 보증증서 사본 교부의무

기출 개업공인중개사는 중개가 완성된 때에는 거래당사자에게 손해배상책임의 보장기간을 설명해야 한다. (○) 제32회

① '개업공인중개사'는 중개가 완성된 때에는 거래당사자에게 업무보증에 관한 다음의 사항을 설명하고 관계증서 사본을 교부하거나 관계증서에 관한 전자문서를 제공하여야 한다. (**위반시 100만원 이하 과태료처분의 대상이 된다**)

㉠ 보장기간 ㉡ 보장금액 ㉢ 업무보증기관 ㉣ 보증기관의 소재지

② '개업공인중개사'는 업무보증증서 사본을 거래당사자 '쌍방'에게 교부하여야 하고, 보증에 관한 설명도 거래당사자 '쌍방'에게 하여야 한다.

중개완성시 거래당사자 쌍방에게 교부할 것 3가지	위반시 제재
① 거래계약서 + 중개대상물 확인·설명서	업무정지 ★
② 업무보증증서 사본(전자문서 가능)	100만원 이하 과태료 ★

(5) 업무보증금의 지급

① 중개의뢰인이 손해배상금으로 보증보험금·공제금 또는 공탁금을 지급받고자 하는 경우에는 그 중개의뢰인과 개업공인중개사 간의 '손해배상합의서', 화해조서 또는 확정된 법원의 '판결문', 그 밖에 이에 준하는 효력이 있는 서류를 첨부하여 보증기관에 청구하여야 한다.

기출 개업공인중개사는 보증보험금·공제금 또는 공탁금으로 손해배상을 한 때에는 15일 이내에 보증보험 또는 공제에 다시 가입하거나 공탁금 중 부족하게 된 금액을 보전해야 한다. (○) 제20회

② 개업공인중개사는 보증보험금·공제금·공탁금으로 손해배상을 한 때에는 '15일 이내'에 보증보험 또는 공제에 다시 가입하거나 공탁금 중 부족하게 된 금액을 보전(보충)하여야 한다. ★

심화 학습 업무보증 및 손해배상

1. 업무보증설정의 시기★

① 중개업 "등록 후" 보증설정: 업무보증은 중개사무소 개설등록(즉, 중개업의 등록)을 하여야 그 설정이 가능하다.

② "보증설정 후" 분사무소 설치신고: 법인인 개업공인중개사의 분사무소는 설치신고하기 전에 미리 분사무소마다 2억원 이상을 추가로 설정하여야 한다.

③ "보증설정 후" 경매대리업 등록: 개업공인중개사가 법원경매 물건의 매수신청대리업자로 등록을 하려는 경우에도 경매대리업의 업무보증(최소금액이나 보증의 방법은 동일하다)을 미리 설정하여야 한다.

2. 손해배상청구권의 소멸시효

① 손해를 입은 중개의뢰인이 개업공인중개사에게 손해배상청구를 하는 경우에는 「공인중개사법」의 일반법인 「민법」 제766조의 규정에 따라 그 손해 및 가해자를 안 날로부터 '3년', 또는 불법 행위를 한 날로부터 '10년' 이내에 손해배상청구권을 행사하여야 하고, 그렇지 않으면 시효로서 소멸하게 된다.

② 손해를 입은 중개의뢰인이 보증보험회사나 협회공제에 배상청구를 하는 경우에는 보험금청구권이나 공제금청구권의 소멸시효기간은 '3년'(「상법」 제662조)이고, 특별한 사정이 없는 한 그 소멸시효는 보험사고가 발생한 때부터 진행하게 된다. 공제사고의 발생사실을 확인할 수 없는 사정이 있는 경우에는, 공제금 청구권자가 '공제사고 발생을 알았거나 알 수 있었던 때부터' 공제금청구권의 소멸시효가 진행한다(대판 2011다77870).

3. 손해배상청구의 범위★

① 개업공인중개사는 의뢰인의 손해액 '전액'에 대하여 배상책임을 져야 한다. 재산상 손해는 「공인중개사법」상의 배상책임이 적용될 것이고, 정신적 손해는 「**민법**」상의 배상책임이 적용될 것이다.

② 보증기관에서는 개업공인중개사가 '설정한 보증금액 범위 내'에서만 책임을 진다. 또한 보증기관에서는 「공인중개사법」상의 배상책임인 재산상 손해만 책임을 진다. 그러므로 보증기관에서는 정신상 손해의 배상책임이 없으며, 중개행위와 관련되지 않는 손해도 그 배상책임이 없다.

기출 개업공인중개사의 손해배상책임은 가입한 보증보험의 보장금액을 한도로 한다. (×) 제22회

Chapter 06 개업공인중개사의 보수

출제경향 및 학습방법

제6장에서는 통상 1~2문제 정도가 출제된다.

1 중개보수

1. 중개보수청구권

(1) 중개보수청구권의 '발생'요건

'중개계약'의 성립과 동시에 발생한다(양도 및 압류 가능).

판례

중개보수청구권은 중개계약에서 발생한다.

개업공인중개사의 중개보수는 "상인"의 자격으로 "당연히" 존재하는 상인의 보수로 인정되므로, '중개의뢰계약'에서 구체적인 보수약정(유상임을 표시)을 하지 않았더라도 중개보수청구권은 인정된다(대판 68다955).

(2) 보수 지급의 시기 제26회, 제28회, 제31회, 제33회, 제35회

① 중개보수의 지급시기는 개업공인중개사와 중개의뢰인 간의 '약정'에 따른다.

② 약정이 없을 때에는 중개대상물의 '거래대금지급이 완료된 날'로 한다.★

기출 개업공인중개사의 중개보수 지급시기는 개업공인중개사와 중개의뢰인 간의 약정에 따르되, 약정이 없을 때에는 중개대상물의 거래대금지급이 완료된 날로 한다. (○) 제26회, 제28회, 제33회

(3) 중개보수청구권의 소멸 제31회, 제35회

① '개업공인중개사의 고의 또는 과실'에 의하여 거래행위가 무효·취소 또는 해제된 경우에는 중개보수청구권이 소멸된다. 또한 이미 보수를 지불하였다고 하여도 거래당사자들은 그 반환을 청구할 수 있다.★

② 그러나 '거래당사자'의 고의·과실에 의하여 거래행위가 무효·취소·해제된 경우에는 중개보수청구권은 소멸되지 않는다.

기출 개업공인중개사의 고의 또는 과실로 인하여 중개의뢰인 간 거래행위가 해제된 경우에도 중개보수의 청구권은 인정된다. (×) 제19회

판례

중개보수 관련 주요 판례

1. 거래계약 체결과 무관한 중개보수 "특약"도 "유효"하다.
   <u>공인중개사가 중개대상물에 대한 계약이 완료되지 않을 경우에도 중개행위에 상응하는 보수를 지급하기로 약정할 수 있고,</u> 이 경우 공인중개사법령상 중개보수 제한규정들이 적용된다(대판 2017다243723).
2. 공매 '알선'도 중개보수 제한규정이 적용된다.
   부동산 중개보수 제한에 관한 「공인중개사법」 제32조 제4항과 같은 법 시행규칙 제20조 제1항, 제4항의 규정들(이하 '보수 제한규정'이라 한다)은 <u>"공매"대상 부동산 취득의 "알선"에 대해서도 적용된다고 봄이 타당하다</u>(대판 2017다243723).

2. 중개보수의 계산

(1) 중개보수의 계산방법

> 기출 공인중개사법령상 중개보수 제한규정들은 공매대상 부동산취득의 알선에 대해서도 적용된다. (○) 제33회

중개보수 = 거래금액(거래가액) × 요율(%)

① 거래금액의 기준

유형	거래금액(거래가액)
매매	매매가격(매매대금)
교환	교환대상물 중 거래금액이 큰 것을 기준 (거래금액이 큰 중개대상물의 가액을 거래금액으로 한다)
임대차(전세)	임대차보증금(전세금)
임대차(월세)	㉠ 임대차보증금 + (월세 × 100) ㉡ **다만, 거래가액이 '5천만원 미만'이면,★** **임대차보증금 + (월세 × 70)** key 오·미·차
분양권	기 납입액(계약금, 중도금 등) + 프리미엄

> 기출 교환계약의 경우에는 교환대상 중개대상물 중 거래금액이 적은 중개대상물의 가액을 거래금액으로 한다. (×) 제19회

판 례

분양권의 거래금액★

아파트 분양권의 매매를 중개한 경우에 있어서 거래가액이라 함은 당사자가 거래 당시 '수수'하게 되는 '총 대금(즉, 통상적으로 계약금, 기 납부한 중도금, 프리미엄을 합한 금액일 것이다)'을 거래가액이라고 보아야 할 것이므로, 이와 달리 총 분양대금과 프리미엄을 합산한 금액으로 거래가액을 산정하여서는 아니 된다(대판 2004도62).

> 기출 일부 중도금만 납부된 분양권을 중개하는 경우 중개보수는 총 분양가에 프리미엄을 포함한 금액으로 계산한다. (×) 제28회

기출

1. 주택의 경우 중개보수는 중개내용에 따라 매매·교환과 임대차 등으로 구분하여 다른 기준을 적용한다. (○) 제17회
2. 주택(부속토지 포함) 외의 중개대상물의 중개에 대한 보수는 국토교통부령으로 정한다. (○) 제26회

② 중개보수의 요율★★ 제26회, 제28회, 제29회

<table>
<tr><th>구분</th><th>근거규정</th><th colspan="4">한도</th></tr>
<tr><td rowspan="15">주택
(부속
토지
포함)</td><td rowspan="15">국토교통
부령 범위
내에서
(특·광)
시·도
조례로
정한다.</td><td colspan="4">㉠ 주택의 중개보수 요율(국토교통부령)</td></tr>
<tr><th>거래</th><th>거래금액</th><th>상한요율</th><th>한도액</th></tr>
<tr><td rowspan="6">매매
·
교환</td><td>5천만원 미만</td><td>1천분의 6</td><td>25만원</td></tr>
<tr><td>5천만원 이상
2억원 미만</td><td>1천분의 5</td><td>80만원</td></tr>
<tr><td>2억원 이상
9억원 미만</td><td>1천분의 4</td><td></td></tr>
<tr><td>9억원 이상
12억원 미만</td><td>1천분의 5</td><td></td></tr>
<tr><td>12억원 이상
15억원 미만</td><td>1천분의 6</td><td></td></tr>
<tr><td>15억원 이상</td><td>1천분의 7</td><td></td></tr>
<tr><td rowspan="6">임대차
등</td><td>5천만원 미만</td><td>1천분의 5</td><td>20만원</td></tr>
<tr><td>5천만원 이상
1억원 미만</td><td>1천분의 4</td><td>30만원</td></tr>
<tr><td>1억원 이상
6억원 미만</td><td>1천분의 3</td><td></td></tr>
<tr><td>6억원 이상
12억원 미만</td><td>1천분의 4</td><td></td></tr>
<tr><td>12억원 이상
15억원 미만</td><td>1천분의 5</td><td></td></tr>
<tr><td>15억원 이상</td><td>1천분의 6</td><td></td></tr>
<tr><td colspan="4">㉡ 위의 국토교통부령 범위 내에서 정해진 (특·광)시·도 조례상의 비율을 거래가액에 곱하여 보수를 받되, (특·광)시·도 조례상의 한도액이 있으면 그 한도액의 범위 내에서 받아야 한다.</td></tr>
<tr><td rowspan="2">기타
주택
‘이외’</td><td rowspan="2">국토교통
부령으로
정한다.★</td><td colspan="4">㉠ 상가, 토지 등 ⇨ 매매·교환·임대차 등 거래유형의 구별 없이 거래금액의 0.9%(9/1,000) 이내에서 협의★</td></tr>
<tr><td colspan="4">㉡ 주거용 오피스텔 ⇨ 주거전용면적이 $85m^2$ 이하이고, 상·하수도 시설이 갖추어진 전용입식 부엌·전용수세식 화장실·목욕시설을 갖춘 경우
ⓐ 매매·교환 ⇨ 0.5%(5/1,000) 범위 내에서 협의★
ⓑ 임대차 등 ⇨ 0.4%(4/1,000) 범위 내에서 협의★</td></tr>
</table>

③ 산출된 보수는 거래당사자 '쌍방'으로부터 '각각' 받는다.

④ 교환인 경우의 보충금 및 상가의 권리금을 지급하는 경우에 보충금이나 권리금은 중개보수 계산에 포함시키지 않는다.

⑤ "겸업보수"는 중개보수가 아니다.★ 부동산이용 · 개발 상담료(부동산컨설팅료), 분양대행료, 권리금의 알선료 등 중개업과 구별되는 업무에 대한 대가는 중개보수의 적용을 받지 않고 당사자 간의 약정으로 자유롭게 정할 수 있다.

3. 중개보수의 기준 및 제한 제28회, 제29회, 제31회, 제34회, 제35회

(1) 동일 기회★

동일한 중개대상물에 대하여 동일 당사자 간에 매매를 포함한 둘 이상의 거래가 동일 기회에 이루어지는 경우에는 '매매계약'에 관한 거래금액만을 적용한다.

기출 동일한 중개대상물에 대하여 동일 당사자 간 매매를 포함한 둘 이상의 거래가 동일 기회에 이루어지는 경우에는 매매계약에 관한 거래금액만을 적용한다. (○) 제28회

(2) 복합용도의 경우★

중개대상물인 건축물 중 '주택의 면적이 2분의 1 이상'인 경우에는 '주택'에 관한 규정을 적용하고, 주택의 면적이 2분의 1 미만인 경우에는 주택 외의 대상물에 관한 규정을 적용한다.

기출 중개대상물인 건축물 중 주택의 면적이 2분의 1인 경우는 주택의 중개에 대한 보수규정을 적용한다. (○) 제28회

(3) 주택의 조례는 중개사무소 소재지를 기준 ★

① 중개대상물의 소재지와 중개사무소의 소재지가 다른 경우에는 그 '중개사무소의 소재지'를 관할하는 (특 · 광)시 · 도의 조례로 정한 기준에 따라 중개보수와 실비를 받아야 한다.

② 법인인 개업공인중개사의 분사무소에서 중개가 이루어진 경우에는 '분사무소 소재지' (특 · 광)시 · 도의 조례에 따른다.

기출 중개대상물 소재지와 중개사무소 소재지가 다른 경우 중개대상물 소재지를 관할하는 시 · 도의 조례에서 정한 기준에 따라 중개보수를 받아야 한다. (×) 제26회, 제28회

4. 기타

(1) 희망보수 요율의 명시의무(주택 이외의 중개보수)

개업공인중개사는 주택 외의 중개대상물에 대해서는 중개보수 요율의 범위 안에서 실제 자기가 받고자 하는 중개보수의 상한요율을 중개보수 · 실비의 요율 및 한도액표에 명시하여야 하며, 이를 초과하여 받아서는 아니 된다,

(2) 초과수수의 반환의무

요율 및 한도액을 초과하는 보수 약정은 강행규정 위반으로 무효이다. 그러므로 법정 한도를 초과하여 수수한 부분은 부당이득으로서 반환하여야 한다.

2 실비 제28회, 제33회

(1) 별도 수수

실비는 중개보수와 별도로 받는다. 실비의 한도 등에 관하여 필요한 사항은 국토교통부령으로 정하는 범위 안에서 (특·광)시·도 조례로 정하며,

참고 | 실비의 한도는 중개대상물의 권리관계 등의 확인 또는 계약금 등의 반환채무이행의 보장에 드는 비용으로 한다(규칙 제20조 제2항).★

(2) 실비는 시·도 조례가 기준

중개대상물의 소재지와 중개사무소의 소재지가 서로 다른 경우에는 중개사무소의 소재지를 관할하는 (특·광)시·도 조례에서 정한 기준에 따라 실비를 받아야 한다.

(3) 중개보수와 실비의 구분정리

구분	중개보수	(물건)'확인' 실비	(대금)'예치' 실비
의의	중개완성의 대가	권리관계 등의 '확인'에 소요되는 비용	계약금 등의 반환채무이행 보장 등에 소요되는 비용
부담자	중개의뢰인 쌍방으로부터 각각 받음★	권리를 '이전'하고자 하는 자★	권리를 '취득'하고자 하는 자★
지불시기	① 약정에 따름 ② 약정이 없는 경우 ⇨ 거래대금지급이 완료된 날	약정에 따름	약정에 따름
계산	중개보수 = 거래금액 × 요율 ㅁ 주택은 시·도 조례상의 한도액의 범위 내	공부발급 및 열람시 해당 수수료, 대행료(1건당 1,000원), 교통비, 숙박료 등의 실비	소요비용(계약금 등의 예치비용, 지급보증비용, 교통비 등)

기출

1. 개업공인중개사는 권리를 '이전'하고자 하는 중개의뢰인으로부터 중개대상물의 권리관계 등의 확인에 소요되는 실비를 받을 수 있다. (○) 제33회
2. 개업공인중개사는 권리를 '취득'하고자 하는 중개의뢰인으로부터 계약금 등의 반환채무이행 보장에 소요되는 실비를 받을 수 있다. (○) 제28회, 제33회

예제

1. 주택의 매매

매매대금이 10억원인 ○○도(道) 소재 아파트에 대하여 중개가 완성되었다. 개업공인중개사가 매도의뢰인에게 받을 수 있는 중개보수의 최고액은? (단, 매도의뢰인과 600만원을 합의함)

○○도(道) 조례			
거래내용	거래금액	상한요율	한도액
매매 · 교환	2억원 이상 9억원 미만	1천분의 4	-
	9억원 이상 12억원 미만	1천분의 5	-
	12억원 이상 15억원 미만	1천분의 6	-

해설 매매대금이 거래대금이 되며, 이는 10억원이다. 또한 주택이므로 시 · 도 조례에 따라 받아야 한다. 그러므로 0.5%를 곱하면 500만원이며, 600만원을 매도의뢰인과 합의를 한 경우라도, 법정한도를 초과하는 약정은 초과분이 무효가 된다. 그러므로 결국 매도인에게 500만원까지만 받을 수 있다. ▶ **정답 500만원**

2. 주택의 교환

서울특별시에 소재하는 매매대금 14억원인 단독주택과 매매대금 15억원인 아파트를 교환하기로 하는 부동산거래계약이 성립되었다. 개업공인중개사가 중개의뢰인들로부터 받을 수 있는 중개보수의 한도 총액은?

서울특별시 조례			
거래내용	거래금액	상한요율	한도액
매매 · 교환	12억원 이상 15억원 미만	1천분의 6	-
	15억원 이상	1천분의 7	-

해설 교환의 경우에는 둘 중에서 더 고가(비싼 것)의 것을 기준으로 거래가액을 산정한다. 그러므로 15억원이 거래가액이 된다. 15억원 × 0.7% = 1,050만원이며, 보수는 쌍방으로부터 각각 받으므로 결국 개업공인중개사의 보수 총액은 1,050만원 × 2 = 2,100만원이다. ▶ **정답 2,100만원**

3. 주택의 임대차

중개의뢰인 甲은 개업공인중개사 乙을 통하여 다음과 같은 조건으로 ○○도(道)소재의 주택을 임차하였다. 甲이 乙에게 지불하여야 할 중개보수는?

- 임차조건: 보증금 6천만원, 월세 100만원, 계약기간 2년
- ○○도(道) 조례: 임대차 등의 중개보수율
  - 5천만원 이상 ~ 1억원 미만: 0.4%, 한도액 30만원
  - 1억원 이상 ~ 6억원 미만: 0.3%, 한도액 없음

해설 보증금 + (월세 × 100)으로 거래금액을 산정하면 거래가액은 {6천만원 + (100만원 × 100)} = 1억 6천만원이므로, 1억 6천만원 × 0.3% = 48만원이다. ▶ **정답 48만원**

4. **주택의 임대차★**
보증금 1천만원에 월세가 30만원인 ○○도(道) 소재의 주택임대차계약을 체결한 경우에 개업공인중개사가 중개의뢰인들로부터 받을 수 있는 중개보수의 총액은 얼마인가?
[단, 계약기간은 2년이고, ○○도(道) 조례의 중개보수 요율은 5천만원 미만은 5/1,000(한도액 20만원), 5천만원 이상 1억원 미만은 4/1,000(한도액 30만원)임]

해설 보증금 + (월세 × 100)으로 거래대금을 산정하면 4천만원이다. 4천만원은 5천만원 미만에 해당하므로 보증금 + (월세 × 70)으로 다시 산정하여야 한다. 그러므로 {1,000만원 +(30만원 × 70)} = 3,100만원. 3,100만원 × 0.5% = 15만 5천원, 15만 5천원 × 2 = 31만원이다.

▶정답 **31만원**

5. **분양권의 매매**
A는 ○○도(道) 소재, 분양금액 10억원인 아파트를 분양받아 계약금 1억원, 1차 중도금 2억원, 2차 중도금 2억원을 납부하였다. 그런데 이 아파트에 1억원의 프리미엄이 붙어 A는 B에게 분양권을 전매하였다. 만약 개업공인중개사가 이 분양권 매매를 중개하였다면 중개의뢰인들로부터 최대로 받을 수 있는 중개보수 총액은 얼마인가?

○○도(道) 조례			
거래내용	거래금액	상한요율	한도액
매매·교환	2억원 이상 9억원 미만	1천분의 4	-
	9억원 이상 12억원 미만	1천분의 5	-
	12억원 이상 15억원 미만	1천분의 6	-
	15억원 이상	1천분의 7	-

해설 거래가액은 6억원[기납입금(계약금 + 중도금) + 프리미엄], 여기에 수수료율 0.4%를 곱하면 240만원이 된다. 이를 양쪽 의뢰인으로부터 받으면, 총액은 480만원이 된다.

▶정답 **480만원**

6. **토지(또는 상가건물)의 매매**
개업공인중개사가 거래가격 10억원의 토지(또는 상가건물)의 매매중개를 한 경우 당사자 쌍방으로부터 받을 수 있는 중개보수의 법정 최고한도액은?

해설 거래가격 10억원에 토지(또는 상가건물) 등의 매매·교환·임대차에 해당하는 요율 0.9%를 곱하면 900만원이다. 쌍방에게 각각 청구할 수 있으므로, 900만원 × 2 = 1,800만원이다.

▶정답 **1,800만원**

7. **상가건물의 임대차**
보증금 1억원, 월세 200만원, 임대차기간 1년으로 상가건물의 임대차를 중개한 경우, 개업공인중개사가 '임대의뢰인'으로부터 받을 수 있는 중개보수는 법정 최고한도액은 얼마인가?

해설 거래가액 = 보증금 1억원 + (월세 200만원 × 100) = 3억원이다. 거래금액이 3억원이므로 여기에 0.9% 최고요율을 곱하면, 270만원이 된다.

▶정답 **270만원**

8. 상가건물의 임대차★

보증금 1천만원에 월세가 30만원(분기별 90만원)인 상가건물의 임대차계약을 체결한 경우, 개업공인중개사가 '중개의뢰인들'로부터 받을 수 있는 중개보수의 법정 최고한도액은 얼마인가? (단, 계약기간은 2년)

해설 거래대금이 {1,000만원 + (30만원 × 100)} = 4천만원이므로, 5천만원 미만에 해당한다. 그러므로 거래대금을 다시 산정하여야 한다. 즉, {1,000만원 + (30만원 × 70)} = 3,100만원이다. 결국 거래대금은 3,100만원으로 하여야 하며, 3,100만원 × 0.9% = 27만 9천원(일방), 27만 9천원 × 2 = 55만 8천원(쌍방)이다.

▶ 정답 **55만 8천원**

9. 매매와 임대차를 동시에 중개한 경우★

다음은 중개보수와 관련된 내용이다. 개업공인중개사 甲이 B에게 받을 수 있는 최고금액은 얼마인가?

- 개업공인중개사 甲은 ○○도(道) 소재의 아파트에 대하여 매도인 A와 매수인 B가 2억원에 매매계약 체결을 하도록 알선하고, 동시에 그 건물을 매수인 B가 다시 A에게 보증금 1억원에 임대차계약을 체결하도록 알선을 하였다.
- ○○도(道) 조례
  - 매매: 2억원 이상 9억원 미만 0.4%(한도액 없음)
  - 임대차 등: 1억원 이상 6억원 미만 0.3%(한도액 없음)

해설 매매의 보수는 2억원 × 0.4% = 80만원이 되고, 임대차의 보수는 1억원 × 0.3% = 30만원이 된다. 그러나 매매와 임대차가 동일당사자 간의 거래이므로, 개업공인중개사는 매매에 관한 중개보수만을 받을 수 있다. 그러므로 개업공인중개사가 B에게 받을 수 있는 최고 금액은 80만원이 된다.

▶ 정답 **80만원**

10. 주상복합건물의 경우★

개업공인중개사가 ○○도(道)에 소재하는 주택의 면적이 3분의 1인 건축물에 대하여 매매와 임대차계약을 동시에 중개하였다. 개업공인중개사가 甲으로부터 받을 수 있는 중개보수의 최고한도액은?

〈계약 조건〉

- 계약당사자: 甲(매도인, 임차인)과 乙(매수인, 임대인)
- 매매계약: 매매대금 1억원
- 임대차계약: 임대보증금 3천만원, 월차임 30만원
- ○○도(道) 조례
  - 매매: 매매대금 5천만원 이상 2억원 미만 1천분의 5(한도액 80만원)
  - 임대차: 거래대금 5천만원 이상 1억원 미만 1천분의 4(한도액 30만원)

해설 주택의 면적이 전체 건축물의 1/3이므로, 전체에 대해 주택 '외'의 중개보수가 적용된다. 그러므로 0.9% 범위 내에서 협의해서 받아야 한다. 위의 사례는 동일 물건에 대한 동일 당사자 간의 매매와 임대차가 동일 기회에 같이 체결된 경우이므로, '매매'에 대한 중개보수만 받을 수 있다. 그러므로 임대차에 대한 조건은 고려하지 아니한다. 보수를 계산하면, 매매대금 1억원에 0.9%를 곱하면, '90만원'이 법정한도의 중개보수가 된다(문제의 조건에서 주어진 조례는 주택이 아니므로 문제와 상관없는 조건이다).

▶ 정답 **90만원**

11. 중개사무소와 주택의 소재지가 다른 경우★
다음의 경우에는 개업공인중개사는 어떻게 중개보수를 받아야 하는가?

- 3층짜리 건물이며, 각 층의 바닥면적은 모두 각각 100m^2로 동일하다. 각층의 가격은 모두 각각 1억원이며, 건물의 총 가격은 3억원이다. 1층은 상가건물로 사용되며, 2층과 3층은 주택으로 사용되고 있다.
- 개업공인중개사가 이 건물 전체의 매매계약을 매매대금 3억원에 중개하였다.
- 중개사무소는 서울특별시 강남구에 소재하며, 건물은 경기도 성남시 분당구에 소재한다.

해설 복합용도의 건물인 경우에는 전체 면적 중에 주택의 면적이 1/2 이상이면, 전체를 '주택'으로 계산하여 받게 된다. 주택은 중개보수를 국토교통부령으로 정하는 범위 내에서 (특·광)시·도 조례에 따라 그 한도액 범위 내에서 받는다. 또한 주택의 소재지와 중개사무소 소재지가 서로 다른 경우에는 중개사무소 소재지가 기준이 된다. 그러므로 결국, 중개사무소가 소재하는 서울특별시 조례에 따라 주택으로 중개보수를 계산하여 받아야 한다.

▶정답 **중개사무소가 소재하는 서울특별시 조례에 따라 주택으로 중개보수를 계산하여 받아야 한다.**

12. 주거용 오피스텔의 매매★
주거전용면적이 85m^2이고, 상·하수도 시설이 갖추어진 전용 입식 부엌, 전용 수세식 화장실 및 목욕시설을 갖춘 주거용 오피스텔이 3억원에 매매계약을 체결한 경우, 개업공인중개사가 중개의뢰인들로부터 받을 수 있는 중개보수의 최고액은 얼마인가?

해설 거래금액 3억원에 주거용 오피스텔의 매매에 관한 요율인 0.5%를 곱하면 150만원이 된다. 쌍방에게 청구할 수 있으므로, 150만원×2 = 300만원이다. 그러므로 쌍방으로부터 받을 수 있는 중개보수의 한도는 300만원이다. ▶정답 **300만원**

13. 주거용 오피스텔의 임대차★
주거전용면적이 85m^2이고, 상·하수도 시설이 갖추어진 전용 입식 부엌, 전용 수세식 화장실 및 목욕시설을 갖춘 주거용 오피스텔이 계약기간 1년, 보증금 1천만원, 월세 40만원에 임대차계약이 체결된 경우, 개업공인중개사가 임차의뢰인으로부터 받을 수 있는 중개보수의 최고액은 얼마인가?

해설 거래대금은 {1,000만원 + (40만원×100)}=5천만원이 된다. 5천만원×0.4%(임대차) = 20만원이므로, 20만원을 임차의뢰인으로부터 받을 수 있다. ▶정답 **20만원**

14. 주거용 오피스텔의 임대차★
주거전용면적이 85m^2이고, 상·하수도 시설이 갖추어진 전용 입식 부엌, 전용 수세식 화장실 및 목욕시설을 갖춘 주거용 오피스텔이 계약기간 1년, 보증금 1천만원, 월세 30만원에 임대차계약이 체결된 경우, 개업공인중개사가 임대의뢰인으로부터 받을 수 있는 중개보수의 최고액은 얼마인가?

해설 거래대금은 {1,000만원 + (30만원×100)} = 4천만원이다. 이는 5천만원 미만에 해당한다. 그러므로 {1,000만원 + (30만원×70)} = 3,100만원. 이에 거래금액을 3,100만원으로 하여야 한다. 3,100만원×0.4%(임대차) = 12만 4천원이며, 따라서 12만 4천원을 임대의뢰인으로부터 받을 수 있다. ▶정답 **12만 4천원**

개업공인중개사 간의 상호협력

1 부동산거래정보망 제24회, 제26회, 제30회

1. 부동산거래정보망을 통한 개업공인중개사의 공동중개

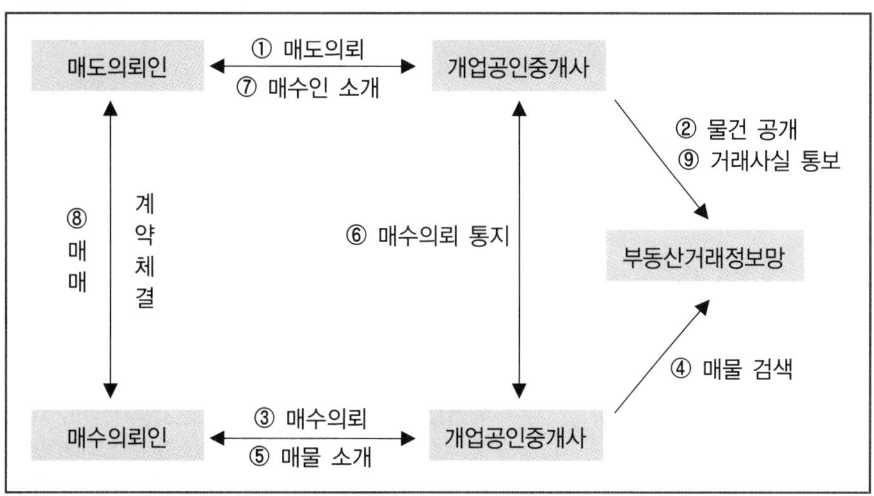

(1) 부동산거래정보망은 개업공인중개사들의 정보교환시스템이다. 이러한 부동산거래정보망을 통하여 개업공인중개사가 상호 협력하여 공동중개를 하게 된다.

(2) 거래계약서 및 중개대상물 확인 · 설명서는 개업공인중개사가 서로 협력하여 '공동'으로 작성하며 '모두'가 서명 '및' 날인을 하여야 한다.★

(3) 매매계약을 개업공인중개사들이 '공동중개'를 한 경우이므로, 부동산 거래신고는 개업공인중개사가 '공동'으로 신고하여야 한다.★

(4) 중개사고가 발생한 경우에는 개업공인중개사가 공동으로 책임을 져야 할 것이며, 중개보수는 각각의 의뢰인에게 받을 수 있다.

출제경향 및 학습방법

제7장에서는 통상 2~3문제 정도가 출제된다. 거래정보사업자와 관련하여 1문제, 공인중개사협회와 관련하여 1~2문제 정도가 출제되고 있다.

2. 부동산거래정보사업자 제27회, 제30회, 제31회, 제32회, 제33회, 제35회

기출 부동산거래정보망은 개업공인중개사 상호간에 부동산 매매 등에 관한 정보의 공개와 유통을 촉진하고 공정한 부동산 거래질서를 확립하기 위한 것이다. (○) 제23회

① '국토교통부장관'은 '개업공인중개사 상호간'에 부동산 매매 등에 관한 정보의 공개와 유통을 촉진하고 공정한 부동산 거래질서를 확립하기 위하여 부동산거래정보망을 설치·운영할 자를 지정할 수 있다.

② 부동산거래정보망은 '개업공인중개사 상호간'의 정보교환체계이다. (개업공인중개사와 중개의뢰인의 정보교환 ×)★

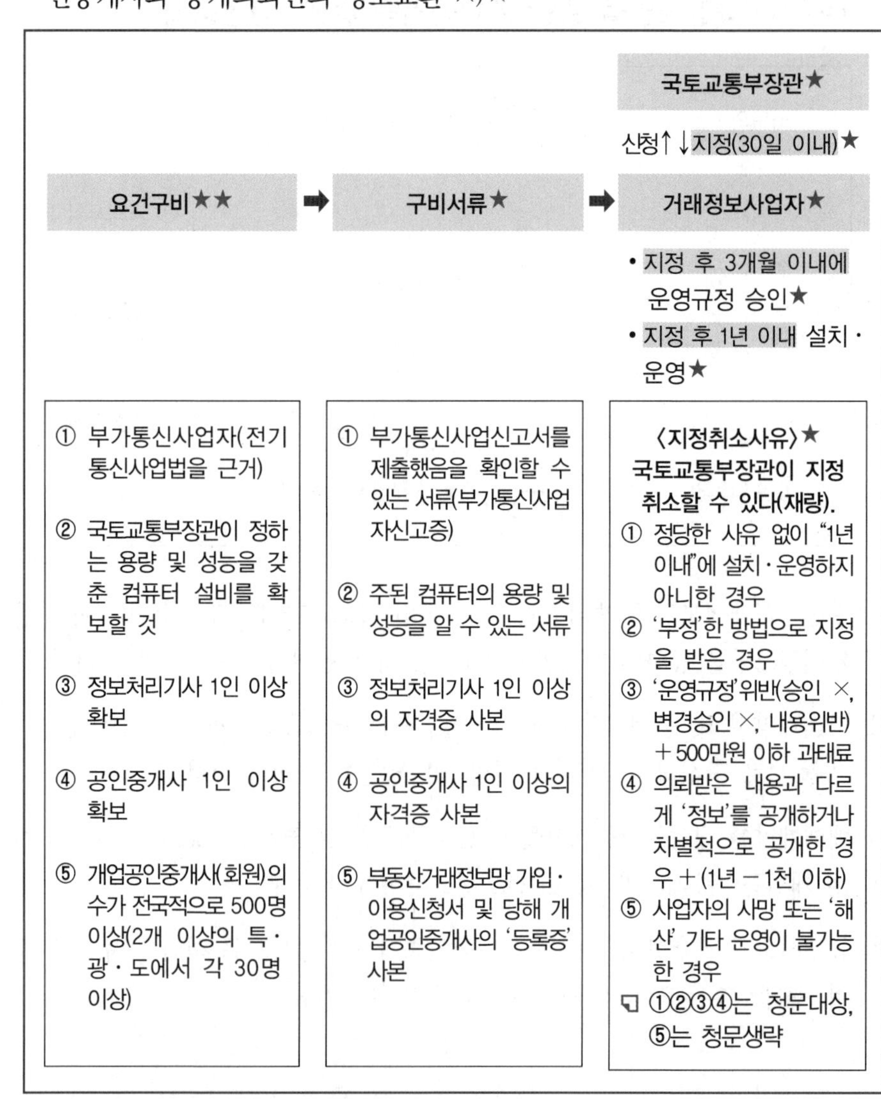

기출
1. 거래정보사업자가 정당한 사유 없이 지정받은 날부터 1년 이내에 부동산거래정보망을 설치·운영하지 아니하면 국토교통부장관은 지정을 취소할 수 있다. (○) 제23회 변형, 제33회
2. 거래정보사업자로 지정받으려는 자는 부동산거래정보망의 가입자가 이용하는 데 지장이 없는 정도로서 국토교통부장관이 정하는 용량 및 성능을 갖춘 컴퓨터설비를 확보해야 한다. (○) 제21회

주의 ㉠ 법인인 개업공인중개사는 법 제14조에 규정된 업무만을 수행할 수 있으므로, 다른 요건을 갖추었다하더라도, 부동산거래정보사업자가 될 수 없다.
㉡ 거래정보사업자 지정요건에 자본금(5천만원 이상)에 대한 제한규정은 없다.
㉢ 거래정보사업자 지정요건에 실무교육수료 의무 등은 없다.

3. 거래정보사업자 지정

(1) 사업자 지정

국토교통부장관은 거래정보사업자 지정신청을 받은 때에는 지정신청을 받은 날부터 '30일 이내'에 이를 검토하여 지정 기준에 적합하다고 인정되는 경우에는 거래정보사업자로 지정하고, 해당 사항을 거래정보사업자 지정대장에 기재한 후에 거래정보사업자 지정서를 교부하여야 한다.★

(2) 거래정보사업자 지정대장 제32회

국토교통부장관은 다음의 사항을 거래정보사업자 지정대장에 기재하여야 하고, 거래정보사업자 지정대장은 전자적 처리가 불가능한 특별한 사유가 없으면 전자적 처리가 가능한 방법으로 작성・관리하여야 한다.

> ① '지정'번호 및 '지정'연월일
> ② '상호' 또는 명칭 및 대표자의 성명
> ③ '사무소'의 소재지
> ④ 주된 '컴퓨터'설비의 내역
> ⑤ '전문자격자'의 보유에 관한 사항
> key 지..지..상..사.. 컴터.. 전문.

기출 거래정보사업자 지정대장 서식에는 지정번호 및 지정연월일이 기재되어야 한다. (○) 제32회

기출
1. 거래정보사업자로 지정받은 법인이 해산하여 부동산거래정보망사업의 계속적인 운영이 불가능한 경우, 국토교통부장관은 청문을 거치지 않고 사업자 지정을 취소할 수 있다. (○) 제24회
2. 거래정보사업자로 지정받으려는 자는 부동산거래정보망의 가입자가 이용하는 데 지장이 없는 정도로서 국토교통부장관이 정하는 용량 및 성능을 갖춘 컴퓨터설비를 확보해야 한다. (○) 제21회

4. 운영규정의 제정・승인

(1) 거래정보사업자는 지정받은 날부터 '3개월 이내' 부동산거래정보망의 이용 및 정보제공방법 등에 관한 '운영규정'을 정하여 국토교통부장관의 승인을 얻어야 한다. 이를 변경하고자 할 때에도 또한 같다(법 제24조 제3항). 위반시에는 지정취소 사유이면서 500만원 이하의 과태료 사유이기도 하다.★

(2) 운영규정에는 다음의 사항을 정하여야 한다(규칙 제15조 제4항).

> ① 부동산거래정보망에의 '등록'절차
> ② 가입자에 대한 '회비' 및 그 징수에 관한 사항
> ③ '자료'의 제공 및 이용방법에 관한 사항
> ④ 거래정보사업자 및 가입자의 '권리'・의무에 관한 사항
> ⑤ 그 밖에 부동산거래정보망의 이용에 관하여 필요한 사항
> key 등록, 회비, 자료, 이용권

기출 거래정보사업자로 지정받으려는 자는 지정받기 전에 운영규정을 정하여 국토교통부장관의 승인을 얻어야 한다. (×) 제21회

기출 거래정보사업자가 승인받아야 하는 부동산거래정보망의 이용 및 정보제공방법 등에 관한 운영규정에는 가입자에 대한 회비 및 그 징수에 관한 사항을 정하여야 한다. (○)

5. 정보공개위반에 대한 제재

기출 거래정보사업자는 개업공인중개사로부터 의뢰받은 중개대상물의 정보뿐만 아니라 의뢰인의 이익을 위해 직접 조사한 중개대상물의 정보도 부동산거래정보망에 공개할 수 있다. (×) 제24회

(1) 거래정보사업자

개업공인중개사로부터 의뢰받은 정보에 한정하여 공개하여야 하며, 의뢰받은 내용과 다르게 정보를 공개하거나 개업공인중개사의 정보를 차별적으로 공개하여서는 아니 된다. 위반시에는 지정취소 사유이면서 1년 이하의 징역 또는 1천만원 이하의 벌금에 처한다.★

기출 부동산거래정보망에 중개대상물에 관한 거래의 중요한 정보를 거짓으로 공개한 개업공인중개사는 500만원 이하의 과태료에 처한다. (×) 제23회

(2) 개업공인중개사

중개의뢰인으로부터 의뢰받은 내용과 다르게 거짓으로 정보를 부동산거래정보망에 공개하여서는 아니 된다. 위반시에는 업무정지에 처한다. 또한 해당 대상물의 거래가 이루어진 때에는 지체 없이 해당 거래정보사업자에게 통보하여야 한다. 위반시에는 업무정지에 처한다.★

참고 | 공인중개사협회는 개업공인중개사들의 단체이다.

2 공인중개사협회 제26회, 제30회, 제32회, 제33회, 제34회, 제35회

1. 공인중개사협회의 설립

(1) 설립목적 key 품 · 질 · 개선 (영리목적 ×)

개업공인중개사인 공인중개사(부칙상의 개업공인중개사 포함)는 그 '자질향상' 및 '품위유지'와 중개업에 관한 제도의 '개선' 및 운용에 관한 업무를 효율적으로 수행하기 위하여 공인중개사협회(이하 '협회'라 한다)를 설립"할 수" 있다(법 제41조 제1항).★

기출

1. 협회는 법인으로 한다. (○) 제19회
2. 협회에 관하여 공인중개사법령에 규정된 것 외에는 「민법」 중 재단법인에 관한 규정을 적용한다. (×) 제23회
3. 협회에 관하여 공인중개사법령에 규정된 것 외에는 「민법」 중 조합에 관한 규정을 적용한다. (×) 제24회

(2) 협회 설립의 성격

① **복수설립주의**: 복수협회 설립이 가능하다(단수협회주의 ×).

② **비영리 사단법인**: 협회는 법인(사단법인)으로 하며, 개업공인중개사를 사원으로 한다(재단법인 ×).★ 협회에 관하여 공인중개사법령에 규정된 것 외에는 「민법」 중 "사단법인"에 관한 규정을 적용한다.

③ **임의설립주의**: 설립할 수 있다(강제설립주의 ×).

④ **임의가입주의**: 개업공인중개사는 협회가입을 하지 않아도 중개업 종사가 가능하다. 협회회원가입은 임의적이다. 강제가입주의 ×

⑤ **인가주의**: 협회설립에는 국토교통부장관의 "인가"를 필요로 한다(허가주의 ×).

(3) 협회 설립의 절차★★ 제30회 key 발 · 창 · 인 · 기

절차	내용	key
발기인 (모임)	개업공인중개사(회원) '300인' 이상이 '발기인'이 되어 '정관'을 작성한 후 서명 · 날인하여야 한다.	발
창립총회	개업공인중개사(회원) '600인 이상'(서울특별시에서 '100인' 이상, 광역시 · 도 및 특별자치도(시 · 군 · 구 ×) 에서 각 '20인' 이상의 회원이 참여)이 출석한 창립총회에서 출석한 회원 '과반수'의 동의를 받아야 한다.	창
설립인가	국토교통부장관의 설립'인가'(허가 ×)를 받아야 한다.	인
설립등기	주된 사무소의 소재지에서 '설립등기'를 함으로써 성립하게 된다. ⇨ 협회는 법인이다.	기

기출 협회는 회원 300인 이상이 발기인이 되어 정관을 작성하여 창립총회의 의결을 거친 후 국토교통부장관의 인가를 받아 그 주된 사무소의 소재지에서 설립등기를 함으로써 성립한다. (○) 제22회

2. 협회의 구성 제30회

기출 협회 · 지부 · 지회에 대한 지도 · 감독은 국토교통부장관이 할 수 있다.

(1) 협회의 조직 key 주 · 부 · 회

조직	내용	key
주된 사무소	협회는 주된 사무소를 반드시 두어야 한다(법정 사항). 다만, 그 소재지의 제한은 없다.★ (지도 · 감독은 국토교통부장관)	주
지부	협회는 정관으로 정하는 바에 따라 특별시 · 광역시 · 도(특별자치도)에는 '지부'를 둘 수 있다. 협회가 지부를 설치한 때에는 그 지부는 시 · 도지사에게 설치신고를 하여야 한다(사후신고).★ (지도 · 감독은 국토교통부장관)	부
지회	협회는 정관으로 정하는 바에 따라 시 · 군 · 구에는 '지회'를 둘 수 있다. 협회가 지회를 설치한 때에는 그 지회는 등록관청(시 · 군 · 구청장)에게 설치신고를 하여야 한다(사후신고).★ (지도 · 감독은 국토교통부장관)	회

(2) 협회의 의결기관

① **총회**: 총회는 회원 전원으로 구성된 최고의결기관이다.

② **총회의결의 보고의무**: 협회는 총회의 의결내용을 '지체 없이' '국토교통부장관'에게 보고하여야 한다(국토교통부장관이 지도 · 감독권자).★

3. 협회의 업무 제30회, 제32회, 제35회

(1) 고유업무 key 품 · 질 · 개선 · 윤리 · 정 · 공

협회는 그 설립목적을 달성하기 위하여 다음의 업무를 고유업무로 수행할 수 있다.

협회의 고유업무(업무범위)	key
① 회원의 '품위유지'를 위한 업무	품
② 회원의 '자질향상'을 위한 지도 및 교육 · 연수에 관한 업무	질
③ 부동산중개제도의 연구 · '개선'에 관한 업무	개선
④ 회원의 '윤리헌장' 제정 및 그 실천에 관한 업무	윤리
⑤ 부동산 '정보제공'에 관한 업무	정
⑥ 회원 간의 상호부조를 목적으로 한 '공제사업'	공
⑦ 그 밖에 협회의 설립목적 달성을 위하여 필요한 업무	기타

기출 협회는 부동산 정보제공에 관한 업무를 수행할 수 있다. (○) 제22회, 제32회

(2) 수탁업무 key 수탁 – 실 · 시

협회는 다음의 업무를 시 · 도지사 등으로부터 위탁받아, 수탁업무로 수행할 수 있다.

협회의 수탁업무(업무범위)	key
① 실무교육업무 등 교육업무	실
② 공인중개사 시험의 시행에 관한 업무	시

기출 협회는 시 · 도지사로부터 위탁을 받아 실무교육에 관한 업무를 할 수 있다. (○) 제32회

4. 고유업무로서의 공제사업 제24회, 제25회, 제29회, 제30회

(1) 목적 및 성격

협회의 공제사업은 회원 간의 '상호부조'를 목적으로 하며(비영리사업), 보증보험적 성격을 갖는다.★

기출
1. 협회의 공제사업은 비영리사업으로서 회원 간의 상호부조를 목적으로 한다. (○) 제21회
2. 협회와 개업공인중개사 간에 체결된 공제계약이 유효하게 성립하려면 공제계약 당시에 공제사고의 발생 여부가 확정되어 있지 않은 것을 대상으로 해야 한다. (○) 제25회

판례

공제 관련 주요 판례

1. **공제의 성격**
   공제제도는 '보증보험'적 성격을 가진 제도라고 보아야 할 것이므로, 그 공제약관에 공제가입자인 개업공인중개사의 고의로 인한 사고의 경우까지 공제금을 지급하도록 규정되었다고 하여 이것이 공제제도의 본질에 어긋나지 아니한다(대판 94다47261).
2. **공제계약의 유효요건**
   공제계약이 유효하게 성립하기 위하여는 공제계약 당시에 공제사고의 발생 여부가 확정되어 있지 않아야 한다(대판 2014다212926).

(2) 공제사업의 범위

협회가 할 수 있는 공제사업의 범위는 다음과 같다.

① 개업공인중개사의 손해배상책임(법 제30조)을 보장하기 위한 공제기금의 조성 및 공제금의 지급에 관한 사업 ② 공제사업의 부대업무로서 공제규정으로 정하는 사업

(3) 공제규정(控除規定)의 제정 제30회

① **공제규정의 제정**: 협회가 공제사업을 하고자 하는 때에는 '공제규정'을 제정하여 국토교통부장관의 '승인'을 얻어야 한다. 공제규정을 변경하고자 할 때에도 또한 같다.★

② **공제규정의 내용**: 공제규정에는 공제사업의 범위, 공제계약의 내용, 공제금, 공제료, 회계기준 및 책임준비금의 적립비율 등 공제사업의 운용에 관하여 필요한 사항을 정하여야 한다.

㉠ 공제계약의 내용: 협회의 공제책임, 공제금, 공제료, 공제기간, 공제금의 청구와 지급절차, 구상 및 대위권, 공제계약의 실효 그 밖에 공제계약에 필요한 사항을 정한다.

㉡ 공제료: 공제사고 발생률, 보증보험료 등을 종합적으로 고려하여 결정한 금액으로 한다.★

㉢ 회계기준: 공제사업을 '손해배상기금'과 '복지기금'으로 구분하여 각 기금별 목적 및 회계원칙에 부합되는 세부기준을 정한다.★

㉣ 책임준비금의 적립비율: 공제사고 발생률 및 공제금 지급액 등을 종합적으로 고려하여 정하되, '공제료 수입액'의 '100분의 10 이상'으로 정한다.★

기출

1. 공제계약의 내용에서 정한 공제료는 공제사고 발생률, 보증보험료 등을 종합적으로 고려하여 결정한 금액으로 한다. (○) 제19회
2. 회계기준은 공제사업을 손해배상기금과 복지기금으로 구분하여 각 기금별 목적 및 회계원칙에 부합되는 세부기준을 정한다. (○) 제19회
3. 책임준비금의 적립비율은 공제사고 발생률 및 공제금 지급액 등을 종합적으로 고려하여 정하되, 공제료 수입액의 100분의 10 이상으로 정한다. (○) 제21회

(4) 공제사업의 운용 제33회

협회는 공제사업을 다른 회계와 구분하여 '별도'의 회계로 관리하여야 하며, 책임준비금을 다른 용도로 사용하고자 하는 경우에는 국토교통부장관의 '승인'을 얻어야 한다.★

기출 협회는 공제사업을 다른 회계와 구분하여 별도의 회계로 관리해야 한다. (○) 제20회, 제33회

(5) 공제사업 운용실적의 공시 및 게시 제30회

협회는 공제사업 운용실적에 관한 내용을 매 회계연도 종료 후 '3개월' 이내에 일간신문 또는 협회보에 (이를 통하여 공제계약자에게) '공시'하고, 협회의 인터넷 홈페이지에 '게시'하여야 한다. 이를 위반한 경우에는 500만원 이하의 과태료처분 사유에 해당한다. 공시 및 게시할 사항은 다음과 같다.

① 결산서인 요약 재무상태표, 손익계산서 및 감사보고서 ② 공제료 수입액, 공제금 지급액, 책임준비금 적립액 ③ 그 밖에 공제사업 운용과 관련된 참고사항

(6) **공제사업의 운영위원회**(법 제42조의2)

① 협회는 공제사업에 관한 사항을 심의하고 그 업무집행을 '감독'하기 위하여 '협회'에 운영위원회를 '둔다'(횡령 등의 감독을 위한 필수기관).

② 운영위원회의 위원은 협회의 임원, 중개업 · 법률 · 회계 · 금융 · 보험 · 부동산 분야 전문가, 관계 공무원 및 그 밖에 중개업 관련 이해관계자로 구성하되, 그 수는 '19명 이내'로 한다.★

③ 운영위원회의 구성과 운영에 필요한 세부 사항은 대통령령으로 정한다.

심화 학습 **공제운영위원회**(대통령령)

1. **운영위원회의 업무**
   운영위원회는 공제사업에 관하여 다음의 사항을 '심의'하며 그 업무집행을 '감독'한다.
   ① 사업계획 · 운영 및 관리에 관한 기본 방침
   ② **예산 및 결산에 관한 사항**
   ③ 차입금에 관한 사항
   ④ 주요 예산집행에 관한 사항
   ⑤ 공제약관 · 공제규정의 변경과 공제와 관련된 내부규정의 제정 · 개정 및 폐지에 관한 사항
   ⑥ **공제금, 공제가입금, 공제료 및 그 요율에 관한 사항**
   ⑦ 정관으로 정하는 사항
   ⑧ 그 밖에 위원장이 필요하다고 인정하여 회의에 부치는 사항

2. **운영위원회의 구성**
   운영위원회는 '성별'을 고려하여 다음의 사람으로 구성한다. ⇨ **이 경우 ② 및 ③에 해당하는 위원의 수**(즉, 내부인사)**는 전체 위원 수의 '3분의 1 미만'으로 한다.★**
   ① 국토교통부장관이 소속 공무원 중에서 지명하는 사람 1명
   ② 협회의 회장
   ③ 협회 이사회가 협회의 임원 중에서 선임하는 사람
   ④ 다음의 어느 하나에 해당하는 사람으로서 협회의 회장이 추천하여 국토교통부장관의 승인을 받아 위촉하는 사람
   ㉠ 대학 또는 정부출연 연구기관에서 부교수 또는 책임연구원 이상으로 재직하고 있거나 재직하였던 사람으로서 부동산 분야 또는 법률 · 회계 · 금융 · 보험 분야를 전공한 사람
   ㉡ 변호사 · 공인회계사 또는 공인중개사의 자격이 있는 사람
   ㉢ 금융감독원 또는 금융기관에서 임원 이상의 직에 있거나 있었던 사람

기출 금융기관에서 임원 이상의 현직에 있는 사람은 공제사업 '운영위원회' 위원이 될 수 없다. (×) 제27회

㉣ 공제조합 관련 업무에 관한 학식과 경험이 풍부한 사람으로서 해당 업무에 5년 이상 종사한 사람
㉤ 「소비자기본법」 제29조에 따라 등록한 소비자단체 및 같은 법 제33조에 따른 한국소비자원의 임원으로 재직 중인 사람

3. 운영위원회의 운영

① **2.의 ③ 및 ④에 해당하는 위원의 임기는 '2년'으로 하되, '1회'에 한하여 연임할 수 있으며, 보궐위원의 임기는 전임자 임기의 '남은' 기간으로 한다.★**
② **운영위원회에는 위원장과 부위원장 각각 1명을 두되, '위원장' 및 '부위원장'은 위원 중에서 각각 '호선(互選)'한다.★**
③ 운영위원회의 '위원장'은 운영위원회의 회의를 소집하며 그 의장이 된다.
④ 운영위원회의 '부위원장'(위원장이 미리 지명해 둔 위원 ×)은 위원장을 보좌하며, 위원장이 부득이한 사유로 그 직무를 수행할 수 없을 때에는 그 직무를 대행한다.★
⑤ **운영위원회의 회의는 재적위원 과반수의 출석으로 개의(開議)하고, '출석위원' 과반수의 찬성으로 심의사항을 의결한다.★**(재적위원 과반수 ×)
⑥ 운영위원회의 사무를 처리하기 위하여 '간사' 및 '서기'를 두되, **간사 및 서기는 공제업무를 담당하는 협회의 직원 중에서 '위원장'이 임명한다.**
⑦ '간사'는 회의 때마다 회의록을 작성하여 다음 회의에 보고하고 이를 보관하여야 한다.
⑧ 위에 규정된 사항 외에 운영위원회의 운영에 필요한 사항은 운영위원회의 심의를 거쳐 '위원장'이 정한다.

기출 공제사업 '운영위원회' 위원의 임기는 2년이며, 연임할 수 없다. (×) 제27회

기출 운영위원회의 회의는 재적위원 과반수의 찬성으로 심의사항을 의결한다. (×) 제25회

핵심다지기

위원회의 비교

구분	공인중개사 정책심의위원회	협회 공제운영위원회
소속	국토교통부	공인중개사협회
심의사항	손해배상, 자격취득, 보수변경, 중개업의 육성	공제사업에 대한 예산·결산 등의 심의와 업무집행을 감독
구성	(위원장 포함) 7명 이상 11명 이내	(위원장 포함) 19명 이내
위원장	국토교통부 제1차관	위원들 중에서 '호선'
위원장 불가시	미리 지명한 위원이 직무대행	'부위원장'이 직무 대행
위원임기	2년 (공무원은 재직기간, 보궐은 전임자의 남은 기간)	2년 (공무원과 협회회장은 재직기간, 보궐은 전임자의 남은 기간)
연임제한	'없음'	'1회'에 한하여 연임 가능
심의의결	재적위원 과반수 출석으로 개의, '출석위원' 과반수 찬성으로 의결	

(7) 공제사업의 재무건전성의 유지

협회는 공제금 지급능력과 경영의 건전성을 확보하기 위하여 다음의 사항에 관하여 대통령령으로 정하는 '재무건전성 기준'을 지켜야 한다.

> ① 자본의 적정성에 관한 사항
> ② 자산의 건전성에 관한 사항
> ③ 유동성의 확보에 관한 사항

기출 협회는 재무건전성 기준이 되는 지급여력비율을 100분의 100 이상으로 유지해야 한다. (○) 제25회

심화 학습 재무건전성 기준(대통령령)

1. **'지급여력비율'은 '100분의 100 이상'을 '유지'하여야 한다.★**
2. **지급여력비율은 지급여력금액을 지급여력기준금액으로 나눈 비율**로 하며, 지급여력금액과 지급여력기준금액은 다음과 같다.
   ① 지급여력금액: 자본금, 대손충당금, 이익잉여금, 그 밖에 이에 준하는 것으로서 국토교통부장관이 정하는 금액을 합산한 금액에서 영업권, 선급비용 등 국토교통부장관이 정하는 금액을 뺀 금액
   ② 지급여력기준금액: 공제사업을 운영함에 따라 발생하게 되는 위험을 국토교통부장관이 정하는 방법에 따라 금액으로 환산한 것
3. 구상채권 등 보유자산의 건전성을 정기적으로 분류하고 **'대손충당금'을 적립하여야 한다.★**
4. **국토교통부장관**은 재무건전성 기준에 관하여 필요한 세부기준을 정할 수 있다.

(8) '국토교통부장관'의 공제사업에 대한 '개선명령권' 제33회, 제35회

참고 | 협회 공제사업의 처분·양도명령은 국토교통부장관이 할 수 없다.

기출
1. 국토교통부장관은 협회의 자산상황이 불량하여 공제 가입자의 권익을 해칠 우려가 있다고 인정하면 자산예탁기관의 변경을 명할 수 있다. (○) 제33회
2. 국토교통부장관은 협회의 자산상황이 불량하여 중개사고 피해자의 권익을 해칠 우려가 있다고 인정하면 불건전한 자산에 대한 적립금의 보유를 명할 수 있다. (○) 제33회

① 국토교통부장관은 협회의 공제사업 운영이 적정하지 아니하거나, 자산상황이 불량하여 중개사고 피해자 및 공제 가입자 등의 권익을 해칠 우려가 있다고 인정하면 다음의 조치를 명할 수 있다.★

> ㉠ 업무집행방법의 변경
> ㉡ 자산예탁기관의 변경
> ㉢ 자산의 장부가격의 변경
> ㉣ 불건전한 자산에 대한 적립금의 보유
> ㉤ 가치가 없다고 인정되는 자산의 손실 처리
> ㉥ 그 밖에 「공인중개사법」 및 공제규정을 준수하지 아니하여 공제사업의 건전성을 해할 우려가 있는 경우 이에 대한 "개선명령"★ (처분명령 ×)

② 이러한 공제업무의 개선명령을 이행하지 아니한 경우에는 '국토교통부장관'이 '500만원' 이하의 과태료를 부과한다.

(9) '국토교통부장관'의 공제 관련 '임원'에 대한 징계 요구권

① 국토교통부장관은 협회의 임원이 다음의 어느 하나에 해당하여 공제사업을 건전하게 운영하지 못할 우려가 있는 경우, 그 임원에 대한 징계·해임을 요구하거나, 해당 위반행위를 시정하도록 명할 수 있다.

> ㉠ (법 제42조 제2항에 따른) 공제규정을 위반하여 업무를 처리한 경우
> ㉡ (법 제42조의4에 따른) 개선명령을 이행하지 아니한 경우
> ㉢ (법 제42조의6에 따른) 재무건전성 기준을 지키지 아니한 경우

② 협회가 '국토교통부장관'의 임원에 대한 징계·해임의 요구를 이행하지 아니하거나, 시정명령을 이행하지 아니한 경우에는 '국토교통부장관'이 '500만원' 이하의 과태료를 부과한다.

(10) '금융감독원장'의 공제사업에 대한 조사·검사권

① 「금융위원회의 설치 등에 관한 법률」에 따른 금융감독원의 원장은 국토교통부장관의 '요청'이 있는 경우에는 공제사업에 관하여 조사 또는 검사를 할 수 있다.

② 금융감독원장의 조사 또는 검사와 관련하여, 보고, 자료의 제출, 조사 또는 검사를 거부·방해 또는 기피하거나 그 밖의 명령을 이행하지 아니하거나 거짓으로 보고 또는 자료제출을 한 경우에는 '국토교통부장관'이 '500만원' 이하의 과태료를 부과한다(법 제51조 제2항 제9호).

5. 협회에 대한 지도·감독

협회(주된 사무소 및 지부·지회)에 대한 지도·감독은 '국토교통부장관'만이 한다.★

참고 | 협회에 대한 지도·감독은 지부 및 지회에도 미친다.

핵심다지기

거래정보사업자와 협회의 비교★

구분	거래정보사업자	협회	비고
의의	개업공인중개사 상호간의 정보 교환	개업공인중개사의 단체	–
기능	'개업공인중개사'만이 가입 및 이용 가능	**'개업공인중개사'만이 설립 및 가입 가능**	공인중개사 자체는 불가
성립 요건	**회원 500명 이상이 가입**	**창립총회에 600명 이상이 참석**	
	국토교통부장관의 사업자 지정	국토교통부장관의 설립 인가	–
전국 규정	2개 이상의 (특별시·광역시)시·도에서 각각 30명 이상의 개업공인중개사가 가입	**서울특별시에서 100명 이상, 광역시·도 및 특별자치도에서 각각 20명 이상이 창립총회에 참석**	지역적인 것은 인정되지 않음
과태료	'국토교통부장관'이 부과	'국토교통부장관'이 부과	500만원 이하

Chapter

08 보 칙

1 업무위탁

> **법 제45조【업무위탁】** 국토교통부장관, 시·도지사 또는 등록관청은 대통령령으로 정하는 바에 따라 그 업무의 일부를 협회 또는 대통령령으로 정하는 기관에 위탁할 수 있다.

출제경향 및 학습방법

제8장에서는 통상 2~3문제 정도가 출제된다. 그중 포상금제도는 시험에 거의 매년 출제되고 있다. 행정수수료와 부동산거래신고센터도 정리하여야 한다.

(1) 교육(실무교육·연수교육·직무교육)의 위탁

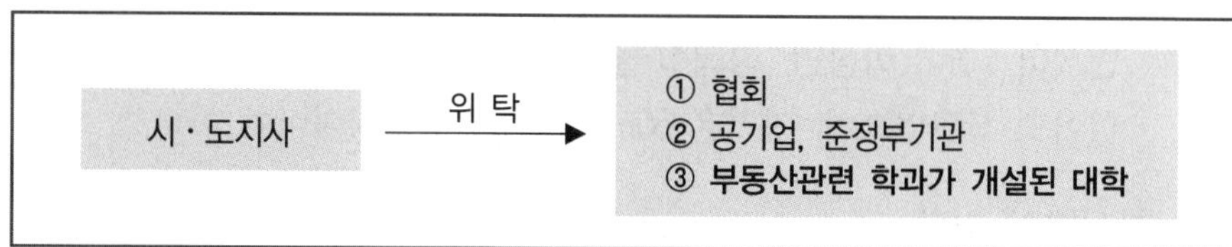

① 교육권자 및 교육위탁

㉠ 교육(실무교육·연수교육·직무교육)의 실시권자는 '시·도지사'이다(단, 직무교육은 등록관청도 포함).

㉡ 시·도지사는 교육에 관한 업무를 위탁할 수 있는데, 다음의 기관 또는 단체 중 교육에 필요한 인력 및 시설을 갖추었다고 인정되는 기관 또는 단체를 지정하여 위탁하여야 한다.

> ⓐ (공인중개사)협회
> ⓑ 「공공기관의 운영에 관한 법률」 제5조 제4항에 따른 공기업 또는 준정부기관
> ⓒ 부동산 관련 학과가 개설된 「고등교육법」 제2조에 따른 학교

② 교육기관의 인력 및 시설 기준: 교육에 관한 업무를 위탁받으려는 기관 또는 단체는 다음의 기준을 갖추어야 한다(규칙 제27조의2).

㉠ 교육 과목별로 다음의 어느 하나에 해당하는 사람을 '강사'로 확보할 것

ⓐ 교육 과목과 관련된 분야의 박사학위 소지자 ⓑ 「고등교육법」 제2조에 따른 학교에서 전임강사 이상으로 교육과목과 관련된 과목을 2년 이상 강의한 경력이 있는 사람 ⓒ 교육과목과 관련된 분야의 석사학위를 취득한 후 연구 또는 실무 경력이 3년 이상인 사람 ⓓ 변호사 자격이 있는 사람으로서 실무 경력이 2년 이상인 사람 ⓔ 7급 이상의 공무원으로 6개월 이상 부동산중개업 관련 업무를 담당한 경력이 있는 사람 ⓕ 그 밖에 공인중개사 · 감정평가사 · 주택관리사 · 건축사 · 공인회계사 · 법무사 또는 세무사 등으로서 부동산 관련 분야에 근무한 경력이 3년 이상인 사람

㉡ 면적이 $50m^2$ 이상인 '강의실'을 1개소 이상 확보할 것: 강의실은 1개만 있어도 상관없으며, 면적은 $50m^2$ 이상의 강의실이어야 한다.

(2) 시험시행의 위탁

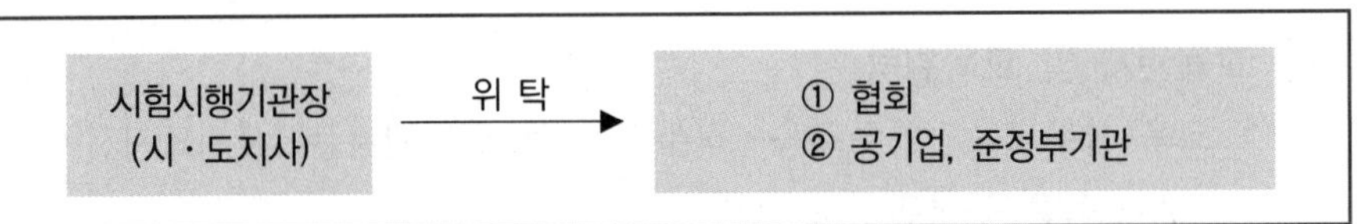

☐ 부동산 관련 학과가 개설된 대학에는 공인중개사 시험을 위탁할 수 없다.

(3) 위탁내용의 고시

국토교통부장관 또는 시험시행기관의 장은 업무를 위탁한 때에는 위탁받은 기관의 명칭 · 대표자 및 소재지와 위탁업무의 내용 등을 '관보'에 고시하여야 한다.

2 포상금제도 제27회, 제28회, 제30회, 제32회, 제33회

(1) 신고(고발)의 대상 ★★

등록관청은 다음의 어느 하나에 해당하는 자를 등록관청, 수사기관이나 법 제47조의2에 따른 부동산거래질서교란행위 신고센터에 신고 또는 고발한 자에 대하여 대통령령으로 정하는 바에 따라 포상금을 지급할 수 있다(법 제46조 제1항).

내용★	처벌★	key
① 거짓이나 그 밖의 '부정'한 방법으로 중개사무소의 개설등록을 한 자(부정등록자)	절대적 등록취소 + 3년 이하의 징역 또는 3천만원 이하의 벌금	부
② 중개사무소 **'등록증'을 다른 사람에게 '양도 · 대여'하거나** 다른 사람으로부터 양수 · 대여받은 자	절대적 등록취소 + 1년 이하의 징역 또는 1천만원 이하의 벌금	양
③ **중개사무소의 개설등록을 하지 아니하고 중개업을 한 자(무등록 중개업자)**	3년 이하의 징역 또는 3천만원 이하의 벌금	무
④ 공인중개사**'자격증'을 다른 사람에게 '양도 · 대여'하거나** 다른 사람으로부터 양수 · 대여받은 자	자격취소 + 1년 이하의 징역 또는 1천만원 이하의 벌금	양
⑤ 법 제18조의2 제3항(개업공인중개사가 '아닌 자'는 중개대상물에 대한 표시 · '광고'를 하여서는 아니 된다)을 위반하여 표시 · 광고를 한 자	1년 이하의 징역 또는 1천만원 이하의 벌금	아·광
⑥ 법 제33조 제2항(누구든지 거래질서교란 행위 금지)을 위반하여 개업공인중개사 등의 업무를 방해한 자("특정" 개업공인중개사에게만 의뢰담합, "특정" 개업공인중개사 배제담합, "특정" 가격 이하로는 의뢰금지 담합, 개업공인중개사의 정당한 "광고" 방해 및 허위"광고"를 유도)	3년 이하의 징역 또는 3천만원 이하의 벌금	특.특.특.광.광.시.카
⑦ 법 제33조 제1항 제8호(개업공인중개사 등의 "시세조작") 또는 제9호(개업공인중개사 등의 단체 결성 "카르텔" 담합)에 따른 행위를 한 자	3년 이하의 징역 또는 3천만원 이하의 벌금	

주의 이중등록이나 이중소속, 이중사무소, 이중계약서, 법 제33조 제1항 금지행위 중에서 (거짓행위, 초과중개보수, 중개대상물 매매업, 투기조장 등) 등은 포상금신고대상이 아니다.

기출 거짓(부정한 방법)으로 중개사무소의 개설등록을 한 자를 신고한 자는 포상금 지급대상이 될 수 있다. (○)

기출

1. 폐업 후 중개업을 한 자를 신고한 자는 포상금 지급대상이 된다. (○) 제19회
2. 중개사무소의 개설등록을 하지 않고 중개업을 한 자를 신고 또는 고발한 자는 포상금지급의 대상이 된다. (○) 제32회
3. 공인중개사자격증을 다른 사람으로부터 대여받은 자를 신고 또는 고발한 자는 공인중개사 법령상의 포상금지급의 대상이 된다. (○) 제33회
4. 개업공인중개사로서 부당한 이익을 얻을 목적으로 거짓으로 거래가 완료된 것처럼 꾸미는 등 중개대상물의 시세에 부당한 영향을 줄 우려가 있는 행위를 한 자를 신고 또는 고발한 자는 포상금지급의 대상이 된다. (○) 제32회

기출

1. 포상금은 1건당 30만원으로 한다. (×) 제19회
2. 포상금의 지급에 소요되는 비용 중 국고에서 보조할 수 있는 비율은 100분의 50 이내로 한다. (○) 제23회

기출 포상금은 해당 신고 사건에 관하여 검사가 불기소처분을 한 경우에도 지급한다. (×) 제21회

기출

1. 포상금지급신청서를 제출받은 국토교통부장관은 포상금 지급 결정일부터 3개월 이내에 포상금을 지급해야 한다. (×) 제22회
2. 하나의 사건에 대하여 2인 이상이 공동으로 신고한 경우 포상금은 1인당 50만원이다. (×) 제21회
3. 등록관청은 하나의 사건에 대하여 2건 이상의 신고가 접수된 경우에는 신고자에게 포상금을 균등하게 배분하여 지급한다. (×) 제19회

(2) 포상금

① 포상금은 1건당 '50만원'으로 한다.★ ⇨ 50만원 이하 ×

② 포상금은 '국고'에서 보조할 수 있으며, 국고에서 보조할 수 있는 비율은 100분의 50 '이내'로 한다.★

(3) 포상금 지급의 요건

① 신고대상에 해당하는 자가 행정기관에 의하여 '발각되기 전'에, ② '등록관청'이나 '수사기관', '부동산거래질서교란행위 신고센터'에 신고 또는 고발한 자에게, ③ 해당 신고 또는 고발사건에 대하여 '검사'가 '공소제기' 또는 '기소유예'의 결정을 한 경우에 한하여 지급한다.★

주의 검사의 '공소제기'에 포함되는 것: 판사의 유죄선고, 무죄선고, 선고유예, 집행유예 등은 검사의 '공소제기'에 포함되어서 포상금지급이 가능하다.

(4) 포상금의 지급

① **지급신청서의 제출**: 등록관청에 포상금지급신청서를 제출하여야 한다. ⇨ 수사기관에 제출 ×

② **포상금의 지급**: 등록관청은 사건에 관한 수사기관의 처분내용을 조회한 후 포상금 지급을 결정하고, 그 결정일로부터 '1개월 이내'에 포상금을 지급하여야 한다.★

③ **공동신고(고발)의 경우**

㉠ 하나의 사건에 대하여 '2인 이상'이 공동으로 신고 또는 고발한 경우에는 포상금을 '균등하게 배분'하여 지급한다. 다만, 포상금을 지급받을 자가 배분방법에 관하여 미리 합의하여 포상금의 지급을 신청하는 경우에는 그 합의된 방법에 따라 지급한다.★

㉡ 2인 이상이 함께 신고를 하고, 배분액에 관한 합의가 된 경우에는 포상금 지급신청서에 포상금 배분에 대한 합의각서를 첨부하여야 한다.

④ **중복신고(고발)의 경우**: 하나의 사건에 대하여 '2건 이상'의 신고 또는 고발이 접수된 경우에는 '최초로' 신고 또는 고발한 자에게 포상금을 지급한다.★

⑤ **포상금지급신청서**: 수사기관에 고발을 한 경우에는 포상금지급신청서에 수사기관 고발확인서를 첨부하여야 한다. 포상금지급신청서에는 수령 계좌번호를 기재하여야 한다.

3 행정수수료 제25회, 제30회

(1) 지방자치단체 조례★★

다음의 경우는 지방자치단체의 조례로 정하는 수수료를 납부하여야 한다.

행정수수료 납부사유(6가지)	지자체 조례	비고
① 공인중개사자격시험에 응시하는 자(응시수수료) ② 자격증의 재교부를 신청하는 자	(특·광)시·도 조례	자격증 교부시 ×
③ 중개사무소의 개설등록을 신청하는 자 ④ 등록증의 재교부를 신청하는 자(관할구역 밖으로 중개사무소 이전신고시에 등록증 재교부에 준하는 수수료 납부)	시·군·자치구 조례	① 거래정보사업자 지정신청시×, 지정서 재교부시 × ② 휴·폐업신고 × ③ 고용(고용관계 종료) 신고 × ④ 등록증(신고확인서) 교부시 ×
⑤ 분사무소설치의 신고를 하는 자 ⑥ 신고확인서의 재교부를 신청하는 자	(주된 사무소) 시·군·자치구 조례	

심화학습 등록 수수료와 분사무소 설치신고 수수료

주된 사무소를 서울특별시 강남구에 둔 ㈜ 21C 법인이 강남구에서 법인인 개업공인중개사로 등록하려면, 강남구 조례에 따른 등록 수수료를 납부하여야 한다. 또한 이 법인인 개업공인중개사가 경기도 성남시 분당구에 분사무소를 설치한 경우, 주된 사무소 소재지 등록관청인 강남구에 설치신고하여야 하며, 이때 강남구 조례에 따른 설치신고 수수료를 납부하여야 한다.

(2) 기타 기준의 수수료

① **국토교통부장관이 직접 시험을 실시하는 경우**: 국토교통부장관이 결정·공고한다.

② **업무위탁의 경우**: 공인중개사자격시험 또는 공인중개사자격증 재교부 업무를 위탁한 경우에는 해당 업무를 '위탁받은 자'가 위탁한 자의 승인을 얻어 결정·공고한다.

기출

1. 중개사무소의 휴업을 신고하는 자는 수수료를 납부하여야 한다. (×) 제27회
2. 공인중개사자격시험에 합격하여 공인중개사자격증을 처음으로 교부받는 자는 수수료를 납부하여야 한다. (×) 제27회

4 거래질서교란행위 신고센터

1. 부동산거래질서교란행위 신고센터의 운영

(1) 국토교통부장관은 부동산거래질서교란행위를 방지하기 위하여 부동산거래질서교란행위 신고센터를 설치·운영할 수 있다(법 제47조의2 제1항).

(2) 신고센터는 다음의 업무를 수행한다.

① 부동산거래질서교란행위 신고의 접수 및 상담 ② 신고사항에 대한 확인 또는 시·도지사 및 등록관청 등에 신고사항에 대한 조사 및 조치 요구 ③ 신고인에 대한 신고사항 처리 결과 통보

(3) 국토교통부장관은 신고센터의 업무를 대통령령으로 정하는 기관에 위탁할 수 있다.

(4) 신고센터의 운영 및 신고방법 등에 관한 사항은 대통령령으로 정한다.

2. 거래질서교란행위★ 제35회

법 제47조의2 【부동산거래질서교란행위 신고센터의 설치·운영】 ② 누구든지 부동산중개업 및 부동산 시장의 건전한 거래질서를 해치는 다음 각 호의 어느 하나에 해당하는 행위(이하 이 조에서 "부동산거래질서교란행위"라 한다)를 발견하는 경우 그 사실을 신고센터에 신고할 수 있다. 〈신설 2023. 6. 1.〉

1. 제7조부터 제9조까지(주; 제7조(자격증 양도·대여, 양수·대수, 알선), 제8조(공인중개사 아닌 자의 사칭), 제9조(중개업 등록)), 제18조의4(주; 중개보조원의 고지의무) 또는 제33조 제2항(주; 누구든지 금지행위; 특.특.특.광.광)을 위반하는 행위
2. 제48조 제2호(주; 거짓등록, 부정 등록)에 해당하는 행위
3. 개업공인중개사가 제12조 제1항(주; 이중등록금지), 제13조 제1항(주; 이중사무소 설치금지)·제2항(주; 임시시설물설치금지), 제14조 제1항(주; 법인인 개업공인중개사의 겸업제한(중.관.상.기.분.경.경)), 제15조 제3항(주; 중개보조원의 고용숫자제한), 제17조(등록증 등의 게시의무), 제18조(주; 개업공인중개사의 명칭, 광고 성명표기, 간판철거명령), 제19조(주; 등록증 양도·대여·양수·대수·알선), 제25조 제1항(주; 중개대상물 확인·설명의무), 제25조의3(주; 주택의 일부임대차 중개시의 설명의무) 또는 제26조 제3항(주; 이중계약서·거짓계약서 작성금지)을 위반하는 행위
4. 개업공인중개사 등이 제12조 제2항(주; 이중소속금지), 제29조 제2항(주; 업무상 비밀준수의무) 또는 제33조 제1항(주; 개업공인중개사 등의 금지행위)을 위반하는 행위
5. 「부동산 거래신고 등에 관한 법률」제3조(주; 부동산거래신고의무), 제3조의2(주; 부동산거래해제신고의무) 또는 제4조(주; 거래신고법상의 금지행위)를 위반하는 행위

Chapter 09 지도 · 감독 및 각종 규제

1 지도 · 감독

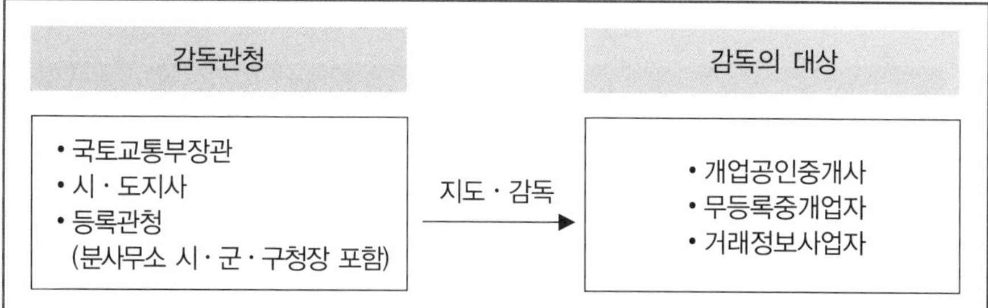

(1) 지도 · 감독상의 명령 등의 필요사유

① 부동산투기 등 거래동향의 파악을 위하여 필요한 경우 지도 · 감독할 수 있다.

② 「공인중개사법」 위반행위의 확인, 공인중개사의 자격취소 · 정지 및 개업공인중개사에 대한 등록취소 · 업무정지 등 행정처분을 위하여 필요한 경우에 지도 · 감독할 수 있다.

(2) 지도 · 감독의 내용

'국토교통부장관', '시 · 도지사' 및 '등록관청(법인인 개업공인중개사의 분사무소 소재지의 시장 · 군수 또는 구청장을 포함)'은 개업공인중개사 또는 거래정보사업자에 대하여 그 업무에 관한 사항을 보고하게 하거나, 자료의 제출 그 밖에 필요한 명령을 할 수 있으며, '소속 공무원'으로 하여금 중개사무소(무등록 중개업자의 사무소를 포함한다)에 출입하여 장부 · 서류 등을 조사 또는 검사하게 할 수 있다(법 제37조 제1항).

(3) 지도 · 감독의 방법

소속 공무원은 그 권한을 나타내는 '증표(공무원증 및 중개사무소조사 · 검사 증명서)'를 지니고 이를 제시하여야 한다.

감독관청의 협조 요청: 국토교통부장관, 시 · 도지사 및 등록관청은 불법 중개행위 등에 대한 단속을 하는 경우 필요한 때에는 공인중개사협회 및 관계 기관에 협조를 요청할 수 있다. 이 경우 공인중개사협회는 특별한 사정이 없으면 이에 따라야 한다.

출제경향 및 학습방법

9장에서는 통상 4~5문제 정도가 출제된다. 지정취소, 자격취소, 자격정지, 등록취소, 업무정지 등의 행정처분의 사유와 과태료처분 사유, 행정형벌(징역 또는 벌금)의 사유는 반드시 암기하여야 한다.

(4) 불응시 제재★

① 개업공인중개사가 지도・감독상의 명령 등에 따르지 아니한 경우에는 '업무정지'처분의 대상이 된다.

② 거래정보사업자는 '500만원 이하 과태료'의 대상이 된다.

2 행정처분 제27회, 제28회, 제29회, 제30회, 제31회

행정처분권자	대상자	행정처분의 내용		비고
국토교통부장관★	거래정보사업자	지정취소		할 수 있다(재량)
(자격증 교부한) 시・도지사★	공인중개사	자격취소		해야 한다(기속)★
	소속공인중개사	자격정지(6개월의 범위 내)		할 수 있다(재량)
등록관청★	개업공인중개사	등록취소	절대적 등록취소	해야 한다(기속)★
			상대적 등록취소	할 수 있다(재량)
		업무정지(6개월의 범위 내)		할 수 있다(재량)

심화 학습 취소처분시 사전절차로서의 청문(聽聞)제도

1. **청문의 대상**

   다음의 경우에는 취소처분을 하기 전에 사전절차로서, 청문의 절차를 거치는 것이 원칙이다.

   ① 공인중개사에 대한 자격취소
   ② 개업공인중개사에 대한 등록취소
   ③ 거래정보사업자에 대한 지정취소

   ☐ 업무정지나 자격정지처분은 청문을 하지 아니한다.

2. **청문의 절차 및 생략**

   ① 청문의 절차: 「행정절차법」에 따르면 행정청은 청문이 시작되는 날부터 10일 전까지 처분의 내용 및 근거 등을 당사자 등에게 통지하여야 한다.

   ② 청문의 생략: 다음의 경우에는 청문을 생략할 수 있다.

   ㉠ 개업공인중개사의 '사망'이나 법인인 개업공인중개사의 '해산'으로 '등록취소'처분을 하는 경우

   ㉡ 거래정보사업자의 '사망' 또는 법인인 거래정보사업자의 '해산' 그 밖의 운영 불능의 사유로 거래정보사업자 '지정취소'처분을 하는 경우

기출 개업공인중개사인 법인이 해산한 경우 등록관청은 청문을 거치지 아니하고 등록을 취소한다. (○) 제23회

1. 지정취소 제31회

(1) '국토교통부장관'은 거래정보사업자가 다음에 열거한 사유 중의 하나에 해당하는 경우에는 그 지정을 '취소할 수 있다'(법 제24조 제5항). 지정취소는 '재량행위'에 해당한다.★

거래정보사업자 지정취소 사유★★	key
① 지정받은 날로부터 '1년' 이내에 설치 · 운영하지 않은 경우	일
② 거짓이나 그 밖의 '부정한 방법'으로 지정을 받은 경우	부
③ '운영규정'의 승인을 지정받은 날로부터 3개월 이내에 받지 아니하거나, 승인받은 규정대로 운영하지 아니하거나, 변경승인을 받지 아니하고 변경을 한 경우(+500만원 이하의 과태료)	운
④ 개업공인중개사(회원)로부터 의뢰받은 정보와 다른 정보를 공개하거나 차별적으로 정보를 공개한 경우(정보 위반)(+1년-1천)	정
⑤ 개인사업자의 사망 또는 법인사업자의 해산 그 밖의 사유로 운영이 불가능한 경우	해

(2) 국토교통부장관은 거래정보사업자 지정을 취소하고자 하는 경우에는 원칙적으로 '청문'을 실시하여야 한다. 다만, 거래정보사업자의 사망, 해산, 그 밖의 사유로 운영 불능의 사유로 지정이 취소되는 경우 등에는 청문을 실시하지 아니할 수 있다.★

2. 자격취소 · 자격정지

(1) 공인중개사에 대한 자격취소처분 제30회, 제31회, 제32회, 제33회, 제34회

① '(특 · 광)시 · 도지사'는 공인중개사가 다음의 하나에 해당하는 경우에는 그 자격을 '취소하여야 한다'(법 제35조 제1항). 자격취소는 기속행위에 해당하므로, 시 · 도지사는 자격취소 사유가 발생하면 반드시 자격취소처분을 '하여야' 한다.★

참고 | 거래정보사업자의 지정취소에 대해서는 '제7장 부동산거래정보망' 부분을 참조한다.

기출

1. 시 · 도지사는 공인중개사자격증을 대여한 자의 자격을 취소할 수 있다. (×) 제21회
2. 자격정지처분을 받고 그 자격정지기간 중에 중개업무를 행한 경우는 자격취소사유에 해당한다. (○) 제25회
3. 공인중개사가 자격정지처분을 받은 기간 중에 다른 법인인 개업공인중개사의 사원이 되는 경우 자격취소 사유에 해당한다. (○) 제24회, 제27회
4. 시 · 도지사는 공인중개사자격증을 대여한 자의 자격을 취소하여야 한다. (○) 제21회 변형

② 자격취소 사유★

공인중개사 자격취소 사유★★	key
㉠ 공인중개사가 부정한 방법으로 자격을 취득한 경우(즉, '부정취득')	부
㉡ 다른 사람에게 자기의 성명을 사용하여 중개업무를 하게 하거나 공인중개사자격증을 '양도' 또는 '대여'한 경우(+1년 − 1천)	양
㉢ 소속공인중개사로서 '자격정지'처분을 받고 그 '자격정지기간 중'에 중개업무를 계속 수행한 경우 ㉣ 소속공인중개사가 '자격정지기간 중'에 둘 이상의 중개사무소에 이중 소속을 한 경우	자
㉤ 「공인중개사법」을 위반하여 "금고 이상"(**징역 · 금고 · 사형**)'**의 선고**를 받은 경우(집행유예를 포함) key 중.징.자...중.징.집.자 ㉥ 부동산중개업무와 관련하여, 「형법」을 위반하여 (형법 제114조(범죄단체 등의 조직), 제231조(사문서 등의 위조 · 변조), 제234조(위조사문서 등의 행사), 제347조(사기), 제355조(횡령, 배임), 제356조(업무상의 횡령과 배임) 를 위반하여 "금고" 이상(징역, 금고, 사형)의 형(집행유예를 포함)을 선고받은 경우 key 중 · 징 · 자, 중 · 징 · 집 · 자 / 형법위반, (범.사.사.횡.배)	징역, 금고

기출 공인중개사가 폭행죄로 징역형을 선고받은 경우에는 자격취소 사유가 된다. (×) 제24회

(2) 소속공인중개사에 대한 자격정지처분 제28회, 제30회, 제32회, 제34회

① '(특 · 광)시 · 도지사'는 공인중개사가 '소속공인중개사'로서 업무를 수행하는 기간 중에 다음의 어느 하나에 해당하는 경우에는 '6개월의 범위 안'에서 기간을 정하여 그 자격을 '정지할 수 있다'(법 제36조 제1항).★

소속공인중개사 자격정지 사유★★	기준	key
㉠ 소속공인중개사가 (법 제33조 제1항 소정의) '금지행위'를 한 경우(거짓행위, 초과중개보수, 중개대상물 매매업, 투기조장 등)(1년 − 1천 / 3년 − 3천)	6개월	금
㉡ 소속공인중개사가 '이중소속'을 한 경우(1년 − 1천)	6개월	니
㉢ 소속공인중개사가 서로 다른 '이중(거짓)계약서'를 작성한 경우	6개월	2
㉣ 업무를 담당한 소속공인중개사가 거래계약서에 '서명 및 날인'을 하지 아니한 경우	3개월	서
㉤ 업무를 담당한 소속공인중개사가 중개대상물 확인 · 설명서에 '서명 및 날인'을 하지 아니한 경우	3개월	서
㉥ 소속공인중개사가 중개대상물의 '확인 · 설명'을 성실하고 정확하게 하지 아니하거나, 설명의 근거자료 제시하지 아니한 경우(확인 · 설명 위반)	3개월	확
㉦ 소속공인중개사가 '인장등록'을 하지 아니하거나 등록하지 아니한 인장을 사용한 경우	3개월	인

기출 소속공인중개사가 중개대상물의 매매를 업으로 하는 경우에는 자격정지 사유에 해당한다. (○) 제31회, 제32회

기출
1. 업무를 담당한 소속공인중개사가 거래계약서에 서명 및 날인을 하지 아니한 경우는 자격정지 사유에 해당한다. (○) 제27회
2. 소속공인중개사가 중개대상물의 확인 · 설명의 근거자료를 제시하지 않은 경우 자격정지 부과기준은 3개월이다. (○) 제24회, 제32회

② **부과기준에 대한 가중 및 경감**: 시 · 도지사는 위반행위의 동기 · 결과 및 횟수 등을 참작하여 자격정지기간의 '2분의 1의 범위' 안에서 가중 또는 감경할 수 있다. 이 경우 가중하여 처분하는 때에도 자격정지기간은 6개월을 초과할 수 없다.★

③ **등록관청의 통보의무**: '등록관청'은 소속공인중개사가 위의 자격정지 사유 중 어느 하나에 해당하는 사실을 알게 된 때에는 '지체 없이' 그 사실을 (특 · 광)시 · 도지사에게 통보하여야 한다(법 제36조 제2항). 등록관청은 소속공인중개사에 대한 자격정지 처분권한이 없기 때문이다.

핵심다지기

자격취소와 자격정지의 비교 ★★

구분	자격취소	자격정지
처분권자	자격증을 **'교부한' (특 · 광)시 · 도지사가 처분권자이다.**	
대상	공인중개사	소속공인중개사
기간	–	6개월의 범위 내
통보★	**시 · 도지사는 공인중개사의 자격취소처분을 한 때에는 "5일" 이내에 이를 국토교통부장관과 다른 시 · 도지사에게 통보해야 한다.**	보고 · 통지의무 없음
자격증 반납★	① 자격이 취소된 자는 그 처분을 받은 날로부터 '7일 이내'에 '자격증을 교부한' (특 · 광)시 · 도지사에게 자격증을 반납하여야 한다. ⇨ 위반시에는 100만원 이하의 과태료처분 사유에 해당 ② 다만, 분실 등의 사유로 인하여 공인중개사자격증을 반납할 수 없는 자는 자격증 반납을 대신하여 그 이유를 기재한 '사유서'를 제출하여야 한다. ⇨ 이를 위반하거나 거짓사유서를 제출한 경우에도 100만원 이하의 과태료처분 사유에 해당	자격증 반납규정 없음
청문★	**시 · 도지사는 자격취소처분을 하기 전에 (원칙적으로) '청문'을 하여야 한다.**	청문의 대상이 아님
효과	① 자격이 취소되면, 3년간 결격이면서 시험응시 자격도 없다. ② 공인중개사자격이 취소되면 중개업 등록도 반드시 취소된다(결격사유에 해당).	자격정지기간 동안 결격
관할★	① **자격증을 교부한 시 · 도지사와 공인중개사 사무소의 소재지를 관할하는 시 · 도지사가 서로 다른 경우**에는 공인중개사 사무소의 소재지를 관할하는 시 · 도지사가 자격취소처분 또는 자격정지처분에 '필요한 절차'(자격취소의 경우에는 청문)를 모두 이행한 후, 자격증을 교부한 시 · 도지사에게 통보하여야 한다. ② 자격취소'처분'이나 자격정지'**처분**'은 **이를 통보받은 자격증을 '교부한' 시 · 도지사가 행한다.**	

기출

1. 시 · 도지사는 자격취소처분을 한 때에는 5일 이내에 이를 국토교통부장관과 다른 시 · 도지사에게 통지해야 한다. (○) 제26회 수정
2. 공인중개사자격이 취소된 자는 그 취소처분을 받은 날부터 10일 이내에 자격증을 반납해야 한다. (×) 제26회
3. 시 · 도지사는 자격증 대여를 이유로 자격을 취소하고자 하는 경우 청문을 실시해야 한다. (○) 제26회, 제33회
4. 자격증을 교부한 시 · 도지사와 공인중개사 사무소의 소재지를 관할하는 시 · 도지사가 다른 경우, 자격증을 교부한 시 · 도지사가 자격취소처분에 필요한 절차를 이행한다. (×) 제27회

3. **등록취소**(절대적 등록취소와 상대적 등록취소)

등록의 취소처분에는 ① 취소 사유에 해당하면 등록관청이 반드시 등록을 취소해야 하는 절대적 등록취소(= 필요적 등록취소, 기속적 등록취소)와 ② 등록을 취소할 수 있는 상대적 등록취소(= 임의적 등록취소, 재량적 등록취소)가 있다.

(1) **절대적 등록취소**(필연적, 필수적 등록취소) 제28회, 제30회, 제32회, 제33회, 제35회

'등록관청'은 개업공인중개사가 다음 중 하나에 해당하는 경우에는 중개사무소 개설등록을 '취소하여야 한다'(법 제38조 제1항). 절대적 등록취소처분은 기속행위에 해당한다. 그러므로 등록관청은 그 사유가 발생되면 반드시 등록취소처분을 '하여야' 한다.★

개업공인중개사 절대적 등록취소 사유★★	key
① **법 제10조의 '결격사유'에 해당**하게 된 경우(원칙)	결
② 개업공인중개사가 이중으로 중개사무소 개설등록을 한 경우(즉, '이중등록')(+ 1년 − 1천)	이
③ ('허위') 거짓이나 **그 밖의 부정한 방법으로 등록을 한 경우(즉, 허위·부정등록)**(+ 3년 − 3천)	허
④ 개업공인중개사가 '사망'하거나(개인), '해산'한 경우(법인)	사
⑤ **개업공인중개사가 둘 이상의 중개사무소에 이중으로 소속을 한 경우**(즉, '이중소속')(+ 1년 − 1천)	이
⑥ 개업공인중개사가 다른 사람에게 자신의 성명(상호)을 사용하게 하거나, 등록증을 **'양도' 또는 '대여'한 경우**(+ 1년 − 1천)	양
⑦ **개업공인중개사가 '업무정지기간 중'에** 중개업무를 하거나, 소속공인중개사로 하여금 자격정지기간 중에 업무를 하게 한 경우	업
⑧ **최근 1년 이내에 「공인중개사법」에 의하여 2회 이상 업무정지처분을 받고, 다시** 업무정지처분 사유에 해당하는 행위를 한 경우	1−2
⑨ 개업공인중개사가 고용할 수 있는 중개보조원의 수인 개업공인중개사와 소속공인중개사를 합한 수의 5배를 '초과'하여 '중개보조원'을 고용한 경우[+ (1년, − 1천 이하)]	보조

기출

1. 개업공인중개사가 이중으로 중개사무소 개설등록을 한 경우 등록을 취소하여야 하는 사유에 해당한다. (○) 제32회
2. 거짓된 방법으로 중개사무소의 개설등록을 한 경우 등록이 반드시 취소된다. (○) 제25회, 제30회, 제32회
3. 개업공인중개사가 다른 개업공인중개사인 법인의 임원이 된 경우 반드시 등록이 취소된다. (○) 제22회
4. 개업공인중개사가 다른 사람에게 자기의 상호를 사용하여 중개업무를 하게 한 경우 반드시 등록이 취소된다. (○) 제22회

(2) 상대적 등록취소(임의적 등록취소) 제26회, 제27회

'등록관청'은 개업공인중개사가 다음 중 하나에 해당하는 경우에는 중개사무소의 개설등록을 '취소할 수 있다'(법 제38조 제2항). 상대적 등록취소처분은 재량행위에 해당하므로 그 사유가 발생된 경우, 등록관청은 등록취소처분을 '할 수' 있다.★

개업공인중개사 상대적 등록취소 사유★★	key
① '전속중개계약'을 체결한 개업공인중개사가 물건의 '정보'를 공개(7일 이내)하지 아니하거나, 의뢰인의 비공개요청에도 불구하고 정보를 공개한 경우	전
② 개업공인중개사가 부득이한 사유도 없이, '6개월'을 초과하여 '무단휴업'한 경우	6
③ 개업공인중개사가 '손해배상책임'을 보장하기 위한 조치('업무보증')를 이행하지 아니하고 업무를 개시한 경우	손
④ 개업공인중개사가 등록기준에 '미달'하게 된 경우(즉, 기준미달)	미
⑤ 개업공인중개사가 (법 제33조 제1항) '금지행위'를 한 경우(거짓행위, 초과중개보수, 중개대상물 매매업, 투기조장 등)(1년 – 1천 이하/3년 – 3천 이하)	금
⑥ 개업공인중개사가 중개사무소 이외에 둘 이상의 이중사무소(임시시설물)를 둔 경우(떴'다방')(+ 1년 – 1천 이하)	다방
⑦ 개업공인중개사가 서로 다른 둘 이상의 이중(거짓)계약서(소위, '다운'계약서)를 작성한 경우	따운
⑧ 법인인 개업공인중개사가 법 제14조에 규정된 업무(중개업, 관리대행, 상담, 기타 용역업의 알선, 주택 및 상가건물의 분양대행 등) 이외의 업무를 수행하여 겸업제한규정을 위반한 경우(즉, 겸업위반)	겸업
⑨ 개업공인중개사가 최근 '1년' 이내에 「공인중개사법」에 의하여 '3회' 이상 업무정지 또는 과태료의 처분을 받고, '다시' 업무정지 또는 과태료의 처분에 해당하는 행위를 한 경우(절대적 등록취소는 제외)	1–3
⑩ 개업공인중개사가 '독점규제법' 위반(담합 등의 부정경쟁행위)으로 공정거래위원회로부터 시정조치나 과징금을 최근 '2년' 이내에 '2번' 이상 받은 경우	똑 · 똑

참고 | 상대적 등록취소와 업무정지
상대적 등록취소처분은 재량행위에 해당하므로, 등록관청은 등록취소처분을 할 수도 있고, 아니할 수도 있다. 그러므로 등록관청은 그 사유가 발생되었다고 해서 반드시 등록취소처분을 '하여야' 하는 것은 아니다. 만약 등록취소처분을 하지 '아니'한다면, 이 사유는 모두 업무정지처분 사유에도 해당하므로 '업무정지처분'을 할 수도 있다.

기출 최근 1년 이내에 「공인중개사법」에 의하여 3회 과태료처분을 받고 다시 업무정지처분에 해당하는 행위를 한 경우 등록관청은 등록을 취소하여야 한다. (×) 제27회

⑶ 처분권자와 대상자

① 등록취소권한은 '등록관청'에 있다. ⇨ 등록관청은 등록취소처분 당시의 중개사무소 소재지 시・군・구청장이다. 그러므로 중개사무소를 이전한 경우에는 이전 전의 위반행위에 대하여 이전 후의 등록관청이 등록취소처분을 한다.

② 등록취소는 '개업공인중개사'를 대상으로 한다. ⇨ 소속공인중개사나 중개보조원은 그 대상이 아니다.

⑷ 등록취소의 절차

① 사전절차 ⇨ 청문

㉠ 등록관청은 중개사무소의 개설등록을 취소하고자 하는 경우에는 원칙적으로 '청문'을 실시하여야 한다.★

㉡ 다만, 개업공인중개사의 '사망'이나 법인인 개업공인중개사의 '해산'으로 등록을 취소하는 경우에는 청문을 생략할 수 있다.★

② 사후절차 ⇨ 등록증 반납★

㉠ 중개사무소의 개설등록이 취소된 자는 등록취소처분을 받은 날로부터 '7일 이내'에 등록관청에 중개사무소등록증을 반납하여야 한다. 위반시에는 '100만원 이하'의 과태료처분 사유에 해당한다.

㉡ 법인인 개업공인중개사가 '해산'하여 등록이 취소된 경우에는 해당 법인의 '대표자이었던 자'가 등록취소처분을 받은 날부터 '7일 이내'에 등록관청에 중개사무소등록증을 반납하여야 한다.

4. 업무정지 제26회, 제32회, 제35회

⑴ '등록관청'은 '개업공인중개사'가 다음의 열거한 것 중의 어느 하나에 해당하는 경우에는 '6개월'의 범위 안에서 기간을 정하여 업무의 정지를 '명할 수 있다' (법 제39조 제1항). 업무정지처분은 등록관청의 재량행위에 해당하며 6개월의 범위 내에서 할 수 있다.★

개업공인중개사 업무정지 사유★★	기준	key
① 개업공인중개사가 결격사유(법 제10조)에 해당하는 자를 고용인으로 고용한 경우('고용 위반')	6개월	고
② '전속중개계약'을 체결한 개업공인중개사가 '전속중개계약서'를 작성하지 않거나, 이를 보존(3년)하지 아니한 경우	3개월	전
③ 개업공인중개사가 '중개대상물 확인 · 설명서'를 작성 · 교부하지 아니하거나 보존(3년)하지 아니한 경우(공인전자문서센터 보관시 제외) ④ '중개대상물 확인 · 설명서'에 서명 및 날인하지 아니한 경우	3개월	설
⑤ 개업공인중개사가 '거래계약서'를 작성 · 교부하지 아니하거나 이를 보존(5년)하지 아니한 경우(공인전자문서센터 보관시 제외) ⑥ '거래계약서'에 서명 및 날인하지 아니한 경우	3개월	계
⑦ 개업공인중개사가 최근 1년 이내에 「공인중개사법」에 의하여 2회 이상 업무정지 또는 과태료의 처분을 받고 다시 '과태료' 처분 사유에 해당하는 행위를 한 경우	6개월	과
⑧ 개업공인중개사가 부동산'거래정보망'에 정보를 거짓으로 '공개'한 경우	6개월	거
⑨ 개업공인중개사가 부동산거래정보망에 공개한 물건에 대한 거래가 완성된 사실을 거래정보사업자에게 '통보'하지 아니한 경우	3개월	(거)
⑩ 부칙상 개업공인중개사가 지역적 업무 '범위'(중개사무소 소재지 관할 특 · 광 · 도)를 벗어난 중개대상물을 중개하는 등의 업무지역의 범위제한을 위반한 경우	3개월	범
⑪ 개업공인중개사가 '인장등록'을 하지 아니하거나, 등록하지 아니한 '인장'을 사용한 경우	3개월	인
⑫ '(임의적)' 상대적 등록취소 사유의 어느 하나에 해당하는 경우	6개월	임
⑬ 개업공인중개사가 지도 · 감독상의 '명령' 등을 위반한 경우	3개월	명
⑭ 그 밖에 「공인중개사법」 또는 「공인중개사법」에 의한 '명령'이나 처분을 위반한 경우(개업공인중개사 명의로 거래대금을 예치한 경우 분리 관리나 지급보증설정 등을 하지 아니한 경우, 신의성실 · 품위유지의무를 위반한 경우, 개업공인중개사가 '고용신고'나 '종료(해고)신고'를 하지 아니한 경우 등)	1개월	

기출

1. 개업공인중개사가 국토교통부령으로 정하는 전속중개계약서에 의하지 아니하고 전속중개계약을 체결한 경우 등록을 취소할 수 있다. (×) 제26회
2. 개업공인중개사가 거래당사자에게 교부해야 하는 중개대상물 확인 · 설명서를 교부하지 않은 경우에는 업무정지처분을 할 수 있는 사유에 해당한다. (○) 제32회

기출

1. 개업공인중개사가 최근 1년 이내에 「공인중개사법」에 의하여 1회의 과태료처분을 받고 다시 과태료처분에 해당하는 행위를 한 경우 등록관청은 업무정지처분을 할 수 있다. (×) 제25회
2. 개업공인중개사가 부동산거래정보망에 중개대상물에 관한 정보를 거짓으로 공개한 경우에는 업무정지처분을 할 수 있는 사유에 해당한다. (○) 제32회
3. 개업공인중개사가 등록하지 아니한 인장을 사용한 경우, 등록관청이 명할 수 있는 업무정지기간의 기준은 3개월이다. (○) 제28회
4. 개업공인중개사가 해당 중개대상물의 거래상의 중요사항에 관하여 거짓된 언행으로 중개의뢰인의 판단을 그르치게 하는 행위를 한 경우에는 업무정지처분을 할 수 있는 사유에 해당한다. (○) 제32회

⑮ 개업공인중개사가 '독점규제법' 위반(담합 등의 부정경쟁행위)으로 공정거래위원회로부터 시정조치나 과징금을 받은 경우		독
㉠ 「독점규제 및 공정거래에 관한 법률」 제26조 제1항 제1호를 위반하여 같은 법 제27조에 따른 처분을 받은 경우	3개월	
㉡ 「독점규제 및 공정거래에 관한 법률」 제26조 제1항 제1호를 위반하여 같은 법 제28조에 따른 처분을 받은 경우 또는 같은 법 제27조와 제28조에 따른 처분을 동시에 받은 경우	6개월	
㉢ 「독점규제 및 공정거래에 관한 법률」 제26조 제1항 제2호 또는 제4호를 위반하여 같은 법 제27조에 따른 처분을 받은 경우	1개월	
㉣ 「독점규제 및 공정거래에 관한 법률」 제26조 제1항 제2호 또는 제4호를 위반하여 같은 법 제28조에 따른 처분을 받은 경우 또는 같은 법 제27조와 제28조에 따른 처분을 동시에 받은 경우	2개월	
㉤ 「독점규제 및 공정거래에 관한 법률」 제26조 제1항 제3호를 위반하여 같은 법 제27조에 따른 처분을 받은 경우	2개월	
㉥ 「독점규제 및 공정거래에 관한 법률」 제26조 제1항 제3호를 위반하여 같은 법 제28조에 따른 처분을 받은 경우 또는 같은 법 제27조와 제28조에 따른 처분을 동시에 받은 경우	4개월	

(2) 업무정지처분권자와 대상자

업무정지 처분권한은 '등록관청'에 있으며, 업무정지는 '개업공인중개사'를 대상으로 한다. 이는 등록취소와 마찬가지이다.

(3) 업무정지처분의 시효제도

업무정지처분은 업무정지처분의 '사유가 발생한 날로부터 3년'이 지난 때에는 이를 할 수 없다.★ 이 법상의 처분의 시효제도는 업무정지처분에 대하여만 규정이 있으며, 등록취소나 자격취소, 자격정지에 대하여는 처분의 시효제도가 없음에 유의하여야 한다.

(4) 업무정지처분의 부과기준 제35회

① 업무의 정지에 관한 기준은 '국토교통부령'으로 정한다(동조 제2항).

② 개업공인중개사에 대한 등록관청의 업무정지처분의 기준은 다음과 같다(규칙 제25조).

「공인중개사법 시행규칙」 [별표 4]

개업공인중개사 업무정지의 기준(규칙 제25조 관련)
1. 일반기준 가. 제2호 카목 및 타목에서 기간의 계산은 위반행위에 대하여 업무정지'처분' 또는 과태료 부과'처분을 받은 날'과 그 처분 후 다시 같은 위반행위를 하여 '적발된 날'을 기준으로 한다. 나. 위반행위가 '둘 이상'인 경우에는 각 업무정지기간을 '합산한 기간을 넘지 않는 범위'에서 가장 '무거운 처분기준의 2분의 1의 범위에서 가중'한다. 다만, 가중하는 경우에도 총 업무정지기간은 '6개월'을 넘을 수 없다. 다. 등록관청은 다음의 어느 하나에 해당하는 경우에는 제2호의 개별기준에 따른 업무정지기간의 2분의 1 범위에서 '줄일 수' 있다. 1) 위반행위가 '사소한' 부주의나 오류 등 과실로 인한 것으로 인정되는 경우 2) 위반행위자가 법 위반행위를 시정하거나 해소하기 위하여 노력한 사실이 인정되는 경우 3) 그 밖에 위반행위의 동기와 결과, 위반정도 등을 고려하여 업무정지기간을 줄일 필요가 있다고 인정되는 경우 라. 등록관청은 다음의 어느 하나에 해당하는 경우에는 제2호의 개별기준에 따라 업무정지기간의 2분의 1 범위에서 그 기간을 '늘릴 수' 있다. 다만, 법 제39조 제1항에 따라 6개월을 넘을 수 없다. 1) 위반행위의 내용 · 정도가 '중대하여' 소비자 등에게 미치는 피해가 크다고 인정되는 경우 2) 그 밖에 위반행위의 동기와 결과, 위반정도 등을 고려하여 업무정지기간을 늘릴 필요가 있다고 인정되는 경우 2. 개별기준 〈생략〉

기출

1. 업무정지기간은 원칙적으로 6개월의 범위 내에서 부과하나, 이를 가중처분하는 경우에는 6개월을 초과할 수 있다. (×) 제20회
2. 업무정지기간을 가중처분하는 경우, 그 기간은 9개월을 한도로 한다. (×) 제24회

5. 행정처분의 효과 승계 제31회, 제32회, 제33회 제34회

(1) 원칙

① 개업공인중개사가 폐업신고를 한 후 다시 중개사무소의 개설등록을 한 때에는 폐업신고 전의 개업공인중개사의 지위를 승계한다(법 제40조 제1항).★

② 그러므로 원칙적으로 재등록 개업공인중개사에 대하여 폐업신고 전의 등록취소 · 업무정지 사유에 해당하는 행위에 대한 행정처분을 할 수 있다.

기출

1. 폐업기간이 3년을 초과한 경우에도 재등록 개업공인중개사에 대해 폐업신고 전의 중개사무소 개설등록취소 사유에 해당하는 위반행위를 이유로 행정처분을 할 수 있다. (×) 제23회, 제33회23회
2. 중개대상물 확인 · 설명서를 교부하지 않은 사유로 폐업신고 전에 개업공인중개사에게 한 업무정지처분의 효과는 그 처분일로부터 1년간 재등록 개업공인중개사에게 승계된다. (○) 제23회

심화 학습 법인과 대표자 동일시이론, 법인격부인론

> 개업공인중개사인 법인의 대표자에 관하여는 법 제40조 제1항부터 제4항까지를 준용한다. 이 경우 '개업공인중개사'는 '법인의 대표자'로 본다(법 제40조 제5항). 즉, 법인인 개업공인중개사 A의 대표자 甲이 법인 A를 폐업하고, 다른 이름으로 다시 법인 B를 신규로 등록(대표자 甲)하여도 그 지위가 그대로 승계된다(동조 제5항). 그러므로 이 경우에도 폐업 전의 사유로 법인인 개업공인중개사 B의 등록이 취소되거나 업무정지처분을 받을 수 있다.

(2) 예외★

① 다만, ㉠ 폐업기간이 '3년'을 초과한 경우에는 폐업 전의 사유로 등록을 취소할 수 없으며, ㉡ 폐업기간이 '1년'을 초과한 경우에는 폐업 전의 사유로 업무정지를 할 수 없다.★

② 등록관청은 폐업신고 전의 행위에 대한 행정처분을 함에 있어서는 폐업기간과 폐업의 사유 등을 고려하여야 한다.

(3) 누적 적용★

폐업신고 전의 개업공인중개사에 대하여 업무정지, 과태료의 위반행위를 사유로 행한 행정처분의 효과는 그 '처분일'로부터 '1년간' 재등록 개업공인중개사에게 승계된다. ⇨ 폐업일로부터 ×

6. 행정처분절차 비교 ★★

행정처분		거래정보 사업자	공인중개사	소속 공인중개사	개업공인중개사	
		지정취소	자격취소	자격정지	등록취소	업무정지
처분청		국토교통부 장관	자격증 교부한 시·도지사		등록관청	
사전절차		청문★	청문★	의견제출	청문★	의견 제출
사후 절차	보고	의무 없음	"5일 이내"에 국장 및 다른 시도지사에게 통보	의무 없음	의무 없음	의무 없음
	반납	규정 없음	자격증 반납 (분실시 사유서 제출)★	규정 없음	등록증 반납★	규정 없음

3 행정질서벌 및 행정형벌 제27회, 제28회, 제29회, 제30회, 제31회, 제32회, 제33회, 제34회, 제35회

1. 행정질서벌(과태료)

(1) 500만원 이하 과태료

다음의 어느 하나에 해당하는 자에게는 '500만원 이하'의 과태료를 부과한다(법 제51조 제2항).★

종류	처분권자	대상	과태료 사유	key
500 만원 이하	국토 교통부 장관★	거래 정보 사업자	① 거래정보사업자가 '운영규정'의 승인(3개월 이내) 또는 변경승인을 받지 아니하거나, 운영규정의 내용에 위반한 경우(+ 지정취소)	운
			② 거래정보사업자가 지도 · 감독상의 '명령' 등을 위반한 경우	명
		정보 통신 서비스 제공자	① 정보통신서비스 제공자가 정당한 사유 없이 법 제18조의3 제2항의 요구에 따르지 아니하여 관련 '자료'를 제출하지 아니한 경우(즉, 국토교통부장관이 광고 관련 모니터링을 위하여 필요한 때에 요구한 '자료'의 제출에 불응한 경우)★	자
			② 정보통신서비스 제공자가 정당한 사유 없이 법 제18조의3 제3항의 요구에 따르지 아니하여 필요한 '조치'를 하지 아니한 경우(즉, 국토교통부장관이 모니터링 결과에 따라 이 법 위반이 의심되는 표시 · 광고에 대한 확인 또는 추가정보의 게재 등 필요한 '조치' 요구에 불응한 경우)★	조
		협회	① 협회가 '공제사업'의 운용실적을 공시(3개월 이내)하지 아니한 경우	공
			② 협회가 공제사업과 관련하여 국토교통부장관의 '개선명령'(또는 시정명령)을 이행하지 아니한 경우	개
			③ 협회가 국토교통부장관의 (업무보고 등) '지도 · 감독'상의 명령을 이행하지 아니한 경우	지
			④ 협회가 국토교통부장관으로부터 받은 임원에 대한 '징계 · 해임요구'나 기타 시정명령을 이행하지 아니한 경우	징

참고 | 행정질서벌은 과태료를 의미하며, 행정형벌은 징역 또는 벌금을 의미한다.

기출

1. 협회가 공제사업 운용실적을 공시하지 아니한 경우에 대한 과태료는 국토교통부장관이 부과할 수 있다. (○)
2. 공제사업 운용실적을 공시하지 아니한 자에 대한 처분권자는 시 · 도지사이다. (×)

<table>
<tr><td>시·
도지사★</td><td>연수
교육
대상자</td><td>(실무교육을 수료한 자가 2년마다) 시·도지사가 시행하는 '연수교육'을 정당한 사유 없이 수료하지 아니한 경우</td><td>연</td></tr>
<tr><td rowspan="4">등록
관청★</td><td rowspan="3">개업
공인
중개사</td><td>① '개업공인중개사'가 (법 제25조 제1항을 위반하여) 성실·정확하게 중개대상물의 '확인·설명'을 하지 아니하거나, 설명의 근거자료를 제시하지 아니한 경우</td><td>설</td></tr>
<tr><td>② '개업공인중개사'가 (법 제18조의2 제4항 각 호를 위반하여) '부당한 표시·광고'를 한 경우(즉, 개업공인중개사의 허위·과장 광고)★
㉠ 중개대상물이 존재하지 않아서 실제로 거래를 할 수 없는 중개대상물에 대한 표시·광고
㉡ 중개대상물의 가격 등 내용을 사실과 다르게 거짓으로 표시·광고하거나 사실을 과장되게 하는 표시·광고
㉢ 그 밖에 표시·광고의 내용이 부동산거래질서를 해치거나 중개의뢰인에게 피해를 줄 우려가 있는 것으로서 대통령령으로 정하는 내용의 표시·광고</td><td>광고</td></tr>
<tr><td>③ 중개의뢰인에게 본인이 중개보조원이라는 사실을 미리 알리지 아니한 사람 및 그가 소속된 개업공인중개사. 다만, 개업공인중개사가 그 위반행위를 방지하기 위하여 해당 업무에 관하여 상당한 주의와 감독을 게을리하지 아니한 경우는 제외한다.</td><td>고지</td></tr>
<tr><td>중개
보조원</td><td>(현장안내 등 보조업무시) 중개의뢰인에게 본인이 중개보조원이라는 사실을 미리 알리지 아니한 경우의 중개보조원</td><td>고지</td></tr>
</table>

기출 「공인중개사법」에 따른 연수교육을 정당한 사유 없이 받지 아니한 자는 100만원 이하의 과태료에 처한다. (×) 제26회, 제32회

(2) 100만원 이하 과태료

다음의 어느 하나에 해당하는 자에게는 '100만원 이하'의 과태료를 부과한다(법 제51조 제3항).★

종류	처분권자	대상	과태료 사유	key
100 만원 이하	등록 관청★	개업 공인 중개사	① 개업공인중개사가 '휴업'신고, 폐업신고, 재개신고, 휴업기간 변경신고를 하지 아니한 경우	휴
			② 개업공인중개사가 중개사무소에 등록증 · 자격증 · 보증증서 · 중개보수 요율표 · 사업자등록증을 '게시'하지 아니한 경우	게
			③ 개업공인중개사가 중개사무'소'의 이전신고를 (10일 이내) 하지 아니한 경우	소
			④ 개업공인중개사가 '옥외광고물(간판)' 설치시에 성명을 표기하지 아니한 경우	간판
			⑤ 개업공인중개사가 중개사무소의 '명칭'('공인중개사사무소' 또는 '부동산중개')을 위반한 경우 ⑥ 부칙상의 개업공인중개사가 중개사무소 '명칭'에 '공인중개사사무소'라는 문자를 사용한 경우	명칭
			⑦ 개업공인중개사가 중개대상물에 대한 '광고'에 성명(사무소 소재지 · 연락처 · 명칭 등)을 '표기'하지 아니한 경우 ⑧ 개업공인중개사가 중개대상물에 대한 '인터넷 광고'시 소재지, 면적, 가격 등 '명시' 의무를 위반하여 표시 · 광고를 한 경우	광고
			⑨ 등록이 취소된 개업공인중개사가 취소된 '등록증'을 반납(7일 이내)하지 아니한 경우	등
			⑩ 개업공인중개사가 중개완성 후, '업무보증'에 대하여 설명하지 아니하거나 '보증증서'의 사본(또는 전자문서)을 교부하지 아니한 경우	보
	시 · 도지사★	공인 중개사	공인중개사자격이 취소된 자가 '자격증'(분실시에는 사유서 제출)을 반납(7일 이내)하지 아니한 경우	자

기출 과태료의 대상과 종류, 처분권자가 옳게 연결되었는가?

1. 중개사무소등록증을 게시하지 않은 개업공인중개사 – 100만원 이하 – 등록관청 (○) 제27회
2. 중개사무소의 이전신고를 하지 않은 경우 – 100만원 이하 – 등록관청 (○) 제27회
3. 중개사무소의 개설등록이 취소되었음에도 중개사무소등록증을 반납하지 아니한 자 – 100만원 이하 – 등록관청 (○) 제23회
4. 거래당사자에게 손해배상책임의 보장에 관한 사항을 설명하지 않은 경우 – 100만원 이하 – 시 · 도지사 (×) 제27회
5. 공인중개사자격이 취소되었음에도 공인중개사자격증을 반납하지 아니한 자 – 100만원 이하 – 시 · 도지사 (○) 제23회

기출 중개사무소의 개설등록이 취소되었음에도 중개사무소등록증을 반납하지 아니한 자에 대한 과태료는 등록관청이 부과할 수 있다. (○)

핵심다지기

공인중개사법령상과 부동산 거래신고법령상의 과태료 정리

부과 · 징수권자	부과대상자	금액한도
국토교통부장관	거래정보사업자	500만원 이하
	정보통신서비스 제공자	
	공인중개사협회	
시 · 도지사	자격취소된 공인중개사	100만원 이하
	연수교육 위반자	500만원 이하
(중개사무소 소재) 등록관청	개업공인중개사	100만원 이하, 500만원 이하

(3) 과태료 부과기준

심화학습

1. **일반기준**

① 부과권자는 다음의 어느 하나에 해당하는 경우에는 제2호의 개별기준에 따른 과태료금액의 '2분의 1 범위'에서 그 금액을 '줄일 수' 있다. **다만, 과태료를 체납하고 있는 위반행위자의 경우에는 그렇지 않다.**

㉠ 위반행위가 사소한 부주의나 오류 등 과실로 인한 것으로 인정되는 경우

㉡ 위반행위자가 법 위반행위를 시정하거나 해소하기 위하여 노력한 사실이 인정되는 경우

㉢ 그 밖에 위반행위의 정도, 동기와 그 결과 등을 고려하여 과태료금액을 줄일 필요가 있다고 인정되는 경우

② 부과권자는 다음의 어느 하나에 해당하는 경우에는 2.의 개별기준에 따른 과태료의 '2분의 1 범위'에서 그 금액을 '늘릴 수' 있다. 다만, 법 제51조 제2항 · 제3항 및 법률 제7638호 부동산중개업법 전부개정법률 부칙 제6조 제5항에 따른 과태료금액의 상한을 넘을 수 없다.

㉠ 위반행위의 내용 · 정도가 '중대하여' 소비자 등에게 미치는 피해가 크다고 인정되는 경우

㉡ 그 밖에 위반행위의 동기와 결과, 위반정도 등을 고려하여 과태료 금액을 늘릴 필요가 있다고 인정되는 경우

2. 개별기준 〈생략〉

② 100만원 이하 과태료 부과기준

위반행위	과태료금액	key
㉠ 휴업, 폐업, 재개, 변경신고를 하지 않은 경우	20만원	휴
㉡ 등록증 등을 게시하지 않은 경우	30만원	게
㉢ 중개사무소의 이전신고를 하지 않거나 거짓으로 표기한 경우	30만원	소
㉣ 옥외광고물(간판)에 성명을 표기하지 않은 경우	50만원	간판
㉤ 중개대상물에 대한 광고물에 성명 등 표기 규정을 위반한 경우	50만원	광고
㉥ 중개사무소 명칭을 위반한 경우	50만원	명칭
㉦ 취소된 등록증을 반납(7일 이내) 하지 않은 경우	50만원	등
㉧ 업무보증 설명을 하지 않은 경우, 업무보증증서의 사본(또는 전자문서)을 교부하지 않은 경우	30만원	보
㉨ 취소된 자격증(사유서)을 반납하지 않은 경우	30만원	자

2. 행정형벌 제27회, 제28회, 제29회, 제31회, 제33회

(1) 3년 이하의 징역 또는 3천만원 이하의 벌금 제35회

다음의 사유 중 어느 하나에 해당하는 자는 3년 이하의 징역 또는 3천만원 이하의 벌금에 처한다(법 제48조).★

종류		사유★	key
3년 또는 3천 이하	금지행위 (법 제33조 제1항) (+ 상대적 등록취소 사유)	〈증서 매매업 · 중개〉 관련 법령에 따라 거래가 금지된 부동산의 분양 · 임대 등과 관련되는 '증서(청약통장 등)' 등의 매매업 · 중개를 하는 경우	증
		〈직접 거래 · 쌍방대리〉 중개의뢰인과 '직접 거래'를 하거나 거래당사자 쌍방을 대리하는 경우	직/쌍
		〈투기조장〉 각종 부동산 '투기를 조장'하는 행위를 하는 경우	투
		〈 시세조작〉 부당한 이익을 얻거나 제3자에게 부당한 이익을 얻게 할 목적으로 거짓으로 거래가 완료된 것처럼 꾸미는 등 중개대상물의 '시세'에 부당한 영향을 주거나 줄 우려가 있는 행위(법 제33조 제1항 제8호)	시

기출

1. 중개사무소의 개설등록을 하지 아니하고 중개업을 한 자는 3년 이하의 징역 또는 3천만원 이하의 벌금에 처한다. (○) 제24회
2. 중개의뢰인과 직접 거래를 한 경우 1년 이하의 징역 또는 1천만원 이하의 벌금에 처한다. (×) 제27회, 제28회
3. 개업공인중개사가 관계 법령에서 양도가 금지된 부동산의 분양과 관련 있는 증서의 매매를 중개하는 행위는 3년 이하의 징역 또는 3천만원 이하의 벌금에 처해지는 사유에 해당한다. (○) 제33회
4. 탈세 등 관계 법령을 위반할 목적으로 이전등기를 하지 아니한 부동산의 매매를 중개하는 등 부동산투기를 조장하는 행위를 한 자는 3년 이하의 징역 또는 3천만원 이하의 벌금에 처한다. (○) 제19회

	〈카르텔 형성〉 '단체'를 구성하여 특정 중개대상물에 대하여 중개를 제한하거나, 단체 구성원 이외의 자와 공동중개를 제한하는 행위(동항 제9호)	카
금지 행위 (법 제33조 제2항)	〈특정 개업공인중개사 배제〉 안내문, 온라인 커뮤니티 등을 이용하여 '특정 개업공인중개사' 등에 대한 중개의뢰를 제한하거나 제한을 유도하는 행위	특
	〈특정 개업공인중개사 몰아주기〉 안내문, 온라인 커뮤니티 등을 이용하여 중개대상물에 대하여 시세보다 현저하게 높게 표시·광고 또는 중개하는 '특정 개업공인중개사' 등에게만 중개의뢰를 하도록 유도함으로써, 다른 개업공인중개사 등을 부당하게 차별하는 행위	특
	〈특정 가격담합〉 안내문, 온라인 커뮤니티 등을 이용하여 '특정 가격' 이하로 중개를 의뢰하지 아니하도록 유도하는 행위	특
	〈광고 방해〉 정당한 사유 없이 개업공인중개사 등의 중개대상물에 대한 정당한 표시·'광고'행위를 방해하는 행위	광
	〈허위광고 유도〉 개업공인중개사 등에게 중개대상물을 시세보다 현저하게 높게 표시·'광고'하도록 강요하거나 대가를 약속하고 시세보다 현저하게 높게 표시·'광고'하도록 유도하는 행위	광
〈부정등록〉 부정한 방법으로 중개사무소 개설등록을 한 경우('허위', 부정등록자)(+ 절대적 등록취소)		부
〈무등록 중개업〉 '무등록'으로 부동산중개업을 하는 경우(무등록 중개업자)		무

(2) 1년 이하의 징역 또는 1천만원 이하의 벌금 제28회

다음의 사유 중 어느 하나에 해당하는 자는 1년 이하의 징역 또는 1천만원 이하의 벌금에 처한다(법 제49조 제1항).★

종류		사유★	key
1년 또는 1천 이하	-	1. '이중'등록을 한 경우(+ 절대적 등록취소) 2. '이중'소속을 한 경우(개업공인중개사는 절대적 등록취소, 소속공인중개사는 자격정지)	이
		3. (다른 사람에게 자기의 성명을 사용하여 중개업무를 하게 하거나) 공인중개사자격증을 '양도 · 대여'한 경우(+ 자격취소) 또는 다른 사람의 자격증을 양수 · 대여받은 경우, 이를 '알선'한 경우 4. [다른 사람에게 자기의 성명(상호)을 사용하여 중개업무를 하게 하거나] 중개사무소등록증을 '양도 · 대여'한 경우(+ 절대적 등록취소) 또는 [다른 사람의 성명(상호)을 사용하여 중개업무를 하거나] 등록증을 양수 · 대여받은 경우, 이를 '알선'한 경우	양
		5. '이중'사무소를 설치한 경우(+ 상대적 등록취소) 6. 임시시설물을 설치한 경우(+ 상대적 등록취소)	이
		7. 업무상 알게 된 의뢰인의 '비밀'을 누설한 경우	비
		8. 거래정보사업자가 개업공인중개사로부터 의뢰받은 '정보'와 다르게 공개하거나 차별적으로 공개한 경우(+ 지정취소)	정
		9. 공인중개사 '아닌 자'가 공인중개사 또는 '유사명칭'을 사용한 경우 10. 개업공인중개사 '아닌 자'가 '공인중개사사무소', '부동산중개' 또는 이와 '유사'한 명칭을 사용한 경우 11. 개업공인중개사가 '아닌 자'가 중개업을 하기 위하여 중개대상물에 대한 표시 · 광고를 한 경우	유
	금지행위 (법 제33조 제1항)	12. '거짓행위'(거래상의 중요사항에 대한 거짓된 언행 그 밖의 방법으로 의뢰인의 판단을 그르치게 하는 경우)(+ 상대적 등록취소/ 자격정지)	거
		13. 초과'금품'수수(중개보수와 실비의 한도를 초과한 경우)(+상대적 등록취소/ 자격정지)	금
		14. 중개대상물에 대한 '매매업'(매매를 업으로 하는 경우)(+ 상대적 등록취소/ 자격정지)	매

기출

1. 이중으로 중개사무소의 개설등록을 하여 중개업을 한 개업공인중개사는 1년 이하의 징역 또는 1천만원 이하의 벌금에 처한다. (○) 제28회
2. 이중으로 중개사무소의 개설등록을 하거나 둘 이상의 중개사무소에 소속된 자는 3년 이하의 징역 또는 3천만원 이하의 벌금에 처한다. (×) 제24회, 제27회
3. 공인중개사자격증을 대여한 경우 1년 이하의 징역 또는 1천만원 이하의 벌금에 처한다. (○) 제27회
4. 천막 그 밖에 이동이 용이한 임시 중개시설물을 설치한 경우 1년 이하의 징역 또는 1천만원 이하의 벌금에 처한다. (○) 제27회
5. 공인중개사가 아닌 자로서 공인중개사 명칭을 사용한 자는 1년 이하의 징역 또는 1천만원 이하의 벌금에 처한다. (○) 제28회

		15. 무등록 중개업자와 협력행위('친구'행위)/(무등록으로 중개업을 하는 자임을 알면서 그로부터 의뢰를 받거나 그에게 자신의 명의를 이용하게 하는 경우) (+ 상대적 등록취소/ 자격정지)	친
16. 개업공인중개사가 고용할 수 있는 중개보조원의 수인 개업공인중개사와 소속공인중개사를 합한 수의 5배를 초과하여 중개보조원을 고용한 경우(+ 절대적 등록취소)			보초

(3) 병과처분

「공인중개사법」에 의한 행정형벌인 징역과 벌금은 병과할 수 없다. 징역 '또는' 벌금이므로 둘 중 하나의 형벌을 받게 된다.

MEMO

부동산 거래신고 등에 관한 법령

Chapter 01

부동산 거래신고제도와 주택임대차신고제도

출제경향 및 학습방법

부동산 거래신고 등에 관한 법령은 크게 세 부분으로 구성되어 있다. 즉, 부동산 거래(주택임대차 포함) 신고제도, 토지거래허가제도, 외국인 특례이다. 부동산 거래(주택임대차 포함) 신고제도에서 3~4문제 정도가 출제되며, 토지거래허가제도에서 2~3문제, 외국인 특례에서 1문제 정도가 출제된다.

1 법 제정의 목적 key 건 · 투 · 거래

법 제1조 【목적】 이 법은 부동산 거래 등의 신고 및 허가에 관한 사항을 정하여 건전하고 투명한 부동산 거래질서를 확립하고 국민경제에 이바지함을 목적으로 한다.

2 용어의 정의

법 제2조 【정의】 이 법에서 사용하는 용어의 뜻은 다음과 같다.

1. "부동산"이란 토지 또는 건축물을 말한다.
2. "부동산 등"이란 부동산 또는 부동산을 취득할 수 있는 권리를 말한다.
3. "거래당사자"란 부동산 등의 매수인과 매도인을 말하며, 제4호에 따른 외국인 등을 포함한다.

3의2. "임대차계약당사자"란 부동산 등의 임대인과 임차인을 말하며, 제4호에 따른 외국인 등을 포함한다.

3 부동산 거래신고의무(법 제3조)

기본기

부동산 거래신고제도의 개관

1. 토지 공급계약, 건물 공급계약, 토지 분양권 매매계약, 건물 분양권 매매계약, 재건축 · 재개발 입주권 매매계약, 현존하는 토지 매매계약, 현존하는 건물의 매매계약을 체결한 경우 매매계약 체결일로부터 '30일 이내'에 해당 물건이 소재하는 시 · 군 · 구청장(신고관청)에게 실제 거래된 가격(실거래가)으로 부동산 거래신고를 하여야 한다.
2. 거래당사자가 직거래를 한 경우에는 '거래당사자'가 공동으로 신고를 하여야 하고(일방이 거부시 다른 일방이 신고), 개업공인중개사가 중개를 한 경우에는 '개업공인중개사'가 신고를 하여야 하며, 또한 거래당사자 중의 일방 또는 쌍방이 국가 등인 경우에는 '국가 등'이 신고하여야 한다.

3. 부동산 거래신고를 30일 이내에 하지 않은 경우에는 '500만원' 이하의 과태료처분의 대상이 되며, 거짓으로 신고를 한 경우에는 '취득가액의 10%' 이하의 과태료에 처해진다.
4. 부동산 거래신고의 방법은 신고관청(부동산 소재 시·군·구청)에 방문하여 신고하는 '방문신고'의 방법과 인터넷으로 신고하는 '전자문서'에 의한 신고방법이 있다. 전자문서에 의한 신고는 대리신고를 할 수 없다.
5. '부동산거래계약시스템'을 통하여 거래계약을 체결한 경우에는 부동산거래계약이 체결된 때에 부동산거래계약 신고서를 제출한 것으로 본다.

법 제3조 부동산 거래신고의 핵심내용★

구분	내용	틀린 지문(주의사항)
신고대상 계약유형 (매매계약)★	① 토지 및 건물의 '매매계약' ② 토지 및 건물의 '공급계약(첫 분양계약)' ③ 토지 및 건물의 분양권·(재)분양권의 '매매계약'	① 입목·광업재단·공장재단 × ② 법원경매 ×, 지상권설정계약 ×, 저당권설정계약 ×, 지역권설정계약 × 등
언제부터★	(매매)계약 체결일로부터	중도금 지급일로부터 ×, 잔금 지급일로부터 ×
언제까지★	30일 이내	15일 이내 ×, 60일 이내 ×
신고관청★	부동산 소재지 관할 시장·군수·구청장에게 신고하여야 함	중개사무소 소재지 관할 등록관청 ×, 시·도지사 ×, 국토교통부장관 ×
제재★	① 미신고: 500만원 이하 과태료 ② (가격 등) 거짓신고: 취득가액의 10% 이하 과태료	취득가액의 5% 이하 ×, 취득세의 10배 이하 ×
신고필증★	부동산 거래신고를 하면 신고필증을 '지체 없이' 교부	15일 이내 교부 ×, 30일 이내 교부 ×

중개대상물 중에서도 토지(종류는 불문)와 건물(종류는 불문)을 신고한다. 입목이나 재단은 신고대상물이 아니다. 부동산거래신고는 주택임대차와 달리 미신고과 거짓신고를 구분하여 달리 처벌한다. 부동산거래신고대상인 경우에는 신고를 하고, 신고필증이 있어야지 소유권이전등기를 할 수 있다.

기출

1. 중개대상물의 범위에 속하는 물건의 매매계약을 체결한 때에는 모두 부동산 거래신고를 해야 한다. (×) 제25회, 제26회
2. 부동산 거래의 신고를 하려는 개업공인중개사는 부동산거래계약 신고서에 서명 또는 날인을 하여 거래대상 부동산 소재지 관할 신고관청에 제출해야 한다. (○) 제25회, 제26회
3. 이 신고는 탈세 및 투기를 방지하기 위한 것이므로 관할 세무서에 신고를 해야 한다. (×) 제22회
4. 거래의 신고를 받은 신고관청은 그 신고내용을 확인한 후 신고인에게 부동산거래계약 신고필증을 지체 없이 발급해야 한다. (○) 제26회

1. 신고대상인 부동산 ★ 제28회, 제29회, 제30회, 제31회, 제35회

법령상 규정	구체적인 내용
① 부동산의 매매계약	〈'현존'하는 토지 · 건물의 매매계약〉 ① 현존하는 토지의 매매계약(토지종류 불문: 택지, 산지, 임지, 농지 등의 매매계약) ② 현존하는 건물의 매매계약(건물종류 불문: 주택, 상가건물, 사무실, 공장 건물, 오피스텔 등의 매매계약)
② 대통령령으로 정하는 법률에 따른 부동산에 대한 '공급계약'(「도시개발법」, 「도시 및 주거환경정비법」, 「빈집 및 소규모주택 정비에 관한 특례법」, 「공공주택 특별법」, 「주택법」, 「건축물의 분양에 관한 법률」, 「산업입지 및 개발에 관한 법률」, 「택지개발촉진법」상의 토지나 건물에 대한 '공급계약') key 도 · 도 · 빈 · 공 · 주 · 건 · 산 · 택 (「건축법」 ×)	〈토지 · 건물의 공급계약(신규분양가 신고)〉 ① 토지의 공급계약(택지 신규분양계약에 대한 분양가 신고 등) ② 건물의 공급계약(아파트 신규분양계약에 대한 분양가 신고, 상가건물 신규분양계약에 대한 분양가 신고 등)
③ 부동산을 공급받는 자(입주자)로 '선정된' 지위에 대한 매매계약 ㉠ 택지 · 주택 등 위 ②의 (신규)공급계약을 통하여 부동산을 공급받는 자로 '선정된' 지위(분양권)의 매매계약 ㉡ 「도시 및 주거환경정비법」 제74조에 따른 관리처분계획의 인가 및 「빈집 및 소규모주택 정비에 관한 특례법」 제29조에 따른 사업시행계획인가로 취득한 입주자로 '선정된' 지위(재건축 · 재개발 입주 · 분양권)의 매매계약	〈토지 · 건물의 '분양권' 전매계약〉 ① 토지 분양권 매매계약(택지 분양권 매매계약, 산업단지 공장부지에 대한 분양권 매매(전매)계약 ② 건물(주택 · 상가건물 등) 분양권 매매(전매)계약 ③ 재건축 · 재개발 입주권(재건축 · 재개발 분양권)의 매매(전매)계약

2. 신고대상인 거래계약

부동산 신고대상물에 대한 '매매계약(공급계약과 그 공급계약을 통한 지위의 매매계약 포함)'을 신고하여야 한다.★

기출

1. 부동산 거래신고는 부동산의 증여계약을 체결한 경우에도 해야 한다. (×) 제23회
2. 「주택법」 또는 「택지개발촉진법」에 따라 조성한 택지를 공급받을 수 있는 권리에 관한 매매계약을 체결한 때에는 부동산 거래의 신고를 할 필요가 없다. (×) 제18회
3. 「도시개발법」에 따른 부동산에 대한 공급계약도 부동산 거래신고를 하여야 한다. (○) 제28회
4. 「건축물의 분양에 관한 법률」에 따른 부동산에 대한 공급계약도 부동산 거래신고를 하여야 한다. (○) 제28회
5. 「공공주택 특별법」에 따른 공급계약에 의해 부동산을 공급받는 자로 선정된 지위를 매매하는 계약은 부동산 거래신고의 대상이 아니다. (×) 제29회

3. 신고의 방법

신고관청(부동산 소재 시 · 군 · 구청장)에 방문신고 또는 인터넷신고로 할 수 있다.★

(1) 방문신고 – 직접 신고관청에 방문하여 신고하는 방법

① 부동산거래신고서(법정서식 사용)를 작성하여 서명 또는 날인을 하여 제출하고, 신분증을 제시하여야 한다(자금조달 · 입주계획 등 추가 서류가 필요한 경우에는 추가 제출).

② 방문신고는 대리인에 의한 신고서 제출대행이 가능하다.

(2) 인터넷신고 – 신고관청 인터넷 홈페이지에 접속하여 신고하는 방법

① 전자문서로 부동산거래신고서(법정서식 사용)를 작성 · 입력하고 서명 또는 날인하여 신고하며, 전자인증(공동인증서 등)의 방법으로 본인임을 확인하여야 한다(자금조달 · 입주계획 등 추가 서류가 필요한 경우에는 추가 제출).

② 인터넷신고(전자문서에 의한 신고)는 대리인에 의한 신고대행을 할 수 없다.

4. 신고할 사항 제28회, 제30회, 제31회, 제32회

(1) 부동산거래신고사항(공통) key 인 · 계 · 부 · 부 · 실제 · 업 · 조 – 위탁, 자금

신고의무자는 다음의 사항을 반드시 신고하여야 한다.★

구분	내용	key
공통 신고사항 (주택/토지)	① 거래당사자의 '인적사항'	인
	② '계약 체결일', 중도금 지급일 및 잔금 지급일	계
	③ 거래대상 '부동산'의 '면적' 및 '종류'	부
	④ 거래대상 '부동산'의 '소재지' · '지번' 및 '지목' key 부동산 – 면 · 종류 · 소 · 지 · 지	부
	⑤ '실제' 거래가격	실제
	⑥ (개업공인중개사 중개시) 해당 '개업공인중개사'의 인적사항 및 중개사무소 개설등록에 관한 사항(중개사무소 소재지, 상호, 전화번호)	업
	⑦ (계약의 조건이나 기한이 있는 경우에는) '조건' 또는 기한	조

기출

1. 개업공인중개사의 인적사항 및 중개사무소 개설등록에 관한 사항을 부동산거래계약 신고서에 기재해야 한다. (○) 제25회
2. 거래신고 부동산의 공법상 거래규제 및 이용제한에 관한 사항은 부동산거래계약 신고서 기재사항이다. (×) 제28회

⑧ 매수인이 국내에 주소 또는 거소(잔금 지급일부터 60일을 초과하여 거주하는 장소를 말한다)를 두지 않을 경우(매수인이 외국인인 경우로서 「출입국관리법」 제31조에 따른 외국인등록을 하거나 「재외동포의 출입국과 법적 지위에 관한 법률」 제6조에 따른 국내거소신고를 한 경우에는 그 체류기간 만료일이 잔금 지급일부터 60일 이내인 경우를 포함한다)에는 **"위탁관리인"의 인적사항**	위탁

(2) **추가 신고사항**[자금조달 · 입주(이용)계획]

구분		내용
주택	① 법인이 "주택"을 "거래"하는 경우: 법인이 '주택'(상가건물 ×, 공장건물 ×)의 거래계약을 체결하는 경우 key 등 · 친 · 목 · 자 · 리	㉠ 법인의 현황에 관한 다음의 사항 (거래당사자 중 "국가 등"이 포함되어 있거나, 거래계약이 법 제3조 제1항 제2호 [주; 부동산 (신규)"공급계약"] 또는 같은 항 제3호 가목(주; 부동산 공급계약을 통하여 공급받는 자로 선정된 지위; 즉, "신규분양권" 매매계약)에 해당하는 경우는 제외한다) ⓐ 법인의 "등기 현황" ⓑ 법인과 거래상대방 간의 관계가 다음의 어느 하나에 해당하는지 여부 • 거래상대방이 개인인 경우: 그 개인이 해당 법인의 임원이거나 법인의 임원과 **"친족관계"가 있는 경우** • 거래상대방이 법인인 경우: 거래당사자인 매도법인과 매수법인의 임원 중 같은 사람이 있거나 거래당사자인 매도법인과 매수법인의 임원 간 **"친족관계"가 있는** 경우 ㉡ 주택 취득목적 및 취득자금 등에 관한 다음의 사항(**법인이 주택의 매수자인 경우만 해당한다**) ⓐ 거래대상인 주택의 취득"목적" ⓑ 거래대상 주택의 취득에 필요한 "자금의 조달계획" 및 지급방식. 이 경우 투기과열지구에 소재하는 주택의 거래계약을 체결한 경우에는 자금의 조달계획을 증명하는 서류로서 국토교통부령으로 정하는 서류를 첨부해야 한다. ⓒ 임대 등 거래대상 주택의 "이용계획'

기출 비규제지역에서 주택을 5억원으로 매수하는 경우, 입주 여부를 신고할 필요가 없다. (○) 제32회

	② "개인"이 "주택"을 "매수"하는 경우: 법인 "외의" 자(주; 개인)가 ⓐ 실제 거래가격이 '6억 원 이상'인 주택을 매수하거나, ⓑ '투기과열지구' 또는 '조정대상지역'에 소재하는 주택을 매수하는 경우(**매수인 중 국가 등이 포함되어 있는 경우는 제외한다**)	㉠ 거래대상 주택의 취득에 필요한 자금의 조달계획 및 지급방식(이 경우 '**투기과열지구**'에 소재하는 주택의 거래계약을 체결한 경우 **매수자는 자금의 조달계획을 증명하는 서류로서 국토교통부령으로 정하는 '서류'를 첨부해야 한다**) ㉡ 거래대상 주택에 매수자 본인이 입주할지 여부, 입주 예정 시기 등 거래대상 주택의 이용계획
토지	③ 실제 거래가격이 다음의 구분에 따른 "금액 이상"인 "(현존) 토지"를 매수(지분으로 매수하는 경우는 제외한다)하는 경우 ㉠ 수도권 등(주; 광역시·세종특별시)에 소재하는 토지의 경우: 1억원 ㉡ 수도권 등(주; 광역시·세종시) "외의" 지역에 소재하는 토지의 경우: 6억원	㉠ 거래대상 토지의 취득에 필요한 자금의 조달계획 ㉡ 거래대상 토지의 이용계획
	④ 다음의 토지를 '**지분**'으로 매수하는 경우 ㉠ 수도권 등(주; 광역시·세종시)에 소재하는 토지 ㉡ 수도권 등(주; 광역시·세종시) "외의" 지역에 소재하는 토지로서 실제 거래가격이 6억원 이상인 토지	㉠ 거래대상 토지의 취득에 필요한 자금의 조달계획 ㉡ 거래대상 토지의 이용계획

비고

1. "개업공인중개사"란 「공인중개사법」 제2조 제4호의 개업공인중개사를 말한다.

1의2. "위탁관리인"이란 법 제6조에 따른 신고내용의 조사와 관련하여 국토교통부장관 또는 신고관청이 발송하는 서류의 수령을 매수인으로부터 위탁받은 사람을 말한다.

2. "법인"이란 「부동산등기법」 제49조 제1항 제2호의 부동산등기용 등록번호를 부여 받은 법인으로 「상법」에 따른 법인을 말한다.
3. **"주택"이란 「건축법 시행령」 별표 1 제1호 또는 제2호의 단독주택 또는 공동주택(공관 및 기숙사는 제외한다)을 말하며**, 단독주택 또는 공동주택을 취득할 수 있는 권리에 관한 계약의 경우에는 그 권리를 포함한다.
4. "국가 등"이란 법 제3조 제1항 단서의 국가 등을 말한다.
5. "친족관계"란 「국세기본법」 제2조 제20호 가목의 친족관계를 말한다.

6. "투기과열지구"란 「주택법」 제63조에 따라 지정된 투기과열지구를 말한다.
7. "조정대상지역"이란 「주택법」 제63조의2에 따라 지정된 조정대상지역을 말한다.
8. "수도권 등"이란 「수도권정비계획법」에 따른 수도권, 광역시(인천광역시는 제외한다) 및 세종특별자치시를 말한다.
9. 부동산 거래를 신고하기 전에 부동산 거래대금이 모두 지급된 경우에는 위 표 제2호부터 제5호까지의 규정에 따른 자금의 조달계획은 자금의 조달방법으로 한다.
10. **다음 각 목의 토지거래는 위 표 제4호 및 제5호의 적용대상(주; 자금조달계획)에서 제외한다.**
    가. **매수인이 국가 등이거나 매수인에 국가 등이 포함되어 있는 토지거래**
    나. **법 제11조 제1항에 따라 허가(주; 토지거래허가)를 받아야 하는 토지거래**
11. 위 표 제4호 및 제5호에 따른 "거래가격"(주; 토지거래가격)의 산정방법은 다음 각 목과 같다.
    가. 1회의 토지거래계약으로 매수하는 토지가 둘 이상인 경우에는 매수한 각각의 토지가격을 모두 "합산"할 것
    나. 신고 대상 토지거래계약 체결일부터 역산하여 1년 이내에 매수한 다른 토지(신고 대상 토지거래계약에 따라 매수한 토지와 서로 맞닿은 토지로 한정하며, 신고 대상 토지거래계약에 따라 토지를 지분으로 매수한 경우에는 해당 토지의 나머지 지분과 그 토지와 서로 맞닿은 토지나 토지의 지분으로 한다. 이하 이 목에서 같다)가 있는 경우에는 그 토지 가격을 거래가격에 "합산"할 것. 다만, 토지거래계약 체결일부터 역산하여 1년 이내에 매수한 다른 토지에 대한 거래신고를 한 때 위 표 제4호 및 제5호의 신고사항을 제출한 경우에는 합산하지 않는다.
    다. 「건축법」 제22조 제2항에 따른 사용승인을 받은 건축물이 소재하는 필지(筆地) 가격은 거래가격에서 제외할 것

주의 1. 주택의 자금조달계획서: **'투기과열지구' 이내에 소재하는 주택의 경우에는 주택 가액에 관계없이 자금조달 · 입주계획서에 '증빙자료(통장 등)'를 첨부하여 신고하여야 한다(조정대상지역은 자금조달계획서만 제출함. 증빙자료(통장 등)는 첨부하지 아니함★)**. 비규제지역(일반지역)에서는 6억원 이상의 주택의 경우, 자금조달계획 · 입주계획을 신고하여야 한다.
2. 확인 · 설명서 소속: 공법상 이용제한 · 거래규제, 내 · 외부 시설물의 상태, 벽면 · 바닥면 및 도배상태, 취득 조세 등은 부동산거래신고사항에 해당하지 아니한다. 이는 중개대상물 확인 · 설명서에 기재하는 것들이다.
3. 거래계약서 소속: 권리이전의 내용, 물건의 인도일시 등은 부동산거래신고사항에 해당하지 아니한다. 이는 거래계약서의 필요적 기재사항에 해당한다.

5. 거래유형에 따른 신고의무자 제31회

(1) 거래당사자 직거래시★

① **원칙 – 공동신고**: 거래당사자가 직접 거래한 경우에는 거래당사자가 공동으로 신고함이 원칙이다. 신고시에는 '부동산거래계약 신고서'라는 법정서식을 사용하여야 하며, 여기에 공동으로 서명 '또는' 날인을 하여야 한다. '부동산거래계약 신고서'는 거래당사자 중 1인이 제출하면 된다. 공동으로 제출할 필요는 없다.

② **예외 – 단독신고**(일방의 거부시): 만약 일방이 신고를 거부한 경우에는 나머지 일방이 부동산 거래신고를 할 수 있다. 이 경우 부동산거래계약 신고서 제출시에 일방이 신고를 거부했다는 (거부)사유서와 (거래)계약서 사본을 첨부하여 함께 제출하여야 한다.

③ **신고시 제출서류**: 부동산거래계약 신고서 + 신분증 + 기타 해당 관련 서류 [법인신고서, 자금조달 · 입주(이용)계획서, (자금조달 증명서류 등)]

기출
1. 거래당사자는 신고서에 반드시 공동으로 서명 및 날인하여 공동으로 제출해야 한다. (×) 제20회
2. 거래당사자 일방이 부동산 거래신고를 거부하는 경우 다른 당사자는 국토교통부령에 따라 단독으로 신고할 수 있다. (○) 제27회

(2) 거래당사자 중의 일방 또는 쌍방이 국가 등인 경우★ 제28회, 제29회

거래당사자 중 일방이 국가, 지방자치단체, 대통령령으로 정하는 자(「공공기관의 운영에 관한 법률」에 따른 공공기관, 「지방공기업법」에 따른 지방직영기업 · 지방공사 또는 지방공단)의 경우에는 "국가 등"이 신고를 하여야 한다.

기출 실제 거래가격이 2억원을 초과하는 거래대상 부동산의 취득에 필요한 자금조달계획은 신고서 작성사항에 해당한다. (×) 제26회

(3) 개업공인중개사의 중개시★ 제28회

① **중개로 인한 거래의 경우**

㉠ 개업공인중개사가 신고해야 한다. 이 경우 거래당사자에게는 신고의무가 없다. 그러므로 거래당사자는 부동산거래계약 신고서에 서명 · 날인의무도 없다.

㉡ 거래당사자는 개업공인중개사에게 신고를 못하게 하거나 거짓신고를 요구하여서는 아니 되며, 위반시에는 500만원 이하의 과태료 처분 대상이 된다.

② **공동중개시 공동신고**

㉠ 개업공인중개사가 공동으로 중개하는 경우, 부동산 거래신고는 공동으로 하여야 한다. 공동으로 부동산거래계약 신고서를 작성하여, 공동으로 서명 '또는' 날인하여야 한다.

㉡ 다만, 개업공인중개사 중 일방이 신고를 거부한 경우에는 국토교통부령으로 정하는 바에 따라 단독으로 신고할 수 있다.

기출
1. 거래당사자 중 일방이 국가인 경우, 국가가 부동산거래계약의 신고를 해야 한다. (○) 제28회
2. 지방자치단체가 개업공인중개사의 중개 없이 토지를 매수하는 경우 부동산거래계약 신고서에 단독으로 서명 또는 날인하여 신고관청에 제출해야 한다. (○) 제29회

기출 개업공인중개사가 공동으로 중개하는 경우, 부동산 거래신고는 공동으로 중개한 개업공인중개사 중 어느 1인의 명의로 해도 된다. (×) 제25회

참고 | 전자문서는 대리신고가 되지 않는다.

기출 개업공인중개사의 위임을 받은 소속공인중개사가 부동산거래계약 신고서의 제출을 대행하는 경우, 소속공인중개사는 신분증명서를 신고관청에 보여주어야 한다. (○) 제28회

③ **신고서 제출시 첨부서류**: 부동산거래계약 "신고서" 제출 + (개업공인중개사) "신분증" 제시(인터넷으로 신고시에는 전자인증) + "자금조달 · 입주계획서" 첨부(해당되는 경우) + 자금조달의 "증명서류(증명자료)"(투기과열지구에 한함) + 법인신고서(거래당사자가 법인이 포함된 경우) 등

☐ 원칙적으로 부동산 거래신고시에 매매계약서의 제출은 없음에 주의하여야 한다.

〈정리〉	부동산거래신고시 제출해야 할 서류와 내용
부동산거래계약 신고서(신분증)	〈부동산 거래신고시 기본제출 서류〉 부동산거래계약 '신고서'(법정서식) 제출(인터넷신고는 전자문서) + '신분증' 제시(인터넷신고는 전자인증의 방법)
자금조달 · 입주계획서	〈자금조달계획 · 이용계획서 추가 제출되는 경우〉 주택, 토지 또는 그 지분의 거래시에 자금조달계획 · 입주계획(이용계획)이 추가로 신고 되어야 하는 경우에는 부동산거래계약 "신고서" 제출 + '신분증' 제시) + "자금조달 · 입주계획서"를 첨부하여 제출하여야 한다.
	㉠ 위에 해당하는 주택의 거래계약의 경우에는 신고서를 제출할 때 '매수인'이 서명 또는 날인한 '자금조달 · 입주계획서'를 신고관청에 함께 제출하여야 한다. ㉡ '매수인'이 자금조달 · 입주계획서를 부동산거래계약 신고서와 분리하여 제출하기를 희망하는 경우에는 매수인은 별도로 제출할 수 있다. ㉢ 매수인 '이외'의 자(중개를 한 개업공인중개사 등)가 자금조달 · 입주계획서를 제출하는 경우에는 매수인이 부동산 거래신고를 하려는 자에게 거래계약 체결일로부터 '25일' 이내에 자금조달 · 입주계획서를 제공하여야 하며, 이 기간 내에 제공하지 아니한 경우에는 매수인이 별도로 제출하여야 한다.
자금조달 증명서류(자료)	**"투기과열지구"**(**조정대상지역은 제외**)**에 소재하는 주택**의 거래계약을 체결한 경우에는 '자금의 조달계획을 증명'하는 국토교통부령으로 정하는 '서류(자료)'를 첨부하여야 한다.
법인 신고서	〈법인이 주택에 대한 매매거래시 추가서류〉 ㉠ 법인이 주택을 매매한 경우에는 "법인주택거래계약신고서(법인신고서)"를 부동산거래신고서에 추가하여 제출하여야 한다. ㉡ 법인이 "법인신고서 등(자금조달계획서 등)"을 부동산거래계약 신고서와 "분리"하여 제출하기를 희망하는 경우, 법인은 "법인신고서 등"을 거래계약의 체결일부터 "30일" 이내에 "별도"로 제출할 수 있다. ㉢ 법인 "외의" 자가(중개를 한 개업공인중개사 등) "법인신고서 등"을 제출하는 경우 법인은 부동산거래계약을 신고하려는 자에게 거래계약의 체결일부터 "25일" 이내에 법인신고서 등을 제공해야 하며, 이 기간 내에 제공하지 않은 경우에는 법인이 별도로 제출해야 한다.

⑷ 대리인에 의한 방문신고 제28회

대리인	구비서류
거래당사자의 대리인	① 거래당사자의 신고대리인은 ②의 서류를 제출하여야 한다. ② 부동산거래계약 신고서 + (대리인) 신분증 + '위임장'(위임인의 자필서명이 기재된 것, 법인은 인감이 찍힌 것) + 위임인의 신분증 사본 + 기타 서류(자금조달 · 입주계획서와 자금조달에 대한 증명서류 등 ⇨ 해당하는 경우)
개업공인중개사의 대리인 (소속공인중개사)	① 부동산거래계약 신고서 + 신분증 + 기타(자금조달 · 입주계획서 등 ⇨ 해당하는 경우) ◘ 위임장은 제출하지 아니한다. ② 소속공인중개사는 부동산 거래신고에 대한 대리신고(신고대행)가 가능하며, 중개보조원은 신고대행을 할 수 없다.

⑸ 부동산거래계약(전자)시스템에 입력

법 제25조에 따라 구축된 부동산거래계약 관련 정보시스템(이하 '부동산거래계약시스템'이라 한다)을 통하여 부동산거래계약을 체결한 경우에는 부동산거래계약이 체결된 때에 부동산거래계약 신고서를 제출한 것으로 본다.★

6. 신고내용의 검증 등

⑴ 조치명령권

① '신고관청(물건이 소재하는 시장 · 군수 또는 구청장)'은 법령의 규정에 따른 신고사항이 누락되어 있거나 정확하지 아니하다고 판단되는 경우, 신고인에게 신고내용을 보완하게 할 수 있다.★

② '신고관청'은 신고받은 사항의 사실 여부를 확인하기 위하여 소속 공무원으로 하여금 거래당사자 또는 개업공인중개사에게 (매매)거래계약서, 거래대금지급을 증명할 수 있는 서면 등 관련 자료의 제출을 요구하는 등 필요한 조치를 취할 수 있다.

③ 자료제출의 요구는 요구사유, 자료의 범위와 내용, 제출기한 등을 명시한 '서면'으로 하여야 한다.

기출 신고관청은 부동산 거래신고의 내용에 누락이 있는 경우 신고인에게 신고내용을 보완하게 할 수 있다. (○) 제27회

(2) 거래대금지급 증명서면 요구

'국토교통부장관' 또는 '신고관청(물건이 소재하는 시장 · 군수 또는 구청장)'은 법령에 따라 다음의 거래대금지급 증명서류를 제출하도록 요구할 수 있다. ⇨ 불응시에는 '3천만원' 이하의 과태료 대상★

① 거래대금의 지급을 확인할 수 있는 입금표 또는 통장 사본 ② 매수인이 거래대금의 지급을 위한 대출, 정기예금 등의 만기수령 또는 해약, 주식 · 채권 등의 처분을 증명할 수 있는 자료 ③ 매도인이 매수인으로부터 받은 거래대금을 예금 외의 다른 용도로 지출한 경우 이를 증명할 수 있는 자료 ④ 그 밖에 신고내용의 사실 여부를 확인하기 위하여 필요한 자료

7. 신고필증의 교부

(1) 신고관청은 부동산거래계약 신고서(법인신고서 등을 제출해야 하는 경우에는 법인신고서 등을 포함)가 제출된 때에 시행규칙 별지 제2호 서식의 부동산거래계약 신고필증(이하 '부동산거래 신고필증'이라 한다)을 발급한다(규칙 제2조 제12항).

(2) 신고를 받은 신고관청은 그 신고내용을 확인한 후 신고인에게 신고필증을 '지체 없이' 발급하여야 한다(법 제3조 제5항).

8. 부동산거래가격의 검증 및 통보(보고)의무

(1) 가격 검증체계의 구축 및 운영

기출 시장 · 군수 또는 구청장은 부동산거래가격 검증체계를 구축 · 운영해야 한다. (×) 제23회

① '국토교통부장관'은 실제 거래가격을 확인할 수 있는 (부동산거래)가격 검증체계(시스템)를 구축 · 운영하여야 한다.★ 국토교통부장관은 가격검증체계의 구축 · 운영업무를 한국부동산원에 위탁한다.

② '국토교통부장관'은 부동산거래가격 검증체계의 구축 · 운영을 위하여 다음 사항에 관한 자료를 제출할 것을 신고관청에 요구할 수 있다.

㉠ 법 제5조 제2항에 따른 신고가격의 적정성 검증 결과 ㉡ 법 제6조에 따른 신고내용의 조사 결과 ㉢ 그 밖에 검증체계의 구축 · 운영을 위하여 필요한 사항

(2) 가격의 적정성 검토 및 통보

① '신고관청'은 신고가격의 적정성을 검증하여야 하며, 그 검증결과를 해당 부동산 소재지 관할 '세무서장'에게 통보하여야 한다. ⇨ 통보를 받은 세무서장은 이를 과세자료로 활용할 수 있다.★

② 신고가격을 검증한 '신고관청'은 특별시장, 광역시장, 도지사, 특별자치도지사(즉, 시 · 도지사)에게 보고하여야 하며, '시 · 도지사'는 이를 국토교통부령으로 정하는 바에 따라 국토교통부장관에게 보고하여야 한다.

③ 특별시장, 광역시장, 특별자치시장, 도지사 또는 특별자치도지사는 신고관청이 보고한 내용을 취합하여 '매월 1회' 국토교통부장관에게 보고(「전자서명법」 제2조 제1호에 따른 전자문서에 의한 보고 또는 법 제25조에 따른 부동산정보체계에 입력하는 것을 포함한다)하여야 한다.

(3) 국토교통부장관과 신고관청의 조사 · 조치권

① '국토교통부장관'은 신고받은 내용의 확인을 위하여 필요한 때에는 신고내용조사를 '직접' 또는 신고관청과 '공동'으로 실시할 수 있다.

② '국토교통부장관' 및 '신고관청'은 신고내용 조사를 위하여 국세 · 지방세에 관한 자료, 소득 · 재산에 관한 자료 등 대통령령으로 정하는 '자료'를 관계 행정기관의 장에게 '요청'할 수 있다. 이 경우 요청을 받은 관계 행정기관의 장은 정당한 사유가 없으면 그 요청에 따라야 한다.

③ '국토교통부장관' 및 '신고관청'은 신고내용 조사 결과 그 내용이 이 법 또는 「주택법」, 「공인중개사법」, 「상속세 및 증여세법」 등 다른 법률을 위반하였다고 판단되는 때에는 이를 수사기관에 고발하거나 관계 행정기관에 통보하는 등 필요한 '조치'를 할 수 있다.

④ 신고내용의 조사에 필요한 세부사항은 국토교통부장관이 정한다.

9. 거래계약 해제 등의 신고 제28회

(1) 해제 등의 신고의무★ 제35회

법 제3조의2 【부동산 거래의 해제 등 신고】 ① '거래당사자'는 제3조에 따라 신고한 후 해당 거래계약이 해제, 무효 또는 취소(이하 "해제 등"이라 한다)된 경우 해제 등이 확정된 날부터 '30일' 이내에 해당 신고관청에 '공동'으로 '신고하여야' 한다. 다만, 거래당사자 중 일방이 신고를 거부하는 경우에는 국토교통부령으로 정하는 바에 따라 단독으로 신고할 수 있다. (주; 위반시 500만원 이하 과태료)
② '개업공인중개사'가 제3조 제3항에 따라 (주; 부동산 거래)신고를 한 경우에는 제1항에도 불구하고 '개업공인중개사'가 같은 항에 따른 (주; 해제 등)신고(공동으로 중개를 한 경우에는 해당 개업공인중개사가 공동으로 신고하는 것을 말한다)를 할 수 있다. 다만, 개업공인중개사 중 일방이 신고를 거부한 경우에는 제1항 단서를 준용한다.

> 규칙 제4조 【부동산 등에 관한 거래계약 해제 등의 신고】 ① 법 제3조의2 제1항 본문 또는 같은 조 제2항 본문에 따라 부동산 거래계약의 해제, 무효 또는 취소(이하 "해제 등"이라 한다)를 신고하려는 '거래당사자' 또는 '개업공인중개사'는 별지 제4호 서식의 부동산거래계약 해제 등 신고서(이하 "부동산거래계약 해제 등 신고서"라 한다)에 공동으로 서명 또는 날인하여 신고관청에 제출'해야' 한다. 이 경우 거래당사자 중 일방이 국가 등인 경우 국가 등이 단독으로 서명 또는 날인하여 신고관청에 제출할 수 있다.
> ② 법 제3조의2 제1항 단서 또는 같은 조 제2항 단서에 따라 '단독'으로 부동산 거래계약의 해제 등을 신고하려는 자는 부동산거래계약 해제 등 신고서에 단독으로 서명 또는 날인한 후 다음 각 호의 서류를 첨부하여 신고관청에 제출해야 한다. 이 경우 신고관청은 단독신고 사유에 해당하는지 여부를 확인해야 한다.
> 1. 확정된 법원의 판결문 등 해제 등이 확정된 사실을 '입증'할 수 있는 서류
> 2. 단독신고'사유서'

(2) 확인서의 발급

신고관청은 부동산거래계약 해제 등 확인서를 신고인에게 '지체 없이' 발급하여야 한다.

(3) 부동산거래계약시스템을 통한 해제

부동산거래계약시스템을 통하여 부동산 거래계약 해제 등을 한 경우에는 부동산 거래계약 해제 등이 이루어진 때에 부동산거래계약 해제 등 신고서를 제출한 것으로 본다.

10. 신고필증의 정정신청 제30회, 제35회

(1) 정정신청

① 부동산 거래에 관하여 신고한 내용 중 다음의 어느 하나에 해당하는 내용이 잘못 기재된 경우 거래당사자 또는 개업공인중개사는 신고관청에 신고필증의 정정신청(전자문서 포함)을 '할 수 있다'. ⇨ 정정신청해야 한다. ×

정정신청 사항	key
㉠ 거래당사자의 주소 · 전화번호(또는 휴대전화번호) ㉡ 거래 지분 비율	주 · 전 · 지
㉢ 개업공인중개사의 전화번호 · 상호(또는 사무소 소재지)	소 · 상 · 전
㉣ 거래대상 건축물의 '종류'(토지 종류는 제외) ㉤ 거래대상 부동산 등(부동산을 취득할 수 있는 권리인 경우에는 그 권리의 대상이 되는 부동산)의 '지목', '면적', 거래 '지분' 및 '대지권 비율'	면 · 종류 대 · 지 · 지

② 정정신청을 하려는 거래당사자 또는 개업공인중개사는 발급받은 신고필증에 '정정사항을 표시'하고 해당 정정부분에 서명 또는 날인(전자인증 포함)을 하여야 한다. 정정신청서를 따로 제출하는 것이 아니다.

③ '거래당사자의 주소 · 전화번호 또는 휴대전화번호'를 정정하는 경우에는 해당 거래당사자 일방이 '단독'으로 서명 또는 날인하여 정정을 신청할 수 있다.

(2) 신고필증의 재발급

정정신청을 받은 신고관청은 정정사항을 확인한 후 지체 없이 해당 내용을 정정하고, 정정사항을 반영한 부동산거래 신고필증을 재발급해야 한다(규칙 제3조 제6항).

11. 부동산거래계약 변경신고

(1) 변경신고★ 제35회

① 부동산거래계약의 신고를 한 후 다음의 어느 하나에 해당하는 내용이 변경된 경우 「부동산등기법」에 따른 부동산에 관한 '등기신청 전'에 부동산거래계약 변경신고서(전자문서 포함)에 '거래당사자' 또는 '개업공인중개사'가 서명 또는 날인(전자인증 포함)하여 신고관청에 제출할 수 있다.

변경신고 사항	key
㉠ 거래대상 부동산 등의 '면적' ㉡ 거래 '지분', 거래 '지분' 비율	먼 · 지
㉢ 계약의 '조건' 또는 '기한'	조 · 기
㉣ '공동'매수의 경우, 일부 매수인의 변경(매수인 중 일부가 제외되는 경우에만 해당) key 일제 · 만	공동
㉤ 거래대상 부동산 등이 '다수'인 경우, 일부 부동산 등의 변경(거래대상 부동산 등 중 일부가 제외되는 경우만 해당) key 일제 · 만	다수
㉥ 거래가격 ㉦ 중도금 · 잔금 및 지급일	대금 · 날짜
㉧ "위탁관리인"의 성명, 주민등록번호, 주소 및 전화번호(휴대전화번호를 포함한다)	위탁관리

주의 계약일, 계약금, (공동매수인이나 다수물건 중) 새로 교체되거나 추가되는 경우에는 변경신고대상이 아니다.

② 부동산 등의 '면적' 변경이 없는 상태에서 '거래가격'이 변경된 경우에는 거래계약서 사본 등 그 사실을 증명할 수 있는 서류를 첨부해야 한다.

③ **단독신고 가능한 경우**: 부동산에 대한 '공급계약' 또는 '분양권 · (재)입주권'의 매매계약 등(부동산 공급계약을 통하여 부동산을 공급받는 자로 선정된 지위의 매매계약, 관리처분계획의 인가 및 사업시행계획인가로 취득한 입주자로 선정된 지위의 매매계약)인 경우, 거래가격 중 '분양가격' 및 '선택품목'은 거래당사자 일방이 '단독'으로 변경신고를 할 수 있다. 이 경우 거래계약서 사본 등 그 사실을 증명할 수 있는 서류를 첨부해야 한다.

기출

1. 부동산 거래신고한 내용 중에 주택거래의 중도금 지급일이 변경된 경우에는 정정신청을 할 수 있다. (×) 제22회
2. 부동산 거래신고한 내용 중에 상가건물 거래의 잔금 지급일이 변경된 경우에는 정정신청을 할 수 있다. (×) 제22회

(2) 신고필증의 재발급

변경신고를 받은 신고관청은 변경사항을 확인한 후 '지체 없이' 해당 내용을 변경하고, 변경사항을 반영한 부동산거래 신고필증을 재발급해야 한다(규칙 제3조 제6항).

12. 부동산 거래신고법상의 금지행위

법 제4조 【금지행위】 '누구든지' 제3조(주; 부동산 거래신고) 또는 제3조의2(주; 부동산 거래해제 등 신고)에 따른 신고에 관하여 다음 각 호의 어느 하나에 해당하는 행위를 하여서는 아니 된다.

1. 개업공인중개사에게 제3조에 따른 신고(주; 부동산 거래신고)를 하지 '아니하게' 하거나, 거짓으로 신고하도록 '요구'하는 행위
2. 제3조 제1항 각 호의 어느 하나에 해당하는 계약(주; 신고대상인 계약)을 체결한 후 같은 조에 따른 신고 의무자가 '아닌 자'가 거짓으로 같은 조에 따른 신고를 하는 행위
3. 거짓으로 제3조(주; 부동산 거래신고) 또는 제3조의2(주; 부동산 거래해제 등 신고)에 따른 신고를 하는 행위를 '조장'하거나 '방조'하는 행위
4. 제3조 제1항 각 호의 어느 하나에 해당하는 계약(주; 신고대상인 계약)을 체결하지 '아니하였음'에도 불구하고, 거짓으로 같은 조에 따른 신고를 하는 행위(주; 허위가장 신고)
5. 제3조에 따른 신고(주; 부동산 거래신고) 후 해당 계약이 해제 등이 되지 '아니하였음'에도 불구하고 거짓으로 제3조의2(주; 부동산 거래해제 등 신고)에 따른 신고를 하는 행위(주; 허위가장 해제신고)

13. 위반시 제재 제28회

(1) 500만원 이하 과태료 key 거・게・미친(미신고/해제 미신고)・요・자

다음의 경우 신고관청은 '500만원' 이하의 과태료를 부과할 수 있다.★

① 부동산 거래의 신고를 하지 아니한 자(공동신고를 '거부'한 자를 포함)
② 부동산 거래해제 등의 신고를 하지 아니한 자(공동신고를 '거부'한 자를 포함)
③ 개업공인중개사로 하여금 부동산 거래신고를 하지 '아니하게' 하거나, 거짓된 내용을 신고하도록 '요구'한 자
④ 부동산 거래신고에 대하여 (법 제3조에 따른) 거짓신고를 '조장'하거나 '방조'한 자
⑤ 신고관청의 조치명령을 위반하여 거래대금지급 증명자료 '외의' 자료(매매계약서 등)를 제출하지 아니하거나 거짓으로 자료를 제출한 자

기출 부동산 거래신고를 하지 아니한 거래당사자 또는 개업공인중개사에 대한 과태료는 시・도지사가 부과한다. (×) 제20회

참고 | **자진신고자 과태료 감면제도(리니언시 제도)**
①②③④의 경우 신고관청은 위반사실이 발각되기 전에 이를 자진신고한 자에 대하여 대통령령으로 정하는 바에 따라 과태료를 감경 또는 면제할 수 있다. 다만, 이러한 리니언시 제도는 ⑤의 자료의 제출과는 상관없다.

(2) 3천만원 이하 과태료 key 대지자, 조치자, 허 · 허

다음의 경우 신고관청은 '3천만원' 이하의 과태료를 부과할 수 있다.★

① 신고관청이 요구한 '거래대금지급 증명자료'를 제출하지 아니하거나 거짓으로 제출한 자
② 신고관청이 요구한 그 밖의 필요한 '조치'를 이행하지 아니한 자
③ 법 제4조 제4호를 위반하여 거짓으로 제3조에 따라 신고한 자(즉, 신고대상 계약을 체결하지 아니하였음에도 불구하고 거짓으로 부동산 거래신고를 하는 행위를 한 자 ⇨ '허위가장 신고자')(법 제26조 제1항에 따라 벌칙을 부과받은 경우는 제외한다)
④ 법 제4조 제5호를 위반하여 거짓으로 법 제3조의2에 따라 신고한 자(즉, 신고한 계약이 해제 등이 되지 아니하였음에도 불구하고 거짓으로 부동산 거래해제 등 신고를 한 자 ⇨ '허위가장 해제신고자')(법 제26조 제1항에 따라 벌칙을 부과받은 경우는 제외한다)

(3) 취득가액의 10% 이하 과태료 ⇨ (가격 등) 거짓신고자

기출 개업공인중개사가 거짓으로 신고서를 작성하여 신고한 경우 500만원 이하의 과태료 부과사유에 해당한다. (×) 제26회

① 부동산 거래신고 '의무자'가 '거짓'으로 신고를 한 경우 해당 부동산 등의 취득가액의 10% 이하의 과태료에 처한다.★

② 부동산 거래신고 의무자가 '아닌' 자가 '거짓신고'를 한 경우에도 마찬가지이다.

③ 신고관청은 위반사실을 자진신고한 자에 대하여 대통령령으로 정하는 바에 따라 과태료를 감경 또는 면제할 수 있다. ⇨ 자진신고자 리니언시 제도

(4) 과태료의 부과 및 통보

참고 | 신고관청
경기도 부천시 원미구 소재의 개업공인중개사가 대전광역시 유성구 소재의 아파트 매매를 중개한 경우, 30일 이내에 신고를 하지 않거나 거짓신고를 하면, 과태료는 물건이 소재하는 유성구청장(물건 소재 등록관청)이 부과를 하게 된다. 이 경우 과태료를 부과한 유성구청장은 원미구청장(사무소 소재 등록관청)에게 이를 10일 이내에 통보하여야 한다.

① 과태료는 신고를 받는 관청(즉, 부동산이 소재하는 "신고관청")이 부과 · 징수한다.

② 부동산이 소재하는 "신고관청"(즉, 과태료를 부과한 관청)은 과태료 부과일부터 '10일 이내'에 해당 개업공인중개사의 중개사무소(법인의 경우에는 주된 중개사무소를 말한다)를 관할하는 "등록관청"에 과태료 부과사실을 "통보"하여야 한다.

(5) 과태료 부과기준

영 제20조 【과태료의 부과기준】 법 제28조 제1항부터 제5항까지의 규정에 따른 과태료의 부과기준은 별표 3과 같다.

「부동산 거래신고 등에 관한 법률 시행령」 [별표 3] 〈개정 2023. 10. 4.〉

과태료의 부과기준(제20조 관련)
1. 일반기준 신고관청은 위반행위의 동기 · 결과 및 횟수 등을 고려하여 제2호의 개별기준에 따른 과태료의 "2분의 1"(법 제28조 제1항(주; 3천만원 이하 과태료) 및 제3항(가격 등에 대한 거짓신고 ; 취득가액의 10% 이하 과태료)을 위반한 경우에는 "5분의 1") 범위에서 그 금액을 늘리거나 줄일 수 있다. 다만, 늘리는 경우에도 과태료의 총액은 법 제28조 제1항부터 제5항까지에서 규정한 과태료의 상한을 초과할 수 없다. 2. 개별기준 **〈이하 생략〉**

(6) **신고위반 후의 자진신고자에 대한 감면제도**(리니언시제도)

법 제29조 【자진 신고자에 대한 감면 등】 신고관청은 제28조 제2항 제1호부터 제3호까지 및 제3항부터 제5항까지의 어느 하나에 따른 위반사실을 자진 신고한 자에 대하여 대통령령으로 정하는 바에 따라 같은 규정에 따른 과태료를 감경 또는 면제할 수 있다. (주; 리니언시 ⇨ 자료제출과 3천만원 이하는 제외)

영 제21조 【자진 신고자에 대한 감경 또는 면제의 기준 등】 ① 법 제29조에 따른 과태료의 감경 또는 면제 기준은 다음 각 호와 같다.

1. 법 제6조 제1항 또는 제3항(각각 법 제6조의4 제3항에서 준용하는 경우를 포함한다)에 따른 국토교통부장관 또는 신고관청(이하 "조사기관"이라 한다)의 조사가 시작되기 전에 자진 신고한 자로서 다음 각 목의 요건을 모두 충족한 경우: 과태료 면제
   가. 자진 신고한 위반행위가 법 제28조 제2항 제2호 · 제3호 또는 같은 조 제3항부터 제5항까지의 어느 하나에 해당할 것
   나. 신고관청에 단독(거래당사자 일방이 여러 명인 경우 그 일부 또는 전부가 공동으로 신고한 경우를 포함한다. 이하 이 조에서 같다)으로 신고한 최초의 자일 것
   다. 위반사실 입증에 필요한 자료 등을 제공하는 등 조사가 끝날 때까지 성실하게 협조하였을 것
2. 조사기관의 조사가 시작된 후 자진 신고한 자로서 다음 각 목의 요건을 모두 충족한 경우: 과태료의 100분의 50 감경
   가. 제1호 가목 및 다목에 해당할 것
   나. 조사기관이 허위신고 사실 입증에 필요한 증거를 충분히 확보하지 못한 상태에서 조사에 협조했을 것
   다. 조사기관에 단독으로 신고한 최초의 자일 것

② 제1항에도 불구하고 다음 각 호의 어느 하나에 해당하는 경우에는 과태료를 감경 · 면제하지 않는다.

1. 자진 신고하려는 부동산 등의 거래계약과 관련하여 「국세기본법」 또는 「지방세법」 등 관련 법령을 위반한 사실 등이 관계기관으로부터 조사기관에 통보된 경우
2. 자진 신고한 날부터 과거 1년 이내에 제1항 제1호 및 제2호에 따른 자진 신고를 하여 3회 이상 해당 신고관청에서 과태료의 감경 또는 면제를 받은 경우

③ 법 제29조에 따라 자진 신고를 하려는 자는 국토교통부령으로 정하는 신고서 및 위반행위를 "입증"할 수 있는 서류를 조사기관에 제출해야 한다.

14. 타 제도와의 관계 제28회, 제29회

(1) 신고시 검인면제

개업공인중개사 또는 거래당사자가 신고필증을 교부받은 때에는 매수인은 「부동산등기 특별조치법」에 의한 검인(檢印)을 받은 것으로 본다.★

(2) 토지거래허가

토지거래허가구역에서 토지거래허가를 받은 경우라도 부동산 거래신고는 하여야 한다.★

(3) 농지취득자격증명

농지에 대하여 농지취득자격증명을 발급받은 경우에도 부동산 거래신고는 하여야 한다.★

기출 부동산거래계약 신고필증을 교부받은 때에는 매수인은 「부동산등기 특별조치법」에 따른 검인을 받은 것으로 본다. (○) 제28회, 제29회

기출 토지거래계약허가를 받은 경우는 부동산 거래신고를 하지 않아도 된다. (×) 제20회

기출 농지의 매매계약을 체결한 경우 「농지법」상의 농지취득자격증명을 받으면 부동산 거래신고를 한 것으로 본다. (×) 제23회

■ 부동산 거래신고 등에 관한 법률 시행규칙 [별지 제1호 서식] <개정 2023. 8. 22.>　　부동산거래관리시스템(rtms.molit.go.kr)에서도 신청할 수 있습니다.

부동산거래계약 신고서

※ 뒤쪽의 유의사항 · 작성방법을 읽고 작성하시기 바라며, [ ]에는 해당하는 곳에 √표를 합니다.　(앞쪽)

접수번호	접수일시	처리기간　지체 없이

① 매도인	성명(법인명)	주민등록번호(법인 · 외국인등록번호)		국적
	주소(법인소재지)			거래지분 비율(　분의　)
	전화번호	휴대전화번호		
② 매수인	성명(법인명)	주민등록번호(법인 · 외국인등록번호)		국적
	주소(법인소재지)			거래지분 비율(　분의　)
	전화번호	휴대전화번호		
	③ 법인신고서등	[ ] 제출　[ ] 별도 제출　[ ] 해당 없음		
	외국인의 부동산 등 매수용도	[ ] 주거용(아파트) [ ] 주거용(단독주택) [ ] 주거용(그 밖의 주택) [ ] 레저용　[ ] 상업용　[ ] 공업용　[ ] 그 밖의 용도		
	위탁관리인 (국내에 주소 또는 거소가 없는 경우)	성명	주민등록번호	
		주소		
		전화번호	휴대전화번호	
개업 공인중개사	성명(법인명)	주민등록번호(법인 · 외국인등록번호)		
	전화번호	휴대전화번호		
	상호	등록번호		
	사무소 소재지			

거래대상	종류	④ [ ] 토지　[ ] 건축물 (　　)　[ ] 토지 및 건축물 (　　)		
		⑤ [ ] 공급계약 [ ] 전매	[ ] 분양권 [ ] 입주권	[ ] 준공 전　[ ] 준공 후 [ ] 임대주택 분양전환
	⑥ 소재지/지목/면적	소재지		
		지목	토지면적　m²	토지 거래지분 (　분의　)
		대지권비율 (　분의　)	건축물면적　m²	건축물 거래지분 (　분의　)
	⑦ 계약대상 면적	토지　m²	건축물　m²	
	⑧ 물건별 거래가격	원		
		공급계약 또는 전매 / 분양가격　원	발코니 확장 등 선택비용　원	추가 지급액 등　원
⑨ 총 실제 거래가격 (전체)	합계　원	계약금　원	계약 체결일	
		중도금　원	중도금 지급일	
		잔금　원	잔금 지급일	
⑩ 종전 부동산	소재지/지목/면적	소재지		
		지목	토지면적　m²	토지 거래지분 (　분의　)
		대지권비율 (　분의　)	건축물면적　m²	건축물 거래지분 (　분의　)
	계약대상 면적	토지　m²	건축물　m²	건축물 유형(　)
	거래금액	합계　원	추가 지급액 등　원	권리가격　원
		계약금　원	중도금　원	잔금　원
⑪ 계약의 조건 및 참고사항				

「부동산 거래신고 등에 관한 법률」 제3조 제1항부터 제4항까지 및 같은 법 시행규칙 제2조 제1항부터 제4항까지의 규정에 따라 위와 같이 부동산거래계약 내용을 신고합니다.

년　　월　　일

신고인

매도인:　(서명 또는 인)

매수인:　(서명 또는 인)

개업공인중개사:　(서명 또는 인)

(개업공인중개사 중개시)

시장 · 군수 · 구청장 귀하

210mm × 297mm[백상지(80g/m²) 또는 중질지(80g/m²)]

(뒤쪽)

첨부서류	1. 부동산 거래계약서 사본(「부동산 거래신고 등에 관한 법률」 제3조 제2항 또는 제4항에 따라 단독으로 부동산거래의 신고를 하는 경우에만 해당합니다) 2. 단독신고사유서(「부동산 거래신고 등에 관한 법률」 제3조 제2항 또는 제4항에 따라 단독으로 부동산거래의 신고를 하는 경우에만 해당합니다)

유의사항

1. 「부동산 거래신고 등에 관한 법률」 제3조 및 같은 법 시행령 제3조의 실제 거래가격은 매수인이 매수한 부동산을 양도하는 경우 「소득세법」 제97조 제1항·제7항 및 같은 법 시행령 제163조 제11항 제2호에 따라 취득 당시의 실제 거래가격으로 보아 양도차익이 계산될 수 있음을 유의하시기 바랍니다.
2. **거래당사자 간 직접거래의 경우에는 공동으로 신고서에 서명 또는 날인을 하여 거래당사자 중 일방이 신고서를 제출하고, 중개거래의 경우에는 개업공인중개사가 신고서를 제출해야 하며, 거래당사자 중 일방이 국가 및 지자체, 공공기관인 경우(국가 등)에는 국가 등이 신고해야 합니다.**
3. 부동산거래계약 내용을 기간 내에 신고하지 않거나, 거짓으로 신고하는 경우 「부동산 거래신고 등에 관한 법률」 제28조 제1항부터 제3항까지의 규정에 따라 과태료가 부과되며, 신고한 계약이 해제, 무효 또는 취소가 된 경우 거래당사자는 해제 등이 확정된 날로부터 30일 이내에 같은 법 제3조의2에 따라 신고를 해야 합니다.
4. 담당 공무원은 「부동산 거래신고 등에 관한 법률」 제6조에 따라 거래당사자 또는 개업공인중개사에게 거래계약서, 거래대금지급 증명 자료 등 관련 자료의 제출을 요구할 수 있으며, 이 경우 자료를 제출하지 않거나, 거짓으로 자료를 제출하거나, 그 밖의 필요한 조치를 이행하지 않으면 같은 법 제28조 제1항 또는 제2항에 따라 과태료가 부과됩니다.
5. **거래대상의 종류가 공급계약(분양) 또는 전매계약(분양권, 입주권)인 경우 ⑧ 물건별 거래가격 및 ⑨ 총 실제거래가격에 부가가치세를 포함한 금액을 적고, 그 외의 거래대상의 경우 부가가치세를 제외한 금액을 적습니다.**
6. **"거래계약의 체결일"이란 거래당사자가 구체적으로 특정되고, 거래목적물 및 거래대금 등 거래계약의 중요 부분에 대하여 거래당사자가 합의한 날을 말합니다. 이 경우 합의와 더불어 "계약금"의 전부 또는 "일부"를 지급한 경우에는 그 "지급일"을 "거래계약의 체결일"로 보되, 합의한 날이 계약금의 전부 또는 일부를 지급한 날보다 "앞서는" 것이 서면 등을 통해 "인정"되는 경우에는 "합의한 날"을 거래계약의 "체결일"로 봅니다.**

작성방법 제34회

1. ①ㆍ② **거래당사자가 다수인 경우 매도인 또는 매수인의 주소란에 ⑥의 거래대상별 거래지분을 기준으로 각자의 거래 지분 비율(매도인과 매수인의 거래지분 비율은 일치해야 합니다)을 표시하고,** 거래당사자가 **외국인인 경우 거래당사자의 국적을 반드시 적어야 하며, 외국인이 부동산 등을 매수하는 경우 매수용도**란의 주거용(아파트), 주거용(단독주택), 주거용(그 밖의 주택), 레저용, 상업용, 공장용, 그 밖의 용도 중 하나에 √표시를 합니다.
2. ③ **"법인신고서등"**란은 별지 제1호의2 서식의 법인 주택 거래계약 신고서, 별지 제1호의3 서식의 주택취득자금 조달 및 입주계획서, 제2조 제7항 각 호의 구분에 따른 서류, 같은 항 후단에 따른 사유서 및 별지 제1호의4 서식의 토지취득자금 조달 및 토지이용계획서를 이 신고서와 **함께 제출하는지 또는 별도로 제출하는지를 √표시하고, 그 밖의 경우에는 해당 없음에 √표시를 합니다.**
3. ④ 부동산 매매의 경우 "종류"란에는 토지, 건축물 또는 토지 및 건축물(복합부동산의 경우)에 √표시를 하고, 해당 부동산이 "건축물" 또는 "토지 및 건축물"인 경우에는 ( )에 **건축물의 종류를 "아파트, 연립, 다세대, 단독, 다가구, 오피스텔, 근린생활시설, 사무소, 공장" 등 「건축법 시행령」 별표 1에 따른 용도별 건축물의 종류를 적습니다.**
4. ⑤ **공급계약은 시행사 또는 건축주 등이 최초로 부동산을 공급(분양)하는 계약을 말하며,** 준공 전과 준공 후 계약 여부에 따라 √표시하고, **"임대주택 분양전환"은 임대주택사업자 (법인으로 한정)가 임대기한이 완료되어 분양전환하는 주택인 경우에 √표시**합니다. 전매는 부동산을 취득할 수 있는 권리의 매매로서, "분양권" 또는 "입주권"에 √표시를 합니다.
5. ⑥ **소재지는 지번(아파트 등 집합건축물의 경우에는 동ㆍ호수)까지, 지목/면적은 토지대장상의 지목ㆍ면적, 건축물대장상의 건축물 면적(집합건축물의 경우 호수별 전용면적, 그 밖의 건축물의 경우 연면적), 등기사항증명서상의 대지권 비율, 각 거래대상의 토지와 건축물에 대한 거래 지분을 정확하게** 적습니다.
6. ⑦ "계약대상 면적"란에는 실제 거래면적을 계산하여 적되, **건축물 면적은 집합건축물의 경우 전용면적을 적고, 그 밖의 건축물의 경우 연면적을 적습니다.**
7. ⑧ **"물건별 거래가격"란에는 각각의 부동산별 거래가격을 적습니다.** 최초 공급계약(분양) 또는 전매계약(분양권, 입주권)의 경우 분양가격, **발코니 확장 등 선택비용 및 추가 지급액 등(프리미엄 등 분양가격을 초과 또는 미달하는 금액)을 각각 적습니다. 이 경우 각각의 비용에 부가가치세가 있는 경우 부가가치세를 포함한 금액으로 적습니다.**
8. ⑨ **"총 실제 거래가격"란에는 전체 거래가격**(둘 이상의 부동산을 함께 거래하는 경우 각각의 부동산별 거래가격의 합계 금액)을 적고, 계약금/중도금/잔금 및 그 지급일을 적습니다.
9. ⑩ **"종전 부동산"란은 입주권 매매의 경우에만 작성**하고, 거래금액란에는 추가 지급액 등(프리미엄 등 분양가격을 초과 또는 미달하는 금액) 및 권리가격, 합계 금액, 계약금, 중도금, 잔금을 적습니다.
10. ⑪ "계약의 조건 및 참고사항"란은 부동산 거래계약 내용에 **계약조건이나 기한을 붙인 경우,** 거래와 관련한 참고내용이 있을 경우에 적습니다.
11. 다수의 부동산, 관련 필지, 매도ㆍ매수인, 개업공인중개사 등 기재사항이 복잡한 경우에는 다른 용지에 작성하여 간인 처리한 후 첨부합니다.
12. 소유권이전등기 신청은 「부동산등기 특별조치법」 제2조 제1항 각 호의 구분에 따른 날부터 60일 이내에 신청해야 하며, 이를 이행하지 않는 경우에는 같은 법 제11조에 따라 과태료가 부과될 수 있으니 유의하시기 바랍니다.

처리절차

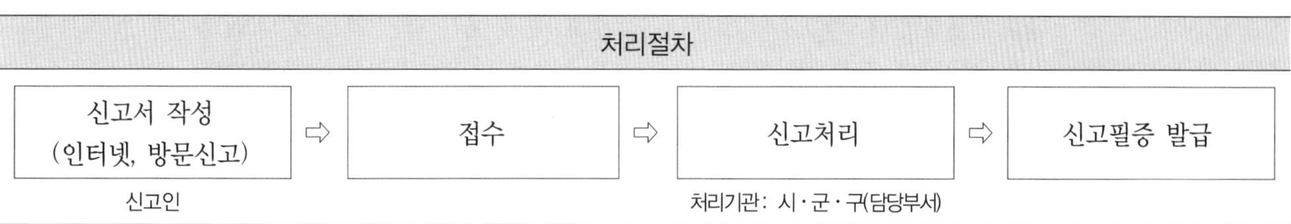

■ 부동산 거래신고 등에 관한 법률 시행규칙 [별지 제1호의3 서식]

주택취득자금 조달 및 입주 계획서

※ 색상이 어두운 난은 신청인이 적지 않으며, [ ]에는 해당되는 곳에 √표시를 합니다. (앞쪽)

<table>
<tr><td colspan="2">접수번호</td><td colspan="2">접수일시</td><td colspan="2">처리기간</td></tr>
<tr><td rowspan="2">제출인
(매수인)</td><td colspan="2">성명(법인명)</td><td colspan="3">주민등록번호(법인 · 외국인등록번호)</td></tr>
<tr><td colspan="2">주소(법인소재지)</td><td colspan="3">(휴대)전화번호</td></tr>
<tr><td rowspan="13">① 자금
조달계획</td><td rowspan="4">자기 자금</td><td>② 금융기관 예금액
원</td><td colspan="3">③ 주식 · 채권 매각대금
원</td></tr>
<tr><td>④ 증여 · 상속 등
원</td><td colspan="3">⑤ 현금 등 그 밖의 자금
원</td></tr>
<tr><td>[ ] 부부 [ ] 직계존비속(관계:)
[ ] 기타(관계:)</td><td colspan="3">[ ] 보유 현금
[ ] 그 밖의 자산(종류:)</td></tr>
<tr><td>⑥ 부동산 처분대금 등
원</td><td colspan="3">⑦ 소계
원</td></tr>
<tr><td rowspan="8">차입금 등</td><td rowspan="3">⑧ 금융기관 대출액 합계
원</td><td>주택담보대출</td><td colspan="2">원</td></tr>
<tr><td>신용대출</td><td colspan="2">원</td></tr>
<tr><td>기타대출</td><td colspan="2">원
(대출종류:)</td></tr>
<tr><td colspan="4">기존 주택 보유 여부(주택담보대출이 있는 경우만 기재)
[ ] 미보유 [ ] 보유(건)</td></tr>
<tr><td>⑨ 임대보증금 등
원</td><td colspan="3">⑩ 회사지원금 · 사채 등
원</td></tr>
<tr><td>⑪ 그 밖의 차입금
원</td><td colspan="3" rowspan="2">⑫ 소계
원</td></tr>
<tr><td>[ ] 부부 [ ]직계존비속(관계:)
[ ] 그 밖의 관계( )</td></tr>
<tr><td></td><td></td><td></td></tr>
<tr><td>⑬ 합계</td><td colspan="4">원</td></tr>
<tr><td colspan="2" rowspan="5">⑭ 조달자금 지급방식</td><td>총 거래금액</td><td colspan="3">원</td></tr>
<tr><td>⑮ 계좌이체 금액</td><td colspan="3">원</td></tr>
<tr><td>⑯ 보증금 · 대출 승계 등 금액</td><td colspan="3">원</td></tr>
<tr><td>⑰ 현금 및 그 밖의 지급방식 금액</td><td colspan="3">원</td></tr>
<tr><td colspan="4">지급 사유( )</td></tr>
<tr><td colspan="2">⑱ 입주계획</td><td>[ ] 본인입주 [ ] 본인 외 가족입주
(입주 예정 시기: 년 월)</td><td>[ ] 임대
(전 · 월세)</td><td colspan="2">[ ] 그 밖의 경우
(재건축 등)</td></tr>
</table>

「부동산 거래신고 등에 관한 법률 시행령」 별표 1 제2호 나목, 같은 표 제3호 가목 전단, 같은 호 나목 및 같은 법 시행규칙 제2조 제6항 · 제7항 · 제9항 · 제10항에 따라 위와 같이 주택취득자금 조달 및 입주계획서를 제출합니다.

년 월 일

제출인 (서명 또는 인)

시장 · 군수 · 구청장 귀하

210mm × 297mm[백상지(80g/m^2) 또는 중질지(80g/m^2)]

⋮

(뒤쪽)

유의사항

1. 제출하신 주택취득자금 조달 및 입주계획서는 국세청 등 관계기관에 통보되어, 신고내역 조사 및 관련 세법에 따른 조사 시 참고자료로 활용됩니다.
2. 주택취득자금 조달 및 입주계획서(첨부서류 제출대상인 경우 첨부서류를 포함합니다)를 계약 체결일부터 30일 이내에 제출하지 않거나 거짓으로 작성하는 경우 「부동산 거래신고 등에 관한 법률」 제28조 제2항 또는 제3항에 따라 과태료가 부과되오니 유의하시기 바랍니다.
3. 이 서식은 부동산거래계약 신고서 접수 전에는 제출이 불가하오니 별도 제출하는 경우에는 미리 부동산거래계약 신고서의 제출 여부를 신고서 제출자 또는 신고관청에 확인하시기 바랍니다.

첨부서류	투기과열지구에 소재하는 주택의 거래계약을 체결한 경우에는 다음 각 호의 구분에 따른 서류를 첨부해야 합니다. 이 경우 주택취득자금 조달 및 입주계획서의 제출일을 기준으로 주택취득에 필요한 자금의 대출이 실행되지 않았거나 본인 소유 부동산의 매매계약이 체결되지 않은 경우 등 항목별 금액 증명이 어려운 경우에는 그 사유서를 첨부해야 합니다. 1. 금융기관 예금액 항목을 적은 경우: 예금잔액증명서 등 예금 금액을 증명할 수 있는 서류 2. 주식·채권 매각대금 항목을 적은 경우: 주식거래내역서 또는 예금잔액증명서 등 주식·채권 매각 금액을 증명할 수 있는 서류 3. 증여·상속 항목을 적은 경우: 증여세·상속세 신고서 또는 납세증명서 등 증여 또는 상속받은 금액을 증명할 수 있는 서류 4. 현금 등 그 밖의 자금 항목을 적은 경우: 소득금액증명원 또는 근로소득 원천징수영수증 등 소득을 증명할 수 있는 서류 5. 부동산 처분대금 등 항목을 적은 경우: 부동산 매매계약서 또는 부동산 임대차계약서 등 부동산 처분 등에 따른 금액을 증명할 수 있는 서류 6. 금융기관 대출액 합계 항목을 적은 경우: 금융거래확인서, 부채증명서 또는 금융기관 대출신청서 등 금융기관으로부터 대출받은 금액을 증명할 수 있는 서류 7. 임대보증금 항목을 적은 경우: 부동산 임대차계약서 8. 회사지원금·사채 또는 그 밖의 차입금 항목을 적은 경우: 금전을 빌린 사실과 그 금액을 확인할 수 있는 서류

작성방법

1. ① "자금 조달계획"에는 해당 주택의 취득에 필요한 자금의 조달계획(부동산 거래신고를 하기 전에 부동산 거래대금이 모두 지급된 경우에는 조달방법)을 적고, 매수인이 다수인 경우 각 매수인별로 작성해야 하며, 각 매수인별 금액을 합산한 총 금액과 거래신고된 주택거래금액이 일치해야 합니다.
2. ②~⑥에는 자기자금을 종류별로 구분하여 중복되지 않게 적습니다.
3. ② "금융기관 예금액"에는 금융기관에 예치되어 있는 본인명의의 예금(적금 등)을 통해 조달하려는 자금을 적습니다.
4. ③ "주식·채권 매각대금"에는 본인 명의 주식·채권 및 각종 유가증권 매각 등을 통해 조달하려는 자금을 적습니다.

5. ④ "증여 · 상속"에는 가족 등으로부터 증여받거나 상속받아 조달하는 자금을 적고, 자금을 제공한 자와의 관계를 해당 난에 ✓표시를 하며, 부부 외의 경우 해당 관계를 적습니다.
6. ⑤ "현금 등 그 밖의 자금"에는 현금으로 보유하고 있는 자금 및 자기자금 중 다른 항목에 포함되지 않는 그 밖의 본인 자산을 통해 조달하려는 자금(금융기관 예금액 외의 각종 금융상품 및 간접투자상품을 통해 조달하려는 자금 포함)을 적고, 해당 자금이 보유하고 있는 현금일 경우 "보유 현금"에 ✓표시를 하고, 현금이 아닌 경우 "그 밖의 자산"에 ✓표시를 하고 자산의 종류를 적습니다.
7. ⑥ "부동산 처분대금 등"에는 본인 소유 부동산의 매도, 기존 임대보증금 회수 등을 통해 조달하려는 자금 또는 재건축, 재개발시 발생한 종전 부동산 권리가액 등을 적습니다.
8. ⑦ "소계"에는 ②~⑥의 합계액을 적습니다.
9. ⑧~⑪에는 자기자금을 제외한 차입금 등을 종류별로 구분하여 중복되지 않게 적습니다.
10. ⑧ "금융기관 대출액 합계"에는 금융기관으로부터 대출을 통해 조달하려는 자금 또는 매도인의 대출금 승계 자금을 적고, 주택담보대출 · 신용대출인 경우 각 해당 난에 대출액을 적으며, 그 밖의 대출인 경우 대출액 및 대출 종류를 적습니다. 또한 주택담보 대출액이 있는 경우 "기존 주택 보유 여부"의 해당 난에 ✓표시를 합니다. 이 경우 기존 주택은 신고하려는 거래계약 대상인 주택은 제외하고, 주택을 취득할 수 있는 권리와 주택을 지분으로 보유하고 있는 경우는 포함하며, "기존 주택 보유 여부" 중 "보유"에 ✓표시를 한 경우에는 기존 주택 보유 수
(지분으로 보유하고 있는 경우에는 각 건별로 계산합니다)를 적습니다.
11. ⑨ "임대보증금"에는 취득 주택의 신규 임대차계약 또는 매도인으로부터 승계한 임대차계약의 임대보증금 등 임대를 통해 조달하는 자금을 적습니다.
12. ⑩ "회사지원금 · 사채"에는 금융기관 외의 법인, 개인사업자로부터 차입을 통해 조달하려는 자금을 적습니다.
13. ⑪ "그 밖의 차입금"에는 ⑧~⑩에 포함되지 않는 차입금 등을 적고, 자금을 제공한 자와의 관계를 해당 난에 ✓표시를 하고 부부 외의 경우 해당 관계를 적습니다.
14. ⑫에는 ⑧~⑪의 합계액을, ⑬에는 ⑦과 ⑫의 합계액을 적습니다.
15. ⑭ "조달자금 지급방식"에는 조달한 자금을 매도인에게 지급하는 방식 등을 각 항목별로 적습니다.
16. ⑮ "계좌이체 금액"에는 금융기관 계좌이체로 지급했거나 지급 예정인 금액 등 금융기관을 통해서 자금지급 확인이 가능한 금액을 적습니다.
17. ⑯ "보증금 · 대출 승계 금액"에는 종전 임대차계약 보증금 또는 대출금 승계 등 매도인으로부터 승계했거나 승계 예정인 자금의 금액을 적습니다.
18. ⑰ "현금 및 그 밖의 지급방식 금액"에는 ⑮, ⑯ 외의 방식으로 지급했거나 지급 예정인 금액을 적고 계좌이체가 아닌 현금(수표) 등의 방식으로 지급하는 구체적인 사유를 적습니다.
19. ⑱ "입주 계획"에는 해당 주택의 거래계약을 체결한 이후 첫 번째 입주자 기준(다세대, 다가구 등 2세대 이상인 경우에는 해당 항목별 중복하여 적습니다)으로 적으며, "본인입주"란 매수자 및 주민등록상 동일 세대원이 함께 입주하는 경우를, "본인 외 가족입주"란 매수자와 주민등록상 세대가 분리된 가족이 입주하는 경우를 말하며, 이 경우에는 입주 예정 시기 연월을 적습니다. 또한 재건축 추진 또는 멸실 후 신축 등 해당 주택에 입주 또는 임대하지 않는 경우 등에는 "그 밖의 경우"에 ✓표시를 합니다.

■ 부동산 거래신고 등에 관한 법률 시행규칙 [별지 제1호의4 서식] <개정 2023. 8. 22.>

부동산거래관리시스템(rtms.molit.go.kr)에서도 신고할 수 있습니다.

토지취득자금 조달 및 토지이용계획서

※ 색상이 어두운 난은 신청인이 적지 않으며, [ ]에는 해당되는 곳에 √표시를 합니다. (앞쪽)

접수번호	접수일시	처리기간

제출인 (매수인)	성명(법인명)			주민등록번호(법인 · 외국인등록번호)	
	주소(법인소재지)			(휴대)전화번호	
① 대상 토지	토지 소재지			면적	거래금액
	1	시/군 동/읍/면 리 번지		m^2	원
	2	시/군 동/읍/면 리 번지		m^2	원
	3	시/군 동/읍/면 리 번지		m^2	원

② 자금 조달계획				
	자기 자금	③ 금융기관 예금액 원	④ 주식 · 채권 매각대금 원	
		⑤ 증여 · 상속 원	⑥ 현금 등 그 밖의 자금 원	
		[ ] 부부 [ ] 직계존비속(관계:) [ ] 그 밖의 관계( )	[ ] 보유 현금 [ ] 그 밖의 자산(종류:)	
		⑦ 부동산 처분대금 등 원	⑧ 토지보상금 원	
		⑨ 소계 원		
	차입금 등	⑩ 금융기관 대출액 합계 원	토지담보대출	원
			신용대출	원
			그 밖의 대출	원 (대출 종류:)
		⑪ 그 밖의 차입금 원 [ ] 부부 [ ] 직계존비속(관계:) [ ] 그 밖의 관계( )	⑫ 소계 원	
	⑬ 합계	원		

⑭ 토지이용계획	

「부동산 거래신고 등에 관한 법률 시행령」 별표 1 제4호 · 제5호 및 같은 법 시행규칙 제2조 제8항부터 제10항까지의 규정에 따라 위와 같이 토지취득자금 조달 및 토지이용계획서를 제출합니다.

년 월 일

제출인 (서명 또는 인)

시장 · 군수 · 구청장 귀하

유의사항

1. 제출하신 토지취득자금 조달 및 토지이용계획서는 국세청 등 관계기관에 통보되어, 신고내역 조사 및 관련 세법에 따른 조사시 참고자료로 활용됩니다.
2. 토지취득자금 조달 및 토지이용계획서를 계약체결일부터 30일 이내에 제출하지 않거나 거짓으로 작성하는 경우 「부동산 거래신고 등에 관한 법률」 제28조 제2항 또는 제3항에 따라 과태료가 부과되니 유의하시기 바랍니다.
3. 이 서식은 부동산거래계약 신고서 접수 전에는 제출할 수 없으니 별도 제출하는 경우에는 미리 부동산거래계약 신고서의 제출여부를 신고서 제출자 또는 신고관청에 확인하시기 바랍니다.

210mm × 297mm[백상지(80g/m^2) 또는 중질지(80g/m^2)]

(뒤쪽)

작성방법

1. ① "대상토지"란에는 신고 대상 토지거래계약에 따라 취득하는 토지에 대하여 필지별로 소재지와 면적, 거래금액을 적되, 「부동산거래신고 등에 관한 법률 시행령」 별표 1 비고 제11호에 따라 거래가격을 합산하여 신고해야 하는 토지가 있는 경우에는 이를 포함하여 적습니다.
2. ② "자금조달계획"란에는 해당 토지의 취득에 필요한 자금의 조달계획(부동산 거래신고를 하기 전에 부동산 거래대금이 모두 지급된 경우에는 조달방법)을 적고, **매수인이 다수인 경우 각 매수인별로 작성해야 하며, 각 매수인별 금액을 합산한 총 금액과 거래신고된 토지거래금액이 일치해야 합니다.**
3. ③~⑧란에는 자기자금을 종류별로 구분하여 중복되지 않게 적습니다.
4. ③ "금융기관 예금액"란에는 금융기관에 예치되어 있는 본인명의의 예금(적금 등)을 통해 조달하려는 자금을 적습니다.
5. ④ "주식·채권 매각대금"란에는 본인 명의의 주식·채권 및 각종 유가증권 매각 등을 통해 조달하려는 자금을 적습니다.
6. ⑤ "증여·상속"란에는 가족 등으로부터 증여 받거나 상속받아 조달하는 자금을 적고, 자금을 제공한 자와의 관계를 해당 난에 √표시를 하며, 부부 외의 경우 그 관계를 적습니다.
7. ⑥ "현금 등 그 밖의 자금"란에는 현금으로 보유하고 있는 자금 및 자기자금 중 다른 항목에 포함되지 않는 그 밖의 본인 자산을 통해 조달하려는 자금(금융기관 예금액 외의 각종 금융상품 및 간접투자상품을 통해 조달하려는 자금 포함)을 적고, 해당 자금이 보유하고 있는 현금일 경우 "보유 현금"에 √표시를 하며, 현금이 아닌 경우 "그 밖의 자산"에 √표시를 하고 자산의 종류를 적습니다.
8. ⑦ "부동산 처분대금 등"란에는 본인 소유 부동산의 처분을 통해 조달하려는 자금을 적습니다.
9. ⑧ "토지보상금"란에는 「공익사업을 위한 토지 등의 취득 및 보상에 관한 법률」 등에 따른 공익사업 등의 시행으로 토지를 양도하거나 토지가 수용되어 지급받는 보상금 중 조달하려는 자금을 적으며, **토지보상금을 지급받은 후 금융기관에 예탁하거나 현금으로 보유하고 있더라도 ⑧란에 적습니다.**
10. ⑨ "소계"란에는 ③~⑧란의 합계액을 적으며, 대상토지가 둘 이상인 경우에는 ①란 각 필지별 거래금액 중 자기자금을 합산한 금액과 일치해야 합니다.
11. ⑩란 및 ⑪란에는 자기자금을 제외한 차입금 등을 종류별로 구분하여 중복되지 않게 적습니다.
12. ⑩ "금융기관 대출액 합계"란에는 금융기관으로부터 대출을 통해 조달하려는 자금을 적고, 토지담보대출·신용대출인 경우 각 해당 난에 대출액을 적으며, 그 밖의 대출인 경우 대출액 및 대출 종류를 적습니다.
13. ⑪ "그 밖의 차입금"란에는 ⑩란에 포함되지 않는 차입금 등을 적고, 자금을 제공한 자와의 관계를 해당 난에 √표시를 하며, 부부 외의 경우 그 관계를 적습니다.
14. ⑫란에는 ⑩란과 ⑪란의 합계액을 적으며, 대상토지가 둘 이상인 경우에는 ①란 각 필지별 거래금액 중 차입금 등을 합산한 금액과 일치해야 합니다.
15. ⑬란에는 ⑨란과 ⑫란의 합계액을 적되, 대상 토지가 둘 이상인 경우에는 ①란 각 필지별 거래금액을 합산한 금액과 일치해야 합니다.
16. ⑭란에는 해당 토지의 이용계획(예시: 농업경영, 산림경영, 건축물 건축, 도로 이용, 현상보존 등)을 간략하게 적습니다.

■ 부동산 거래신고 등에 관한 법률 시행규칙 [별지 제1호의2 서식] <신설 2020. 10. 27.>

부동산거래관리시스템(rtms.molit.go.kr)에서도 신청할 수 있습니다.

법인 주택 거래계약 신고서

※ 색상이 어두운 난은 신청인이 적지 않으며, [ ]에는 해당되는 곳에 ✓표시를 합니다.

접수번호	접수일시	처리기간

구분			
구분	[ ] 매도인 [ ] 매수인		
제출인 (법인)	법인명(등기사항전부증명서상 상호)	법인등록번호	
		사업자등록번호	
	주소(법인소재지)	(휴대)전화번호	
① 법인 등기현황	자본금 원	② 등기임원(총 인원) 명	
	회사성립연월일	법인등기기록 개설 사유(최종)	
	③ 목적상 부동산 매매업(임대업) 포함 여부 [ ] 포함 [ ] 미포함	④ 사업의 종류 업태 ( ) 종목 ( )	
⑤ 거래상대방 간 특수관계 여부	법인 임원과의 거래 여부 [ ] 해당 [ ] 미해당	관계(해당하는 경우만 기재)	
	매도·매수법인 임원 중 동일인 포함 여부 [ ] 해당 [ ] 미해당	관계(해당하는 경우만 기재)	
	친족관계 여부 [ ] 해당 [ ] 미해당	관계(해당하는 경우만 기재)	
⑥ 주택 취득목적			

「부동산 거래신고 등에 관한 법률 시행령」 별표 1 제2호 가목 및 같은 법 시행규칙 제2조 제5항에 따라 위와 같이 법인 주택 거래계약 신고서를 제출합니다.

년 월 일

제출인 (서명 또는 인)

시장 · 군수 · 구청장 귀하

유의사항
이 서식은 부동산거래계약 신고서 접수 전에는 제출할 수 없으니 별도 제출하는 경우에는 미리 부동산거래계약 신고서의 제출 여부를 신고서 제출자 또는 신고관청에 확인하시기 바랍니다.

작성방법

1. ① "법인 등기현황"에는 법인등기사항전부증명서(이하 "등기부"라 합니다)상 각 해당 항목을 작성해야 하며, 해당되는 거래당사자가 다수인 경우 각 법인별로 작성해야 합니다.
2. ② "등기임원"에는 등기부 "임원에 관한 사항"란에 등재되어 있는 대표이사 등 임원의 총 인원을 적습니다.
3. ③ "목적상 부동산 매매업(임대업) 포함 여부"에는 등기부 "목적"란에 현재 부동산 매매업(임대업) 등재 여부를 확인하여 해당 난에 ✓표시를 합니다.
4. ④ "사업의 종류"에는 사업자등록증이 있는 경우 사업의 종류에 해당하는 내용을 적고, 사업자 미등록 또는 사업의 종류가 없는 비영리법인인 경우 인허가 목적 등을 적습니다.
5. ⑤ "거래상대방 간 특수관계 여부"에는 법인과 거래상대방 간의 관계가 다음 각 목의 어느 하나에 해당하는 지 여부를 확인하여 해당 난에 ✓표시를 하고, "해당"에 ✓표시를 한 경우 그 구체적 관계를 적습니다. 이 경우 특수관계가 여러 개인 경우 해당되는 관계를 모두 적습니다.
   가. 거래상대방이 개인인 경우: 그 개인이 해당 법인의 임원이거나 법인의 임원과 「국세기본법」 제2조 제20호 가목의 친족관계가 있는 경우
   나. 거래상대방이 법인인 경우: 거래당사자인 매도법인과 매수법인의 임원 중 같은 사람이 있거나 거래당사자인 매도법인과 매수법인의 임원 간 「국세기본법」 제2조 제20호 가목의 친족관계에 있는 경우
6. ⑥ "주택 취득목적"은 주택을 취득하는 법인이 그 목적을 간략하게 적습니다.

210mm × 297mm[백상지(80g/m^2) 또는 중질지(80g/m^2)]

⋮

15. 주택임대차계약의 신고 제32회, 제34회, 제35회

(1) 주택임대차계약의 신고

① 기본내용

법 제6조의2 【주택임대차계약의 신고】 ① **임대차계약당사자는 주택(「주택임대차보호법」 제2조에 따른 주택을 말하며, 주택을 취득할 수 있는 권리를 포함한다. 이하 같다)에 대하여 대통령령으로 정하는 금액을 초과하는 임대차계약을 체결한 경우 그 보증금 또는 차임 등 국토교통부령으로 정하는 사항을 임대차계약의 체결일부터 '30일' 이내에 주택 소재지를 관할하는 신고관청에 공동으로 신고하여야 한다.** 다만, 임대차계약당사자 중 일방이 국가 등인 경우에는 국가 등이 신고하여야 한다.
② 제1항에 따른 주택임대차계약의 신고는 임차가구 현황 등을 고려하여 대통령령으로 정하는 지역에 적용한다.
③ 제1항에도 불구하고 임대차계약당사자 중 **일방이 신고를 "거부"하는 경우에는 국토교통부령으로 정하는 바에 따라 "단독"으로 신고할 수 있다.**
④ 제1항에 따라 신고를 받은 신고관청은 그 신고내용을 확인한 후 신고인에게 **신고필증을 "지체 없이" 발급하여야 한다.**
⑤ 신고관청은 제1항부터 제4항까지의 규정에 따른 사무에 대한 해당 권한의 일부를 그 지방자치단체의 조례로 정하는 바에 따라 **읍·면·동장 또는 출장소장에게 위임할 수 있다.**
⑥ 제1항, 제3항 또는 제4항에 따른 신고 및 신고필증 발급의 절차와 그 밖에 필요한 사항은 국토교통부령으로 정한다.

② 신고대상 지역 및 기준가격

기출 보증금이 6천만원을 초과하거나 월차임이 30만원을 초과하는 주택임대차계약을 신규로 체결한 계약당사자는 그 보증금 또는 차임 등을 임대차계약의 체결일부터 30일 이내에 주택 소재지를 관할하는 신고관청에 공동으로 신고해야 한다. (○) 제32회

영 제4조의3 【주택임대차계약의 신고】 ① 법 제6조의2 제1항 본문에서 "대통령령으로 정하는 금액을 초과하는 임대차계약"이란 보증금이 '6천만원'을 "초과"하거나 월차임이 '30만원'을 "초과"하는 주택임대차계약(계약을 갱신하는 경우로서 보증금 및 차임의 증감 없이 임대차기간만 연장하는 계약은 제외한다)을 말한다.
② 법 제6조의2 제2항에서 "대통령령으로 정하는 지역"이란 "특별자치시"·"특별자치도"·"시·군(광역시 및 경기도의 관할구역에 있는 군으로 한정한다)·구(자치구를 말한다)"를 말한다.

③ 주택임대차 신고사항

구분	내용	key
주택 임대차 신고사항 〈인.계.부부.실제.계갱〉	① 임대차계약당사자의 인적사항 가. 자연인인 경우: 성명, 주소, 주민등록번호(외국인인 경우에는 외국인등록번호를 말한다) 및 연락처 나. 법인인 경우: 법인명, 사무소 소재지, 법인등록번호 및 연락처 다. 법인 아닌 단체인 경우: 단체명, 소재지, 고유번호 및 연락처	인
	② **계약 체결일 및 계약 기간**	계
	③ **임대차 '목적물'** (주택을 취득할 수 있는 권리에 관한 계약인 경우에는 그 권리의 대상인 주택을 말한다)의 소재지, 종류, 임대 면적 등 **임대차 목적물 현황** key 부동산 – 면 · 종류 · 소 · 지 · 지	부부
	④ **보증금 또는 월차임(실제거래가격)**	실제
	⑤ '「주택임대차보호법」 제6조의3에 따른 "**계약갱신요구권**" **의 행사 여부** (계약을 갱신한 경우만 해당한다)	계갱

주의 개업공인중개사의 인적사항이나 조건 · 기한은 신고사항에 해당되지 아니한다.

(2) 주택임대차계약의 변경 및 해제신고

법 제6조의3 **【주택임대차계약의 변경 및 해제신고】 ① 임대차계약당사자는 제6조의 2에 따라 신고한 후 해당 주택임대차계약의 보증금, 차임 등 임대차 가격이 "변경" 되거나 임대차계약이 "해제"된 때에는 변경 또는 해제가 확정된 날부터 30일 이내에 해당 신고관청에 "공동으로" 신고하여야 한다.** 다만, 임대차계약당사자 중 일방이 국가 등인 경우에는 국가 등이 신고하여야 한다.

② 제1항에도 불구하고 임대차계약당사자 중 일방이 신고를 거부하는 경우에는 국토교통부령으로 정하는 바에 따라 단독으로 신고할 수 있다.

③ 제1항에 따라 신고를 받은 신고관청은 그 신고내용을 확인한 후 신고인에게 신고필증을 "지체 없이" 발급하여야 한다.

④ 신고관청은 제1항부터 제3항까지의 규정에 따른 사무에 대한 해당 권한의 일부를 그 지방자치단체의 조례로 정하는 바에 따라 **읍 · 면 · 동장 또는 출장소장에게 위임할 수 있다.**

(3) 주택임대차계약 신고에 대한 준용

법 제6조의4 【주택임대차계약 신고에 대한 준용규정】 ① 주택임대차계약 신고의 금지행위에 관하여는 제4조를 준용한다.
② 주택임대차계약 신고내용의 검증에 관하여는 제5조를 준용한다.
③ 주택임대차계약 신고내용의 조사 등에 관하여는 제6조를 준용한다.

(4) 다른 법률에 따른 신고 등의 의제

법 제6조의5 【다른 법률에 따른 신고 등의 의제】 ① **제6조의2에도 불구하고 임차인이 「주민등록법」에 따라 전입신고를 하는 경우 이 법에 따른 주택임대차계약의 신고를 한 것으로 "본다".**
② **제6조의2 또는 제6조의3에도 불구하고 「공공주택 특별법」에 따른 공공주택사업자 및 「민간임대주택에 관한 특별법」에 따른 임대사업자는 관련 법령에 따른 주택임대차계약의 신고 또는 변경신고를 하는 경우 이 법에 따른 주택임대차계약의 신고 또는 변경신고를 한 것으로 "본다".**
③ **제6조의2, 제6조의3에 따른 신고의 접수를 완료한 때에는 「주택임대차보호법」 제3조의6 제1항에 따른 확정일자를 부여한 것으로 "본다"**(임대차계약서가 제출된 경우로 한정한다). 이 경우 신고관청은 「주택임대차보호법」 제3조의6 제2항에 따라 확정일자부를 작성하거나 「주택임대차보호법」 제3조의6의 확정일자부여기관에 신고 사실을 통보하여야 한다.

(5) 제재

법 제6조의2(주; 주택임대차신고) 또는 법 제6조의3(주; 주택임대차 변경・해제신고)에 따른 신고를 하지 아니하거나(공동신고를 거부한 자를 포함한다) 그 신고를 거짓으로 한 자는 100만원 이하의 과태료처분 대상이 된다(법 제28조 제5항 제3호).

■ 부동산 거래신고 등에 관한 법률 시행규칙 [별지 제5호의2 서식] <신설 2023. 12. 29.>

부동산거래관리시스템(rtms.molit.go.kr)
에서도 신청할 수 있습니다.

주택 임대차 계약 신고서

※ 뒤쪽의 유의사항 · 작성방법을 읽고 작성하시기 바라며, [ ]에는 해당하는 곳에 ✓표를 합니다. (앞쪽)

접수번호	접수일시	처리기간	지체 없이

① 임대인	성명(법인 · 단체명)	주민등록번호(법인 · 외국인등록 · 고유번호)
	주소(법인 · 단체 소재지)	
	전화번호	휴대전화번호
② 임차인	성명(법인 · 단체명)	주민등록번호(법인 · 외국인등록 · 고유번호)
	주소(법인 · 단체 소재지)	
	전화번호	휴대전화번호

③ 임대 목적물 현황	종류	아파트 [ ] 연립 [ ] 다세대 [ ] 단독 [ ] 다가구 [ ] 오피스텔 [ ] 고시원 [ ] 그 밖의 주거용 [ ]		
	④ 소재지(주소)			
	건물명( ) 동 층 호			
	⑤ 임대 면적(m^2)	m^2	방의 수(칸)	칸

임대 계약내용	⑥ 신규 계약 [ ]	임대료	보증금	원
			월차임	원
		계약 기간	년 월 일 ~ 년 월 일	
		체결일	년 월 일	
	⑦ 갱신 계약 [ ]	종전 임대료	보증금	원
			월차임	원
		갱신 임대료	보증금	원
			월차임	원
		계약 기간	년 월 일 ~ 년 월 일	
		체결일	년 월 일	
		⑧ 「주택임대차보호법」 제6조의3에 따른 계약갱신요구권 행사 여부	[ ] 행사 [ ] 미행사	

개업공인중개사	사무소 명칭		사무소 명칭	
	사무소 소재지		사무소 소재지	
	대표자 성명		대표자 성명	
	등록번호		등록번호	
	전화번호		전화번호	
	소속공인중개사 성명		소속공인중개사 성명	

「부동산 거래신고 등에 관한 법률」 제6조의2 및 같은 법 시행규칙 제6조의2에 따라 위와 같이 주택임대차계약 내용을 신고합니다.

년 월 일

신고인
임대인: (서명 또는 인)
임차인: (서명 또는 인)
제출인: (서명 또는 인)
(제출 대행시)

시장 · 군수 · 구청장(읍 · 면 · 동장 · 출장소장) 귀하

(뒤쪽)

첨부서류	1. 주택임대차계약서(「부동산 거래신고 등에 관한 법률」 제6조의5 제3항에 따른 확정일자를 부여받으려는 경우 및 「부동산 거래신고 등에 관한 법률 시행규칙」 제6조의2 제3항ㆍ제5항ㆍ제9항에 따른 경우만 해당합니다) 2. 입금표ㆍ통장사본 등 주택임대차계약 체결 사실을 입증할 수 있는 서류 등(주택임대차계약서를 작성하지 않은 경우만 해당합니다) 및 계약갱신요구권 행사 여부를 확인할 수 있는 서류 등 3. 단독신고사유서(「부동산 거래신고 등에 관한 법률」 제6조의2 제3항 및 같은 법 시행규칙 제6조의2 제5항에 따라 단독으로 주택임대차 신고서를 제출하는 경우만 해당합니다)

유의사항

1. 「부동산 거래신고 등에 관한 법률」 제6조의2 제1항 및 같은 법 시행규칙 제6조의2 제1항에 따라 주택임대차계약 당사자는 이 신고서에 공동으로 서명 또는 날인해 계약 당사자 중 일방이 신고서를 제출해야 하고, 계약 당사자 중 일방이 국가, 지방자치단체, 공공기관, 지방직영기업, 지방공사 또는 지방공단인 경우(국가 등)에는 국가 등이 신고해야 합니다.
2. 주택임대차계약의 당사자가 다수의 임대인 또는 임차인인 경우 계약서에 서명 또는 날인한 임대인 및 임차인 1명의 인적사항을 적어 제출할 수 있습니다.
3. 「부동산 거래신고 등에 관한 법률 시행규칙」 제6조의2 제3항에 따라 주택임대차계약 당사자 일방이 이 신고서에 주택임대차계약서 또는 입금증, 주택임대차계약과 관련된 금전거래내역이 적힌 통장사본 등 주택임대차계약 체결 사실을 입증할 수 있는 서류 등(주택임대차계약서를 작성하지 않은 경우만 해당합니다), 「주택임대차보호법」 제6조의3에 따른 계약갱신요구권 행사 여부를 확인할 수 있는 서류 등을 제출하는 경우에는 계약 당사자가 공동으로 신고한 것으로 봅니다.
4. 「부동산 거래신고 등에 관한 법률 시행규칙」 제6조의2 제9항에 따라 신고인이 같은 조 제1항 각 호의 사항이 모두 적힌 주택임대차계약서를 신고관청에 제출하면 주택임대차계약 신고서를 제출하지 않아도 됩니다. 이 경우 신고관청에서 주택임대차계약서로 주택 임대차 신고서 작성 항목 모두를 확인할 수 없으면 주택임대차계약 신고서의 제출을 요구할 수 있습니다.
5. 「부동산 거래신고 등에 관한 법률 시행규칙」 제6조의5에 따라 주택임대차계약 당사자로부터 신고서의 작성 및 제출을 위임받은 자는 제출인란에 서명 또는 날인해 제출해야 합니다.
6. 주택임대차계약의 내용을 계약 체결일부터 30일 이내에 신고하지 않거나, 거짓으로 신고하는 경우 「부동산 거래신고 등에 관한 법률」 제28조 제5항 제3호에 따라 100만원 이하의 과태료가 부과됩니다.
7. 신고한 주택임대차계약의 보증금, 차임 등 임대차 가격이 변경되거나 임대차 계약이 해제된 경우에도 변경 또는 해제가 확정된 날부터 30일 이내에 「부동산 거래신고 등에 관한 법률」 제6조의3에 따라 신고해야 합니다.

작성방법

①ㆍ② 임대인 및 임차인의 성명ㆍ주민등록번호 등 인적사항을 적으며, 주택임대차계약의 당사자가 다수의 임대인 또는 임차인인 경우 계약서에 서명 또는 날인한 임대인 및 임차인 "1명"의 인적사항을 적어 제출할 수 있습니다.

③ 임대 목적물 현황의 종류란에는 임대차 대상인 주택의 종류에 ✔표시를 하고, 주택의 종류를 모를 경우 건축물대장(인터넷 건축행정시스템 세움터에서 무료 열람 가능)에 적힌 해당 주택의 용도를 참고합니다.

④ 소재지(주소)란에는 임대차 대상 주택의 소재지(주소)를 적고, 건물명이 있는 경우 건물명(예: ○○아파트, ○○빌라, 다가구건물명 등)을 적으며, 동ㆍ층ㆍ호가 있는 경우 이를 적고, 구분 등기가 되어 있지 않은 다가구주택 및 고시원 등의 일부를 임대한 경우에도 동ㆍ층ㆍ호를 적습니다.

⑤ 임대 면적란에는 해당 주택의 건축물 전체에 대해 임대차 계약을 체결한 경우 집합건축물은 전용면적을 적고, 그 밖의 건축물은 연면적을 적습니다. 건축물 전체가 아닌 일부를 임대한 경우에는 임대차 계약 대상 면적만 적고 해당 면적을 모르는 경우에는 방의 수(칸)를 적습니다.

⑥ㆍ⑦ 신고하는 주택임대차계약이 신규 계약 또는 갱신 계약 중 해당하는 하나에 ✔표시를 하고, 보증금 또는 월차임(월세) 금액을 각각의 란에 적으며, 임대차 계약 기간과 계약 체결일도 각각의 란에 적습니다.

⑧ 갱신 계약란에 ✔표시를 한 경우 임차인이 「주택임대차보호법」 제6조의3에 따른 계약갱신요구권을 행사했는지를 "행사" 또는 "미행사"에 ✔표시를 합니다.

※ 같은 임대인과 임차인이 소재지(주소)가 다른 다수의 주택에 대한 임대차 계약을 일괄하여 체결한 경우에도 임대 목적물별로 각각 주택 임대차 신고서를 작성해 제출해야 합니다.

처리절차

신고서 작성 (인터넷, 방문신고)	⇨	접수	⇨	신고처리	⇨	주택임대차계약 신고필증 발급
신고인		처리기관: 시ㆍ군ㆍ구(읍ㆍ면ㆍ동장ㆍ출장소) 담당부서				

210mm×297mm[백상지(80g/m^2) 또는 중질지(80g/m^2)]

Chapter 02

토지거래허가제도

1 토지거래허가구역의 지정 제31회, 제32회, 제34회, 제35회

(1) 지정권자 – 국토교통부장관 또는 시 · 도지사

'국토교통부장관' 또는 '시 · 도지사'는 토지의 투기적인 거래가 성행하거나 지가(地價)가 급격히 상승하는 지역과 그러한 우려가 있는 지역으로서, '대통령령으로 정하는 지역'에 대해서는 '5년 이내'의 기간을 정하여 토지거래계약에 관한 허가구역으로 지정할 수 있다.★ 이 경우 국토교통부장관 또는 시 · 도지사는 대통령령으로 정하는 바에 따라 허가대상자(외국인 등을 포함한다), 허가대상 '용도'와 '지목' 등을 '특정'하여 허가구역을 지정할 수 있다(특정허가제).

영 제7조 【허가구역의 지정】 ① 법 제10조 제1항 각 호 외의 부분 전단에서 "대통령령으로 정하는 지역"이란 다음 각 호의 어느 하나에 해당하는 지역을 말한다. 〈개정 2023. 10. 4.〉

1. 「국토의 계획 및 이용에 관한 법률」에 따른 광역도시계획, 도시 · 군기본계획, 도시 · 군관리계획 등 토지이용계획이 "새로" 수립되거나 변경되는 지역
2. 법령의 제정 · 개정 또는 폐지나 그에 따른 고시 · 공고로 인하여 토지이용에 대한 행위제한이 **"완화"되거나 "해제"되는 지역**
3. 법령에 따른 "개발사업"이 진행 중이거나 예정되어 있는 지역과 그 인근지역
4. 그 밖에 국토교통부장관 또는 특별시장 · 광역시장 · 특별자치시장 · 도지사 · 특별자치도지사(이하 "시 · 도지사"라 한다)가 투기우려가 있다고 인정하는 지역 또는 관계 행정기관의 장이 특별히 투기가 성행할 우려가 있다고 인정하여 국토교통부장관 또는 시 · 도지사에게 요청하는 지역

영 제7조 【허가구역의 지정】 ② 국토교통부장관 또는 시 · 도지사는 법 제10조 제1항 각 호 외의 부분 후단에 따라 허가대상자, 허가대상 용도와 지목을 다음 각 호의 구분에 따라 각각 특정하여 허가구역을 지정할 수 있다. 〈신설 2023. 10. 4.〉

1. 허가대상자 : 제1항 제4호에 따른 지역에서 지가변동률 및 거래량 등을 고려할 때 **투기우려가 있다고 인정되는 자**
2. 허가대상 용도 : 다음 각 목의 어느 하나에 해당하는 토지 중 제1항 제4호에 따른 지역에서 **투기우려가 있다고 인정되는 토지의 용도**
   가. 나대지
   나. 「건축법」 제2조 제2항 각 호의 어느 하나에 해당하는 건축물의 용도로 사용되는 부지
3. 허가대상 지목 : 제1항 제4호에 따른 지역에서 **투기우려가 있다고 인정되는** 「공간정보의 구축 및 관리 등에 관한 법률」에 따른 **지목**

① **허가구역이 둘 이상의 시 · 도의 관할구역에 '걸쳐' 있는 경우** : 국토교통부장관이 지정할 수 있다.

출제경향 및 학습방법

토지거래허가제도는 토지에 대하여 투기가 성행하거나 투기의 우려가 있는 지역을 지정하여, 토지거래에 대한 규제를 통해 투기를 제한하고 방지하기 위한 제도이다. 토지거래허가제에서는 2~3문제 정도 출제된다.

기출 허가구역이 둘 이상의 시의 관할구역에 걸쳐 있는 경우, 국토교통부장관이 지정할 수 있다. (○) 제25회

② **허가구역이 동일한 시·도 안의 '일부'지역인 경우**: 시·도지사가 지정할 수 있다. 다만, 국가 또는 공공기관이 관련 법령에 따른 개발 사업을 시행하는 경우이면서, 또한 해당 지역의 지가변동률 등이 급격히 상승하거나 상승할 우려가 있는 경우(모든 요건을 충족하는 경우)에는 국토교통부장관이 지정할 수 있다.

(2) 지정절차 제32회, 제35회

지정절차	내용
지가동향 파악	① 국토교통부장관이나 시·도지사는 토지거래허가제도를 실시하거나 그 밖에 토지정책을 수행하기 위한 자료를 수집하기 위하여 대통령령으로 정하는 바에 따라 '지가의 동향과 토지거래의 상황'을 조사하여야 하며, 관계 행정기관이나 그 밖의 필요한 기관에 이에 필요한 자료를 제출하도록 요청할 수 있다. ② 이 경우 자료 제출을 요청받은 기관은 특별한 사유가 없으면 요청에 따라야 한다.
도시계획 위원회 '심의'	① 국토교통부장관 또는 시·도지사는 허가구역을 지정하려면 중앙도시계획위원회(국토교통부장관이 지정하는 경우) 또는 시·도 도시계획위원회(시·도지사가 지정하는 경우)의 '심의'를 거쳐야 한다. ② 지정기간이 끝나는 허가구역을 계속하여 '다시' 허가구역으로 지정하려면(재지정) 중앙도시계획위원회 또는 시·도 도시계획위원회의 심의 전에 미리 시·도지사(국토교통부장관이 허가구역을 지정하는 경우만 해당) 및 시장·군수 또는 구청장의 '의견'을 들어야 한다.★
'지정' 및 '공고'	① 국토교통부장관 또는 시·도지사는 허가구역으로 지정한 때에는 '지체 없이' 이를 '공고'한다. 〈공고할 사항〉 **영 제7조 【허가구역의 지정】** ④ 법 제10조 제3항에서 "허가대상자, 허가대상 용도와 지목 등 대통령령으로 정하는 사항"이란 다음 각 호의 사항을 말한다. 〈개정 2023. 10. 4.〉 1. 법 제10조 제1항에 따른 토지거래계약에 관한 허가구역(이하 "허가구역"이라 한다)의 **지정기간** 1의2. **허가대상자, 허가대상 용도와 지목** 2. 허가구역 내 토지의 **소재지·지번·지목·면적 및 용도지역**(「국토의 계획 및 이용에 관한 법률」 제36조에 따른 용도지역을 말한다. 이하 같다) 3. 허가구역에 대한 **축척 5만분의 1 또는 2만5천분의 1의 '지형도'** 4. 제9조 제1항에 따른 **허가 면제 대상 토지면적** ② 허가구역의 지정은 허가구역의 지정을 공고한 날부터 '5일 후'에 그 효력이 발생한다. ⇨ 그러므로 5일 후부터 허가를 받는다.★

기출 시·도지사는 지정기간이 끝나는 허가구역을 계속하여 다시 허가구역으로 지정하려면, 시·도 도시계획위원회의 심의 전에 미리 시장·군수 또는 구청장의 의견을 들어야 한다. (○) 제25회

기출 허가구역의 지정은 허가구역의 지정을 공고한 날부터 5일 후에 그 효력이 발생한다. (○) 제28회, 제31회, 제32회

'통지' 및 열람	① 국토교통부장관 또는 시・도지사는 허가구역으로 지정한 때에는 '지체 없이' 이를 '공고'하고, 그 공고 내용을 ㉠ '국토교통부장관'은 시・도지사를 거쳐 시장・군수 또는 구청장에게 '통지'하고, ㉡ '시・도지사'는 국토교통부장관, 시장・군수 또는 구청장에게 '통지'하여야 한다. ② 통지를 받은 '시장・군수 또는 구청장'은 '지체 없이' 그 공고 내용을 그 허가구역을 관할하는 '등기소의 장'에게 통지하여야 하며, '지체 없이' 그 사실을 '7일 이상' 공고하고, 그 공고 내용을 '15일간' 일반이 '열람'할 수 있도록 하여야 한다.

참고 | 지정해제 또는 축소절차도 지정절차와 같다.

(3) 지정의 해제 및 축소

① 국토교통부장관 또는 시・도지사는 허가구역의 지정 사유가 없어졌다고 인정되거나 관계 시・도지사, 시장・군수 또는 구청장으로부터 받은 허가구역의 지정 해제 또는 축소 요청이 이유 있다고 인정되면 지체 없이 허가구역의 지정을 해제하거나 지정된 허가구역의 일부를 '축소하여야 한다'.

② 해제 또는 축소의 경우에도 지정의 절차(도시계획위원회 심의를 거쳐야 한다★)가 준용된다. 그러므로 지정을 해제하거나 축소하는 경우에도 도시계획위원회의 심의를 거쳐야 한다.

기출 국토교통부장관은 허가구역의 지정 사유가 없어졌다고 인정되면 중앙도시계획위원회의 심의를 거치지 않고, 허가구역의 지정을 해제할 수 있다. (×) 제25회

(4) 지정의 효과

① 거래계약 체결 전에 미리 토지를 관할하는 '시・군・구청장'의 '사전허가'를 받아야 한다. 허가받은 사항을 변경하려고 하는 경우에도 허가를 받아야 한다.★

② 토지거래허가대상임에도 허가를 받지 아니하고 체결한 토지거래계약은 그 효력이 발생하지 아니한다. ⇨ 허가를 배제・잠탈하고 거래계약을 체결한 경우 처벌되고, 거래계약은 확정적 무효가 된다.

③ 토지거래허가 또는 변경허가를 받지 아니하고 토지거래계약을 체결하거나 속임수나 그 밖의 부정한 방법으로 토지거래계약 허가를 받은 자는 '2년 이하의 징역 또는 계약 체결 당시의 개별공시지가에 따른 해당 토지가격의 100분의 30에 해당하는 금액 이하의 벌금'에 처한다.

④ 토지거래허가를 '전제'로 계약을 체결한 경우에는 처벌하지 않으나 그 계약의 효력은 유동적 무효이다(판례).★

⑤ **양벌규정의 적용**: 법인의 대표자나 법인 또는 개인의 대리인, 사용인, 그 밖의 종업원이 그 법인 또는 개인의 업무에 관하여 법 제26조의 위반행위를 하면 그 행위자를 벌하는 외에 그 법인 또는 개인에게도 해당 조문의 벌금형을 과(科)한다. 다만, 법인 또는 개인이 그 위반행위를 방지하기 위하여 해당 업무에 관하여 상당한 주의와 감독을 게을리하지 아니한 경우에는 그러하지 아니하다.

판 례

토지거래허가(유동적 무효)와 관련된 주요 판례 제34회

1. 토지거래계약 허가구역 내의 토지에 관하여 허가를 배제하거나 잠탈하는 내용으로 매매계약이 체결된 경우에는 그 계약은 '체결된 때부터' '확정적으로 무효'이다(대판 2011도614).
2. '토지거래허가 없이 토지 등의 거래계약을 체결하는 행위'라 함은 처음부터 토지거래허가를 배제하거나 잠탈하는 내용의 계약을 체결하는 행위를 가리키고, 허가받을 것을 전제로 한 거래계약을 체결하는 것은 여기에 해당하지 아니한다(대판 전합 90다12243).
3. 허가를 받기까지에는 이른바 유동적 무효의 상태에 있으며, 계약을 체결한 당사자 쌍방은 그 계약이 효력이 있는 것으로 완성될 수 있도록 서로 '협력할 의무'가 있으므로, 어느 일방이 허가신청의 협력의무의 이행거절 의사를 분명히 하였다 하더라도 그 상대방은 소(訴)로써 허가신청절차에 협력해 줄 것을 청구할 수 있음은 당연하다(대판 95다28236).★
4. 당사자 일방이 토지거래허가를 받기 위한 협력 자체를 이행하지 아니하거나 허가신청에 이르기 전에 매매계약을 철회하는 경우에 '협력의무 불이행'을 이유로 '손해배상'을 청구할 수 있으며, 또한 이러한 경우에 일정한 손해액을 배상하기로 하는 '약정(손해배상의 예정)'을 '유효'하게 할 수 있다(대판 96다49933).★
5. 허가를 받기까지 유동적 무효의 상태에서는 그 유동적인 기간 동안은 어디까지나 '무효'이기 때문에 당사자는 계약에 기한 '이행청구'를 할 수 없고, 따라서 채무불이행이 아니므로 '채무불이행'에 기한 계약을 해제할 수는 없다. 또한 허가가 있을 것을 조건으로 하여 장래 이행의 소(訴)로써 소유권이전등기절차 이행청구도 할 수 없다(대판 97다4357, 4364).
6. 유동적 무효인 상태의 매매계약에 있어서도 '계약금'이 지급되었다면, 계약 일반의 법리에 따라 해당 매매계약은 매도인이 계약금의 배액을 상환하고 계약을 해제할 수 있다(대판 97다9369).
7. 매수인이 매매계약에 기하여 임의로 지급한 '계약금' 등은 그 계약이 유동적 무효상태로 있는 한 부당이득으로서 반환을 청구할 수 없고, 유동적 무효상태가 확정적으로 무효가 되었을 때 비로소 부당이득으로 그 반환을 청구할 수 있다(대판 96다31703).
8. 허가를 받기 전 '중간생략등기'의 합의는 확정적으로 무효로서 유효화 될 여지가 없다(대판 96다7762).★
9. 토지를 대가를 주고 취득하고서도 관할관청으로부터 토지거래허가를 받지 아니하고 이에 관하여 증여를 원인으로 소유권이전등기를 경료하였다면, 허가 잠탈에 의한 그 거래계약(증여계약)은 확정적으로 '무효'로 되었고, 이에(증여계약) 터 잡은 소유권이전등기 역시 무효라고 보아야 한다(대판 94다4806).
10. 토지거래허가구역 내의 토지와 지상건물을 '일괄하여' 매매한 경우, 매수인이 토지에 관한 허가가 없으면 건물만이라도 매수하였을 것이라고 볼 수 있는 특별한 사정이 없는 한, 토지에 대한 매매거래허가를 받기 전의 상태에서는 지상건물에 대하여도 그 거래계약 내용에 따른 이행청구(소유권이전등기청구 등) 내지 채무불이행으로 인한 손해배상청구를 할 수 없다(대판 93다22043).★

기출

1. 토지거래허가를 전제로 계약을 한 경우, 매도인이 허가신청절차에 협력하지 않으면, 매수인은 매도인에게 협력의무의 이행을 소로써 구할 수 있다. (○) 제22회
2. 토지거래허가구역에서 허가를 전제로 계약을 한 경우, 허가신청에 이르기 전에 매매계약을 일방적으로 철회하는 경우 상대방에게 일정한 손해액을 배상하기로 하는 약정은 그 효력이 없다. (×) 제22회
3. 토지거래허가를 전제로 계약을 한 경우, 관할관청의 허가가 있기 전에는 매수인은 그 계약내용에 따른 대금의 지급의무가 없다. (○) 제22회
4. 토지거래허가를 전제로 한 매매계약은 당사자 쌍방이 허가신청을 하지 아니하기로 의사표시를 명백히 한 때에는 확정적으로 무효가 된다. (○) 제22회

2 허가대상 토지 제31회, 제32회

(1) 다음의 각 용도별 기준면적을 '초과'할 때에 허가를 받아야 한다. 기준면적 이하의 토지에 대한 토지거래계약에 관하여는 토지거래계약에 관한 허가를 요하지 아니한다.

허가대상 기준면적	내용★★
도시지역★	① 주거지역 ⇨ 60m² 초과시 허가 필요 ② 상업지역 ⇨ 150m² 초과시 허가 필요 ③ 공업지역 ⇨ 150m² 초과시 허가 필요 ④ 녹지지역 ⇨ 200m² 초과시 허가 필요 ⑤ 용도지역의 지정이 없는 구역 ⇨ 60m² 초과시 허가 필요
도시지역 외의 지역★	① 농지의 경우 ⇨ 500m² 초과시 허가 필요 ② 임야의 경우 ⇨ 1,000m² 초과시 허가 필요 ③ 기타 ⇨ 250m² 초과시 허가 필요

(2) 국토교통부장관 또는 시·도지사가 허가구역을 지정할 당시 해당 지역에서의 거래실태 등에 비추어 (1)의 각 면적으로 하는 것이 타당하지 아니하다고 인정하여, 해당 기준면적의 '10% 이상 300% 이하'의 범위에서 따로 정하여 공고한 경우에는 그에 의한다.

심화학습 면적의 산정

1. 면적을 산정할 때 일단(一團)의 토지이용을 위하여 토지거래계약을 체결한 날부터 1년 이내에 일단의 토지 일부에 대하여 토지거래계약을 체결한 경우에는 그 일단의 토지 전체에 대한 거래로 본다(영 제9조 제2항).
2. 허가구역 지정 당시 기준 면적을 초과하는 토지가 허가구역 지정 후에 분할(「국토의 계획 및 이용에 관한 법률」에 따른 도시·군계획사업의 시행 등 공공목적으로 인한 분할은 제외한다)로 기준 면적 이하가 된 경우 분할된 해당 토지에 대한 분할 후 최초의 토지거래계약은 기준 면적을 초과하는 토지거래계약으로 본다. 허가구역 지정 후 해당 토지가 공유지분으로 거래되는 경우에도 또한 같다(동조 제3항).

기출

1. 토지거래허가구역 내 (특별공고가 없는 한) 주거지역에서 150m²의 토지를 매매하는 계약은 허가를 받아야 한다. (○) 제24회
2. 토지거래허가구역 내 (특별공고가 없는 한) 도시지역 외의 지역에 위치한 임야 중 1,000m² 이하는 허가를 받지 아니한다. (○) 제22회

3 허가대상 거래 제28회, 제35회

허가구역에 있는 토지에 관한 "소유권" · "지상권"(소유권 · 지상권의 취득을 목적으로 하는 권리를 포함)을 이전하거나 설정(대가를 받고 이전하거나 설정하는 경우만 해당)하는 계약(예약을 포함)을 체결하려는 당사자는 '공동으로' 시장 · 군수 또는 구청장의 허가를 받아야 한다. 허가받은 사항을 변경하려는 경우에도 또한 같다.

토지거래 허가대상 여부

구분	내용
허가를 받아야 하는 거래	① '소유권', '지상권'의 설정 및 이전에 관한 '유상'의 계약 및 '예약'★★ ② 매매계약★, 교환계약★ ③ '유상'의 지상권설정 및 이전계약★ ④ 소유권이전청구권보전의 가등기, 지상권청구권보전의 가등기, 담보가등기 ⑤ 공매(비업무용 부동산), 대물변제계약 및 예약 ⑥ 확정판결, 화해, 조정조서로 취득한 경우 등
허가를 받을 필요가 없는 경우	① (무상) 증여계약★, '무상'의 지상권설정 및 이전계약★ ② 법원경매★, 「국세징수법」에 따른 압류부동산 공매 ③ 상속 ④ 공매(비업무용 부동산 공매 — 3회 이상 유찰시) ⑤ 저당권설정계약, 전세권설정계약, 임차권설정계약 등

4 허가의 배제

(1) 협의가 된 경우

거래당사자의 한쪽 또는 양쪽이 국가, 지방자치단체, 「한국토지주택공사법」에 따른 한국토지주택공사, 그 밖에 대통령령으로 정하는 공공기관 또는 공공단체인 경우에는 그 기관의 장이 시장 · 군수 또는 구청장과 '협의'할 수 있고, 그 **'협의'가 성립된 때에는 그 토지거래계약에 관한 '허가'를 받은 것으로 본다.**

(2) 법률의 규정★ 제35회

다음의 경우에는 허가를 받을 필요가 없다.

① 「공익사업을 위한 토지 등의 취득 및 보상에 관한 법률」에 따른 토지의 '수용'
② **「민사집행법」에 따른 '경매'★**
③ 그 밖에 대통령령으로 정하는 경우[「국유재산법」에 따라 국유재산을 일반경쟁입찰로 처분하는 경우, 「택지개발촉진법」에 따라 택지를 공급하는 경우, 국세 및 지방세의 체납처분 또는 강제집행을 하는 경우, 법 제9조에 따라 '외국인' 등이 ('외국인 특례'에 따라) 토지취득의 허가를 받은 경우 등]

기출 「민사집행법」에 따른 경매의 경우에는 허가구역 내 토지거래에 대한 허가의 규정은 적용하지 아니한다. (○) 제28회

5 허가의 신청(거래당사자의 공동신청) 제33회

허가를 받으려는 자는 그 "허가신청서"에 계약내용과 그 토지의 이용계획, 취득자금조달계획 등을 적어 시장·군수 또는 구청장에게 제출하여야 한다.★

〈허가신청서 기재사항〉
영 제8조 【토지거래계약의 허가절차】 ① 법 제11조 제1항 전단에 따른 토지거래계약(이하 "토지거래계약"이라 한다)의 허가를 받으려는 자는 공동으로 다음 각 호의 사항을 "기재"한 "신청서"에 국토교통부령으로 정하는 서류를 "첨부"하여 허가관청(법 제11조 제1항에 따른 허가권자를 말한다. 이하 같다)에 제출하여야 한다.

1. 당사자의 성명 및 주소(법인인 경우에는 법인의 명칭 및 소재지와 대표자의 성명 및 주소)
2. "토지"의 지번·지목·면적·이용현황 및 권리설정현황
3. "토지의 정착물"인 건축물·공작물 및 입목 등에 관한 사항
4. 이전 또는 설정하려는 "권리의 종류"
5. "계약예정금액"
6. **토지의 이용에 관한 계획**
7. **토지를 취득(토지에 관한 소유권·지상권 또는 소유권·지상권의 취득을 목적으로 하는 권리를 이전하거나 설정하는 것을 말한다. 이하 같다)하는 데 필요한 "자금조달계획"**

기출
1. 토지거래계약의 허가를 받으려는 자는 그 허가신청서에 계약내용과 그 토지의 이용계획, 취득자금 조달계획 등을 적어 시장·군수 또는 구청장에게 제출하여야 한다. (○) 제23회, 제33회
2. 토지거래계약의 허가를 신청할 때에는 거래를 중개한 개업공인중개사의 성명 및 주소를 허가신청서에 기재하여야 한다. (×) 제29회

6 허가의 기준 제28회

(1) 허가처분의 기준

시장 · 군수 또는 구청장은 다음의 경우(실수요성)는 허가를 하여야 한다. 허가를 받으면 허가받은 목적대로 일정기간 사용하여야 한다.★★

기출 자기의 거주용 주택용지로 이용할 목적으로 토지거래계약을 허가받은 자는 대통령령으로 정하는 사유가 있는 경우 외에는 토지취득일부터 2년간 그 토지를 허가받은 목적대로 이용해야 한다. (○) 제28회

허가를 받는 경우	의무이용기간
① 자기의 거주용 주택용지로 이용하려는 경우	토지취득일로부터 '2년'
② 허가구역을 포함한 지역의 주민을 위한 복지시설 또는 편익시설로서 관할 시장 · 군수 또는 구청장이 확인한 시설의 설치에 이용하려는 경우	토지취득일로부터 '2년'
③ 허가구역에 거주하는 농업인 · 임업인 · 어업인 또는 대통령령으로 정하는 자가 그 허가구역에서 농업 · 축산업 · 임업 또는 어업을 경영하기 위하여 필요한 경우	토지취득일로부터 '2년'
④ 「공익사업을 위한 토지 등의 취득 및 보상에 관한 법률」이나 그 밖의 법률에 따라 토지를 수용하거나 사용할 수 있는 '사업을 시행하는 자'가 그 사업을 시행하기 위하여 필요한 경우	토지취득일로부터 '4년'
⑤ 허가구역을 포함한 지역의 건전한 발전을 위하여 필요하고 관계 법률에 따라 지정된 지역 · 지구 · 구역 등의 지정목적에 적합하다고 인정되는 '사업을 시행하는 자'나 시행하려는 자가 그 사업에 이용하려는 경우	토지취득일로부터 '4년'
⑥ 허가구역의 지정 당시 그 구역이 속한 특별시 · 광역시 · 특별자치시 · 시(「제주특별자치도 설치 및 국제자유도시 조성을 위한 특별법」 제10조 제2항에 따른 행정시를 포함) · 군 또는 인접한 특별시 · 광역시 · 특별자치시 · 시 · 군에서 '사업을 시행하고 있는 자'가 그 사업에 이용하려는 경우나 그 자의 사업과 밀접한 관련이 있는 사업을 하는 자가 그 사업에 이용하려는 경우	토지취득일로부터 '4년'
⑦ 허가구역이 속한 특별시 · 광역시 · 특별자치시 · 시 또는 군에 거주하고 있는 자의 일상생활과 통상적인 경제활동에 필요한 것 등으로서 대통령령으로 정하는 용도에 이용하려는 경우	
㉠ 「공익사업을 위한 토지 등의 취득 및 보상에 관한 법률」이나 그 밖의 법령에 따라 농지 외의 토지를 공익사업용으로 협의양도하거나 수용된 사람이 그 협의양도하거나 수용된 날부터 3년 이내에 그 허가구역에서 협의양도하거나 수용된 토지에 '대체되는 토지'(종전 토지가액 이하인 토지로 한정한다)를 취득하려는 경우(실수요 목적)	토지취득일로부터 '2년'

㉡ 관계 법령에 따라 개발·이용행위가 제한되거나 금지된 토지로서 국토교통부령으로 정하는 토지에 대하여 현상 보존의 목적으로 토지를 취득하려는 경우(실수요 목적)	토지취득일로부터 '5년'
⑧ 기타 나머지(실수요 목적)	토지취득일로부터 '5년'

(2) 불허가처분의 기준 key 계·생·생·면

시장·군수 또는 구청장은 다음의 경우는 허가를 하지 아니한다.★

① 토지취득의 목적이 「국토의 계획 및 이용에 관한 법률」 제2조 제2호에 따른 도시·군 '계획'이나 그 밖에 토지의 이용 및 관리에 관한 '계획'에 맞지 아니한 경우
② 토지취득이 '생태계'의 보전과 주민의 건전한 '생활환경' 보호에 중대한 위해(危害)를 끼칠 우려가 있는 경우
③ 토지취득의 '면적'이 그 토지의 이용목적에 적합하지 아니하다고 인정되는 경우

7 허가의 처분

(1) '시장·군수 또는 구청장'은 허가신청서를 받으면 지체 없이 필요한 조사를 하고, 허가신청서를 받은 날로부터 「민원 처리에 관한 법률」에 따른 처리기간('15일' 이내, 영 제8조 제3항)에 허가 또는 불허가의 처분을 하고, 그 신청인에게 허가증을 발급하거나 불허가처분 사유를 서면으로 알려야 한다. 다만, 법 제15조에 따라 선매협의(先買協議) 절차가 진행 중인 경우에는 위의 기간 내에 그 사실을 신청인에게 알려야 한다.

(2) 허가기간에 허가증의 발급 또는 불허가처분 사유의 통지가 없거나, 선매협의 사실의 통지가 없는 경우에는 그 기간이 끝난 날의 '다음 날'에 '허가'가 있는 것으로 본다. 이 경우 시장·군수 또는 구청장은 지체 없이 신청인에게 허가증을 발급하여야 한다.★

기출 「민원 처리에 관한 법률」에 따른 처리기간에 허가증의 발급 또는 불허가처분 사유의 통지가 없거나, 선매 협의 사실의 통지가 없는 경우에는 그 기간이 끝난 날의 다음 날에 토지거래계약의 허가가 있는 것으로 본다. (○) 제23회

8 토지이용에 대한 의무

(1) 허가 목적대로 이용의무 제32회

토지거래계약을 허가받은 자는 대통령령으로 정하는 사유가 있는 경우 외에는 '5년의 범위'에서 대통령령으로 정하는 기간에 그 토지를 허가받은 목적대로 이용하여야 한다.★

(2) 조사의무

시장·군수 또는 구청장은 토지거래계약을 허가받은 자가 허가받은 목적대로 이용하고 있는지를 국토교통부령으로 정하는 바(매년 1회 이상)에 따라 조사하여야 한다.

(3) 의무이행명령 제31회

① 시장·군수 또는 구청장은 토지의 이용 의무를 이행하지 아니한 자에 대하여는 상당한 기간을 정하여 토지의 이용 의무를 이행하도록 명할 수 있다.

② 이행명령은 '문서'로 하여야 하며, 이행기간은 '3개월' 이내로 정하여야 한다. 다만, 대통령령으로 정하는 사유가 있는 경우에는 이용 의무의 이행을 명하지 아니할 수 있다.

기출 이행명령은 문서로 하며 이행기간은 3개월 이내로 정하여야 한다. (○) 제31회

(4) 이행강제금의 부과 제30회, 제31회, 제33회

① 시장·군수 또는 구청장은 이행명령이 정하여진 기간에 이행되지 아니한 경우에는 토지 '취득가액'(실제 거래가액을 말한다. 다만, 실제거래가격이 확인되지 아니한 경우에는 가장 최근의 개별공시지가를 기준으로 산정한다)의 '100분의 10의 범위'에서 대통령령으로 정하는 금액의 이행강제금을 부과한다.

심화 학습 이행강제금액(영 제16조 제3항)

1. 당초의 목적대로 이용하지 아니하고 방치한 경우 ⇨ 토지 취득가액의 10%(100분의 10)에 상당하는 금액
2. 직접 이용하지 아니하고 임대한 경우 ⇨ 토지 취득가액의 7%(100분의 7)에 상당하는 금액
3. 허가관청의 승인을 받지 아니하고, 당초의 이용목적을 변경하여 이용하는 경우 ⇨ 토지 취득가액의 5%(100분의 5)에 상당하는 금액
4. 기타 ⇨ 토지 취득가액의 7%(100분의 7)에 상당하는 금액

기출

1. 시장·군수 또는 구청장은 허가받은 목적대로 토지를 이용하지 아니한 자에 대하여 최초의 이행명령이 있었던 날을 기준으로 하여, 1년에 한 번씩 그 이행명령이 이행될 때까지 반복하여 이행강제금을 부과·징수할 수 있다. (○) 제23회
2. 토지의 이용의무를 이행하지 않아 이행명령을 받은 자가 그 명령을 이행하는 경우에는 새로운 이행강제금의 부과를 즉시 중지하고, 명령을 이행하기 전에는 이미 부과된 이행강제금을 징수해서는 안 된다. (×) 제28회, 제31회

② 시장 · 군수 또는 구청장은 최초의 이행명령이 있었던 날을 기준으로 '1년에 한 번씩' 그 이행명령이 이행될 때까지 반복하여 이행강제금을 부과 · 징수할 수 있다.

③ 다만, 이용 의무기간이 '지난 후'에는 이행강제금을 부과할 수 '없다'.★

(5) 이행강제금의 중지 제28회, 제31회

① 시장 · 군수 또는 구청장은 이행명령을 받은 자가 그 명령을 '이행하는 경우'에는 새로운 이행강제금의 부과를 즉시 '중지'한다.

② 명령을 '이행하기 전'에 '이미 부과'된 이행강제금은 '징수'하여야 한다.

(6) 이행강제금의 불복

이행강제금의 부과처분에 불복하는 자는 시장 · 군수 또는 구청장에게 이의를 제기할 수 있다. 이의를 제기하려는 경우에는 부과처분을 고지받은 날부터 '30일' 이내에 하여야 한다.

(7) 이행강제금의 징수

이행강제금 부과처분을 받은 자가 이행강제금을 납부기한까지 납부하지 아니한 경우에는 국세 체납처분의 예 또는 「지방행정제재 · 부과금의 징수 등에 관한 법률」에 따라 징수한다. 이행강제금의 부과, 납부, 징수 및 이의제기 방법 등에 필요한 사항은 대통령령으로 정한다.

영 제16조 【이행강제금의 부과】 ④ 제3항 각 호에 따른 토지 취득가액은 '실제 거래가격'으로 한다. 다만, 실제 거래가격이 확인되지 아니하는 경우에는 취득 당시를 기준으로 가장 최근에 발표된 개별공시지가(「부동산 가격공시에 관한 법률」에 따른 개별공시지가를 말한다)를 기준으로 산정한다.

⑤ 허가관청은 법 제18조 제2항에 따른 이행강제금을 부과하기 전에 이행기간 내에 이행명령을 이행하지 아니하면 이행강제금을 부과 · 징수한다는 뜻을 미리 '문서'로 계고(戒告)하여야 한다.

⑥ 법 제18조 제2항에 따른 이행강제금을 부과하는 경우에는 이행강제금의 금액 · 부과사유 · 납부기한 및 수납기관, 이의제기방법 및 이의제기기관 등을 명시한 '문서'로 하여야 한다.

9 허가의 취소

(1) 국토교통부장관, 시·도지사, 시장·군수 또는 구청장은 다음의 어느 하나에 해당하는 자에게 '허가 취소' 또는 그 밖에 필요한 처분을 하거나 조치를 명할 수 있다.

> ① 토지거래계약에 관한 허가 또는 변경허가를 받지 아니하고 토지거래계약 또는 그 변경계약을 체결한 자
> ② 토지거래계약에 관한 허가를 받은 자가 그 토지를 '허가받은 목적대로 이용하지 아니한' 자
> ③ '부정한 방법'으로 토지거래계약에 관한 허가를 받은 자

(2) 국토교통부장관, 시·도지사, 시장·군수 또는 구청장은 토지거래계약 허가의 '취소'처분을 하려면 '청문'을 하여야 한다.

(3) 토지거래에 관한 허가 취소, 처분 또는 조치명령을 위반한 자는 1년 이하의 징역 또는 1천만원 이하의 벌금에 처한다.

(4) **양벌규정**

① 법인의 대표자나 법인 또는 개인의 대리인, 사용인, 그 밖의 종업원이 그 법인 또는 개인의 업무에 관하여 법 제26조의 위반행위를 하면 그 행위자를 벌하는 외에 그 법인 또는 개인에게도 해당 조문의 벌금형을 과(科)한다.

② 다만, 법인 또는 개인이 그 위반행위를 방지하기 위하여 해당 업무에 관하여 상당한 주의와 감독을 게을리하지 아니한 경우에는 그러하지 아니하다.

심화학습 권리·의무의 승계

> **법 제22조 【권리·의무의 승계 등】** ① 제10조부터 제20조까지에 따라 토지의 소유권자, 지상권자 등에게 발생되거나 부과된 권리·의무는 그 토지 또는 건축물에 관한 소유권이나 그 밖의 권리의 변동과 동시에 그 승계인에게 이전한다.
> ② 이 법 또는 이 법에 따른 명령에 의한 처분, 그 절차 및 그 밖의 행위는 그 행위와 관련된 토지 또는 건축물에 대하여 소유권이나 그 밖의 권리를 가진 자의 승계인에 대하여 효력을 가진다.

10 불허가처분시의 '매수청구'제도 제32회

(1) 토지거래허가신청에 대하여 '불허가처분을 받은 자'는 그 통지를 받은 날부터 '1개월 이내'에 시장 · 군수 또는 구청장에게 해당 토지에 관한 권리의 '매수를 청구'할 수 있다.★

(2) 매수청구를 받은 시장 · 군수 또는 구청장은 국가, 지방자치단체, 한국토지주택공사, 그 밖에 대통령령으로 정하는 공공기관 또는 공공단체 중에서 매수할 자를 지정하여, 매수할 자로 하여금 예산의 범위에서 '공시지가'를 기준으로 하여 해당 토지를 매수하게 하여야 한다. 다만, 토지거래계약 허가신청서에 적힌 가격이 공시지가보다 낮은 경우에는 허가신청서에 적힌 가격으로 매수할 수 있다.★

기출 토지거래허가신청에 대해 불허가처분을 받은 자는 그 통지를 받은 날부터 1개월 이내에 시장 · 군수 · 구청장에게 해당 토지에 관한 권리의 매수를 청구할 수 있다. (○) 제32회

11 이의신청

(1) 시 · 군 · 구청장의 허가 · 불허가처분에 이의가 있는 자는 그 처분을 받은 날부터 '1개월' 이내에 시장 · 군수 또는 구청장에게 이의를 신청할 수 있다.★

(2) 이의신청을 받은 시장 · 군수 또는 구청장은 「국토의 계획 및 이용에 관한 법률」에 따른 시 · 군 · 구 도시계획위원회의 심의를 거쳐 그 결과를 이의신청인에게 알려야 한다.

기출 토지거래계약의 불허가처분에 이의가 있는 자는 그 처분을 받은 날부터 1개월 이내에 시장 · 군수 또는 구청장에게 이의를 신청할 수 있다. (○) 제23회

12 허가 전 '선매(先買)'제도 제30회, 제33회

(1) '시장 · 군수 또는 구청장'은 토지거래계약에 관한 허가신청이 있는 경우, 다음의 어느 하나에 해당하는 토지에 대하여 국가, 지방자치단체, 한국토지주택공사, 그 밖에 대통령령으로 정하는 공공기관 또는 공공단체(한국농수산식품유통공사, 대한석탄공사, 한국토지주택공사, 한국관광공사, 한국농어촌공사, 한국도로공사, 한국석유공사, 한국수자원공사, 한국전력공사, 한국철도공사)가 그 '매수를 원하는 경우'에는 이들 중에서 해당 토지를 매수할 자[선매자(先買者)]를 지정하여, 그 토지를 '협의 매수'하게 할 수 있다.★

내용	key
① 공익사업용 토지	공
② 토지거래계약허가를 받아 취득한 토지를 그 이용목적대로 이용하고 있지 아니한 토지	허

기출 토지거래계약의 허가신청이 된 토지에 대하여 시장·군수 또는 구청장이 선매자를 지정하는 경우, 선매자가 토지를 매수할 때의 가격은 토지소유자의 매입가격으로 한다. (×) 제23회

(2) '선매자'가 토지를 매수할 때의 가격(선매가격)은 「감정평가 및 감정평가사에 관한 법률」에 따라 감정평가법인 등이 감정평가한 '감정가격'을 기준으로 한다. 다만, 토지거래계약 허가신청서에 적힌 가격이 감정가격보다 낮은 경우에는 허가신청서에 적힌 가격으로 할 수 있다.★

(3) '시장·군수 또는 구청장은 (2)에 따른 선매협의가 이루어지지 아니한 경우에는 '지체 없이' 허가 또는 불허가의 여부를 결정하여 통보하여야 한다.

심화 학습 선매절차

1. '시장·군수 또는 구청장'은 위의 토지에 대하여 토지거래계약 허가신청이 있는 경우에는 그 신청이 있는 날부터 '1개월' 이내에 선매자를 지정하여 토지소유자에게 알려야 하며, '선매자'는 지정 통지를 받은 날부터 '1개월' 이내에 그 '토지소유자와' 대통령령으로 정하는 바에 따라 '선매협의'를 끝내야 한다.
2. '선매자'로 지정된 자는 지정통지를 받은 날로부터 '15일' 이내에 매수가격 등 선매조건을 기재한 서면을 토지소유자에게 통지하여 선매협의를 하여야 하며, 지정 통지를 받은 날부터 '1개월' 이내에 국토교통부령으로 정하는 바에 따라 선매협의조서를 허가관청에 제출하여야 한다. 선매협의조서를 제출하는 자는 선매협의가 이루어진 경우에 거래계약서 사본을 첨부하여야 한다.

13 타법과의 관계★★

(1) 「부동산 거래신고 등에 관한 법률」에 따라 토지거래계약 '허가증'을 발급받은 경우에는 「부동산등기 특별조치법」 제3조에 따른 '검인'을 받은 것으로 본다.

(2) 농지에 대하여 토지거래계약 '허가'를 받은 경우에는 「농지법」 제8조에 따른 '농지취득자격증명'을 받은 것으로 본다.★

기출 토지거래허가구역에 있는 농지를 취득하는 경우 토지거래계약 허가 외에 별도의 농지취득자격증명의 발급을 요한다. (×) 제20회

(3) 토지거래허가를 받았다 하더라도 '부동산 거래신고'는 하여야 한다.★

Chapter

03 외국인 등의 부동산취득 등의 특례

1 외국인의 의미 제31회, 제32회, 제33회, 제35회

이 법상의 외국인은 ① 대한민국 국적을 보유하고 있지 아니한 자, ② 외국법령에 따라 설립된 법인 또는 단체, ③ 대한민국법령에 따라 설립된 법인이나 단체라 하더라도 사원 또는 구성원의 '2분의 1' 이상이 한국국적이 아닌 경우이거나 사원 또는 임원의 '2분의 1' 이상이 한국국적이 아닌 경우, 자본금의 '2분의 1' 이상이나, 의결권의 '2분의 1' 이상이 한국자본이나 한국국적이 아닌 법인 또는 단체, ④ 외국 정부, ⑤ 기타 국제기구 등을 말한다.

출제경향 및 학습방법

외국인 특례는 외국인의 무분별한 부동산취득 규제를 위한 특별제한규정으로, 한국인에게는 적용되지 아니한다. 외국인 전용 신고제와 외국인 전용 허가제로, 시험에는 1문제의 출제비중을 가진다.

기출

1. 외국의 법령에 따라 설립된 법인 또는 단체도 외국인 특례상 외국인에 속한다. (○) 제22회
2. 외국인 특례상 외국인의 범위에는 사원 또는 구성원의 2분의 1 이상이 대한민국 국적을 보유하고 있지 않은 법인 또는 단체도 포함된다. (○) 제27회, 제32회
3. 외국의 법령에 따라 설립된 법인이 자본금의 2분의 1 이상을 가지고 있는 법인은 '외국인 등'에 해당한다. (○) 제28회
4. 국제연합의 전문기구, 외국 정부, 비정부 간 국제기구는 외국인 등에 해당한다. (○) 제33회

2 외국인의 부동산취득신고제 제28회, 제29회, 제30회, 제31회, 제32회, 제34회, 제35회

1. 계약으로 인한 취득신고 ★

(1) **취득신고**: 외국인 등이 대한민국 안의 '부동산 등'(토지 또는 건물)에 대한 '소유권'을 취득하는 계약(증여계약이나 교환계약 등의 매매계약 이외의 계약)을 체결하였을 때에는 '계약 체결일'부터 '60일 이내'에 신고관청(부동산 소재 시장·군수·구청장)에 신고하여야 한다(법 제8조 제1항).

주의 적용범위
이 신고는 외국인이 '토지'를 취득하는 경우뿐만 아니라 '건물'을 취득하는 경우에도 적용된다. 또한 소유권 '취득'의 경우에만 적용되므로 소유권을 처분(이전)하는 경우에는 적용되지 아니한다. 또한 소유권이 아닌 전세권 취득이나 저당권 취득의 경우에도 당연히 적용되지 아니한다.

(2) **부동산거래신고시 취득신고는 면제**: 외국인 등이 「부동산 거래신고 등에 관한 법률」 제3조에 따른 신고(매매계약에 대한 부동산 거래신고)를 한 경우에는 동법 제8조에 따른 신고(외국인의 부동산취득신고)의무는 적용되지 아니한다. 즉, 부동산 등의 매매계약의 경우에는 외국인 특례가 적용되지 아니한다.★

기출 외국인이 대한민국 안의 토지를 취득하는 계약을 체결하였을 때, 부동산 거래신고를 한 경우에도 외국인 특례에 따른 토지취득신고를 해야 한다. (×) 제25회, 제28회

(3) **과태료**: 법 제8조 제1항에 따른 신고를 하지 아니하거나 거짓으로 신고한 자에게 신고관청은 "300만원" 이하의 과태료를 부과한다.

(4) **리니언시 적용**: 신고관청은 위반사실을 자진신고(자수)한 자에 대하여 대통령령으로 정하는 바에 따라 과태료를 감경 또는 면제할 수 있다.

2. 계약 '이외'의 원인으로 인한 취득신고 ★ 제31회, 제32회

(1) **취득신고**: 외국인 등이 상속 · 경매, 그 밖에 대통령령으로 정하는 계약 "이외"의 원인(법률의 규정 등)으로 대한민국 안의 부동산(토지, 건물)을 취득한 때에는 부동산 등을 "취득한 날"(주; 상속은 피상속인이 사망일, 경매는 대금완납일)부터 '6개월' 이내에 대통령령으로 정하는 바에 따라 신고관청에 취득신고를 하여야 한다(동조 제2항).

기출
1. 외국인이 경매로 토지를 취득한 때에는 대금완납일로 부터 6개월 이내에 이를 신고해야 한다. (○) 제21회
2. 외국인 특례와 관련하여, 외국인이 상속으로 부동산을 취득한 때에, 이를 신고하지 않거나 거짓으로 신고한 경우 100만원 이하의 과태료가 부과된다. (○) 제24회

영 제5조【외국인 등의 부동산취득신고 등】 ② 법 제8조 제2항에서 "대통령령으로 정하는 계약 외의 원인"이란 다음 각 호의 어느 하나에 해당하는 사유를 말한다.
1. 「공익사업을 위한 토지 등의 취득 및 보상에 관한 법률」 및 그 밖의 법률에 따른 환매권의 행사
2. 법원의 확정판결
3. 법인의 합병
4. 건축물의 신축 · 증축 · 개축 · 재축

(2) **과태료**: 취득신고를 하지 아니하거나 거짓으로 신고한 자에게는 100만원 이하의 과태료를 부과한다.

(3) **리니언시 적용**: 신고관청은 위반사실을 자진신고한 자에 대하여 대통령령으로 정하는 바에 따라 과태료를 감경 또는 면제할 수 있다.

3. 외국인으로 국적변경시의 계속보유신고 ★

(1) **계속보유신고**: 대한민국 안의 부동산(토지, 건물)을 가지고 있는 대한민국국민이나 대한민국의 법령에 따라 설립된 법인 또는 단체가 외국인 등으로 "국적"이 "변경"된 경우 그 외국인 등이 해당 부동산(토지 또는 건물) 등을 '계속보유'하려는 경우에는 외국인 등으로 변경된 날부터 '6개월 이내'에 신고관청(부동산 소재 시장 · 군수 · 구청장)에 "계속보유신고"하여야 한다(동조 제3항).

(2) **과태료**: 위의 신고를 하지 아니하거나 거짓으로 신고한 자에게는 100만원 이하의 과태료를 부과한다.

(3) **리니언시 적용**: 신고관청은 위반사실을 자진 신고한 자에 대하여 대통령령으로 정하는 바에 따라 과태료를 감경 또는 면제할 수 있다.

3 토지취득의 허가제 제29회, 제30회, 제31회, 제32회, 제33회

(1) **외국인허가제**: 외국인 등이 취득하려는 '토지'가 다음의 어느 하나에 해당하는 구역·지역 등에 있으면 토지를 취득하는 계약을 "체결하기 전"에 신고관청(허가관청)(부동산 소재 시장·군수·구청장)으로부터 토지취득의 허가를 받아야 한다(법 제9조 제1항). 이러한 허가는 '토지'를 취득하는 경우에만 적용되고, '건물'에 대하여는 허가제가 적용되지 아니한다.

법 제9조(외국인 등의 토지거래 허가) ① 제3조 및 제8조에도 불구하고 외국인 등이 취득하려는 토지가 다음 각 호의 어느 하나에 해당하는 구역·지역 등에 있으면 토지를 취득하는 계약(이하 "토지취득계약"이라 한다)을 체결하기 전에 "대통령령"으로 정하는 바에 따라 신고관청으로부터 토지취득의 허가를 받아야 한다. **다만, 제11조에 따라 토지거래계약에 관한 허가를 받은 경우에는 그러하지 아니하다.**

key 군사·문화·천연·야·생 ★★

1. 「군사기지 및 군사시설 보호법」 제2조 제6호에 따른 군사기지 및 군사시설 보호구역, 그 밖에 국방목적을 위하여 외국인 등의 토지취득을 특별히 제한할 필요가 있는 지역으로서 **"대통령령"으로 정하는 지역**

> **영 제6조【외국인 등의 토지거래 허가】** ② 법 제9조 제1항 제1호에서 "대통령령으로 정하는 지역"이란 국방목적상 필요한 다음 각 호의 어느 하나에 해당하는 지역으로서 국방부장관 또는 국가정보원장의 요청이 있는 경우에 국토교통부장관이 관계 중앙행정기관의 장과 협의한 후 「국토의 계획 및 이용에 관한 법률」 제106조에 따른 중앙도시계획위원회의 심의를 거쳐 고시하는 지역을 말한다. **〈개정 2023. 10. 4.〉**
> 1. **섬 지역**
> 2. 「국방·군사시설 사업에 관한 법률」에 따른 **군부대주둔지와 그 인근 지역**
> 3. 「통합방위법」에 따른 **국가중요시설과 그 인근지역**

2. 「문화재보호법」 제2조 제3항에 따른 지정문화재와 이를 위한 보호물 또는 보호구역

2의2. 「자연유산의 보존 및 활용에 관한 법률」에 따라 지정된 천연기념물·명승 및 시·도 자연유산과 이를 위한 보호물 또는 보호구역

3. 「자연환경보전법」 제2조 제12호에 따른 생태·경관보전지역
4. 「야생생물 보호 및 관리에 관한 법률」 제27조에 따른 야생생물 특별보호구역

(2) **토지거래허가시 외국인취득허가는 면제**: 외국인 등이 법 제11조에 따라 토지거래계약에 관한 허가(토지거래허가구역에서의 토지거래허가)를 받은 경우에는 법 제9조상의 외국인토지취득허가는 적용되지 아니한다.★

기출

1. 외국인이 「문화재보호법」에 따른 지정문화재와 이를 위한 보호물 또는 보호구역에 있는 토지를 취득하고자 하는 경우에는 원칙적으로 토지소재지를 관할하는 시장·군수·구청장으로부터 토지취득허가를 받아야 한다. (○) 제22회
2. 외국인이 취득하려는 토지가 「자연환경보전법」에 따른 생태·경관보전지역에 있으면, 「부동산 거래신고 등에 관한 법률」에 따라 토지거래계약에 관한 허가를 받은 경우를 제외하고는 토지취득계약을 체결하기 전에 신고관청으로부터 토지취득의 허가를 받아야 한다. (○) 제28회, 제32회

(3) **허가처분기간**: 신고관청(허가관청)은 관계 행정기관의 장과 협의를 거쳐 외국인 등이 해당 토지를 취득하는 것이 해당 구역·지역 등의 지정목적 달성에 지장을 주지 아니한다고 인정하는 경우에는 '15일 이내'(군사시설보호구역은 30일 이내, 30일 연장가능)에 허가를 하여야 한다.

> **영 제6조【외국인 등의 토지거래 허가】** ③ 제1항에 따른 신청서를 받은 신고관청은 신청서를 받은 날부터 다음 각 호의 구분에 따른 기간 안에 허가 또는 불허가 처분을 해야 한다. 다만, 부득이한 사유로 제1호에 따른 기간 안에 허가 또는 불허가 처분을 할 수 없는 경우에는 "30일의 범위"에서 그 기간을 "연장"할 수 있으며, 기간을 연장하는 경우에는 연장 사유와 처리예정일을 지체 없이 신청인에게 알려야 한다. 〈개정 2023. 10. 4.〉
> 1. 법 제9조 제1항 제1호에 따른 구역·지역의 경우: 30일
> 2. 제1호 외의 구역·지역의 경우: 15일

기출 「자연환경보전법」상 생태·경관보전지역 내의 토지에 관하여 허가권자의 허가 없이 체결한 토지취득계약은 효력이 없다. (○) 제24회

(4) **처벌**: 허가를 받지 아니하고 토지취득계약을 체결하거나 부정한 방법으로 허가를 받아 토지취득계약을 체결한 외국인 등은 '2년' 이하의 징역 또는 '2천만원' 이하의 벌금에 처하며, 또한 허가의무에 위반하여 체결한 토지취득계약은 그 효력이 발생하지 아니한다(무효).★

(5) **양벌규정**

법인의 대표자나 법인 또는 개인의 대리인, 사용인, 그 밖의 종업원이 그 법인 또는 개인의 업무에 관하여 법 제26조의 위반행위를 하면 그 행위자를 벌하는 외에 그 법인 또는 개인에게도 해당 조문의 벌금형을 과(科)한다. 다만, 법인 또는 개인이 그 위반행위를 방지하기 위하여 해당 업무에 관하여 상당한 주의와 감독을 게을리하지 아니한 경우에는 그러하지 아니하다.

4 정보의 공유(통보) 제23회, 제30회

기출 시장·군수 또는 구청장은 토지취득신고 등의 내용을 관리대장에 기록하여 관리해야 하고 그 내용을 국토교통부장관에게 직접 통보해야 한다. (×) 제23회

(1) 신고관청(시장·군수 또는 구청장)은 신고 및 허가내용을 '매 분기' 종료일로부터 "1개월" 이내에 특별시장·광역시장·도지사 또는 특별자치도지사에게 제출(전자문서 포함)하여야 한다. 다만, 특별자치시장은 직접 국토교통부장관에게 제출하여야 한다.

(2) 신고 및 허가내용을 제출받은 특별시장·광역시장·도지사 또는 특별자치도지사는 제출받은 날로부터 "1개월" 이내에 그 내용을 국토교통부장관에게 제출하여야 한다.

5 상호주의의 적용

국토교통부장관은 대한민국국민, 대한민국의 법령에 따라 설립된 법인 또는 단체나 대한민국정부에 대하여 자국(自國) 안의 토지의 취득 또는 양도를 금지하거나 제한하는 국가의 개인·법인·단체 또는 정부에 대하여 대통령령으로 정하는 바에 따라 대한민국 안의 토지의 취득 또는 양도를 금지하거나 제한할 수 있다.

핵심다지기

외국인의 부동산취득상의 특례

1. 신고제

구분		내용	구비서류	제재
계약을 원인으로 취득	**"매매계약"을 원인으로 취득**	매매계약일로부터 30일 이내에 "부동산거래신고"를 해야 한다.	"부동산거래 신고서"	500만원 이하 과태료
	"기타계약"을 원인으로 취득★	'계약 체결일'부터 '60일 이내' "외국인취득신고"를 하여야 한다.	"외국인취득 신고서" (증여는 증여계약서 첨부)	300만원 이하 과태료
계약 외의 원인으로 취득 (상속, 경매 등)★		'소유권을 취득한 날'(상속은 피상속인의 사망일, 경매는 대금완납일)로부터 '6개월 이내'에 "외국인 취득신고"를 하여야 한다.	① "외국인취득신고서" ② 원인증명 서면	100만원 이하 과태료
국적변경 후, 계속보유★		한국인이 외국인으로 국적이 변경됨에도 불구하고 계속 부동산의 소유권을 보유하려면, '국적이 변경된 날'로부터 '6개월 이내'에 "계속보유신고"를 하여야 한다.	① "외국인 취득신고서" ② 국적변경 증명서류	100만원 이하 과태료

☐ 외국인 등이 「부동산 거래신고 등에 관한 법률」 제3조"에 따른 신고(매매계약에 대한 부동산 거래신고)를 한 경우에는 동법 제8조에 따른 신고(외국인의 부동산 취득신고)의무는 적용되지 아니한다. 즉, 부동산 등의 매매계약의 경우에는 외국인 특례가 적용되지 아니한다.

기출

1. 대한민국 국적을 보유하고 있지 아니한 자가 토지를 '증여'받은 경우, 계약 체결일부터 60일 이내에 취득신고를 해야 한다. (○) 제29회
2. 외국의 법령에 의하여 설립된 법인이 합병을 통하여 부동산을 취득한 경우에는 취득한 날부터 6개월 이내에 취득신고를 해야 한다. (○) 제29회
3. 외국정부가 「군사기지 및 군사시설 보호법」에 따른 '군사시설 보호지역' 내 토지를 취득하려는 경우 계약 체결 전에 '국토교통부장관'에게 취득허가를 받아야 한다. (×) 제29회

2. 허가제

구분	내용	구비서류	제재
허가제★	허가대상지역에서는 거래계약을 체결하기 전에 '미리' 사전허가를 받아야 한다. 허가 없이 계약을 체결하면 무효가 되며, 형벌의 대상이 된다.	① "외국인허가 신청서" ② 당사자 간 합의서	2년 이하의 징역 또는 "2천만원" 이하의 벌금
허가구역	다음의 허가지역에서는 토지취득계약을 체결하기 전에 '시장·군수 또는 구청장'의 '사전 허가'를 받아야 한다. ① 군사시설 보호구역(대통령령으로 정하는 지역 포함) ② 문화재, 천연기념물 보호구역 등 ③ 야생생물 특별보호구역 ④ 생태·경관보전지역		

외국인 등이 법 제11조에 따라 토지거래계약에 관한 허가(토지거래허가구역에서의 토지거래허가)를 받은 경우에는 법 제9조상의 외국인토지취득허가는 적용되지 아니한다.★

Chapter 04

기타 제도

1 부동산 정보관리

(1) 국토교통부장관 또는 시장 · 군수 · 구청장은 적절한 부동산정책의 수립 및 시행을 위하여 부동산 거래상황, 주택임대차계약상황, 외국인 부동산 취득현황, 부동산 가격 동향 등 이 법에 규정된 사항에 관한 정보를 종합적으로 관리하고, 이를 관련 기관 · 단체 등에 제공할 수 있다(법 제24조 제1항).

(2) 국토교통부장관 또는 시장 · 군수 · 구청장은 정보의 관리를 위하여 관계 행정기관이나 그 밖에 필요한 기관에 필요한 자료를 요청할 수 있다. 이 경우 관계 행정기관 등은 특별한 사유가 없으면 요청에 따라야 한다. 정보의 관리 · 제공 및 자료요청은 「개인정보 보호법」에 따라야 한다.

(3) "국토교통부장관"은 효율적인 정보의 관리 및 국민편의 증진을 위하여 대통령령으로 정하는 바에 따라 부동산거래 및 주택임대차의 계약 · 신고 · 허가 · 관리 등의 업무와 관련된 정보체계를 구축 · 운영할 수 있다(법 제25조).

출제경향 및 학습방법

부동산거래신고법상의 포상금제도는 1문제로 단독으로 출제되기도 하므로, 반드시 정리하여야 한다. 이론 문제로 출제될 수도 있고, 실제 계산문제로도 출제될 수 있다. 따라서 정확하게 이해하여야 하며, 특히 「공인중개사법」상의 포상금제도와의 차이까지 정리하여야 한다.

2 부동산 거래신고법상의 포상금제도 제30회, 제32회, 제34회

(1) 시장 · 군수 또는 구청장은 다음의 어느 하나에 해당하는 자를 관계 행정기관이나 수사기관에 신고하거나 고발한 자에게 대통령령으로 정하는 바에 따라 포상금을 지급할 수 있다.★

구분	신고 · 고발 사유	key
부동산 거래 신고제 관련	① (법 제3조 제1항부터 제4항까지 또는 제4조 제2호를 위반하여) 부동산 등의 실제 거래가격을 '거짓으로 신고'한 자(즉, **부동산 거래신고시 실거래가를 거짓으로 신고한 자, 신고의무 없는 자의 거짓신고 포함**)	거
	② 법 제6조의2 또는 법 제6조의3을 위반하여 주택임대차계약의 보증금 · 차임 등 계약금액을 '거짓으로 신고'한 자	거
	③ 법 제4조(금지행위) 제4호(가장신고금지)를 위반하여 거짓으로 법 제3조에 따른 신고를 한 자(즉, **거래가 '없음에도' 불구하고 거래가 있는 것처럼 '허위 · 가장신고'한 자**)	허

기출 부동산 매매계약의 거래당사자가 부동산의 실제 거래가격을 거짓으로 신고하는 행위를 한 경우, 이를 신고하거나 고발한 자는 포상금지급의 대상이 된다. (○) 제32회

기출 토지거래계약허가를 받아 취득한 토지를 허가받은 목적대로 이용하지 않는 자를 신고하거나 고발한 자는 포상금지급의 대상이 된다. (○) 제32회

	④ 법 제4조(금지행위) 제5호(가장해제신고금지)를 위반하여 거짓으로 법 제3조의2에 따른 신고를 한 자(즉, **해제가 '없음에도' 불구하고 해제된 것처럼 '허위 · 가장해제신고'를 한 자**)	허
토지 거래 허가제 관련	⑤ 거짓이나 그 밖의 부정한 방법으로 토지거래계약허가를 받은 자(즉, '**부정허가**' 받은 자)	부
	⑥ (법 제11조 제1항에 따른) 허가 또는 변경허가를 받지 아니하고 토지거래계약을 체결한 자(즉, '**무허가' 계약자**)	무
	⑦ 토지거래계약허가를 받아 취득한 토지에 대하여 법 제17조 제1항을 위반하여 허가받은 목적대로 '이용'하지 아니한 자(즉, **허가받은 대로 '사용'하지 아니한 자**)	사

주의 부동산 거래신고에 대하여 거짓신고를 요구하거나 조장하거나 방조한 자는 신고 · 고발의 대상이 아니다. 부동산 거래신고를 하지 아니한 자(미신고자)나 거부한 자 등도 신고 · 고발의 대상이 아님에 유의하여야 한다.

(2) 포상금의 지급에 드는 비용은 시 · 군이나 구의 재원으로 충당한다(국고보조규정은 없음에 주의).

심화학습 부동산 거래신고법령상의 포상금제도

영 제19조의3 【포상금 지급절차】 ④ 제3항에 따라 포상금 지급 결정을 통보받은 "신고인 또는 고발인"은 국토교통부령으로 정하는 포상금 지급신청서를 작성하여 "신고관청 또는 허가관청"에 제출하여야 한다.
⑤ **신고관청 또는 허가관청은 제4항에 따른 신청서가 "접수"된 날부터 "2개월" 이내에 포상금을 지급하여야 한다.**
⑥ 하나의 사건에 대하여 신고 또는 고발한 사람이 2명 이상인 경우에는 국토교통부령으로 정하는 바에 따라 포상금을 배분하여 지급한다.
⑦ 제1항부터 제6항까지에서 규정한 사항 외에 포상금의 지급절차 및 방법 등에 관하여 필요한 사항은 국토교통부령으로 정한다.

규칙 제20조의2 【포상금의 지급절차 및 방법】 ③ 신고관청 또는 허가관청은 하나의 위반행위에 대하여 '2명' 이상이 '공동'으로 신고 또는 고발한 경우에는 영 제19조의2 제1항에 따른 포상금을 '균등'하게 배분하여 지급한다. 다만, 포상금을 지급받을 사람이 배분방법에 관하여 미리 합의하여 포상금의 지급을 신청한 경우에는 그 합의된 방법에 따라 지급한다.
④ 신고관청 또는 허가관청은 하나의 위반행위에 대하여 '2명' 이상이 '각각' 신고 또는 고발한 경우에는 '최초'로 신고 또는 고발한 사람에게 포상금을 지급한다.

(3) 포상금제도 정리

구분	신고 · 고발대상	처벌(지급요건)	포상금액
신고 위반	부동산 거래신고시 (거래가격 등을) 거짓으로 신고한 자	취득가액의 10% 이하 과태료 (과태료 부과시)	부과된 과태료의 20%를 지급 (한도는 1천만원)
	주택임대차신고시 (거래가격 등을) 거짓으로 신고한 자	100만원 이하 과태료 (과태료 부과시)	부과된 과태료의 20%를 지급
	거래가 없음에도 불구하고 거래가 있는 것처럼 허위 · 가장 신고를 한 자	3천만원 이하 과태료 (과태료 부과시)	부과된 과태료의 20%를 지급
	해제가 없음에도 불구하고 해제된 것처럼 허위 · 가장 신고를 한 자	3천만원 이하 과태료 (과태료 부과시)	부과된 과태료의 20%를 지급
허가 위반	부정한 방법으로 토지거래허가를 받은 자	2년 이하의 징역 또는 토지가액의 30% 이하의 벌금 (검사의 공소제기 또는 기소유예 결정시)	1건당 50만원
	무허가(허가를 받지 아니하고) 계약을 한 자	2년 이하의 징역 또는 토지가액의 30% 이하의 벌금 (검사의 공소제기 또는 기소유예 결정시)	1건당 50만원
	허가받은 목적대로 토지를 이용(사용)하지 아니한 자	이행명령 및 (10% 이내) 이행강제금(이행명령시)	1건당 50만원
포상금 지급 관련	① 신고서에 증거자료를 첨부하여 제출하여야 한다. ② 신고관청 또는 허가관청은 포상금 지급신청서가 "접수"된 날로부터 "2개월" 이내에 지급하여야 한다. 〈접수.리〉 ③ 다음의 경우는 포상금을 지급하지 아니할 수 있다. ㉠ 공무원이 직무와 관련하여 발견한 사실을 신고 · 고발한 경우 ㉡ 해당 위반행위를 한 자이거나 관여한 자가 신고 · 고발한 경우 ㉢ 익명이나 가명으로 신고 · 고발하여 신고인 · 고발인을 확인할 수 없는 경우		

박문각 공인중개사

PART 03

중개실무

Chapter 01

중개실무와 중개계약

출제경향 및 학습방법

중개실무 부분을 전체적으로 보면, 출제되었던 부분 위주로 문제가 재출제되는 경향이 있다. 분묘기지권과 「장사 등에 관한 법률」, 「농지법」, 「부동산 실권리자명의 등기에 관한 법률」, 「주택임대차보호법」, 「상가건물 임대차보호법」, 법원경매, 경매대리업 등에서 주로 문제가 출제된다.

참고 | 중개계약을 중개의뢰계약이라고도 하며, 리스팅(listing)이라고도 한다.

기출 부동산중개계약은 「민법」상 위임계약과 유사하다. (○) 제29회

1 중개실무 일반

'중개실무'라 함은 개업공인중개사가 중개의뢰인으로부터 중개의뢰를 받아, 대상물의 조사·확인·설명을 거쳐 판매활동을 통하여 거래가 성사될 때까지의 일련의 개업공인중개사의 중개활동을 말한다.

2 중개계약

(1) 중개계약의 법적 성질

민사중개계약, 낙성·불요식 계약, 유상·쌍무계약(판례 – 특수한 쌍무계약), 위임유사의 계약(판례), 비전형계약, 계속적 계약, 임의적 계약이다.

(2) 중개의뢰계약의 종류와 특징

기준	종류	의의	특징
독점성의 정도	일반 중개계약	불특정다수의 개업공인중개사에 의뢰	① 우리나라의 일반적인 형태로 분쟁의 여지가 많다. ② 의뢰인과 개업공인중개사 모두에게 불리하다. ③ 거래가격이 낮게 형성될 가능성이 있다.
	전속 중개계약	특정개업 공인중개사를 지정 (책임중개 가능)	① 전속중개계약서를 반드시 작성하여야 한다.★ ② 개업공인중개사에게 정보공개의무와 업무처리상황의무가 부여된다. ③ 책임중개가 가능하며, 분쟁의 여지가 거의 없으나, 의뢰인이 유효기간 중에 스스로 발견한 상대방과 직거래를 한 경우에는 비용청구의 문제가 발생될 수 있다.

	독점 중개계약	특정개업 공인중개사를 지정 (책임중개 가능)	① 유효기간 내 어떠한 형태로든 거래 성사시 약정한 중개보수의 100% 지급해야 한다. ② 보수 면에서 개업공인중개사에게 가장 유리한 형태이다.
개업공인 중개사의 수	단독 중개계약	하나의 개업공인중개사	거래당사자 쌍방으로부터 의뢰받는 형태(쌍방의뢰중개의 형태)이다.
	공동 중개계약	여러 명의 개업공인중개사의 협력	① 거래당사자 일방으로부터 의뢰받는 형태(일방의뢰중개의 형태)이다. ② 상호 협력하여 시간과 비용이 절약된다. ③ 부동산거래정보망은 공동중개를 전제로 한다.
보수의 약정	순가 중개계약	의뢰가격 초과분	① 의뢰인으로부터 제시된 의뢰가격 초과분을 중개보수로 취득하기로 하는 약정을 말한다. ② 투기조장과 초과금품의 우려가 있으나, 순가계약 자체를 처벌하는 규정은 없다.★
	정가 중개계약	보수의 금액을 정하는 약정이다. 정액 보수	명확하며, 분쟁의 소지 없다.
	정률 중개계약	비율 보수	「공인중개사법」상 기본 형태이다(0.9% 범위 내).

기출 부동산거래정보망에 가입한 개업공인중개사가 제공한 중개대상물 정보를 컴퓨터 등을 통해 상호 교환함으로써 신속·정확한 중개활동이 가능하게 한 정보통신시대에 적합한 중개계약형태는 공동중개계약이다. (○) 제13회

중개대상물의 조사 · 확인 · 설명

출제경향 및 학습방법

제2장에서는 통상 2문제 정도가 출제된다. 「민법」과 관련된 권리관계에서는 '분묘기지권' 부분이 「장사 등에 관한 법률」과 묶어 거의 매년 출제되고 있다. 공법과 관련된 부분에서는 '농지취득자격증명제', '농지임대차' 등이 주로 출제된다.

기출

1. 중개대상물의 종류 · 면적 · 용도 등 중개대상물에 관한 기본적인 사항은 토지대장등본 및 건축물대장등본 등을 통하여 조사한다. (○) 제18회
2. 소유권 · 저당권 등 권리관계에 관한 사항은 등기사항증명서를 통하여 조사한다. (○) 제18회

1 중개대상물의 조사 · 확인 방법

개업공인중개사의 중개대상물 조사 · 확인은 각종 공부(公簿)상의 확인과 현장답사(現場踏査)에 의한 확인으로 진행되고, 필요한 경우에는 매도의뢰인 · 임대의뢰인 등에게 해당 중개대상물의 상태에 관한 자료를 요구할 수 있다.

1. 공부상 검토(공부상의 조사 · 확인) ★

구분	조사내용	세부사항	발급장소
건축물대장	사실관계	건물의 소재, 지번, 면적, 구조, 용도 등	시 · 군 · 구
토지대장 (임야대장)	사실관계	토지의 소재, 지번, 지목, 면적 등	시 · 군 · 구
등기사항증명서 (토지, 건물)	권리관계	① 표제부: 부동산의 표시에 관한 사항 ② 갑구: 소유권과 소유권에 관한 제한사항 ③ 을구: 제한물권 및 제한사항(용익물권, 담보물권 등)	법원 등기과, 등기소
토지이용계획확인서	주요한 공법상 이용제한 · 거래규제	① 도시계획(용도지역, 용도지구, 용도구역 등) ② 군사시설 보호구역, 문화재보호구역, 토지거래허가구역 해당 여부 등	시 · 군 · 구
지적도(임야도)		소재(위치)파악, 지형, 지번, 지목, 경계 등을 확인 ☐ 지세(경사도)는 확인되지 않음에 유의	시 · 군 · 구

〈공부상 내용의 불일치시 기준〉 ★

① 부동산의 사실관계(면적 등): 대장을 기준으로 판단하여야 한다.
② 부동산의 권리관계(소유권자 등): 등기사항증명서를 기준으로 판단하여야 한다.
③ 공법상의 용도지역: 토지이용계획확인서를 기준으로 판단한다.

2. 현장답사에 의한 확인

(1) 공부상 확인이 불가능한 정보 – 현장답사를 통해 확인★

① **사실관계**

건물	건물외관상의 특징, 건물의 기능상의 문제점, 부대설비의 설치상태, 미등기·무허가 건물의 존재 여부 등
토지	구체적인 지세(= 기울기, 경사도), 지반, 토질 등

② **권리관계**: 법정지상권의 성립 여부·유치권·분묘기지권·미등기 임차권 등

(2) 공부상의 내용과 실제 내용의 일치 여부 확인을 위해서도 현장을 확인하여야 한다.

3. 의뢰인에 대한 자료요구

매도·임대 등 권리를 이전하고자 하는 자에게 물건에 대한 '상태에 관한 자료'를 요구할 수 있다. 모든 자료를 모두 요구할 수 있는 것이 아니라 수도·전기·가스 등 내·외부시설물의 상태, 벽면·바닥면 및 도배의 상태, 일조·소음·진동의 환경조건의 상태를 요구할 수 있다. 자료요구에 의뢰인이 불응한 경우에는 이를 취득의뢰인에게 '설명'하고 거래성사시 중개대상물 확인·설명서에 '기재'도 하여야 한다.

2 중개대상물에 대한 확인·설명사항 제28회, 제29회

key	조사확인·설명해야 할 사항	조사확인의 방법
기	중개대상물에 관한 기본적인 사항	대장(지적도) + 현장답사
권	중개대상물의 권리관계에 관한 사항	등기사항증명서 + 현장답사
공법	토지이용계획, 공법상 거래규제 및 이용제한에 관한 사항	토지이용계획확인서 + 부동산종합정보망 + 담당기관 문의
수	수도·전기·가스·소방·열공급·승강기 및 배수 등 시설물의 상태	현장답사 + 자료요구
벽	벽면·바닥면 및 도배의 상태	현장답사 + 자료요구
일	일조·소음·진동·비선호시설 등 환경조건	현장답사 + 자료요구
도	도로 및 대중교통수단과의 연계성, 시장·학교와의 근접성 등 입지조건	현장답사

<table>
<tr><td>조</td><td>중개대상물에 대한 권리를 '취득'함에 따라 부담하여야 할 조세의 종류 및 세율</td><td rowspan="3">개업공인중개사가 판단
(취득 조세는 「지방세법」 확인)</td></tr>
<tr><td>거</td><td>거래예정금액</td></tr>
<tr><td>수</td><td>중개보수(수수료) 및 실비의 금액과 그 산출 내역</td></tr>
</table>

3 중개대상물에 관한 기본적인 사항

1. 토지

(1) **소재지**(소재와 지번)

토지대장 · 임야대장으로 조사 · 확인한다.

(2) **지목★**

① 1필지 1지목주의(= 1필 1목주의)로서, 지목은 대장으로 확인한다.

② 대장(토지대장 · 임야대장)에는 지목에 대하여 정식명칭이 모두 기재되나, 도면(지적도 · 임야도)에는 지목이 부호로 기재되어 있다. 지목부호는 지목을 두(頭)문자로 표시하는 것이 원칙이나 예외적으로 차(次)문자로 표시되는 것이 4가지가 있다. key 장 · 차 · 천 · 원 ★

토지대장	지적도 부호(약어)	토지대장	지적도 부호(약어)
공원	공	공장용지	장
주유소 용지	주	주차장	차
학교용지	학	하천	천
유지	유	유원지	원

(3) **면적**

① 대장으로 확인하며, 대장 면적과 등기사항증명서상의 면적이 다를 때에는 대장 면적을 기준으로 한다.

② 면적은 「계량에 관한 법률」에 따른 법정단위를 사용하여야 한다.

③ 면적은 'm^2(제곱미터)'를 기준으로 사용하여야 한다.

> ㉠ '평'을 m^2로 환산하는 식: '평' × 3.3058(또는 400/121) = m^2
> ㉡ m^2를 '평'으로 환산하는 식: m^2 × 0.3025(또는 121/400) = '평'

(4) 토지의 경계

현실의 경계(담장 · 경계표 등)가 아닌 도면상 경계(지적도 · 임야도)로 확인하여야 한다. 도면상의 경계를 기준으로 소유권의 범위가 특정된다(판례).

(5) 지형(地形)

지형은 1필지 토지의 구체적인 모양을 의미한다. 지형(정방형 · 장방형 · 삼각형 등)은 도면(지적도 · 임야도)을 통하여 확인할 수 있다.

(6) 지세(地勢)

지세는 토지의 경사(경사지 · 평지 등의 기울기 정도)를 말하며, 현장답사로 확인한다.

판례

경계 및 측량의무 여부

1. 지적법에 의하여 어떤 토지가 지적공부에 1필지의 토지로 등록되면 그 토지의 소재, 지번, 지목, 지적 및 경계는 다른 특별한 사정이 없는 한 이 등록으로써 특정되고 소유권의 범위는 현실의 경계와 관계없이 **'공부상의 경계'에 의하여 확정되는 것이나,** 지적도를 작성함에 있어서 기점을 잘못 선택하는 등 기술적인 착오로 말미암아 지적도상의 경계선이 진실한 경계선과 다르게 작성되었다는 등과 같은 '특별한 사정'이 있는 경우에는 그 토지의 경계는 '실제의 경계'에 의하여 할 것이다(대판 92다52887).
2. 당사자가 사실상의 경계를 매매목적물의 범위로 삼은 **'특별한 사정'이 있는 때에는** 그 토지의 경계는 '실제의 경계'에 의하여야 한다(대판 84다카490).
3. 토지매매에 있어서 특단의 사정이 없는 한 매수인에게 '측량' 또는 지적도와의 대조 등의 방법으로 매매목적물이 지적도상의 그것과 정확히 일치하는지의 여부를 미리 확인하여야 할 주의의무가 '없다'(대판 84다카2344). 또한 개업공인중개사에게도 측량의 의무까지는 없다.

기출 지적도상의 경계와 실제 경계가 일치하지 않는 경우, 특별한 사정이 없는 한 실제 경계를 기준으로 한다. (×) 제27회

2. 건물

(1) 소재지 · 건물의 구조 · 건축연도 · 면적 · 용도 등

건축물대장으로 확인한다.

(2) 건물의 방향 · 기능상의 문제점 · 외관상의 특징

현장답사로 확인한다.

4 중개대상물의 권리관계에 관한 사항

소유권이나 제한물권(용익물권, 담보물권) 등의 권리관계의 확인은 등기사항증명서(토지등기사항증명서, 건물등기사항증명서 등)와 현장답사 등을 통하여 확인한다.

1. 등기부(등기사항증명서) 확인

(1) 권리분석 key 동 · 순 · 별 · 접

등기기록 중 '같은 구(區)'에서 한 등기 상호간에는 '순위번호'에 따르고, '다른 구'에서 한 등기 상호간에는 '접수번호'에 따라 권리의 선후와 우열을 확인한다.

(2) 가등기 · 가압류 · 가처분 등기

거래가 가능하고 중개도 가능하나 의뢰인에게 그 위험성은 알려주어야 한다.

핵심다지기

근저당 – 채권최고액을 설명★★

개업공인중개사는 **근저당권이 설정된 경우에 채권최고액만 설명하면 의무를 다한 것이고 현재의 채무액까지 조사하여 설명해야 할 의무가 있는 것은 아니다.** 그러나 현재의 채무액도 잘못 설명하여 의뢰인에게 손해를 끼친 경우에는 그 손해를 배상해야 한다.

2. 현장답사 – 실제 권리관계의 확인

기출 분묘기지권은 등기사항증명서를 통해 확인할 수 없다. (○) 제27회

법정지상권의 성립 여부나 유치권의 행사 여부, 분묘기지권 등은 등기사항증명서로 확인이 되지 않기 때문에 현장답사를 통하여 탐문 · 조사하여 확인하여야 한다.

(1) 법정지상권(法定地上權) 제22회, 제25회, 제30회

① **의의**: 토지와 건물이 동일인 소유에 속하고 있었으나 어떠한 원인으로 인하여 토지와 건물의 소유자가 서로 다르게 된 경우에 건물소유자에게 법률상 당연히 인정되는 지상권을 말한다.

② **성문법(成文法)상의 법정지상권**

기출 대지와 건물이 동일소유자에게 속한 경우, 건물에 전세권을 설정한 때에는 그 대지소유권의 특별승계인은 전세권 설정자에 대하여 지상권을 설정한 것으로 본다. (○) 제25회

㉠ 건물의 전세권과 법정지상권(「민법」 제305조): 대지와 건물이 동일한 소유자에 속한 경우에 건물에 전세권을 설정한 때에는 그 대지소유권의 특별승계인은 전세권 '설정자'에 대하여 지상권을 '설정'한 것으로 본다.

㉡ 저당권설정으로 인한 법정지상권(「민법」 제366조): 저당물의 경매로 인

하여 토지와 그 지상건물이 다른 소유자에 속한 경우에는 토지소유자는 건물소유자에 대하여 지상권을 설정한 것으로 본다.

ⓒ 「가등기담보 등에 관한 법률」에 의한 법정지상권(「가등기담보 등에 관한 법률」 제10조): 토지와 그 위의 건물이 동일한 소유자에게 속하는 경우 그 토지나 건물에 대하여 「가등기담보 등에 관한 법률」 제4조 제2항에 따른 소유권을 취득하거나 담보가등기에 따른 본등기가 행하여진 경우에는 그 건물의 소유를 목적으로 그 토지 위에 지상권(地上權)이 설정된 것으로 본다.

ⓓ 「입목에 관한 법률」에 의한 법정지상권(「입목에 관한 법률」 제6조): 입목의 경매나 그 밖의 사유로 토지와 그 입목이 각각 다른 소유자에게 속하게 되는 경우에는 토지소유자는 입목소유자에 대하여 지상권을 설정한 것으로 본다.

③ **관습법(慣習法)상의 법정지상권**: 토지와 건물이 같은 소유자의 소유에 속하였다가 그 건물 또는 토지가 매각 또는 그 외의 원인으로 인하여 양자의 소유자가 다르게 된 때에는 특히 그 건물을 철거한다는 조건이 '없는' 이상 당연히 건물소유자는 토지소유자에 대하여 관습(법)에 의한 법정지상권을 취득한다.

판례

법정지상권 관련 주요 판례

1. 법정지상권은 법률 또는 관습법에 의하여 당연히 물권변동의 효력이 성립하는 것으로 '등기'를 필요로 하지 않으나, 이를 제3자에게 처분하려면 등기를 하여야 한다.
2. 법정지상권이 건물의 소유에 부속되는 종속적인 권리가 되는 것이 아니며 하나의 독립된 법률상의 물권으로서의 성격을 지니고 있는 것이기 때문에, 건물의 소유자가 건물과 법정지상권 중 '어느 하나만을 처분'하는 것도 가능하다(대판 2000다1976).
3. '건물이 없는 토지(나대지)'에 대하여 저당권이 설정된 후, 저당권설정자가 그 위에 건물을 건축하였다가 담보권의 실행을 위한 경매절차에서 경매로 인하여 그 토지와 지상 건물이 소유자를 달리하였을 경우에는 법정지상권이 인정되지 않는다(대결 95마1262).
4. '무허가건물' 또는 '미등기건물'이라도 법정지상권이 성립되며, 건축 중인 건물로서 건물이 독립된 건물로 볼 수 있는 정도에 이르지 않았다 해도 건물의 규모, 종류가 외형상 예상할 수 있는 정도까지 건축이 진전되어 있는 경우라면 법정지상권이 성립될 수 있다(대판 92다7221).
5. 최소한의 '기둥과 지붕' 그리고 '주벽'이 이루어지는 등 독립된 부동산으로서 건물의 요건을 갖추면 법정지상권이 성립하며, 그 건물이 미등기라 하더라도 법정지상권의 성립에는 아무런 지장이 없는 것이다(대판 2004다13533).

기출

1. 건물의 소유자는 건물과 법정지상권 중 건물만을 처분하는 것이 가능하다. (○) 제22회
2. 건물 없는 토지에 저당권이 설정된 후, 저당권설정자가 건물을 신축하고 저당권의 실행으로 인하여 그 토지와 지상건물이 소유자를 달리하게 된 경우에 법정지상권이 성립한다. (×) 제25회
3. 토지에 저당권이 설정된 후 토지소유자가 그 위에 건물을 건축하였다가 경매로 인하여 그 토지와 지상건물의 소유가 달라진 경우 토지소유자는 관습상의 법정지상권을 취득한다. (×) 제22회

6. 지상물 중 독립된 건물로 볼 수 없는 단순한 지상구조물인 '자전거보관소'나 '철봉'은 관습법상의 법정지상권이 인정되지 아니한다(대판 92다49218).
7. 「민법」 제366조 소정의 법정지상권이나 관습법상의 법정지상권이 성립한 후에 건물을 개축 또는 증축하는 경우는 물론 건물이 멸실되거나 철거된 후에 신축하는 경우에도 법정지상권은 성립하나, 다만 그 법정지상권의 범위는 '구(舊)건물을 기준'으로 하여 그 유지 또는 사용을 위하여 일반적으로 필요한 범위 내의 대지 부분에 한정된다(대판 96다40080).
8. 관습법상의 법정지상권이 성립되기 위해서는 토지와 건물 중 어느 하나가 '처분될 당시'에 토지와 그 지상건물이 동일인의 소유에 속하였으면 족하고, 원시적으로 동일인의 소유였을 필요는 없다(대판 95다9075, 9082).
9. 동일인 소유의 토지와 그 지상건물에 관하여 '공동저당'이 설정된 후 그 건물이 '철거'되고 다른 건물이 '신축'된 경우, 저당물의 경매로 인하여 토지와 신축건물이 서로 다른 소유자에게 속하게 되면 법정지상권이 성립하지 않는다(대판 전합 98다43601).
10. '미등기건물을 그 대지와 함께 양수'한 사람이 그 대지에 관하여서만 소유권이전등기를 넘겨받고 건물에 대하여는 그 등기를 이전받지 못하고 있는 상태에서 그 대지가 경매되어 소유자가 달라진 경우에는 미등기건물의 양수인은 미등기건물을 처분할 수 있는 권리는 있을지언정 소유권은 가지고 있지 아니하므로 대지와 건물이 동일인의 소유에 속한 것이라고 볼 수 없어 법정지상권이 발생할 수 없다(대판 98다4798).
11. '나대지'상에 환매특약의 등기가 마쳐진 상태에서, 대지소유자가 그 지상에 건물을 신축하였다면, 특별한 사정이 없는 한 환매권의 행사에 따라 토지와 건물의 소유자가 달라진 경우, 그 건물을 위한 관습상의 법정지상권은 애초부터 생기지 않는다(대판 2010두16431).
12. 대지에 관한 관습상의 법정지상권을 취득한 피고가 동 대지소유자와 사이에 위 대지에 관하여 '임대차계약'을 체결한 경우에는 특별한 사정이 없는 한 위 관습상의 법정지상권을 '포기'하였다고 볼 것이다(대판 80다2243).
13. 법정지상권자라고 할지라도 대지소유자에게 '지료'를 지급할 의무는 '있는 것'이다(대판 87다카1604).

(2) 유치권

「민법」 제320조 【유치권의 내용】 ① 타인의 물건 또는 유가증권을 점유한 자는 그 물건이나 유가증권에 관하여 생긴 채권이 변제기에 있는 경우에는 변제를 받을 때까지 그 물건 또는 유가증권을 유치할 권리가 있다.
② 전항의 규정은 그 점유가 불법행위로 인한 경우에 적용하지 아니한다.

판 례

유치권과 관련된 주요 판례

1. 주택건물의 신축공사를 한 수급인이 그 건물을 점유하고 있고, 또 그 건물에 관하여 생긴 '공사금채권'이 있다면, 수급인은 그 채권을 변제받을 때까지 건물을 유치할 권리가 있다(대판 95다16202).
2. 건물의 임대차에 있어서, 임차인의 임대인에게 지급한 '임차보증금' 반환청구권이나, 임대인이 건물 시설을 아니하기 때문에 임차인에게 건물을 임차목적대로 사용 못한 것을 이유로 하는 손해배상청구권은 모두 「민법」 제320조 소정의 소위 그 건물에 관하여 생긴 채권이라 할 수 없다(대판 75다1305).
   ☞ 그러므로 유치권을 행사할 수는 없다.
3. 임대인과 임차인 사이에 건물명도시 권리금을 반환하기로 하는 약정이 있었다 하더라도 그와 같은 '권리금' 반환청구권은 건물에 관하여 생긴 채권이라 할 수 없으므로, 그와 같은 채권을 가지고 건물에 대한 유치권을 행사할 수 없다(대판 93다62119).
4. 유치권자는 경락인에 대하여 피담보채권의 변제가 있을 때까지 유치목적물인 부동산의 인도를 거절할 수 있을 뿐이고, 그 피담보채권의 (우선)변제를 청구할 수는 없다(대판 95다8713).
5. [1] 채무자 소유의 부동산에 경매개시결정의 기입등기가 마쳐져 압류의 효력이 발생한 후에 유치권을 취득한 경우에는 그로써 부동산에 관한 경매절차의 매수인에게 대항할 수 없다.
   [2] 건물의 점유를 이전받았다 하더라도, 경매개시결정의 기입등기가 마쳐져 압류의 효력이 발생한 후에 공사를 완공하여 공사대금채권을 취득함으로써 그때 비로소 유치권이 성립한 경우에는, 수급인은 유치권을 내세워 경매절차의 매수인에게 대항할 수 없다(대판 2011다55214).

(3) 분묘기지권(墳墓基地權) ★★ 제27회, 제29회, 제30회, 제33회, 제34회, 제35회

① **의의**: 분묘기지권은 분묘의 수호와 봉제사를 위하여, 타인의 토지를 사용 · 수익할 수 있는 권리이다. 이는 관습법상의 특수한 지상권(地上權) 유사의 "물권(物權)"으로서, 판례가 인정하는 관습법상의 타인 토지 사용권에 해당한다. (장사 등에 관한 법률의 제정으로 인하여, 지금은 2001년 1월 13일 이전에 설치된 분묘에 한하여 적용된다)

기출

1. 분묘기지권은 분묘의 수호와 봉사에 필요한 범위 내에서 타인의 토지를 사용할 수 있는 권리이다. (○) 제24회
2. 단순히 토지소유자의 설치 승낙만을 받아 분묘를 설치한 경우 분묘의 설치자는 사용대차에 따른 차주의 권리를 취득한다. (×) 제21회

② 성립요건

㉠ 분묘기지권이 성립되려면 다음의 요건 중 하나를 우선 갖추어야 한다.★

성립요건	key
ⓐ 〈시효형〉 타인의 토지에 승낙을 받지 아니하고 분묘를 설치하더라도, "20년"이상을 평온·공연하게 점유·수호·봉제사하여 "시효"로 분묘기지권은 취득한 경우	시
ⓑ 〈승낙형〉 타인인 토지소유자의 "승낙"을 얻어 분묘를 설치한 경우	승
ⓒ 〈처분형〉 "자기 소유"의 토지에 분묘를 설치한 자가 차후에 그 "분묘에 대한 철거나 이장 등의 특약 없이", 토지만을 타인에게 매매 등으로 처분한 경우	자

㉡ 분묘기지권이 성립되려면 본질적으로 '봉분'과 '유골'이 있어야 한다.

성립요건	key
ⓐ **'봉분'이 있어야 한다**(평장이나 암장에 대하여는 분묘기지권이 인정되지 아니한다).	봉
ⓑ **'유골'이 있어야 한다**(유골이 없는 가묘에 대하여는 분묘기지권이 인정되지 아니한다).	유

기출

1. 평장되어 있어 객관적으로 인식할 수 있는 외형을 갖추고 있지 아니한 경우, 분묘기지권이 인정되지 아니한다. (○) 제25회
2. 장래의 묘소(가묘)는 분묘에 해당하지 않는다. (○) 제25회

기출

1. 분묘기지권은 특별한 사정이 없는 한, 분묘의 수호와 봉사가 계속되고 그 분묘가 존속하는 동안 인정된다. (○) 제24회
2. 분묘기지권의 효력이 미치는 범위는 분묘의 기지 자체에 한정된다. (×) 제25회
3. 분묘소유자가 분묘기지권을 시효 취득하는 경우 지료를 지급할 필요가 없다. (×) 제20회 변형
4. 자기 소유 토지에 분묘를 설치한 사람이 분묘이장의 특약 없이 토지를 양도함으로써 분묘기지권을 취득한 경우, 특별한 사정이 없는 한 분묘기지권이 성립한 때부터 지료지급의무가 있다. (○) 제33회

③ 분묘기지권의 인정범위★

㉠ 시간적 범위: 분묘의 수호와 봉사(봉제사)를 계속하며 그 분묘가 존속하는 한 계속 존속한다(「장사 등에 관한 법률」상의 60년 적용되는 것이 아니다).

㉡ 장소적 범위: 분묘의 수호 및 제사에 필요한 범위 내에서 분묘의 기지뿐만 아니라 주위의 공지(空地: 빈 땅)를 포함한 지역에까지 미친다(「장사 등에 관한 법률」상의 $30m^2$ 제한규정이 적용되는 것이 아니다).

④ 권리와 의무

㉠ 권리: 분묘기지권자는 분묘의 소유와 관리 및 봉제사를 위하여 필요한 범위 내에서 그 지반인 타인의 토지를 사용할 수 있다. 그러나 분묘기지권에는 기존의 분묘 외에 새로운 분묘를 신설할 권능은 인정되지 않는다.★

그러므로 새로이 합장을 하거나 쌍분을 설치하는 것은 인정되지 아니한다.

㉡ (지료지급)의무: ⓐ 약정이 있으면 약정대로 지급하며, 약정이 없는 경우라도 ⓑ '시효'로 취득한 경우에는 '청구를 한 때'부터 '지료'를 지급할 의무가 '있다'(대판 전합 2017다228007). ⓒ '처분형'의 경우에는 분묘기지권이 성립한 때로부터 지료지급의무가 발생한다(대판 2017다271834, 271841).

판례

분묘기지권에 관한 주요 판례

1. [1] 분묘기지권은 분묘의 기지에 대하여 분묘소유자를 위한 '지상권 유사의 "물권"(분묘기지권)'을 설정한 것'으로 보아야 하므로, 이러한 경우 그 토지소유자는 분묘의 수호 · 관리에 필요한, 상당한 범위 내에서는 분묘기지가 된 토지부분에 대한 소유권의 행사가 제한될 수밖에 없다.

   [2] 분묘의 부속시설인 비석 등 제구를 설치 · 관리할 권한은 분묘의 수호 · 관리권에 포함되어 원칙적으로 제사를 주재하는 자에게 있고, 따라서 만약 제사주재자 아닌 다른 후손들이 비석 등 시설물을 설치하였고, 그것이 제사주재자의 의사에 반하는 것이라 하더라도, 그 시설물의 규모나 범위가 분묘기지권의 허용범위를 넘지 아니하는 한, 분묘가 위치한 토지의 소유권자가 토지소유권에 기하여 방해배제청구로서 그 철거를 구할 수는 없다(대판 99다14006).

2. 분묘기지권은 분묘의 기지 자체(봉분의 기저 부분)뿐만 아니라 그 분묘의 설치 목적인 분묘의 수호 및 제사에 필요한 범위 내에서 **분묘의 기지 '주위의 공지'를 포함한 지역에까지 미치는 것이고, 그 확실한 범위는 각 구체적인 경우에 '개별적'으로 정하여야 한다**(대판 2006다84423).★

3. '평장'되어 있거나 '암장'되어 있어 객관적으로 인식할 수 있는 외형을 갖추고 있지 아니한 경우에는 분묘기지권이 인정되지 아니한다(대판 91다18040).

4. 분묘기지권의 효력이 미치는 지역의 범위 내라고 할지라도 기존의 분묘 외에 '새로운 분묘'를 신설할 권능은 포함되지 '않으며', 부부 중 일방이 먼저 사망하여 이미 그 분묘가 설치되고 그 **분묘기지권이 미치는 범위 내에서 그 후에 사망한 다른 일방을 단분 형태로 합장하여 분묘를 설치하는 것도 허용되지 않는다**(대판 2001다28367).★

5. 분묘기지권은 그 효력이 미치는 범위 안에서 **새로운 분묘를 설치하거나 원래의 분묘를 다른 곳으로 이장할 권능은 포함되지 않는다**(대판 2007다16885).★

6. 분묘가 '집단으로 설치'된 경우 분묘기지권은 그 집단 설치된 전 분묘의 보전 · 수호를 위한 것이므로, 그 분묘기지권에 기하여 보전되어 오던 분묘들 가운데 일부가 그 분묘기지권이 미치는 '범위 내'에서 이장되었다면, 그 이장된 분묘를 위하여서도 그 분묘기지권의 효력이 그대로 유지된다고 보아야 할 것이고, 다만 그 이장으로 인하여 더 이상 분묘 수호와 봉제사에 필요 없게 된 부분이 생겨났다면 그 부분에 대한 만큼은 분묘기지권이 소멸한다고 할 것이다(대판 94다15530).★

7. **권리자가 분묘의 수호와 봉사를 계속하는 한 그 분묘가 존속하고 있는 동안은 분묘기지권은 '존속'한다고 해석함이 상당하다**(대판 81다1220; 2005다44114).★

8. [1] 분묘가 멸실된 경우라고 하더라도, **유골이 존재하여 분묘의 원상회복이 가능하여 '일시적'인 멸실에 불과하다면 분묘기지권은 소멸하지 않고 '존속'하고 있다고 해석함이 상당하다.**★

   [2] **분묘의 수호 관리나 봉제사에 대하여 현실적으로 또는 관습상 호주상속인인 종손이 그 권리를 가지고 있다면 그 권리는 '종손'에게 전속하는 것이고,** 종손이 아닌 다른 후손이나 종중에서 관여할 수는 없다고 할 것이나, 공동선조의 후손들로 구성된 종중이 선조 분묘를 수호 관리하여 왔다면 분묘의 수호 관리권 내지 분묘기지권은 '종중'에 귀속한다(대판 2005다44114).

기출 분묘기지권은 당사자의 약정 등 특별한 사정이 없으면 권리자가 분묘의 수호를 계속하며 그 분묘가 존속하고 있는 동안 존속한다. (○)

기출 분묘가 일시적으로 멸실되었다면 유골의 존재를 불문하고 분묘기지권은 소멸한다. (×) 제19회

9. 임야의 소유권에 터 잡아 분묘의 철거를 청구하려면 분묘의 설치를 누가 하였건 그 분묘의 관리처분권을 가진 자를 상대로 하여야 할 것이고, 일반적으로 선조의 분묘를 수호·관리하는 권리는 그 '종손'에게 있다고 봄이 상당하다(대판 95다51182; 99다14006).

10. **분묘기지권이 소멸하는 분묘기지권 포기는 그 권리자가 의무자에 대하여 그 권리를 포기하는 '의사표시'를 하는 것으로 족하고,** 그 외에 점유까지도 포기하여야만 그 권리가 소멸하는 것이 아니다(대판 92다14762).

   주의 분묘기지권은 포기의 의사표시만으로도 소멸하며, 점유까지 포기해야 하는 것은 아니다.

11. 매수인이 착오로 '인접' 토지의 '일부'를 그가 매수한 토지에 속하는 것으로 믿고 점유한 경우, 그 인접 토지의 점유방법이 분묘를 설치·관리하는 것이어도 이는 '자주점유(自主占有)'에 속한다(대판 2006다84423). (주; 이 경우는 그 토지에 대한 시효취득도 가능하다)

12. 분묘기지권을 시효로 취득한다는 점은 오랜 세월 동안 지속되어 온 관습 또는 관행으로서 법적 규범으로 승인되어 왔고, 이러한 법적 규범이 **장사법(법률 제6158호) 시행일인 2001.1.13. 이전에 설치된 분묘에 관하여 현재까지 유지되고 있다고 보아야 한다**(대판 2016다231358).

13. **판결에 따라 분묘기지권에 관한 지료의 액수가 정해졌음에도 판결확정 후 책임 있는 사유로 상당한 기간 동안 지료의 지급을 지체하여 지체된 지료가 판결확정 전후에 걸쳐 2년분 이상이 되는 경우에는 「민법」 제287조를 유추적용하여 새로운 토지 소유자는 분묘기지권자에 대하여 분묘기지권의 소멸을 청구할 수 있다**(대판 2015다206850).

14. 분묘의 기지인 토지가 분묘의 수호·관리권자 아닌 다른 사람의 소유인 경우에 그 토지 소유자가 분묘 수호·관리권자에 대하여 분묘의 설치를 승낙한 때에는 그 분묘의 기지에 관하여 분묘기지권을 설정한 것으로 보아야 한다. 이와 같이 승낙에 의하여 성립하는 분묘기지권의 경우 성립 당시 토지 소유자와 분묘의 수호·관리자가 지료 지급의무의 존부나 범위 등에 관하여 약정을 하였다면 그 **약정의 효력은 분묘기지의 승계인에 대하여도 미친다(대판 2017다271834, 271841).**

15. 자기 소유 토지에 분묘를 설치한 사람이 그 토지를 양도하면서 분묘를 이장하겠다는 특약을 하지 않음으로써 분묘기지권을 취득한 경우, 특별한 사정이 없는 한 분묘기지권자는 분묘기지권이 **"성립한 때"부터 토지 소유자에게 그 분묘의 기지에 대한 토지사용의 대가로서 지료를 지급할 의무가 있다(대판 2017다271834, 271841).**

(4) 「장사 등에 관한 법률」★(2001년 1월 13일 이후에 설치된 분묘부터 적용)

① **법의 취지**: 분묘와 관련하여 매장문화를 화장 · 납골문화로 유도하는 것이 이 법의 제정 취지이며, 매장시에도 분묘의 면적과 설치기간을 제한한다. 또한 시효로 인한 분묘기지권을 방지하는 것이 이 법의 취지이다.

② **사설묘지의 설치**: 사설묘지는 개인묘지와 가족묘지, 종중(문중)묘지, 법인묘지로 구분된다.

구분	내용
개인묘지 (배우자 포함)	1기의 분묘 또는 해당 분묘에 매장된 자와 "배우자" 관계였던 자의 분묘를 같은 구역 안에 설치하는 묘지를 말한다.
가족묘지 (친족묘지)	「민법」에 따라 "친족관계"였던 자의 분묘를 같은 구역 안에 설치하는 묘지를 말한다.
종중 · 문중묘지	종중이나 문중 구성원의 분묘를 같은 구역 안에 설치하는 묘지를 말한다.
법인묘지	법인이 불특정 다수인의 분묘를 같은 구역 안에 설치하는 묘지를 말한다.

기출 '가족묘지'란 「민법」에 따라 친족관계였던 자의 분묘를 같은 구역 안에 설치하는 묘지를 말한다. (○) 제27회

③ **사설묘지의 설치기준** 제34회, 제35회

구분		개인묘지	가족묘지	종중 · 문중묘지	법인묘지
신고 및 허가★★		개인묘지를 설치한 자는 묘지를 설치한 후 '30일 이내'에 해당 묘지를 관할하는 시장 등에게 '신고'하여야 한다(사후신고).	㉠ 가족묘지, 종중 · 문중묘지 또는 법인묘지를 설치 · 관리하려는 자는 해당 묘지를 관할하는 시장 등의 '허가'를 받아야 한다(사전허가). ⇨ 위반시에는 2년 이하의 징역 또는 2천만원 이하의 벌금 ㉡ 법인묘지에 대해 시장 등은 「민법」에 따라 설립된 '재단법인'에 한정하여 허가를 할 수 있다. ㉢ 설치허가를 받으면 입목벌채 등의 허가는 받은 것으로 본다. ㉣ 가족묘지는 가족당 1개소, 종중(문중)묘지도 종중(문중)당 1개소에 한한다.		
설치면적★★		$30m^2$ 이하	$100m^2$ 이하	$1,000m^2$ 이하	10만m^2 이상
묘지 1기의 점유면적★		$30m^2$ 이하	$10m^2$ 초과 금지 (합장시 $15m^2$ 초과 금지)		
분묘 형태	봉분	높이 1m 초과 금지			
	평분	높이 50cm 초과 금지 ⇨ 설치면적이나 높이를 초과한 경우에는 1년 이하의 징역 또는 1천만원 이하의 벌금			

기출
1. 개인묘지를 설치하고자 하는 자는 시장 · 군수 · 구청장의 허가를 받아야 한다. (×) 제20회
2. 개인묘지를 설치할 경우 $30m^2$를 초과해서는 아니 된다. (○) 제20회
3. 가족묘지의 면적은 $100m^2$ 이하여야 한다. (○) 제24회

기출 가족묘지 1기 및 그 시설물의 총면적은 합장하는 경우 $20m^2$까지 가능하다. (×) 제21회

기출 매장을 한 자는 매장 후 30일 이내에 매장지를 관할하는 시장 등에게 신고해야 한다. (○) 제27회

④ **매장신고**: 매장을 한 자는 매장 후 30일 이내에 매장지를 관할하는 특별자치시장·특별자치도지사·시장·군수·구청장(시장 등)에게 신고하여야 한다. 시장 등은 보건복지부령으로 정하는 바에 따라 묘지현황에 대한 묘적부를 작성·관리하여야 한다. ★

⑤ **설치기간** ★

㉠ 사설묘지 및 공설묘지에 설치된 분묘의 설치기간은 '30년'으로 한다. 단, 30년의 1회에 한해서 연장 가능하다(분묘의 최장 존속기간은 '60년').

㉡ 설치기간 "종료" 후에는 '1년 이내'에 분묘를 철거하고, 매장된 유골을 화장하거나 봉안하여야 한다. ⇨ 위반시 1년 이하의 징역 또는 1천만원 이하의 벌금

기출 설치기간이 끝난 분묘의 연고자는 설치기간이 끝난 날부터 1년 이내에 해당 분묘에 설치된 시설물을 철거하고 매장된 유골을 화장하거나 봉안해야 한다. (○) 제27회

㉢ 설치기간을 계산할 때에는 합장분묘인 경우에는 "합장된 날"을 기준으로 계산하며, 연장기간은 조례로 정하는 바에 따라 5년 이상 30년 미만의 기간 안에서 연장기간을 단축할 수 있다.

⑥ **설치제한지역**

㉠ 개인묘지와 가족묘지는 도로·철도·하천으로부터 200m 이상(법인묘지 등은 300m 이상), 20호 이상의 인가·학교·공중장소로부터 300m 이상(법인묘지 등은 500m 이상) 떨어져 설치하여야 한다.

㉡ 또한 주거지역·상업지역·공업지역·녹지지역 중 대통령령으로 정하는 지역, 상수원보호구역, 하천구역, 수변구역, 접도구역, 농업진흥지역, 문화재보호구역, 사방지, 군사시설 보호구역, 붕괴·침수 우려가 있는 지역 등에는 원칙적으로 설치할 수 없다.

기출 토지소유자의 승낙 없이 타인 소유의 토지에 자연장을 한 자는 토지소유자에 대하여 시효 취득을 이유로 자연장의 보존을 위한 권리를 주장할 수 없다. (○) 제21회

⑦ **분묘기지권의 제한**: 타인의 토지에 '승낙 없이' 분묘(자연장 포함)를 설치한 분묘의 연고자는 해당 토지소유자·묘지 설치자 또는 연고자에 대하여 토지 사용권 그 밖에 분묘의 보존을 위한 권리(분묘기지권 등)를 주장할 수 없다.★

⑧ **개장의 절차**: 타인의 토지 등에 설치된 분묘는 토지소유자 등이 시장·군수·구청장의 '허가'를 받아 "개장"할 수 있다. 허가를 받아 개장을 하고자 하는 때에는 미리 '3개월 이상'의 기간을 정하여 그 뜻을 해당 분묘 설치자 등에게 통보(무연분묘는 공고)하여야 한다.

심화 학습 **자연장**(수목장, 화초장 등)★★

1. **기본개념** : ① **자연장을 하는 자는 화장한 유골을 묻기에 적합하도록** 분골하여야 한다. ② 용기는 생화학적으로 분해가 가능한 것이어야 한다.
2. **신고 및 허가**
   ① **"개인자연장지"를 조성한 자는 자연장지의 조성을 마친 후 '30일 이내'에 보건복지부령으로 정하는 바에 따라 관할 시장 등에게 '신고'(사후신고)하여야 한다.**
   ▢ 개인묘지나 개인자연장이나 개인은 무조건 사후신고.
   ② **"가족자연장지" 또는 "종중 · 문중자연장지"를 조성하려는 자는 보건복지부령으로 정하는 바에 따라 관할 시장 등에게 '신고'(사전신고)하여야 한다.**
   ▢ 가족묘지나 종중 · 문중묘지는 시전허가, 가족자연장지나 종중 · 문중자연장지는 사전신고.
   ③ **"법인 등 자연장지"를 조성하려는 자는 대통령령으로 정하는 바에 따라 시장 등의 '허가'(사전허가)를 받아야 한다.**
   ▢ 법인묘지나 법인자연장지나 법인은 무조건 사전허가
3. **자연장지의 면적**
   ① "개인 · 가족자연장지" : 1개소만 조성할 수 있으며, 그 면적은 100m² 미만이어야 한다(법률). ⇨ (시행령) "개인자연장지"는 30m² 미만이어야 하고, "가족자연장지"는 100m² 미만이어야 한다.
   ② "종중 · 문중자연장지" : 종중 · 문중별로 각각 1개소만 조성할 수 있으며, 그 면적은 2,000m² 이하이어야 한다.
   ③ "법인 등 자연장지" : **공공법인 및 재단법인**이 조성하는 자연장지는 **"5만m² 이상"이어야 하고**(원칙), **"종교단체"**가 신도 및 그 가족관계에 있었던 자를 대상으로 조성하려 하는 자연장지는 1개소에 한하여 조성할 수 있으며, 그 면적은 **"4만m² 이하"**이어야 한다.

기출 문중자연장지를 조성하려는 자는 관할 시장 등의 허가를 받아야 한다. (×) 제24회

3. 권리자에 관한 확인

참고 | 권리자에 관한 확인은 권리의 진정성과 처분능력을 확인하는 것이다.

판 례

권리관계에는 권리자에 관한 사항도 포함된다.

법 제25조 제1항은 중개의뢰를 받은 개업공인중개사는 중개대상물의 권리관계, 법령의 규정에 의한 거래 또는 이용제한사항 등을 확인하여 중개의뢰인에게 설명할 의무가 있음을 명시하고 있고, 위 권리관계에는 중개대상물의 권리자에 관한 사항도 포함된다고 할 것이다(대판 2007다44156).

① 개업공인중개사는 선량한 관리자의 주의와 신의성실로써 매도 등 처분을 하려는 자가 진정한 권리자와 동일인인지의 여부를 부동산등기사항증명서와 주민등록증 등에 의하여 조사 · 확인할 의무가 있다.

② 개업공인중개사로서는 매도의뢰인이 알지 못하는 사람인 경우 필요할 때에는 등기권리증의 소지 여부나 그 내용을 확인 · 조사해봐야 할 주의의무가 있다.

③ 제한능력자(미성년자, 피한정후견인, 피성년후견인)인지는 가족관계등록부(또는 후견등기부)를 통하여 확인할 수 있다.

④ 미성년자와 계약을 체결할 때는 법정대리인의 동의서와 인감증명서를 통해서 확인하고 계약을 체결해야 한다.

⑤ 임의대리인은 본인의 위임장과 인감증명서 등(본인의 등기필증 + 본인에게 확인)을 통하여 확인하여야 한다.

⑥ 법인은 법인등기사항증명서를 통하여 법인의 진정성과 법인대표자의 처분권한의 제한 등을 확인하여야 한다.

4. 공동소유의 확인

구분	지분의 처분	공동물 자체의 처분	비고
공유	공유자의 자유	전원의 동의	상속재산 등
합유	전원의 동의	전원의 동의	조합재산 등
총유	지분 없음	사원총회의 의결	종중재산 등

기출

1. 합유인 재산에 대하여 계약을 체결할 때에는 합유자 전원의 동의 여부를 확인해야 한다. (○) 제13회
2. 개업공인중개사는 공유지분을 중개할 때에는 공유자 A의 지분처분에 대한 다른 공유자 B의 동의 여부를 확인해야 할 의무가 있다. (×) 제24회

심화학습 공유 관련 내용★ 제35회

사항	요건
공유물의 보존행위	각자
공유물의 관리행위	지분의 과반수로 결정
공유물의 처분행위	공유자 전원의 동의
공유지분의 처분행위	자유

1. 토지의 공유자는 각자의 '지분 비율'에 따라, 토지 전체를 '사용 · 수익'할 수 있다.
2. 공유자가 공유물을 타인에게 임대하는 행위 및 그 임대차계약을 해지하는 행위는 공유물의 '관리행위'에 해당하므로, 「민법」 제265조 본문에 의하여 공유자의 '지분의 과반수'로써 결정하여야 한다.
3. 「상가건물 임대차보호법」이 적용되는 상가건물의 공유자인 임대인이 같은 법 제10조 제4항에 의하여 임차인에게 갱신 거절의 통지를 하는 행위는 실질적으로 임대차계약의 해지와 같이 공유물의 임대차를 종료시키는 것이므로, 공유물의 '관리행위'에 해당하여 공유자의 '지분의 과반수'로써 결정하여야 한다(대판 2010다37905).

4. 과반수 지분의 공유자가 그 공유물의 특정 부분을 배타적으로 사용 · 수익하기로 정하는 것은 공유물의 '관리방법'으로서 적법하다고 할 것이므로, '과반수 지분'의 공유자로부터 사용 · 수익을 허락받은 점유자에 대하여 소수 지분의 공유자는 그 점유자가 사용 · 수익하는 건물의 철거나 퇴거 등 점유배제를 구할 수 없다(대판 2002다9738).
5. 과반수 지분의 공유자는 그 공유물의 관리방법으로서 그 공유토지의 특정된 한 부분을 배타적으로 사용 · 수익할 수 있으나, 그로 말미암아 지분은 있으되 그 특정 부분의 사용 · 수익을 전혀 하지 못하여 손해를 입고 있는 소수지분자에 대하여 그 지분에 상응하는 임료 상당의 '부당이득'을 하고 있다 할 것이므로 이를 반환할 의무가 있다(대판 2002다9738).

기출 공유자 간에 합의가 없으면 공유토지에 대하여 3분의 2의 지분을 가진 공유자는 그 토지의 특정 부분을 배타적으로 사용할 수 있다. (○) 제19회

5 공법상 이용제한 · 거래규제에 관한 사항

1. 공법상의 이용제한

(1) 공법상의 이용제한은 용도지역 · 용도지구상의 행위제한 등을 말하며, 사용 · 수익권능의 제한을 뜻한다.

(2) 공법상 제한은 주로 토지이용계획확인서를 통하여 주요한 내용을 알 수 있다. 그러나 모든 공법상의 이용제한 사항을 확인할 수 있는 것은 아니다. 토지이용계획확인서로는 토지소유자 등 토지의 권리관계는 확인할 수 없다. 토지이용계획확인서로 확인할 수 없는 것은 '부동산종합정보망' 등을 통하여 확인하고, 담당기관에도 문의를 한다.

(3) 건폐율 상한 및 용적률 상한은 시 · 군 조례에 따라 확인하여야 한다.

기출 건폐율 상한 및 용적률 상한은 토지이용계획확인서를 통하여 조사한다. (×) 제18회

2. 공법상의 거래규제

(1) 공법상의 거래규제는 처분권능의 규제를 말한다.

(2) 주요한 공법상 거래규제로는, 「부동산 거래신고 등에 관한 법률」상의 토지거래허가제, 외국인의 토지취득허가제, 「농지법」 상의 농지취득자격증명제, 「전통사찰의 보존 및 지원에 관한 법률」상의 재산 처분시 문화체육관광부장관 허가제(종단대표자의 승인도 확인), 「향교재산법」상 처분행위에 대한 시 · 도지사의 허가제, 「사립학교법」상의 교육부장관(대학), 시 · 도 교육감(초 · 중 · 고) 허가제 등이 있다.

기출 '농업경영'이란 농업인이나 농업법인이 자기의 계산과 책임으로 농업을 영위하는 것을 말한다. (○) 제20회

기출 농지는 자기의 농업경영에 이용하거나 이용할 자가 아니면 소유하지 못함이 원칙이다. (○) 제21회

기출
1. 8년 이상 농업경영을 한 후 이농한 사람은 이농 당시의 소유 농지 중에서 원칙적으로 1만m^2까지만 소유할 수 있다. (○) 제20회
2. 주말·체험영농을 하려는 사람은 총 1천m^2 미만의 농지를 소유할 수 있되, 이 경우 면적 계산은 그 세대원 전부가 소유하는 총면적으로 한다. (○) 제20회

3. 농지취득자격증명제 ★ 제29회

제3조【농지에 관한 기본 이념】② 농지는 농업 생산성을 높이는 방향으로 소유·이용되어야 하며, "투기"의 대상이 되어서는 "아니된다".

제7조의2【금지행위】'누구든지' 다음 각 호의 어느 하나에 해당하는 행위를 하여서는 아니 된다. (주; 위반시 3년 이하의 징역 또는 3천만원 이하의 벌금형의 대상이 된다)

1. 제6조에 따른 농지 소유 제한이나 제7조에 따른 농지 소유 상한에 대한 위반 사실을 알고도 농지를 소유하도록 "권유"하거나 "중개"하는 행위
2. 제9조에 따른 농지의 위탁경영 제한에 대한 위반 사실을 알고도 농지를 위탁경영하도록 "권유"하거나 "중개"하는 행위
3. 제23조에 따른 농지의 임대차 또는 사용대차 제한에 대한 위반 사실을 알고도 농지 임대차나 사용대차하도록 "권유"하거나 "중개"하는 행위
4. 제1호부터 제3호까지의 행위와 그 행위가 행하여지는 업소에 대한 "광고" 행위

(1) 농지의 소유

① **경자유전(耕者有田)의 원칙**: 농지는 원칙적으로 자기의 농업경영에 이용하거나 이용할 자가 아니면 이를 소유하지 못한다. 즉, 농업인만이 농지를 소유할 수 있으며, 농업인이 아닌 자는 농지를 소유할 수 없다는 원칙이다.

② **비농업인(非農業人)의 농지소유상한제**: 농업인이 아닌 자가 농지를 소유하는 경우에는 면적의 제한을 받는다. ⇨ 농지소유상한을 초과하여 소유한 경우에는 사유가 발생한 날로부터 1년 이내에 처분하여야 한다.

내용	key
㉠ '상속'으로 농지를 취득한 사람("비농업인")으로서 농업경영을 하지 아니하는 사람은 그 상속농지 중에서 총 '1만m^2까지'(=1만 이내,=1만 이하)만 소유할 수 있다. 주의 상속인이 "농업인"인 경우에는 면적제한 없이 소유가능하다.	상속만★
㉡ '8년' 이상 농업경영을 한 후 이농한 사람은 이농 당시의 소유농지 중에서 총 '1만m^2까지'(=1만 이내,=1만 이하)만 소유할 수 있다.	팔년만★
㉢ 주말·'체험영농'을 하려는 사람은 총 '1천m^2 미만' (이하 ×) 의 농지를 소유할 수 있다. 이 경우 면적의 계산은 그 세대원 전부가 소유하는 '총면적'으로 한다.	체천총★

심화 학습 **도시민의 주말 · 체험영농**(주말농장)

① 법인은 주말체험영농목적으로 농지를 소유할 수 없다.
② "주말체험영농계획서"를 작성하여 농지취득자격증명을 신청하여야 한다.
③ 세대원 총면적이 전체 1천m^2 미만이어야 한다.
④ "농업진흥지역(농업진흥구역 및 농업보호구역 포함) 이내"에서는 주말체험영농목적으로 농지를 취득 할 수 "없다".

(2) 농지취득자격증명(農地取得資格證明)

「농지법」 제8조 【농지취득자격증명의 발급】 ① 농지를 취득하려는 자는 농지소재지를 관할하는 시장(구를 두지 아니한 시의 시장을 말하며, 도농 복합 형태의 시는 농지소재지가 동지역인 경우만을 말한다), 구청장(도농 복합 형태의 시의 구에서는 농지소재지가 동지역인 경우만을 말한다), 읍장 또는 면장(이하 "시 · 구 · 읍 · 면의 장"이라 한다)에게서 농지취득자격증명을 발급받아야 한다. (후략)

② 제1항에 따른 농지취득자격증명을 발급받으려는 자는 '다음 각 호'의 사항이 모두 포함된 '농업경영계획서' 또는 '주말 · 체험영농계획서'를 작성하고 농림축산식품부령으로 정하는 서류를 첨부하여 농지소재지를 관할하는 시 · 구 · 읍 · 면의 장에게 발급신청을 하여야 한다. (후략)

〈농업경영계획서 또는 주말 · 체험영농계획서에 기재해야 할 사항〉
1. 취득 대상 농지의 '면적'(공유로 취득하려는 경우 공유 '지분'의 비율 및 각자가 취득하려는 농지의 '위치'도 함께 표시한다)
2. 취득 대상 농지에서 농업경영을 하는 데에 필요한 '노동력 및 농업 기계 · 장비 · 시설의 확보 방안'
3. 소유 농지의 '이용 실태'(농지 소유자에게만 해당한다)
4. 농지취득자격증명을 발급받으려는 자의 '직업 · 영농경력 · 영농거리'

③ 시 · 구 · 읍 · 면의 장은 농지 **'투기'가 성행하거나 성행할 우려가 있는 '지역'**의 농지를 취득하려는 자 등 '농림축산식품부령'으로 정하는 자가 농지취득자격증명 발급을 신청한 경우 제44조에 따른 **'농지위원회'의 심의를 거쳐야 한다**.

⑥ 제1항 본문과 제2항에 따라 **농지취득자격증명을 발급받아 농지를 취득하는 자가 그 '소유권에 관한 등기'를 신청할 때에는 농지취득자격증명을 첨부하여야 한다.**
(주; 농지취득자격증명은 소유권이전등기신청시의 첨부서류에 해당한다)

제8조의2 【농업경영계획서 등의 보존기간】 ① 시 · 구 · 읍 · 면의 장은 제8조 제2항에 따라 제출되는 농업경영계획서를 '10년'간 보존하여야 한다.

① 의의

㉠ 발급권자: 농지를 취득하려는 자는 '농업경영계획서' 또는 '주말 · 체험영농계획서'를 작성하고 농림축산식품부령으로 정하는 서류를 첨부하여 농지의 소재지를 관할하는 '시장 · 구청장 · 읍장 · 면장'으로부터 농지취득자격증명을 발급받아야 한다.

㉡ 면적의 규제: "신청 당시 농업경영을 하지 아니하는 자"가 자기의 농업경영에 이용하고자 농지를 취득하는 경우에는 해당 농지의 취득 후 농업경영에 이용하고자 하는 농지의 총면적이 다음에 해당하여야 농지취득자격증명을 발급받을 수 있다.

> ⓐ 고정식 온실 · 버섯 재배사 · 비닐하우스 등: 330m² 이상
> ⓑ 곤충사육사가 설치되어 있거나 곤충사육사를 설치하려는 농지의 경우 : 165m² 이상
> ⓒ 기타 농지: 1,000m² 이상(임차농지의 면적을 포함)

② **발급**: '시 · 구 · 읍 · 면장'은 농지취득자격증명의 발급신청을 받은 때에는 그 신청을 받은 날로부터 '7일 이내(다만, 농업경영계획서를 작성하지 않는 경우에는 4일 이내, 농지위원회의 심의 대상인 경우에는 14일 이내)'에 농지취득의 적합 여부를 확인하여 농지취득자격증명을 발급하여야 한다.★

③ **농지취득자격증명 등의 면제★**

	농지취득자격증명 발급 대상이 아닌 경우	key
농지 취득 자격 증명	㉠ '국가' 또는 '지방자치단체'가 농지를 소유하는 경우	국 · 지
	㉡ '상속'(상속인에게 한 유증을 포함)으로 농지를 취득하여 소유하는 경우	상
	㉢ '담보농지'를 취득하여 소유하는 경우	담
	㉣ 농지전용'협의'를 마친 농지를 소유하는 경우★	협의
	㉤ 공유농지를 '분할'하는 경우★	분할
	㉥ 농업법인이 '합병'으로 농지를 취득하는 경우★	합병
	㉦ '시효'의 완성으로 농지를 취득하는 경우	시
	㉧ '도시'지역 내 주거 · 상업 · 공업지역 등으로 지정된 농지와 녹지지역 중 도시계획사업에 필요한 농지	도
⬆	㉨ 토지거래허가구역 안에 있는 농지에 대하여 '허가'를 받은 경우★	허가
	농업경영계획서가 면제되는 경우(농업취득자격증명은 필요)★	**key**
농업 경영 계획서 작성	㉠ '연구' · 실습지 목적으로 농지를 취득하여 소유하는 경우	연구
	㉡ 농지전용'허가'를 받거나 농지전용'신고'를 한 자가 농지를 소유하는 경우	허 · 신
	㉢ 농지개발사업지구 안에 소재하는 '1,500m² 미만' 농지를 소유하는 경우	1,500

기출
1. 농지전용협의를 마친 농지를 매수하는 경우에도 농지취득자격증명이 필요하다. (×) 제23회
2. 공유농지의 분할을 원인으로 농지를 취득하는 경우 농지취득자격증명을 요하지 않는다. (○) 제21회
3. 농업법인의 합병으로 농지를 취득하는 경우 농지취득자격증명을 발급받지 않고 농지를 취득할 수 있다. (○) 제27회

㉠ 매매계약이나 증여계약으로 농지를 취득하는 경우뿐만 아니라 경매 · 공매, 판결, 조서에 의하여 농지를 취득하는 경우에도 농지취득자격증명이 있어야 한다.★

㉡ 농지취득자격증명은 농지의 소유권이전등기신청시 첨부서류이다. 그러나 농지취득의 원인이 되는 매매계약 등의 거래계약의 효력을 발생시키는 요건은 아니다.★

㉢ 주말 · 체험영농이나 농지전용의 허가나 신고를 한 자가 농지를 취득하는 경우에는 농지취득자격증명이 있어야 한다.★

(3) 농지의 임대차 등

「농지법」 제2절 농지의 임대차 등

제9조 【농지의 위탁경영】 농지 소유자는 다음 각 호의 어느 하나에 해당하는 경우 외에는 소유 농지를 '위탁경영'할 수 없다.

〈주; 위탁경영이 가능한 경우〉
1. 「병역법」에 따라 징집 또는 소집된 경우
2. '3개월' 이상 "국외 여행 중"인 경우
3. 농업법인이 청산 중인 경우
4. 질병, 취학, 선거에 따른 공직 취임, 그 밖에 대통령령으로 정하는 사유로 자경할 수 없는 경우
5. 제17조에 따른 농지이용증진사업 시행계획에 따라 위탁경영하는 경우
6. 농업인이 자기 노동력이 부족하여 농작업의 일부를 위탁하는 경우

제10조 【농업경영에 이용하지 아니하는 농지 등의 처분】 ① 농지 소유자는 다음 각 호의 어느 하나에 해당하게 되면 그 **사유가 발생한 날부터 '1년' 이내에 해당 농지(제6호의 경우에는 농지 소유 상한을 초과하는 면적에 해당하는 농지를 말한다)를 그 사유가 발생한 날 당시 세대를 같이하는 세대원이 아닌 자에게 처분하여야 한다.** 〈이하 생략〉

제23조 【농지의 임대차 또는 사용대차】 ① 다음 각 호의 어느 하나에 해당하는 경우 외에는 농지를 임대하거나 무상사용하게 할 수 없다.

제24조 【임대차 · 사용대차 계약 방법과 확인】 ① 임대차계약(농업경영을 하려는 자에게 임대하는 경우만 해당한다. 이하 이 절에서 같다)과 사용대차계약(농업경영을 하려는 자에게 무상사용하게 하는 경우만 해당한다)은 "서면계약"을 원칙으로 한다.
② 제1항에 따른 임대차계약은 그 등기가 "없는" 경우에도 임차인이 농지소재지를 관할하는 시 · 구 · 읍 · 면의 장의 확인을 받고, 해당 농지를 인도(引渡)받은 경우에는 그 "다음 날"부터 제삼자에 대하여 효력이 생긴다.
③ 시 · 구 · 읍 · 면의 장은 농지임대차계약 확인대장을 갖추어 두고, 임대차계약증서를 소지한 임대인 또는 임차인의 확인 신청이 있는 때에는 농림축산식품부령으로 정하는 바에 따라 임대차계약을 확인한 후 대장에 그 내용을 기록하여야 한다.

기출

1. 농지소유자는 6개월 이상 국외여행 중인 경우에 한하여 소유농지를 위탁경영하게 할 수 있다. (×) 제21회
2. 선거에 따른 공직취임으로 인하여 일시적으로 농업경영에 종사하지 아니하게 된 자가 소유하고 있는 농지는 임대할 수 있다. (○) 제26회

제24조의2【임대차기간】 ① 제23조 제1항 각 호(제8호는 제외한다)의 임대차 기간은 "3년 이상"으로 하여야 한다. 다만, 다년생식물 재배지 등 대통령령으로 정하는 농지의 경우에는 "5년 이상"으로 하여야 한다.
② 임대차기간을 정하지 아니하거나 제1항에 따른 기간 미만으로 정한 경우에는 제1항에 따른 기간으로 약정된 것으로 본다. 다만, 임차인은 제1항에 따른 기간 미만으로 정한 임대차기간이 유효함을 주장할 수 있다.
③ 임대인은 제1항 및 제2항에도 불구하고 질병, 징집 등 대통령령으로 정하는 불가피한 사유가 있는 경우에는 임대차기간을 제1항에 따른 기간 미만으로 정할 수 있다.
④ 제1항부터 제3항까지의 규정에 따른 임대차기간은 임대차계약을 연장 또는 갱신하거나 재계약을 체결하는 경우에도 동일하게 적용한다.

제24조의3【임대차계약에 관한 조정 등】 ① 임대차계약의 당사자는 임대차기간, 임차료 등 임대차계약에 관하여 서로 협의가 이루어지지 아니한 경우에는 농지소재지를 관할하는 시장·군수 또는 자치구구청장에게 조정을 신청할 수 있다.

제25조【묵시의 갱신】 임대인이 임대차기간이 끝나기 "3개월 전"까지 임차인에게 임대차계약을 갱신하지 아니한다는 뜻이나 임대차계약 조건을 변경한다는 뜻을 통지하지 아니하면 그 임대차기간이 끝난 때에 이전의 임대차계약과 같은 조건으로 다시 임대차계약을 한 것으로 본다.

제26조【임대인의 지위 승계】 임대 농지의 양수인(讓受人)은 이 법에 따른 임대인의 지위를 승계한 것으로 본다.

제26조의2【강행규정】 이 법에 위반된 약정으로서 "임차인"에게 불리한 것은 그 효력이 없다.

기출 농지임대가 예외적으로 허용되어 농업경영을 하려는 자에게 임대하는 경우, 그 임대차계약은 서면계약을 원칙으로 한다. (○) 제26회, 제27회

기출 임대 농지를 양수한 자는 「농지법」에 따른 임대인의 지위를 승계한 것으로 본다. (○) 제26회

판 례

「농지법」 관련 주요 판례

1. 어떤 토지가 「농지법」 제2조 제1호 (가)목 전단에서 정한 '농지'인지 여부는 공부상의 지목과 관계없이 그 토지의 실제 현상에 따라 판단하여야 하지만, 「농지법」상 '농지'였던 토지가 현실적으로 다른 용도로 이용되고 있더라도 그 토지가 농지전용허가 등의 절차를 거치지 아니한 채 불법 전용된 것이라면, 특별한 사정이 없는 한 농지로 원상회복되어야 하는 것으로서 그 변경 상태는 일시적인 것에 불과하므로 여전히 「농지법」상 '농지'에 해당한다고 보아야 한다(대판 2018두43095; 대판 2020두30665).
2. 공매부동산이 「농지법」이 정한 농지인 경우에는 매각결정과 대금납부가 이루어졌다고 하더라도 농지취득자격증명을 발급받지 못한 이상 소유권을 취득할 수 없고, 설령 매수인 앞으로 소유권이전등기가 경료되었다고 하더라도 달라지지 않으며, 다만 매각결정과 대금납부 후에 농지취득자격증명을 추완할 수 있을 뿐이다(대판 2010 다68060).
3. [1] 농지를 취득하려는 자가 농지에 관하여 소유권이전등기를 마쳤다고 하더라도 농지취득자격증명을 발급받지 못한 이상 그 소유권을 취득하지 못한다.
   [2] 농지에 관한 경매절차에서 농지취득자격증명의 발급은 매각허가요건에 해당한다.
   [3] 농지를 취득하려는 자가 농지에 대한 매매계약을 체결하는 등으로 농지에 관한 소유권이전등기청구권을 취득하였다면, 농지취득자격증명 발급신청권을 보유하게 된다. 이러한 농지취득자격증명 발급신청권은 채권자대위권의 행사대상이 될 수 있다(대판 2014두36518).

Chapter 03

영업활동과 거래계약 체결

1 중개활동(판매활동)

(1) AIDA 원리(마케팅이론)

구매자를 설득하여 거래계약이 체결되도록 유도하는 기본원리에 해당한다. 이는 구매자의 주목을 끌어 물건에 대해 흥미를 유발시켜 구매욕망을 키움으로써 계약을 체결하는 원리이다.

① **주목**(Attention): 광고 등 주의를 끄는 단계

② **흥미유발**(Interest): 셀링포인트를 제시하여 흥미를 유발하는 단계

③ **욕망**(Desire): 흥미 있는 부분(셀링포인트)을 집중 강조하여 클로우징을 시도하는 단계

④ **행동**(Action): 본격적인 클로우징을 시도하여 클로우징(서명・날인)시키는 단계

(2) 셀링포인트

① **의의**: 해당 물건이 지니는 여러 가지 특성 중 구매자에게 만족을 줄 만한 특징을 집중적으로 강조하여 계약에 이르게 하는 것을 말하며, 이를 판매소구점 또는 특징강조술이라고도 한다. 이는 구매자가 어떤 입장이냐에 따라 가변적이며 상대적이다.

② **여러 측면의 셀링포인트**

법률적 측면	소유권의 진정성, 공법상의 규제내용, 세제상의 혜택(세법) 등
경제적 측면	가격이나 임료의 적정성, 부동산의 수요 공급, 경기순환 등
기술적 측면	대상 부동산의 기능이나 설비의 견고성, 건축공법, 구조의 안전성 등

(3) 클로우징(closing)

'클로우징'이란, 계약을 체결하고 계약서에 서명・날인을 하는 것을 말한다. 클로우징의 기회는 1회에 한정된 것은 아니고 수회에 걸쳐 반복될 수 있다.

출제경향 및 학습방법

제3장에서는 통상 0~1문제 정도가 출제된다. '영업활동' 부분은 실제로는 거의 출제되고 있지 않다. '거래계약의 체결' 부분에서는 '부동산거래계약전자시스템'을 정리하여야 한다.

기출

1. 각각의 셀링포인트는 중개대상물이 갖는 고유의 특성이라고 할 수 있지만 모든 특성이 절대적인 것은 아니기 때문에 상대성이 있을 수 있다. (○) 제17회
2. 부동산 가격 및 임료 수준의 적정성 등은 기술적 측면의 셀링포인트에서 가장 중요한 내용이다. (×) 제17회

기출 '클로우징'이란, 부동산 매매계약서에 서명・날인시키는 행위를 말한다. (○) 제15회

2 거래계약서의 작성

법정 강제서식은 정해진 바가 없다. 그러므로 공인중개사법령에 따라 거래계약서의 필요적 기재사항을 반드시 기재하여 작성하고, 서명 및 날인(담당 소속공인중개사도 포함)하여 거래당사자 쌍방에게 교부하여야 한다. 또한 그 원본, 사본 또는 전자문서를 '5년간' 보존(공인전자문서센터에 보관시는 제외)하여야 한다.

3 부동산 거래의 전자계약 제30회

◻ 국토교통부 부동산거래전자계약시스템(Integrated Real Estate Trade Support System)

(1) 개념 – '부동산거래전자계약시스템'이란?

① 첨단 ICT 기술과 접목, 공동인증 · 전자서명, 부인방지 기술을 적용하여 종이 · 인감 없이도 온라인 서명으로 부동산 전자계약 체결, 실거래신고 및 확정일자 부여 자동화, 거래계약서 · 중개대상물 확인 · 설명서 등 계약서류를 공인된 문서보관센터에 보관하는 전자적 방식의 부동산거래계약서 작성 및 체결 시스템을 말한다.

② 운영주체는 국토교통부장관이며, 현재 한국부동산원에 위탁하여 운영되고 있다.

③ 부동산 전자계약은 종전에 종이로 작성하던 거래계약서를 컴퓨터, 태블릿 PC, 스마트폰 등 전자기기를 사용하여 작성 · 서명하는 것으로, 이 경우 온라인 네트워크를 통해 실거래신고 및 확정일자가 자동으로 처리되므로, 행정기관을 방문하여 별도로 신고할 필요가 없다.★

(2) 부동산거래전자계약 체결절차

① 개업공인중개사의 사전 준비(회원가입, 공동인증서 신청 및 발급, 공동인증서 등록) ⇨ ② 거래계약서 작성 ⇨ ③ 거래의뢰인 전자서명 ⇨ ④ 공인중개사 전자서명 ⇨ ⑤ 실거래가 신고 및 확정일자 부여

(3) 부동산 전자계약의 장점★

① **경제성**: 대출시 우대금리가 적용되고, 등기수수료를 할인받을 수 있다. 또한 부동산 서류발급을 최소화할 수 있어서 건축물대장이나 토지대장 등의 발급료 등이 절약될 수 있다.

② **편리성**: 도장 없이 계약이 가능하며, 계약서 보관이 불필요하다. 주택임대차 계약의 경우에는 임차인의 확정일자가 무료로 자동으로 부여된다. 매매계약의 경우에는 부동산 거래신고가 자동으로 완료된다.★

③ **안전성**: 계약서의 위조나 변조 등을 예방할 수 있고, 중개시의 부실한 확인・설명을 방지할 수 있다. 또한 공인중개사 및 거래당사자의 신분확인이 철저하게 되며, 개인정보는 암호화를 통해 안심하게 거래를 할 수 있다.

④ **무등록 중개업 방지**: 개업공인중개사만이 회원가입을 할 수 있어서, 무자격・무등록자의 불법 중개행위를 차단할 수 있다.

(4) 개업공인중개사 관련 사항

① 개업공인중개사가 부동산거래전자계약시스템에 의한 전자계약을 진행할 때 해당 물건에 대한 거래계약서(전자계약서)와 중개대상물 확인・설명서(전자확인・설명서)를 같이 작성하도록 프로그램화되어 있다.

② 개업공인중개사가 거래계약서 작성과 중개대상물 확인・설명서 작성업무를 이러한 전자계약으로 처리함으로써, 작성・교부・보존의무(공인전자문서센터에 자동보관)를 일괄적으로 해결할 수 있는 편리함이 있다.

Chapter 04

중개실무 관련 법령

> **출제경향 및 학습방법**
>
> 제4장에서는 통상 2~4문제 정도가 출제된다. 「주택임대차보호법」과 「상가건물 임대차보호법」은 반드시 출제되는 부분이다.

기출

1. 토지나 건물에 대한 증여계약서에는 검인을 받아야 소유권이전등기를 할 수 있다. (○) 제24회
2. 건물 전세권설정계약서에는 검인을 받아야 전세권등기를 할 수 있다. (×) 제18회
3. 토지나 건물에 대한 저당권설정계약서에 검인을 받아야 저당권설정등기를 할 수 있다. (×) 제24회

1 부동산등기 특별조치법상의 검인제도

(1) 의의 key (토·건) 계·소·리 / 판·소·리

① 토지나 건물에 대하여 '계약'을 원인으로 '소유권이전등기'를 하는 경우에는 그 계약서에 시·군·구청장(또는 그 권한을 위임받은 자)의 검인(檢印)을 받아서, 소유권이전등기를 신청하여야 한다.

② '토지'나 '건물'에 대하여만 검인을 받는 것이고, 입목이나 광업재단, 공장재단 등은 검인을 받지 아니한다. 또한 소유권이 이전되는 계약인 경우에만 검인을 받는 것이고, 전세권설정계약이나 임대차계약인 경우에는 검인을 받지 아니한다.

③ 시장 등으로부터 권한을 위임받을 수 있는 자는 읍·면·동장으로 하며, 시장 등이 권한을 위임한 때에는 지체 없이 관할 등기소장에게 그 뜻을 통지하여야 한다.

④ 등기원인을 증명하는 서면이 집행력 있는 '판결서(조서)'인 때에도 판결서(조서)에 검인을 받아서 이전등기를 신청하여야 한다.

(2) 검인계약서의 필요적 기재사항 key 당·목·계·대·중·조

검인을 받고자 하는 거래계약서에는 다음의 사항을 반드시 기재하여야 한다.

> ① 당사자
> ② 목적부동산
> ③ 계약연월일
> ④ 대금 및 그 지급사항
> ⑤ 개업공인중개사가 있을 때 개업공인중개사
> ⑥ 조건·기한이 있을 때 조건·기한

(3) 검인신청자

① 거래당사자 중 1인(또는 위임받은 자), 거래계약서를 작성한 개업공인중개사, 변호사, 법무사 등이 해당한다.

② 개업공인중개사는 검인을 신청할 수는 있지만, 검인의 신청의무는 없다. 즉, 의뢰인의 요청이 있다 하더라도 검인을 받아줄 의무는 없다.

(4) 서류의 제출

계약서의 원본 또는 판결서 등의 정본을 부동산 소재지 시·군·구청장(또는 그 권한을 위임받은 자 – 읍·면·동장)에게 제출하여야 한다.

(5) 검인권자의 검인

① 계약 검인신청을 받은 시장·군수·구청장은 계약서 또는 판결서 등의 '형식적 요건'의 구비 여부만을 확인하고, 그 기재에 흠결이 없다고 인정한 때에는 '지체 없이' 검인을 하여 검인신청인에게 교부하여야 한다.

② 시장 등이 검인을 한 때에는 그 계약서 또는 판결서 등의 사본 2통을 작성하여 1통은 보관하고, 1통은 부동산 소재지 관할 세무서장에게 송부하여야 한다.

기출 검인신청을 받은 X토지 소재지 관할청이 검인을 한다면 계약서 내용의 진정성을 확인해야 한다. (×) 제24회

(6) 검인의 면제★★

① 「부동산 거래신고 등에 관한 법률」상의 '토지거래허가'를 받은 경우에는 이 법상의 검인은 받은 것으로 본다.

② 「부동산 거래신고 등에 관한 법률」상의 '부동산 거래신고'를 한 경우에도 이 법상의 검인은 받은 것으로 본다.

참고 | 중개대상물 중에 '토지'와 '건물'은 검인의 대상이나 입목이나 광업재단, 공장재단은 검인의 대상이 아니다.

검인을 요하는 경우와 요하지 않는 경우

검인대상	검인을 요하지 않는 경우
① 교환계약서 ② 증여계약서 ③ 양도담보계약서 ④ 가등기에 기한 본등기 ⑤ 판결서, 화해조서 등	① 전세권 설정계약서, 임대차계약서, 저당권설정계약서 등 ② 경매 또는 공매로 인한 소유권이전등기 ③ 상속, 취득시효, 수용 등 계약이 원인이 아닌 소유권이전등기 ④ 당사자 일방이 국가·지방자치단체인 경우 ⑤ 소유권이전청구권보전의 가등기(예약서) ⑥ 입목, 광업재단, 공장재단 등기의 경우 ⑦ 토지거래허가·부동산 거래신고 등을 한 경우

토지·건물 등의 '매매계약서'는 「부동산 거래신고 등에 관한 법률」상의 부동산 거래신고의 대상이므로 부동산 거래신고를 하면 검인은 받은 것으로 본다(즉, 검인을 받을 필요는 없다).★

2 부동산 실권리자명의 등기에 관한 법률(부동산실명법)

제31회, 제32회, 제33회, 제34회, 제35회

1. 적용범위

이 법은 부동산에 관한 소유권과 그 밖의 '물권'을 실체적 권리관계와 일치하도록 실권리자의 명의로 등기하게 함으로써 국민경제의 건전한 발전에 이바지함을 목적으로 한다(법 제1조). 즉, 부동산 소유권과 그 밖의 물권등기를 '실명'으로 하여야 한다는 것이다. 물권이 아닌 임대차계약(채권)에 대하여는 적용되지 않는다.

2. 명의신탁약정의 무효(3무효원칙)

(1) 명의신탁약정을 '무효'로 한다.

(2) 그 명의신탁의 약정에 따라 이루어진 부동산 등기도 '무효'로 한다.

(3) 물권변동의 효력도 '무효'로 한다.

3. 명의신탁의 유형과 효력

(1) 2자 간의 등기명의신탁

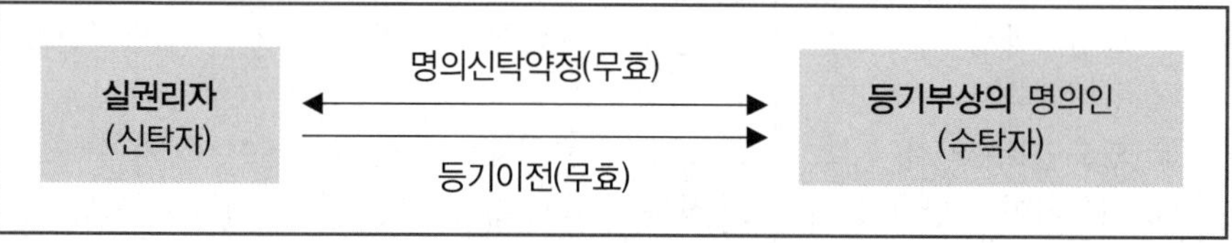

① 명의신탁자와 명의수탁자 사이의 명의신탁약정은 '무효'가 된다. 또한 이에 기한 소유권이전등기가 '무효'이며, 물권변동의 효력도 '무효'가 되어(법 제4조 제1항 및 제2항) 소유권은 원 소유자인 명의신탁자(실권리자)에게 귀속된다. 그러므로 명의신탁자는 명의수탁자에게 소유권을 주장할 수 있으며, 명의수탁자가 점유를 한 경우에도 타주점유에 해당한다.

② 수탁자 명의의 이전등기는 무효이므로, 신탁자는 명의신탁'해지'에 기한 소유권이전등기를 청구할 수 '없고'(대판 98다1027), 수탁자를 상대로 소유권에 기한 방해배제청구권을 행사하여 수탁자 명의의 등기의 '말소'를 청구하거나 '진정명의회복'을 위한 소유권이전등기를 청구할 수 있을 뿐이다(대판 2002다35157).

③ 진정명의회복을 위한 소유권이전등기청구권은 소유권에 기한 물권적 청구권이므로 소멸시효의 대상이 되지 아니한다.

기출

1. 명의신탁자는 대내적으로 명의수탁자에 대하여 실질적인 소유권을 주장할 수 있다. (○) 제18회
2. 명의수탁자의 점유는 권원의 객관적 성질상 타주점유에 해당하므로, 명의수탁자 또는 그 상속인은 소유권을 점유시효 취득할 수 없다. (○) 제18회

참고 | 2자 간의 등기명의신탁에서 명의신탁자는 명의수탁자의 등기를 말소청구하거나 진정명의회복을 원인으로 소유권이전을 청구할 수 있다.

판례

명의신탁 관련 주요 판례

1. [1] 명의신탁은 그 자체로 선량한 풍속 기타 사회질서에 위반하는 약정이라 볼 수는 없다.
   [2] 「부동산 실권리자명의 등기에 관한 법률」이 비록 부동산등기제도를 악용한 투기, 탈세, 탈법행위 등 반사회적 행위를 방지하는 것 등을 목적으로 제정되었다고 하더라도, 무효인 명의신탁약정에 기하여 타인 명의의 등기가 마쳐졌다는 이유만으로 그것이 당연히 불법원인급여에 해당한다고 볼 수 없다(대판 2003다41722).
2. 부동산실명법을 위반하여 무효인 명의신탁약정에 따라 명의수탁자 명의로 등기를 하였다는 이유만으로 그것이 당연히 불법원인급여에 해당한다고 단정할 수는 없다. 이는 「농지법」에 따른 제한을 회피하고자 명의신탁을 한 경우에도 마찬가지이다(대판 전합 2013다218156).

(2) 3자 간의 등기명의신탁★ 제30회, 제32회, 제33회, 제34회, 제35회

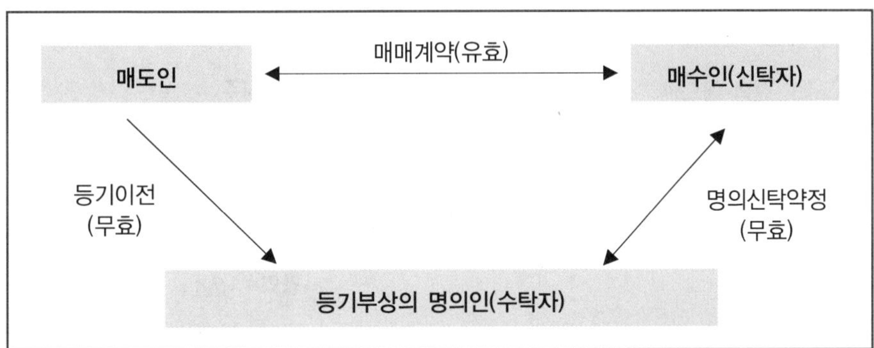

① 명의신탁자와 명의수탁자 사이에 명의신탁약정은 '무효'가 되고, 여기에 기인한 소유권이전등기도 '무효'가 된다. 따라서 물권변동의 효력도 무효가 되어 소유권은 원소유자(매도인)에게 귀속된다.

② '명의신탁자'는 과징금과 형벌을 감수하고서 명의수탁자 명의의 등기를 '말소'하고, 원소유자(매도인)를 상대로 계약을 원인으로 하는 소유권 '이전'등기를 청구하여 등기를 회복하여야 하는 어려움이 따른다. 또한 매도인은 수탁자 명의의 등기말소를 청구할 수 있지만, 신탁자는 매도인에 대한 소유권이전등기청구권을 보존하기 위하여 매도인을 '대위'하여 수탁자 명의의 등기 '말소'를 청구할 수 있을 뿐이다(대판 2001다61654).

③ 이른바 3자 간 등기명의신탁에 있어서 수탁자가 자의로 명의신탁자에게 바로 소유권이전등기를 경료해 준 경우, 그러한 소유권이전등기도 결국 실체관계에 부합하는 등기로서 '유효'하다(대판 2004다6764).

기출

1. 3자 간의 등기명의신탁에서, 명의신탁자는 매도인을 대위하여 명의수탁자 명의의 소유권이전등기의 말소를 청구할 수 있다. (○) 제32회
2. 명의신탁자가 계약의 당사자가 되는 3자 간 등기명의신탁이 무효인 경우 명의신탁자는 매도인을 대위하여 명의수탁자 명의의 등기의 말소를 청구할 수 있다. (○) 제33회

판례

3자 간 등기명의신탁 관련 주요 판례

1. 명의수탁자가 3자 간 등기명의신탁에 따라 매도인으로부터 소유권이전등기를 넘겨받은 부동산을 자기 마음대로 처분한 행위가 형사상 횡령죄로 처벌되지 않더라도, 이는 명의신탁자의 채권인 소유권이전등기청구권을 침해하는 행위로써 **「민법」 제750조에 따라 불법행위에 해당하여 명의수탁자는 명의신탁자에게 손해배상책임을 질 수 있다**(대판 2020다208997).
2. 3자 간 등기명의신탁에서 명의수탁자가 제3자에게 부동산을 매도하거나 부동산에 근저당권을 설정하는 등으로 처분행위를 하여 제3자가 「부동산 실권리자명의 등기에 관한 법률」 제4조 제3항에 따라 부동산에 관한 권리를 취득하는 경우, **명의신탁자가 명의수탁자를 상대로 직접 부당이득반환을 청구할 수 있는지 여부(적극)(대판 전합 2018다284233)** [주; 명의수탁자가 그러한 처분대금이나 (수용)보상금 등의 이익을 명의신탁자에게 부당이득으로 반환할 의무를 부담한다고 보고 있다]

(3) 계약명의신탁(契約名義信託)★ 제28회, 제31회

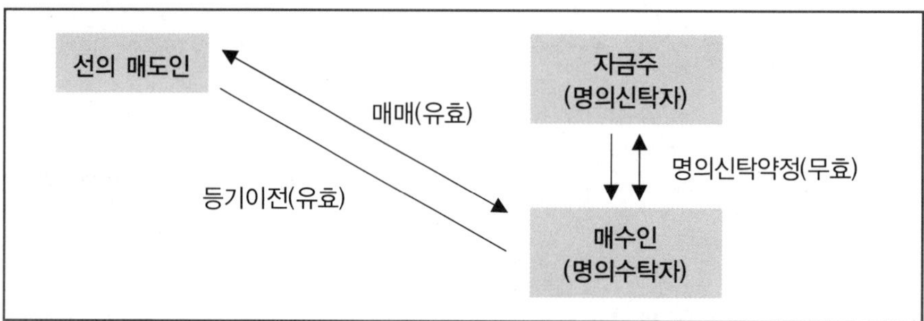

① 계약명의신탁자와 계약명의수탁자 사이의 명의신탁 약정은 '무효'이나, 매도인과 매수인(수탁자) 사이의 매매계약은 '유효'하고, 매도인이 '선의'인 경우(계약명의신탁의 사실을 모르는 경우)에는 소유권이전등기의 효력은 '유효'하다. 그러므로 물권변동의 효력은 '유효'하여, 이 경우 '매수인(수탁자)'이 완전히 유효한 소유권을 취득하게 된다(동조 제2항 단서; 대판 98도4347). 그러나 매도인이 '악의'인 경우에는 명의신탁약정과 그에 따른 등기 및 물권변동은 '무효'로 된다.

② '계약명의신탁자'는 계약명의수탁자에게 명의신탁약정의 무효를 이유로 소유권이전등기를 청구할 수 없으며, 다만 명의신탁자는 명의수탁자를 상대로 '부당이득반환'청구를 할 수는 있을 것이다. 이 과정에서 신탁자 등은 과징금 및 형벌의 처분을 받을 것이다.

기출

1. A주식회사는 공장부지를 확보하기 위하여 그 직원 甲과 '명의신탁약정'을 맺고, 甲은 2020. 6.19. 개업공인중개사 乙의 중개로 丙소유 X토지를 매수하여 2020.8.20. 甲명의로 등기하였다. 이 경우 A와 甲 사이의 명의신탁약정은 丙의 선의, 악의를 묻지 아니하고 무효이다. (○) 제31회
2. 또한 A와 甲의 명의신탁약정을 丙이 알지 못한 경우, 甲은 X토지의 소유권을 취득한다. (○) 제31회

③ 명의신탁자는 애초부터 해당 부동산의 소유권을 취득할 수 없었으므로 수탁자는 해당 부동산 자체가 아니라, 명의신탁자로부터 제공받은 '매수자금'을 부당이득하였다고 할 것이므로, 이를 반환하면 된다(대판 2002다66922).

판례

부당이득반환청구 관련 주요 판례

1. [1] 부동산 '경매'절차에서 부동산을 매수하려는 사람이 다른 사람과의 명의신탁약정 아래 그 사람의 명의로 매각허가결정을 받아 자신의 부담으로 매수대금을 완납한 경우, 경매목적 부동산의 소유권은 매수대금의 부담 여부와는 관계없이 그 명의인이 취득하게 되고, 매수대금을 부담한 명의신탁자와 명의를 빌려준 명의수탁자 사이의 명의신탁약정은 「부동산 실권리자명의 등기에 관한 법률」 제4조 제1항에 의하여 무효이다.

   [2] 그러므로 명의신탁자는 명의수탁자에 대하여 그 부동산 자체의 반환을 구할 수는 없고, 명의수탁자에게 제공한 매수자금에 상당하는 금액의 부당이득반환청구권을 가질 뿐이다(대판 2006다73102).★
2. 명의신탁자의 이와 같은 부당이득반환청구권은 부동산 자체로부터 발생한 채권이 아닐 뿐만 아니라, 소유권 등에 기한 부동산의 반환청구권과 동일한 법률관계나 사실관계로부터 발생한 채권이라고 보기도 어려우므로, 결국 「민법」 제320조 제1항에서 정한 유치권 성립요건으로서의 목적물과 채권 사이의 견련관계를 인정할 수 없다(대판 2008다34828).
3. 부동산경매절차에서 신탁자가 매수자금을 부담하면서 수탁자명의로 매각허가결정을 받기로 수탁자와 약정하였고, 그 약정에 따라 매각이 이루어졌다면, 신탁자와 수탁자 사이에는 이 사건 부동산에 대한 명의신탁관계가 성립되었다 할 것이다. 그리고 이러한 신탁자와 수탁자 사이의 위 명의신탁약정은 「부동산 실권리자명의 등기에 관한 법률」 제4조 제1항에 의하여 무효라 할 것이며, 따라서 신탁자는 수탁자에게 이 사건 부동산 자체나 그 처분대금의 반환을 청구할 수는 없다(제공한 매수대금을 부당이득으로 청구할 수 있을 뿐이다). 나아가 신탁자와 수탁자 사이에 신탁자의 지시에 따라 이 사건 부동산의 소유·명의를 이전하거나, 그 처분대금을 반환하기로 한 약정이 있다고 하더라도, 이는 결국 명의신탁약정이 유효함을 전제로 명의신탁 부동산 자체 또는 그 처분대금의 반환을 구하는 범주에 속하는 것에 해당하여 무효이다(대판 2006다35117).

4. 명의수탁자가 제3자에게 처분한 처분행위의 효력

(1) 제3자에 대한 효력★

등기명의신탁이나 계약명의신탁을 불문하고 제3자가 선의·악의를 불문하고 소유권을 완전 유효하게 취득한다. 그러므로 명의신탁자 등은 제3자의 선의·악의를 불문하고 제3자에게 대항하지 못하며, 제3자는 완전 유효하게 그 소유권을 취득하게 된다.

기출 등기명의신탁이나 계약명의신탁의 경우에도 선의·악의를 불문하고 제3자에게 대항하지 못하므로 제3자는 유효한 소유권을 취득하게 된다. (○)

기출 명의수탁자로부터 신탁재산을 매수한 제3자가 명의수탁자의 배임행위에 적극적으로 가담한 경우, 대외적으로 명의수탁자와 제3자 사이의 매매계약은 유효하다. (×) 제18회

판례

제3자의 소유권취득 관련 주요 판례

1. 매도인에게 매매목적물에 관한 소유권 기타 처분권한이 없다고 하더라도 매매계약은 유효하게 성립하므로, 「부동산 실권리자명의 등기에 관한 법률」 제4조 제1항에 따라 무효로 되는 명의신탁약정에 의하여 소유권보존등기를 마친 '명의수탁자'가 제3자와의 사이에 그 부동산에 관하여 매매계약을 체결한 경우에도 매매계약은 '유효'하고, 그 매매계약이 해제된 때에는 매수인에 대하여 원상회복을 구할 수 있다(대판 2008다94714).
2. 명의수탁자는 신탁재산을 '유효'하게 제3자에게 처분할 수 있고, 제3자가 명의신탁사실을 알았다 하여도 그의 소유권취득에 영향이 없는 것이다. **다만, 명의수탁자로부터 신탁재산을 매수한 제3자가 명의수탁자의 명의신탁자에 대한 배신행위에 '적극 가담'한 경우에는 명의수탁자와 제3자 사이의 계약은 반사회적인 법률행위로서 '무효'라고 할 것이고, 따라서 명의수탁받은 부동산에 관한 명의수탁자와 제3자 사이의 매매계약은 '무효'로 보아야 할 것이다**(대판 91다29842).

(2) 수탁자의 형사상 횡령죄의 성립 여부

① 2자 간의 등기명의신탁에서, 명의수탁자가 수탁재산을 임의로 처분할 경우에는 형사상 '횡령죄'에 해당하지 아니한다.

② '3자 간의 등기명의신탁'에서 명의수탁자의 임의처분행위는 형사상 횡령죄로 처벌되지 아니한다. 또한 '계약명의신탁'의 경우에도 매도인이 선의인 경우에는 명의수탁자가 유효한 소유권을 취득하기 때문에 형사상 횡령죄에는 해당하지 아니한다.

판례

형사상 횡령죄의 성립에 관한 주요 판례

1. **양자 간 등기명의신탁**
   부동산실명법을 위반한 양자 간 명의신탁의 경우 명의수탁자가 신탁받은 부동산을 임의로 처분하여도 명의신탁자에 대한 관계에서 **횡령죄가 성립하지 아니한다**(대판 전합 2016도18761).
2. **3자 간 등기명의신탁**
   명의수탁자가 명의신탁자의 재물을 보관하는 자라고 할 수 없으므로, **명의수탁자가 신탁받은 부동산을 임의로 처분하여도 명의신탁자에 대한 관계에서 횡령죄가 성립하지 아니한다**(대판 전합 2014도6992).

5. 명의신탁약정의 범위에서 제외되는 대상 ★ key 양·가·구·신

허용되는 것은 ① 양도담보 및 가등기담보, ② 구분소유자의 공유등기(상호명의신탁), ③ 신탁등기가 해당하며, 이는 처벌되고 금지되는 명의신탁에 해당하지 아니한다.

기출 양도담보, 가등기담보, 구분소유자의 공유등기, 신탁등기 등은 명의신탁약정에 해당하지 아니 한다. (○)

판례

상호명의신탁에 관한 주요 판례

1. 내부관계에 있어서는 특정 부분에 한하여 소유권을 취득하고 이를 배타적으로 사용·수익할 수 있고, 다른 구분소유자의 방해행위에 대하여는 소유권에 터 잡아 그 배제를 구할 수 있으나, 외부관계에 있어서는 1필지 전체에 관하여 공유관계가 성립되고, 공유자로서의 권리만을 주장할 수 있는 것이므로, 제3자의 방해행위가 있는 경우에는 자기의 구분소유 부분뿐만 아니라, 전체 토지에 대하여 공유물의 보존행위로서 그 배제를 청구할 수 있다(대판 93다42986).
2. 상호명의신탁이 성립된 경우, 공유 지분등기 명의자 일방이 공유자임을 전제로 공유물의 분할을 청구할 수는 없고, 신탁적으로 지분등기를 가지고 있는 자를 상대로 하여 그 특정 부분에 대한 명의신탁해지를 원인으로 한 소유권 확인 내지는 지분이전등기청구만을 구하면 될 것이고, 공유물분할 청구를 구할 수는 없다고 할 것이다(대판 88다카10517).

6. 실명등기의 의무

'누구든지' 부동산에 관한 물권을 명의신탁약정에 의하여 명의수탁자의 명의로 등기하여서는 아니 된다(법 제3조 제1항).

7. 배우자, 종중(宗中) 및 종교단체에 대한 특례 ★ key 배·종·종

다음의 경우 조세포탈이나 강제집행의 면탈 또는 법령상 제한의 회피를 목적으로 하는 경우를 제외하고는 '유효'하다.

① '배우자' 명의로 부동산에 관한 물권을 등기한 경우
② '종중(宗中)'이 보유한 부동산에 관한 물권을 '종중(종중과 그 대표자를 같이 표시하여 등기한 경우를 포함한다) 외의 자의 명의'로 등기한 경우
③ '종교단체'의 명의로 그 산하 조직이 보유한 부동산에 관한 물권을 등기한 경우

기출

1. 배우자 간의 유효한 명의신탁의 경우에는 명의신탁자는 명의신탁계약을 해지하고 명의수탁자에 신탁재산의 반환을 청구할 수 있다. (○) 제18회
2. 배우자 명의로 부동산에 관한 물권을 등기한 경우로서 조세포탈, 강제집행의 면탈 또는 법령상 제한의 회피를 목적으로 하지 않은 명의신탁은 유효하다. (○) 제18회, 제33회

기출

1. 무효인 명의신탁약정에 따라 수탁자 명의로 등기한 명의신탁자에게 해당 부동산 가액의 100분의 30에 해당하는 확정금액의 과징금을 부과한다. (×) 제25회
2. 명의신탁을 이유로 과징금을 부과받은 자에게 과징금 부과일부터 부동산 평가액의 100분의 20에 해당하는 금액을 매년 이행강제금으로 부과한다. (×) 제25회
3. 위법한 명의신탁약정에 따라 수탁자 명의로 등기한 명의신탁자는 5년 이하의 징역 또는 2억원 이하의 벌금에 처한다. (○) 제25회

판례

유효한 명의신탁 관련 주요 판례

1. 명의신탁등기가 '「부동산 실권리자명의 등기에 관한 법률」'의 규정에 따라 무효로 된 경우에도 그 후 명의신탁자가 수탁자와 혼인을 함으로써 '법률상의 배우자'가 되고, 위 특례의 예외사유에 해당되지 않으면 그때부터는 위 특례가 적용되어, 그 명의신탁등기가 유효로 된다(대결 2001마1235).
2. 제3자에 대한 관계에 있어서 명의신탁계약 해지의 효과는 소급하지 않고, 장래에 향하여 효력이 있음에 불과하여 그 부동산의 소유권이 당연히 신탁자에게 복귀된다고 볼 수 없고, 등기명의를 신탁자 앞으로 이전하기 전까지는 여전히 '외부관계'에 있어서 소유권은 '수탁자'에게 있으므로, 명의신탁이 해지된 경우에도 수탁자가 신탁자 앞으로 등기 명의를 이전하기 전에 수탁자로부터 부동산을 취득한 자는 그 취득행위에 무효 또는 취소사유가 없는 한 적법하게 소유권을 취득한다(대판 90다19848).
3. '대외적 관계'에 있어서는 '수탁자'만이 소유권자로서 그 재산에 대한 제3자의 침해에 대하여 배제를 구할 수 있으며, 신탁자는 수탁자를 대위하여 수탁자의 권리를 행사할 수 있을 뿐, 직접 제3자에게 신탁재산에 대한 침해의 배제를 구할 수 없다(대판 전합 77다1079).
4. '외부적'으로는 '수탁자'만이 소유자로서 유효하게 권리를 행사할 수 있으므로 수탁자로부터 신탁부동산을 취득한 자는 명의신탁 사실을 알았는지의 여부를 불문하고 그 부동산의 소유권을 유효하게 취득한다(대판 91다6221). 다만, 제3자가 수탁자의 배신행위에 적극 가담한 경우에는 명의수탁자와 제3자 사이의 계약은 반사회적인 법률행위로서 무효이다(대판 91다29842).
5. 명의수탁자가 평온 공연하게 10년간 그 부동산을 점유한 경우에도 자주점유한 것이 아니므로 시효 취득할 수는 없다(대판 2001다8097, 8103).

8. 과징금 · 이행강제금 및 벌칙 ★

(1) 과징금

명의신탁자가 해당 부동산의 평가금액의 '30% 범위 내'에서 부과한다.

(2) 이행강제금

과징금 부과일로부터 1년이 지난 때에 부동산 평가액의 10%, 1차 이행강제금 부과일로부터 다시 1년이 지난 때에는 부동산 평가액의 20%를 부과한다.

(3) 벌칙 key 신 5-2 / 수 3-1

① 명의신탁자는 5년 이하의 징역 또는 2억원 이하의 벌금에 처한다.

② 명의수탁자는 3년 이하의 징역 또는 1억원 이하의 벌금에 처한다.

심화 학습 **「부동산 실권리자명의 등기에 관한 법률」상의 장기 미등기에 대한 처벌**

제10조 【장기 미등기자에 대한 벌칙 등】 ① 다음 각 호의 어느 하나에 해당하는 날부터 **'3년 이내'에 소유권이전등기를 신청하지 아니한 등기권리자(이하 "장기 미등기자"라 한다)에게는 부동산 평가액의 100분의 30의 범위에서 과징금(「부동산등기 특별조치법」 제11조에 따른 과태료가 이미 부과된 경우에는 그 과태료에 상응하는 금액을 뺀 금액을 말한다)을 부과한다.** 다만, 정당한 사유가 있는 경우에는 그러하지 아니하다.

1. 계약당사자가 서로 대가적(代價的)인 채무를 부담하는 경우에는 '반대급부의 이행이 사실상 완료된 날'
2. 계약당사자의 어느 한쪽만이 채무를 부담하는 경우에는 그 '계약의 효력이 발생한 날'

④ 장기 미등기자가 **과징금을 부과받고도** 소유권이전등기를 신청하지 아니하면 **이행강제금을 부과한다.**

⑤ 장기 미등기자(제1항 단서에 해당하는 자는 제외한다)는 5**년 이하의 징역 또는** 2**억원 이하의 벌금에 처한다.**

3 주택임대차보호법 · 상가건물 임대차보호법 제29회, 제30회, 제31회, 제32회, 제33회

(1) 「주택임대차보호법」은 주거용 건물의 임대차에 관하여 임차인의 보호를 위하여 「민법」의 특별법으로 제정(제정 1981.3.5. 법률 제3379호)하였다. 「민법」에 임대차규정이 있음에도 불구하고 「민법」의 규정으로는 임차인 보호에 미흡하다고 보고, 「주택임대차보호법」을 제정하여 경제적인 약자인 임차인을 보호하여, 임차인의 주거생활 안정을 도모하고자 한다.

(2) 「상가건물 임대차보호법」은 「주택임대차보호법」을 모태(母胎)로 하여, 소규모 상가의 임차인(소상인)을 보호하기 위하여 「민법」의 특별법으로 제정(제정 2001.12.29. 법률 제6542호)하였다.

(3) 「주택임대차보호법」과 「상가건물 임대차보호법」은 임대차계약기간 동안의 국민의 거주생활과 경제생활의 안정을 위하여, '존속기간'(주택은 2년, 상가건물은 1년)을 보호하고, 채권(債權)(임차권)임에도 불구하고, '물권(物權)'에 인정되는 '대항력(對抗力)'을 부여함으로써, 임차인을 보호하고 있다. 또한 법원경매 등으로 인하여 강제매각이 되는 경우에는 임차 보증금에 대하여 먼저 배당(우선변제)을 받을 수 있도록 '우선적 효력(優先的 效力)'을 인정한다. 즉, 임차 보증금 회수를 위한 '우선변제권'과 소액보증금의 일정액에 대한 '최우선변제권' 등을 인정하여, 임차인을 보호하고 있다.

기출

1. 「주택임대차보호법」은 주거용 건물의 임대차에 적용되며, 그 임차주택의 일부가 주거 외의 목적으로 사용되는 경우에도 적용된다. (○) 제33회
2. 주택의 미등기 전세계약에 관하여는 「주택임대차보호법」을 준용한다. (○) 제23회
3. 자연인인 임차인에 한하여 「주택임대차보호법」에 의한 보호를 받는다. (×) 제19회
4. 「지방공기업법」에 따라 주택사업을 목적으로 설립된 지방공사는 「주택임대차보호법」상 대항력이 인정되는 법인이 아니다. (×) 제26회
5. 일시사용을 위한 임대차임이 명백한 경우에도 「주택임대차보호법」이 적용된다. (×) 제19회

1. 임대차보호법의 적용범위 ★★ 제34회

구분	「주택임대차보호법」	「상가건물 임대차보호법」
제정목적	국민주거생활의 안정	국민경제생활의 안정
적용범위	① 주거용 건물의 임대차 ② 사실상의 주된 용도가 주거용이면 적용(공부가 기준 ×, 일부 용도가 다른 용도 ○, 미등기·무허가건물 ○, 미등기 전세 ○) ③ 외국인도 보호 ○ ④ 법인은 보호되지 ×(다만, 한국토지주택공사, 지방공사, 중소기업은 대항력 인정) key 주·지·중 ⑤ 일시사용을 위한 임대차에 적용 ×★	① (사업자등록이 가능한) 상가건물의 임대차 ② 다만, 대통령령으로 정한 일정한 환산보증금[보증금 + (월차임 × 100)]을 초과하는 임대차에는 적용되지 않는다.★ <개정 2019. 4. 2> ㉠ 서울특별시: 9억원 ㉡ 과밀억제권역(서울시 제외) 및 부산광역시: 6억 9천만원 ㉢ 광역시(과밀억제권역에 포함된 지역과 군지역, 부산광역시 제외), 세종특별자치시, 파주시, 화성시, 안산시, 용인시, 김포시 및 광주시: 5억 4천만원 ㉣ 그 밖의 지역: 3억 7천만원 다만, 임차인의 '대항력', '권리금'의 보호, "계약갱신요구권(계약기간 약정이 있을 때)', '3기' 연체시 해지, '표준임대차계약서' 권장제도, 전염병 등을 원인으로 한 폐업으로 인한 임차인의 해지권은 환산보증금액에 관계없이 모두 인정된다.★ ③ 외국인도 보호 ○ ④ 법인도 보호 ○ ⑤ 일시사용을 위한 임대차에 적용 ×★

2. 임대차 존속의 보호 제28회, 제29회, 제30회, 제32회, 제35회

(1) 존속기간의 보호

구분	「주택임대차보호법」	「상가건물 임대차보호법」
존속 기간의 보호★	〈2년 보장〉★ ① 기간의 미정 및 "2년" 미만 약정시에는 "2년" 동안 보장된다.★ ② 2년 미만으로 약정한 경우, "임차인"은 2년 미만을 주장할 수도 있다.★ ③ 임대차가 종료한 경우에도 보증금을 반환받을 때까지는 임대차가 계속 '존속'된다.	〈1년 보장〉★ ① 기간의 미정 및 1년 미만 약정시에는 1년 동안 보장된다.★ ② 1년 미만으로 약정한 경우, "임차인"은 1년 미만을 주장할 수도 있다.★ ③ 임대차가 종료한 경우에도 보증금을 반환받을 때까지는 임대차가 계속 '존속'된다.
계약의 갱신 및 승계★	〈묵시적 갱신(법정갱신)〉★ ① 임대인이 임차인의 갱신요구기간(임대차기간이 만료되기 6개월 전부터 "2개월" 전까지) 내에 갱신거절의 통지(또는 계약조건을 변경하지 아니하면 갱신하지 아니한다는 통지)를 하지 않고, 임차인이 임대차기간이 만료되기 '2개월 전'까지 계약종료통지를 하지 않은 경우에는 임대차기간이 만료된 때에 묵시적으로 갱신된다. ② 종전 계약과 동일한 조건으로 다시 계약을 한 것으로 본다(법정갱신). ③ 법정갱신기간은 '2년' 보장된다(임차인은 갱신기간 중 언제라도 임대차 해지통보를 할 수 있고, 해지통보가 도달한 날로부터 '3개월' 후 해지). ④ 임차인이 '2기'의 차임액을 연체 또는 임차인의 의무를 현저히 위반시에는 법정갱신이 인정되지 않으며, 임대인은 일방적으로 해지할 수 있다.★	〈묵시적 갱신(법정갱신)〉★ ① 임대인이 임차인의 갱신요구기간(임대차기간이 만료되기 6개월 전부터 "1개월" 전까지) 내에 갱신거절의 통지(또는 조건 변경의 통지)를 하지 않은 경우에는 임대차기간이 만료된 때에 묵시적으로 갱신된다. ② 종전 계약과 동일한 조건으로 다시 계약을 한 것으로 본다(법정갱신). ③ 법정갱신기간은 '1년' 보장된다(임차인은 갱신기간 중 언제라도 임대차 해지통보를 할 수 있고, 해지통보가 도달한 날로부터 '3개월' 후 해지). ④ 임차인이 '3기'의 차임액을 연체 또는 임차인의 의무를 현저히 위반시에는 임대인은 임대차계약을 일방적으로 해지할 수 있다.★

기출

1. 계약기간을 1년으로 정한 경우 임대인이 2년을 주장하더라도, 임차인은 1년으로 항변할 수 있다. (○) 제20회, 제32회
2. 당사자의 합의로 임대차계약기간을 1년으로 정한 경우에 임차인은 그 기간이 유효함을 주장할 수 있다. (○) 제23회
3. 임대차기간이 종료한 경우에도 임차인이 보증금을 돌려받을 때까지는 임대차 관계는 존속하는 것으로 본다. (○) 제20회

기출

1. 「주택임대차보호법」에 따라 임대차계약이 묵시적으로 갱신된 경우 '임차인'은 언제든지 임대인에게 계약해지를 통지할 수 있다. (○) 제23회
2. 상가건물 임차인의 차임연체액이 3기의 차임액에 달하는 때에는 임대인은 계약을 해지할 수 있다. (○) 제26회
3. 상가건물 임차인의 계약갱신요구권은 최초의 임대차기간을 포함한 전체 임대차기간이 3년을 초과하지 않는 범위에서만 행사할 수 있다. (×) 제23회
4. 계약이 묵시적으로 갱신되면 임차인은 언제든지 임대인에게 계약해지를 통지할 수 있고, 임대인이 그 통지를 받은 날부터 3개월이 지나면 해지의 효력이 발생한다. (○) 제32회
5. 주택 임차인이 임대인에게 계약갱신요구권을 행사하여 계약이 갱신되면, 갱신되는 임대차의 존속기간은 2년으로 본다. (○) 제32회, 제33회

기출 「상가건물 임대차보호법」상 상가건물의 임대인의 동의를 받고 전대차계약을 체결한 전차인은 임차인의 계약갱신요구권 행사기간 이내에 임차인을 대위하여 임대인에게 계약갱신요구권을 행사할 수 있다. (○) 제33회

〈임차인의 계약갱신요구권〉★	〈임차인의 계약갱신요구권〉★
① 임차인은 기간만료 전 6개월부터 "2개월" 사이에 계약갱신을 요구할 수 있고, 임대인은 정당한 사유 없이 거절할 수 없다 정당한 사유: 임차인이 '2기'의 차임을 연체, 임대인의 '실제거주'를 목적으로 하는 경우, 고의·중과실로 임차주택의 파손, 무단 전대차 등 ② '1회에 한하여' 갱신할 수 있다(갱신기간은 2년). ③ 갱신기간 내에 임대인은 2년을 보장하여야 하며, 임차인은 언제라도 해지를 통지할 수 있다(해지통지가 도달된 날로부터 '3개월' 후 해지). ④ 임대인이 실제 거주 목적을 이유로 임차인의 갱신을 거절한 후, 다른 임차인에게 임대를 한 경우에는 손해를 배상하여야 한다(3개월분의 환산 월차임, 2년간의 증액 이익, 임차인의 손해액 중에서 가장 '높은' 것으로 배상하여야 한다).	① '임차인'은 기간만료 전 6개월부터 "1개월" 사이에 계약갱신을 요구할 수 있고, 임대인은 정당한 사유 없이 거절할 수 없다. 정당한 사유: 임차인이 '3기'의 차임을 연체, 고의·중과실로 임차건물의 파손, 무단 전대차 등 ② 최초 임대차기간을 '포함'하여 '10년'의 범위 내에서 갱신을 요구할 수 있다. ③ (동의받은) 전차인은 임차인을 '대위'하여 임차인의 보장기간 내에서 대위 행사 할 수 있다.
〈주택임차권의 승계〉★ ① 동거 상속인(가정공동생활) ⇨ 단독 상속한다. ② 상속권자가 없는 경우 ⇨ 사실혼자가 단독 승계한다(임차인이 상속권자 없이 사망한 경우 그 주택에서 가정공동생활을 하던 사실상의 혼인 관계에 있는 자는 임차인이 사망한 후 '1개월' 이내에 임대인에 대하여 반대의사를 표시하지 않는 한, 임차인의 권리와 의무를 승계한다). ③ 비동거 상속인 ⇨ 2촌 이내 친족과 사실혼자가 공동으로 승계한다.	

심화 학습 「주택임대차보호법」상 임차인의 계약갱신요구권

「주택임대차보호법」 제6조의3 【계약갱신 요구 등】 ① 제6조에도 불구하고 임대인은 임차인이 제6조 제1항 전단의 기간 이내에 계약갱신을 요구할 경우 정당한 사유 없이 거절하지 못한다. 다만, 다음 각 호의 어느 하나에 해당하는 경우에는 그러하지 아니하다.

1. 임차인이 '2기'의 차임액에 해당하는 금액에 이르도록 차임을 연체한 사실이 있는 경우
2. 임차인이 거짓이나 그 밖의 부정한 방법으로 임차한 경우
3. 서로 합의하여 임대인이 임차인에게 상당한 보상을 제공한 경우
4. 임차인이 임대인의 동의 없이 목적 주택의 전부 또는 일부를 전대(轉貸)한 경우
5. 임차인이 임차한 주택의 전부 또는 일부를 고의나 중대한 과실로 파손한 경우
6. 임차한 주택의 전부 또는 일부가 멸실되어 임대차의 목적을 달성하지 못할 경우
7. 임대인이 다음 각 목의 어느 하나에 해당하는 사유로 목적 주택의 전부 또는 대부분을 철거하거나 재건축하기 위하여 목적 주택의 점유를 회복할 필요가 있는 경우
   가. 임대차계약 체결 당시 공사시기 및 소요기간 등을 포함한 철거 또는 재건축 계획을 임차인에게 구체적으로 고지하고 그 계획에 따르는 경우
   나. 건물이 노후·훼손 또는 일부 멸실되는 등 안전사고의 우려가 있는 경우
   다. 다른 법령에 따라 철거 또는 재건축이 이루어지는 경우
8. 임대인(임대인의 직계존속·직계비속을 '포함'한다)이 목적 주택에 '실제 거주'하려는 경우
9. 그 밖에 임차인이 임차인으로서의 의무를 현저히 위반하거나 임대차를 계속하기 어려운 중대한 사유가 있는 경우

② 임차인은 제1항에 따른 계약갱신요구권을 1회에 한하여 행사할 수 있다. 이 경우 갱신되는 임대차의 존속기간은 2년으로 본다.

③ 갱신되는 임대차는 전 임대차와 동일한 조건으로 다시 계약된 것으로 본다. 다만, 차임과 보증금은 제7조의 범위에서 증감할 수 있다.

④ 제1항에 따라 갱신되는 임대차의 해지에 관하여는 제6조의2를 준용한다.

⑤ 임대인이 제1항 제8호의 사유로 갱신을 거절하였음에도 불구하고 갱신요구가 거절되지 아니하였더라면 갱신되었을 기간이 만료되기 전에 정당한 사유 없이 제3자에게 목적 주택을 임대한 경우 임대인은 갱신거절로 인하여 임차인이 입은 손해를 '배상'하여야 한다.

⑥ 제5항에 따른 손해배상액은 거절 당시 당사자 간에 손해배상액의 예정에 관한 합의가 이루어지지 않는 한 다음 각 호의 금액 중 '큰 금액'으로 한다.

1. 갱신거절 당시 월차임(차임 외에 보증금이 있는 경우에는 그 보증금을 제7조의2 각 호 중 낮은 비율에 따라 월 단위의 차임으로 전환한 금액을 포함한다. 이하 "환산월차임"이라 한다)의 3개월분에 해당하는 금액
2. 임대인이 제3자에게 임대하여 얻은 환산월차임과 갱신거절 당시 환산월차임 간 차액의 2년분에 해당하는 금액
3. 제1항 제8호의 사유로 인한 갱신거절로 인하여 임차인이 입은 손해액

심화 학습 상가임대차의 계약갱신요구권★★

1. '임차인'은 임대차기간 만료 전 '6개월부터 1개월'까지 사이에 임대인에 대하여 임대차계약의 갱신을 요구할 수 있다. 이때 **임대인은 '정당한 사유' 없이 이를 거절하지 못한다. 다만, 다음의 경우에는 임대인이 갱신을 거절할 수 있다.**

내용	key
① 임차인이 임차한 건물의 전부 또는 일부를 '고의' 또는 '중대한 과실'로 파손한 경우	고 · 중
② 임차인이 **'3기'의 차임액에 달하도록** 차임을 연체한 "사실"이 있는 경우(판례 : 계약갱신을 요구할 당시 차임연체액이 3기 차임액에 이르지 않게 되었더라도, 연체 "사실"이 있었던 경우에는 갱신 요구를 거절할 수 있다)	3
③ 임차한 건물의 전부 또는 일부가 멸실되어 임대차의 목적을 달성하지 못할 경우	멸실
④ 임대인이 다음의 어느 하나에 해당하는 사유로 목적 건물의 전부 또는 대부분을 '철거'하거나 재건축하기 위하여 목적 건물의 점유를 회복할 필요가 있는 경우 ㉠ 임대차계약 체결 당시 공사시기 및 소요기간 등을 포함한 철거 또는 재건축 계획을 임차인에게 구체적으로 고지하고 그 계획에 따르는 경우 ㉡ 건물이 노후 · 훼손 또는 일부 멸실되는 등 안전사고의 우려가 있는 경우 ㉢ 다른 법령에 따라 철거 또는 재건축이 이루어지는 경우	철거
⑤ 쌍방 합의하에 임대인이 임차인에게 상당한 보상을 제공한 경우	합의
⑥ 임차인이 거짓이나 그 밖의 부정한 방법으로 임차한 경우	부
⑦ 임차인이 임대인의 동의 없이 목적 건물의 전부 또는 일부를 무단 전대한 경우	무
⑧ 그 밖에 임차인이 임차인으로서의 의무를 현저히 위반하거나 임대차를 존속하기 어려운 중대한 사유가 있는 경우	기타

2. **임차인의 계약갱신요구권은 최초의 임대차기간을 '포함'한 전체 임대차기간이 '10년'을 초과하지 않는 범위 내에서만 행사할 수 있다.**

기출

1. 상가건물 임차인이 3기의 차임액에 달하도록 차임을 연체한 사실이 있는 경우, 임대인은 임차인의 계약갱신요구를 거절할 수 있다. (○) 제18회
2. 임대차계약 종료 전 상가임차인 丙이 계약의 갱신을 요구한 경우 상가임대인 乙은 건물의 안전사고 우려 등의 이유 등으로 대부분을 철거함을 이유로 계약의 갱신을 거절할 수 있다. (○) 제21회
3. 상가건물 임차인이 임대인의 동의 없이 목적 건물의 일부를 전대한 경우 임대인은 임차인의 계약갱신의 요구를 거절할 수 있다. (○) 제20회

판 례

「주택임대차보호법」상의 계약갱신요구권★★

주택임차인의 계약갱신요구에 따라 갱신의 효력이 발생한 경우, 임차인은 언제든지 계약의 해지통지를 할 수 있고, 해지통지 후 3개월이 지나면 그 효력이 발생하며, 이는 계약해지의 통지가 갱신된 임대차계약의 기간이 개시되기 전에 임대인에게 도달하였더라도 마찬가지이다(대판 2023다258672)

판 례

「상가건물 임대차보호법」상의 계약갱신요구권★★

1. 상가건물의 임대인 지위가 양수인에게 승계된 경우 이미 발생한 연체차임채권은 따로 채권양도의 요건을 갖추지 않는 한 승계되지 않고, 따라서 양수인이 연체차임채권을 양수받지 않은 이상 승계 이후의 연체 차임액이 3기 이상의 차임액에 달하여야만 비로소 임대차계약을 해지할 수 있는 것이다(대판 2008다3022).
2. 두 법조항상의 각 임대차갱신제도는 그 취지와 내용을 서로 달리하는 것이므로, 임차인의 갱신요구권에 관하여 전체 임대차기간을 10년으로 제한하는 같은 조 제2항의 규정은 같은 조 제4항에서 정하는 법정갱신에 대하여는 적용되지 아니한다(대판 2009다64307).

판 례

「상가건물임대차보호법」상의 묵시적 갱신★★

상가임차인이 임대차기간이 만료되기 6개월 전부터 1개월 전까지 사이에 별다른 조치를 취하지 않고 있다가, 임대차기간 만료 1개월 전부터 만료일 사이에 갱신거절의 통지를 한 경우에는 해당 임대차계약은 묵시적 갱신이 인정되지 않고, 임대차기간의 만료일에 종료한다고 보아야 한다(대판 2023다307024).

(2) 대항력(對抗力) 제30회, 제35회

① **취지**: 임대차가 등기가 된 경우에는 등기된 때로부터 대항력이 발생하게 된다. 그러나 현실적으로 등기신청에 임대인이 동의를 하지 않는 경우가 많다(공동신청주의). 그러므로 임차인을 보호하기 위하여, 임대인의 동의와 관계없이 주택이나 상가건물의 인도와 전입신고(상가는 사업자등록)만으로도 마치 등기를 한 것처럼, 대항력을 부여해 주자는 것이다.

② **효과**: '대항력' 있는 임차인은 임차건물의 양수인에게 임대차기간까지 임대차계약의 유효함을 주장할 수 있다. 또한 임차주택이 경매될 경우에도 경락인(낙찰자, 매수인)에게 자신의 임차권을 주장할 수 있다.

기출

1. 임차인이 대항력을 취득하려면 주민등록 전입신고 이외에 임대차계약증서에 확정일자도 받아야 한다. (×) 제23회
2. 2011년 9월 5일에 주택의 인도와 주민등록을 마친 임차인에게 대항력이 생기는 때는 2011년 9월 6일 오전 0시이다. (○) 제22회
3. 상가건물 임차인의 대항력은 건물의 인도와 「부가가치세법」, 「소득세법」 또는 「법인세법」에 따른 사업자등록을 신청하면 그 다음 날 오전 0시부터 생긴다. (○) 제20회

구분	「주택임대차보호법」	「상가건물 임대차보호법」
'대항력'★	㉠ 대항요건 ⇨ 주택의 인도 + 주민등록(전입신고)★ ☐ 전입신고는 주민센터(행정복지센터)에 하여야 한다. ㉡ 대항력의 효력발생시기 ⇨ 대항요건을 갖춘 날의 다음 날(익일) 오전 0시부터 대항력이 발생한다.★	㉠ 대항요건 ⇨ 상가건물의 인도 + 사업자등록(신청)★ ☐ 사업자등록신청은 관할 세무서장에게 하여야 한다. ㉡ 대항력의 효력발생시기 ⇨ 대항요건을 갖춘 날의 다음 날(익일) 오전 0시부터 대항력이 발생한다.★

판 례

「주택임대차보호법」상의 대항력★

1. 임대차는 그 등기가 없는 경우에도 임차인이 주택의 인도와 주민등록을 마친 때에는 그 익일부터 제3자에 대하여 효력이 생긴다. 이 경우 전입신고를 한 때에 주민등록이 된 것으로 본다. 주택임차권은 주민등록으로 공시가 되므로 '주민등록(전입신고)'이 '정확하게' 되어 있는 경우에만 '대항력'을 인정할 수 있다.
2. 신축 중인 연립주택이나 다세대주택의 동·호수 표시 없이 그 부지 중 일부 지번으로만 주민등록을 한 경우에는 대항력이 인정되지 않고, 특정 동·호수로 주민등록을 정정하면 그 시점부터 대항력이 인정된다(대판 95다8421; 대판 94다13176).
3. 대항요건은 그 대항력 취득시에만 구비하면 족한 것이 아니고, 그 대항력을 유지하기 위하여서도 계속 존속하고 있어야 하므로(대판 2000다37012), 일시적이나마 다른 곳으로 주민등록을 이전하였다면 그 전출 당시에 대항요건을 상실한다(대판 98다34584). 다만, 그 가족의 주민등록을 그대로 둔 채 임차인만 주민등록을 일시 다른 곳으로 옮긴 경우라면 대항력이 소멸되지 '않는다'(대판 95다30338).★ (주; 가족의 주민등록은 유효하다)
4. 임차인이 전입신고를 올바르게 하였다면 이로써 그 임대차의 대항력이 생기는 것이므로 설사 담당공무원의 착오로 주민등록표상에 거주지 지번이 다소 틀리게('안양동 545의5'가 '안양동 545의2'로) 기재되었다 하여도 그 대항력에 영향을 끼칠 수는 없다(대판 91다18118).★
5. 정확한 지번과 동·호수로 주민등록 전입신고서를 작성·제출하였는데 담당공무원이 착오로 수정을 요구하여, 잘못된 지번으로 수정하고 주민등록 전입신고서를 다시 작성·제출하여 그대로 주민등록이 된 사안에서, 그 주민등록이 임대차의 공시방법으로서 '유효하지 않고' 이것이 담당공무원의 요구에 기인한 것이라 하더라도 마찬가지이다(대판 2006다17850).
6. 다가구용 단독주택으로 소유권보존등기가 경료된 건물의 일부를 임차한 임차인은 이를 인도받고 임차 건물의 지번을 정확히 기재하여 전입신고를 하면 「주택임대차보호법」 소정의 대항력을 적법하게 취득하고, 나중에 다가구용 단독주택이 다세대주택으로 변경되었다는 사정만으로 임차인이 이미 취득한 대항력을 상실하게 되는 것은 '아니라' 할 것이다(대판 2006다70516).

기출

1. 한 지번에 다가구용 단독주택 1동만 있는 경우 임차인이 전입신고시 그 지번만 기재하고 편의상 부여된 호수를 기재하지 않았다면 대항력을 취득하지 못한다. (×) 제22회
2. 임차인이 다세대주택의 동·호수 표시 없이 그 부지 중 일부 지번으로만 주민등록을 한 경우, 대항력을 취득할 수 없다. (○) 제26회, 제27회
3. 대항력을 유지하기 위한 요건으로서의 주민등록은 임차인 본인뿐만 아니라 그 자녀의 주민등록으로도 유효하다. (○) 제20회
4. 임차인이 전입신고를 올바르게 하고 입주했으나 공무원이 착오로 지번을 잘못 기재하였다면 정정될 때까지 대항력이 생기지 않는다. (×) 제22회

기출 다가구용 단독주택을 임차하여 대항력을 취득한 후에 그 주택이 다세대주택으로 변경된 사정만으로는 임차인의 대항력이 상실되는 것은 아니다. (○)

7. 甲이 주택에 관하여 소유권이전등기를 경료하고 주민등록(전입신고)까지 마친 다음 처와 함께 거주하다가 乙에게 매도함과 동시에 그로부터 이를 다시 임차하여 계속 거주하기로 약정하고, 임차인을 甲의 처로 하는 임대차계약을 체결한 후에야 乙명의의 소유권이전등기가 경료된 경우, 甲의 처(妻)가 「주택임대차보호법」상의 **임차인으로서의 대항력을 갖는 시기는 乙명의의 소유권이전등기를 한 '다음 날'(익일)부터이다**(대판 99다59306).

8. **대항력과 우선변제권의 두 가지 권리를 '겸유'하고 있는 임차인**이 먼저 우선변제권을 선택하여 배당요구를 하였으나, 그 순위가 늦은 까닭으로 보증금 전액을 배당받을 수 없었던 때에는 보증금 중 경매절차에서 배당받을 수 있었던 금액을 뺀 나머지에 대하여 경락인에게 '대항하여' 이를 반환받을 때까지 임대차 관계의 '존속'을 주장할 수 있다(대판 98다4552).

9. 주택임차인이 그 지위를 강화하고자 '별도로' 전세권설정등기를 마친 경우, 주택임차인이 「주택임대차보호법」 제3조 제1항의 **대항요건을 상실하면 이미 취득한 '「주택임대차보호법」상'의 대항력 및 우선변제권을 상실한다**(대판 2004다69741).★

10. 간접점유자에 불과한 임차인 자신의 주민등록으로는 대항력의 요건을 적법하게 갖추었다고 할 수 없으며, 해당 주택에 실제로 거주하는 **직접점유자(전차인)가 자신의 주민등록을 마친 경우에 한하여** 비로소 그 간접점유자가 대항력을 취득할 수 있다(대판 2000다55645).

11. **'임차인'이 임대인의 지위 승계를 원하지 않는 경우에는 임차인이 임차주택의 양도 사실을 안 때로부터 상당한 기간 내에 '이의를 제기함으로써',** 승계되는 임대차관계의 '구속으로부터 벗어날 수 있다'고 봄이 상당하고, 그와 같은 경우에는 '양도인의 임차인에 대한 보증금반환채무는 소멸하지 않는다'(대판 2001다64615).

12. 아파트 수분양자가 입주 잔금을 지급할 무렵 분양계약에 따라 분양자로부터 아파트를 인도받고 나아가 그 임대권한을 묵시적으로 부여받았다고 보아, 수분양자로부터 아파트를 임차하여 「주택임대차보호법」 제3조 제1항에 정한 대항요건을 갖춘 **임차인이 분양계약의 해제에도 불구하고 자신의 임차권으로 분양자의 명도청구에 대항할 수 있다**(대판 2008다65617).★

13. 대항력을 갖춘 임차인이 저당권설정등기 이후에 임대인과 보증금을 증액하기로 합의하고 초과부분을 지급한 경우, **저당권설정등기 이후에 증액한 임차보증금으로써는 소유자(즉, 경락자)에게 대항할 수 없는 것이다**(대판 90다카11377).★

14. 매도인이 악의인 계약명의신탁의 명의수탁자로부터 명의신탁의 목적물인 주택을 임차하여 「주택임대차보호법」 제3조 제1항의 대항요건을 갖춘 임차인이, 명의수탁자의 소유권이전등기가 말소됨으로써 등기명의를 회복한 매도인과 그로부터 다시 소유권이전등기를 마친 명의신탁자에 대하여 자신의 임차권을 대항할 수 있는지 여부(적극) 및 이 경우 소유권이전등기를 마친 명의신탁자가 「주택임대차보호법」 제3조 제4항에 따라 임대인의 지위를 승계하는지 여부(적극)(대판 2021다210720)

15. 주택의 공동임차인 중 1인이라도 「주택임대차보호법」 제3조 제1항에서 정한 대항력 요건을 갖추게 되면 그 대항력은 임대차 전체에 미치므로, 임차 건물이 양도되는 경우 특별한 사정이 없는 한 공동임차인에 대한 보증금반환채무 전부가 임대인 지위를 승계한 양수인에게 이전되고 양도인의 채무는 소멸한다(대판 2021다238650).

기출 임차인이 별도로 전세권설정등기를 마쳤다면 세대원 전원이 다른 곳으로 이사를 가더라도 이미 취득한 「주택임대차보호법」상의 대항력은 유지된다. (×) 제26회

기출 임대인이 계약해제로 인하여 주택의 소유권을 상실하게 되었다면, 임차인이 그 계약이 해제되기 전에 대항력을 갖춘 경우에는 새로운 소유자에게 대항할 수 없다. (×) 제19회

기출

1. 상가건물을 임차하고 사업자등록을 마친 사업자가 임차건물의 전대차 등으로 해당 사업을 개시하지 않거나 사실상 폐업한 경우, 「상가건물 임대차보호법」상 적법한 사업자등록이라고 볼 수 없다. (○) 제18회
2. 사업자등록을 마친 상가건물 임차인이 폐업신고를 하였다가 다시 같은 상호 및 등록번호로 사업자등록을 한 경우, 「상가건물 임대차보호법」상의 대항력 및 우선변제권은 그대로 존속한다. (×) 제22회
3. 임차인이 상가건물의 일부를 임차하는 경우 대항력을 갖추기 위한 요건의 하나로 사업자등록 신청시 임차 부분을 표시한 도면을 첨부해야 한다. (○) 제22회

판례

「상가건물 임대차보호법」상의 대항력★

1. 상가건물을 임차하고 사업자등록을 마친 사업자가 임차 건물의 전대차 등으로 해당 사업을 개시하지 않거나, 사실상 '폐업'한 경우에는 그 사업자등록은 「부가가치세법」 및 「상가건물 임대차보호법」이 상가임대차의 공시방법으로 요구하는 적법한 사업자등록이라고 볼 수 없다(대판 2005다64002).
2. 사업자가 '폐업신고'를 하였다가 다시 같은 상호 및 등록번호로 사업자등록을 하였다고 하더라도 「상가건물 임대차보호법」상의 대항력 및 우선변제권이 그대로 존속한다고 할 수 없다(대판 2006다56299).
3. 상가건물을 임차하고 사업자등록을 마친 사업자가 임차 건물을 전대차한 경우에는 임차인이 「상가건물 임대차보호법」상의 대항력 및 우선변제권을 유지하기 위해서는, 건물을 직접 점유하면서 사업을 운영하는 '전차인'이 그 명의로 사업자등록을 하여야 한다(대판 2005다64002).
4. 가등기가 경료된 후 비로소 「상가건물 임대차보호법」 소정의 대항력을 취득한 상가건물의 임차인으로서는 그 가등기에 기하여 본등기를 경료한 자에 대하여 임대차의 효력으로 대항할 수 없다(대판 2007다25599).★
5. 상가건물의 '일부'를 임차하여 사업자등록을 하는 경우에는 일부를 표시하는 '도면'을 첨부하여 사업자등록을 하여야 대항력이 발생된다(대판 2008다44238).★

3. 보증금의 보호 제28회, 제29회

(1) 우선변제권★★

「주택임대차보호법」 제3조의2 【보증금의 회수】 ② 제3조 제1항·제2항 또는 제3항의 대항요건(對抗要件)과 임대차계약증서(제3조 제2항 및 제3항의 경우에는 법인과 임대인 사이의 임대차계약증서를 말한다)상의 확정일자(確定日字)를 갖춘 임차인은 「민사집행법」에 따른 경매 또는 「국세징수법」에 따른 공매(公賣)를 할 때에 임차주택(대지를 포함한다)의 환가대금(換價代金)에서 후순위 권리자(後順位 權利者)나 그 밖의 채권자보다 우선하여 보증금을 변제(辨濟)받을 권리가 있다.

「상가건물 임대차보호법」 제5조 【보증금의 회수】 ① 임차인이 임차건물에 대하여 보증금반환청구소송의 확정판결, 그 밖에 이에 준하는 집행권원에 의하여 경매를 신청하는 경우에는 「민사집행법」 제41조에도 불구하고 '반대의무의 이행'이나 이행의 제공을 '집행개시의 요건으로 하지 아니한다'.

② 제3조 제1항의 대항요건을 갖추고 관할 세무서장으로부터 임대차계약서상의 '확정일자'를 받은 임인은 「민사집행법」에 따른 경매 또는 「국세징수법」에 따른 공매시 임차건물(임대인 소유의 대지를 포함한다)의 환가대금에서 후순위 권리자나 그 밖의 채권자보다 '우선하여 보증금을 변제받을 권리'가 있다.

③ 임차인은 임차건물을 양수인에게 '인도'하지 아니하면 제2항에 따른 '보증금'을 받을 수 없다.

구분	「주택임대차보호법」	「상가건물 임대차보호법」
'우선변제권' [후순위 물권보다 먼저 배당(변제)]	① 대항요건 + 확정일자★ ② 주택임대차계약서에 확정일자는 주민센터(행정복지센터), 공증인사무소, 법원등기소 등을 통하여 받을 수 있다.	① 대항요건 + 확정일자★ ② 상가임대차계약서에 확정일자는 관할 세무서장을 통해 받을 수 있다.
전자 확정일자부	① 확정일자부여기관은 전산정보처리조직을 이용하여 확정일자부(이하 '전자확정일자부'라 한다)를 작성하여야 한다. ② 확정일자는 주택임대차계약증서 또는 전자화문서에 확정일자 부여일, 확정일자번호, 확정일자부여기관을 표시하는 방법으로 부여한다.	
우선변제권의 승계	① '금융기관' 등이 우선변제권을 취득한 임차인의 보증금반환채권을 계약으로 양수한 경우에는 양수한 금액의 범위에서 우선변제권을 승계한다. ② 우선변제권을 승계한 금융기관 등은 다음의 어느 하나에 해당하는 경우에는 우선변제권을 행사할 수 없다. ㉠ 임차인이 대항요건을 상실한 경우 ㉡ 임차권등기가 말소된 경우 ㉢ 「민법」 제621조에 따른 임대차등기가 말소된 경우 ③ 금융기관 등은 우선변제권을 행사하기 위하여 임차인을 대리하거나 대위하여 임대차를 해지할 수 없다.	

판례

우선변제권

1. **'임대차계약서'에 임대차 목적물을 표시하면서 아파트의 명칭과 그 전유 부분의 동·호수의 기재를 누락하였다는 사유만으로** 「주택임대차보호법」 제3조의2 제2항에 규정된 확정일자의 요건을 갖추지 못하였다고 볼 수는 없다(대판 99다7992).★
2. 임대차계약서가 분실 또는 멸실하였더라도 **공증인가사무소에 보관된 확정일자발급대장에 확정일자를 받은 사실이 인정된다면,** 우선변제권은 소멸되지 않는다(대판 96다12474).
3. 대항요건 및 확정일자를 갖춘 임차인과 소액임차인은 임차주택과 그 대지가 함께 경매될 경우뿐만 아니라 임차주택과 별도로 **그 대지만이 경매될 경우에도 그 대지의 환가대금에 대하여 우선변제권을 행사할 수 있다**(대판 전합 2004다26133).
4. 대항력을 갖춘 주택임차인이 임대인의 동의를 얻어 적법하게 임차권을 양도하거나 전대한 경우, 원래의 임차인이 갖는 임차권의 대항력은 소멸되지 아니하고 동일성을 유지한 채로 존속한다고 보아야 한다. 이러한 경우 임차권 양수인은 우선(최우선)변제권을 행사할 수 있고, **전차인은 원래의 임차인이 가지는 우선(최우선)변제권을 대위 행사할 수 있다**(대판 2009다101275).

「주택임대차보호법」 제3조의6【확정일자 부여 및 임대차 정보제공 등】 ① 제3조의2 제2항의 확정일자는 주택 소재지의 읍 · 면사무소, 동 주민센터 또는 시(특별시 · 광역시 · 특별자치시는 제외하고, 특별자치도는 포함한다) · 군 · 구(자치구를 말한다)의 출장소, 지방법원 및 그 지원과 등기소 또는 「공증인법」에 따른 공증인(이하 이 조에서 "확정일자부여기관"이라 한다)이 부여한다.

② 확정일자부여기관은 해당 주택의 소재지, 확정일자 부여일, 차임 및 보증금 등을 기재한 확정일자부를 작성하여야 한다. 이 경우 전산처리정보조직을 이용할 수 있다.

③ **주택의 임대차에 '이해관계'가 있는 자는 확정일자부여기관에 해당 주택의 확정일자 부여일, 차임 및 보증금 등 정보의 제공을 요청할 수 있다.** 이 경우 요청을 받은 확정일자부여기관은 정당한 사유 없이 이를 거부할 수 없다.

④ **임대차계약을 '체결하려는' 자는 '임대인의 동의'를 받아 확정일자부여기관에 제3항에 따른 정보제공을 요청할 수 있다.** ★

「상가건물 임대차보호법」 제4조【확정일자 부여 및 임대차정보의 제공 등】 ① 제5조 제2항의 확정일자는 상가건물의 소재지 관할 '세무서장'이 부여한다.

② 관할 세무서장은 해당 상가건물의 소재지, 확정일자 부여일, 차임 및 보증금 등을 기재한 '확정일자부'를 작성하여야 한다. 이 경우 전산정보처리조직을 이용할 수 있다.

③ **상가건물의 임대차에 '이해관계가 있는 자'는 관할 '세무서장'에게 해당 상가건물의 확정일자 부여일, 차임 및 보증금 등 정보의 제공을 요청할 수 있다.** 이 경우 요청을 받은 관할 세무서장은 정당한 사유 없이 이를 거부할 수 없다.

④ **임대차계약을 '체결하려는 자'는 '임대인의 동의'(주; 이해관계 있음을 증명)를 받아 관할 세무서장에게 제3항에 따른 정보제공을 요청할 수 있다.** ★

⑤ '확정일자부'에 기재하여야 할 사항, 상가건물의 임대차에 이해관계가 있는 자의 범위, 관할 세무서장에게 요청할 수 있는 정보의 범위 및 그 밖에 확정일자 부여사무와 정보제공 등에 필요한 사항은 '대통령령'으로 정한다.

(2) **최우선변제권**(소액보증금 중 일정액의 보호)★★

구분	「주택임대차보호법」	「상가건물 임대차보호법」
'최우선 변제권' (선순위 보다도 우선배당)	① 대항요건 + 소액보증금★ (소액보증금의 일정액보호) ② **소액보증금**(2023년 2월 21일 이후)은 **서울특별시에서는** 1억 6천 5백만원 **이하의 경우** 5천 5백만원까지 **최우선변제**★	① 대항요건 + 소액보증금★ (소액보증금의 일정액보호) ② **소액보증금**(2014년 1월 1일 이후)은 서울특별시에서는 6,500만원 이하의 경우 2,200만원까지 최우선변제★
최우선 변제권의 한계(限界) ★★	① 주택가액(배당금액)의 '2분의 1 범위 내'에서만 최우선변제가 가능하다.★ ② 하나의 주택에 임차인이 2명 이상이고, 각 보증금 중 일정액을 모두 합한 금액이 주택가액의 2분의 1을 초과하는 경우에는 각 보증금 중 일정액을 모두 합한 금액에 대한 각 임차인의 보증금 중 일정액의 비율로 그 주택가액의 2분의 1에 해당하는 금액을 분할한 금액을 각 임차인의 보증금 중 일정액으로 본다. ③ 하나의 주택에 임차인이 2명 이상이고 이들이 그 주택에서 가정공동생활을 하는 경우 이들을 1명의 임차인으로 보아 이들의 각 보증금을 합산한다(영 제10조).	① 상가건물가액(배당금액)의 '2분의 1 범위 내'에서만 최우선변제가 가능하다.★ ② 하나의 상가건물에 임차인이 2인 이상이고, 각 보증금 중 일정액의 합산액이 상가건물의 가액의 2분의 1을 초과하는 경우에는 각 보증금 중 일정액의 합산액에 대한 각 임차인의 보증금 중 일정액의 비율로 그 상가건물의 가액의 2분의 1에 해당하는 금액을 분할한 금액을 각 임차인의 보증금 중 일정액으로 본다(영 제7조).

기출 소액임차인의 최우선변제권은 주택가액(대지가액 포함)의 3분의 1에 해당하는 금액까지만 인정된다. (×) 제25회

심화 학습 **최우선변제권의 범위**(금액) ; 선순위 저당권설정일을 기준으로 적용한다.

1. 「주택임대차보호법」의 최우선변제권의 범위(금액)

(소액보증금 중 일정액) 최우선변제	「주택임대차보호법」
서울특별시	5천 500만원 / 1억 6천 500만원 이하 (소액보증금)
「수도권정비계획법」에 따른 과밀억제권역(서울특별시는 제외), 세종특별자치시, 용인시, 화성시 및 김포시	4천 800만원 / 1억 4천 500만원 이하 (소액보증금)
광역시(과밀억제권역에 포함된 지역과 군지역은 제외), 안산시, 광주시, 파주시, 이천시 및 평택시	2천 800만원 / 8천 500만원 이하 (소액보증금)
그 밖의 지역	2천 500만원 / 7천 500만원 이하 (소액보증금)

2. 「상가건물 임대차보호법」의 최우선변제권의 범위(금액)

(소액보증금 중 일정액) 최우선변제	「상가건물 임대차보호법」
서울특별시★	2천 200만원 / 6천 500만원 (소액보증금)
「수도권정비계획법」에 따른 과밀억제권역(서울특별시는 제외)	1천 900만원 / 5천 500만원 (소액보증금)
광역시(과밀억제권역에 포함된 지역과 군지역은 제외), 안산시, 용인시, 김포시 및 광주시	1천 300만원 / 3천 8백만원 (소액보증금)
그 밖의 지역	1천만원 / 3천만원 이하 (소액보증금)

판 례

최우선변제권(소액보증금 중 일정액에 대한 우선변제권)

1. 채권자가 채무자 소유의 주택에 관하여 채무자와 임대차계약을 체결하고 전입신고를 마친 다음 그곳에 거주하였다고 하더라도 **임대차계약의 주된 목적이 주택을 사용·수익하려는 것에 있는 것이 아니고,** 소액임차인으로 보호받아 선순위 담보권자에 우선하여 채권을 회수하려는 것에 주된 목적이 있었던 경우에는 **그러한 임차인을 「주택임대차보호법」상 소액임차인으로 보호할 수 없다**(대판 2007다23203).
2. 처음 임대차계약을 체결할 당시에는 보증금액이 많아 「주택임대차보호법」상 소액임차인에 해당하지 않았지만, **그 후 새로운 임대차계약에 의하여 정당하게 보증금을 감액하여 소액임차인에 해당하게 되었다면,** 그러한 임차인은 같은 법상 소액임차인으로 보호받을 수 있다(대판 2007다23203).

3. **'점포 및 사무실'로 사용되던 건물에 근저당권이 설정된 후,** 그 건물이 주거용 건물로 용도 변경되어 이를 임차한 소액임차인도 (특별한 사정이 없는 한) 보증금 중 일정액을 근저당권자보다 우선하여 변제받을 권리가 있다(대판 2009다26879).★
4. **'대지(나대지)'에 관한 저당권설정 후에 비로소 건물이 신축된 경우,** 건물의 소액임차인에게는 최우선변제권이 인정되지 않는다. 저당권자가 예측할 수 없는 손해를 입게 되는 범위가 지나치게 확대되어 부당하므로, 이러한 경우에는 소액임차인은 대지의 환가대금에 대하여 우선변제를 받을 수 없다고 보아야 한다(대판 99다25532).★

(3) 보증금의 증액제한★ 제30회

구분	「주택임대차보호법」	「상가건물 임대차보호법」
보증금 증액 제한	① 차임 또는 보증금의 증액청구는 연 1/20(5%)을 초과할 수 없다.★ ② 증액 후 1년 이내에는 다시 증액할 수 없다.★ ③ 보증금의 감액에는 제한이 없다.	① 차임 또는 보증금의 증액청구는 연 5/100(5%)를 초과할 수 없다.★ ② 증액 후 1년 이내에는 다시 증액할 수 없다.★ ③ 보증금의 감액에는 제한이 없다.
보증금을 월세로 산정시	**법 제7조의2 【월차임 전환시 산정률의 제한】** 보증금의 전부 또는 일부를 월 단위의 차임으로 전환하는 경우에는 그 전환되는 금액에 다음 각 호 중 '낮은 비율'을 곱한 월차임(月借賃)의 범위를 초과할 수 없다.★ 1. 「은행법」에 따른 은행에서 적용하는 대출금리와 해당 지역의 경제 여건 등을 고려하여 대통령령으로 정하는 비율 2. 한국은행에서 공시한 기준금리에 대통령령으로 정하는 이율을 더한 비율 **영 제9조 【월차임 전환시 산정률】** ① 법 제7조의2 제1호에서 "대통령령으로 정하는 비율"이란 연 1할을 말한다. ② 법 제7조의2 제2호에서 "대통령령으로 정하는 이율"이란 연 2%를 말한다.	**법 제12조 【월차임 전환시 산정률의 제한】** 보증금의 전부 또는 일부를 월 단위의 차임으로 전환하는 경우에는 그 전환되는 금액에 다음 각 호 중 '낮은 비율'을 곱한 월차임의 범위를 초과할 수 없다.★ 1. 「은행법」에 따른 은행의 대출금리 및 해당 지역의 경제 여건 등을 고려하여 대통령령으로 정하는 비율 2. 한국은행에서 공시한 기준금리에 대통령령으로 정하는 배수를 곱한 비율 **영 제5조 【월차임 전환시 산정률】** ① 법 제12조 제1호에서 "대통령령으로 정하는 비율"이란 연 1할 2푼을 말한다. ② 법 제12조 제2호에서 "대통령령으로 정하는 배수"란 4.5배를 말한다.

기출 상가건물의 보증금의 전부 또는 일부를 월 단위의 차임으로 전환하는 경우 산정률은 연 1할 2푼, 또는 한국은행 기준금리의 4.5배수 중에서 낮은 비율을 곱한 월차임을 초과할 수 없다. (○) 제18회 변형

판 례

보증금 증액청구★

「주택임대차보호법」 제7조(보증금 증액 제한)에서, 위 규정은 임대차계약의 '존속 중' 당사자 일방이 약정한 차임 등의 증감을 청구한 때에 한하여 적용되고, <u>임대차계약이 '종료된 후' 재계약을 하거나 또는 임대차계약 종료 전이라도 당사자의 '합의로' 차임 등이 증액된 경우에는 적용되지 않는다</u>(대판 2002다23482).

(4) 임차권등기명령신청제도(주택 / 상가 공통으로 적용됨)★ 제31회, 제33회, 제35회

'임차권 등기명령 신청제도'	계약이 종료되었으나 + 임대인이 보증금(일부나 전부)을 반환하지 아니할 때 적용된다. ⇨ 거주이전의 자유를 보장하기 위함이다. ① 임차인 '단독'으로 법원에 청구하며, 등기비용은 임대인에게 청구할 수 있다.★ ② 법원의 명령에 따라 임차권등기가 되면, 기존의 대항력과 우선변제권은 이사를 가더라도 그대로 '유지'가 된다. 기존에 대항력이나 우선변제권이 없었더라면 임차권등기명령에 따라 임차권등기가 되면 새로이 '취득'하게 된다.★ ③ 임차권등기명령에 따른 임차권등기 이후의 새로운 세입자(임차인)에게는 최우선변제권이 인정되지 않는다(다만, 확정일자에 기한 우선변제권은 인정된다).★

기출

1. 「주택임대차보호법」상 임차권등기명령의 집행에 따른 임차권등기를 마친 임차인은 이후 대항요건을 상실하더라도 이미 취득한 대항력 또는 우선변제권을 상실하지 아니한다. (○) 제33회
2. 임차권등기명령의 집행에 따라 임차권등기가 끝난 X주택을 임차한 임차인은 소액보증금에 관한 최우선변제를 받을 권리가 없다. (○) 제31회

판 례

임차권등기 후, 보증금의 반환의무는 선이행의무★

이행지체에 빠진 임대인의 임대차보증금의 반환의무와 그에 대응하는 임차인의 권리를 보전하기 위하여 새로이 경료하는 임차권등기에 대한 임차인의 말소의무를 동시이행관계에 있는 것으로 해석할 것은 아니고, <u>임대인의 임대차보증금의 반환의무가 임차인의 임차권등기 말소의무보다 먼저 이행되어야 할 의무이다</u>(대판 2005다4529).

(5) 기타★

임차인 보호	① (편면적 강행규정) 「주택임대차보호법」·「상가건물 임대차보호법」의 규정에 위반된 약정으로서 임차인에게 불리한 것은 그 효력이 없다.★ ② (「소액사건심판법」의 준용) 임차인이 임대인에게 제기하는 보증금반환청구소송에 관하여는 「소액사건심판법」을 준용한다. ③ (표준계약서의 작성 등) '법무부장관'은 국토교통부장관과 협의를 거쳐 보증금, 차임액, 임대차기간, 수선비 분담 등의 내용이 기재된 상가건물임대차표준계약서를 정하여 그 사용을 권장할 수 있다.★
경매신청	① 임차권에 기해 (임의)경매신청권은 없다. ② 강제경매신청은 가능하다. ③ 임차인(법인을 포함)이 임차주택에 대하여 보증금반환청구소송의 확정판결이나 그 밖에 이에 준하는 집행권원(執行權原)에 따라서 경매를 신청하는 경우에는, 반대의무(反對義務)의 이행이나 이행의 제공을 집행개시의 요건으로 하지 아니 한다(「주택임대차보호법」 제3조의2 제1항).★

기출 「주택임대차보호법」에 위반된 약정으로서 임차인에게 불리한 것은 그 효력이 없다. (○) 제23회

판 례

「상가건물임대차보호법」상의 임대차 종료★★

상가건물임대차보호법이 적용되는 임대차가 종료된 경우, 보증금을 반환받을 때까지 임차 목적물을 계속 점유하면서 사용·수익한 임차인은 종전 임대차계약에서 정한 "차임"을 지급할 의무를 부담할 뿐이고, 시가에 따른 차임에 상응하는 "부당이득금"을 지급할 의무를 부담하는 것은 아니다(대판 2023다257600)

기출 '권리금 계약'이란 신규임차인이 되려는 자가 임차인에게 권리금을 지급하기로 하는 계약을 말한다. (○) 제26회

4. 상가건물 임대차의 권리금 보호

구분	「상가건물 임대차보호법」상 내용
권리금 계약	**법 제10조의3【권리금의 정의 등】** ① '권리금'이란 임대차 목적물인 상가건물에서 영업을 하는 자 또는 영업을 하려는 자가 영업시설·비품, 거래처, 신용, 영업상의 노하우, 상가건물의 위치에 따른 영업상의 이점 등 유형·무형의 재산적 가치의 양도 또는 이용대가로서 임대인, 임차인에게 보증금과 차임 이외에 지급하는 금전 등의 대가를 말한다. ② '권리금 계약'이란 '신규임차인'이 되려는 자가 '**임차인에게**' 권리금을 지급하기로 하는 계약을 말한다.
권리금 행사의 보호 ★★	**법 제10조의4【권리금 회수기회 보호 등】** ① '임대인'은 임대차기간이 끝나기 '6개월 전부터 임대차 종료시'까지 다음 각 호의 어느 하나에 해당하는 행위를 함으로써 권리금 계약에 따라 임차인이 주선한 신규임차인이 되려는 자로부터 권리금을 지급받는 것을 방해하여서는 아니 된다. 다만, 제10조 제1항 각 호의 어느 하나에 해당하는 사유가 있는 경우에는 그러하지 아니하다. 1. 임차인이 주선한 신규임차인이 되려는 자에게 권리금을 요구하거나, 임차인이 주선한 신규임차인이 되려는 자로부터 권리금을 수수하는 행위(주; 권리금 행사 방해행위) 2. 임차인이 주선한 신규임차인이 되려는 자로 하여금 임차인에게 권리금을 지급하지 못하게 하는 행위(주; 권리금 행사 방해행위) 3. 임차인이 주선한 신규임차인이 되려는 자에게 상가건물에 관한 조세, 공과금, 주변 상가건물의 차임 및 보증금, 그 밖의 부담에 따른 금액에 비추어 현저히 고액의 차임과 보증금을 요구하는 행위(주; 권리금 행사 방해행위) 4. 그 밖에 정당한 사유 없이 임대인이 임차인이 주선한 신규임차인이 되려는 자와 임대차계약의 체결을 거절하는 행위(주; 권리금 행사 방해행위) ② 다음 각 호의 어느 하나에 해당하는 경우에는 제1항 제4호의 정당한 사유가 있는 것으로 본다(주 ; 임대차계약을 거절할 수 있는 사유). 1. 임차인이 주선한 신규임차인이 되려는 자가 보증금 또는 차임을 지급할 '자력'이 없는 경우 2. 임차인이 주선한 신규임차인이 되려는 자가 임차인으로서의 '의무'를 위반할 우려가 있거나 그 밖에 임대차를 유지하기 어려운 상당한 사유가 있는 경우 3. 임대차 목적물인 상가건물을 '1년 6개월' 이상 영리목적으로 사용하지 아니한 경우 4. 임대인이 선택한 신규임차인이 임차인과 권리금 계약을 체결하고 그 권리금을 지급한 경우

	⑤ 임차인은 임대인에게 임차인이 주선한 신규임차인이 되려는 자의 보증금 및 차임을 지급할 자력 또는 그 밖에 임차인으로서의 의무를 이행할 의사 및 능력에 관하여 자신이 알고 있는 정보를 제공하여야 한다.
권리금 행사 방해에 대한 손해배상 책임★	**법 제10조의4 【권리금 회수기회 보호 등】** ③ 임대인이 제1항을 위반하여 임차인에게 손해를 발생하게 한 때에는 그 손해를 배상할 책임이 있다. 이 경우 그 손해배상액은 신규임차인이 임차인에게 지급하기로 한 권리금과 임대차 종료 당시의 권리금 중 '낮은 금액'을 넘지 못한다. ④ 제3항에 따라 임대인에게 손해배상을 청구할 권리는 임대차가 종료한 날부터 '3년' 이내에 행사하지 아니하면 시효의 완성으로 소멸한다.
권리금 보호의 제외	**법 제10조의5 【권리금 적용 제외】** 법 제10조의4는 다음 각 호의 어느 하나에 해당하는 상가건물 임대차의 경우에는 적용하지 아니한다. 1. 임대차 목적물인 상가건물이 「유통산업발전법」 제2조에 따른 대규모점포 또는 준대규모 점포의 일부인 경우 2. 임대차 목적물인 상가건물이 「국유재산법」에 따른 국유재산 또는 「공유재산 및 물품 관리법」에 따른 공유재산인 경우
표준 권리금 계약서★	**법 제10조의6 【표준권리금계약서의 작성 등】** '국토교통부장관'은 법무부장관과 협의를 거쳐 임차인과 신규임차인이 되려는 자가 권리금 계약 체결을 위한 '표준권리금계약서'를 정하여 그 사용을 권장할 수 있다.★ **법 제10조의7 【권리금 평가기준의 고시】** '국토교통부장관'은 권리금에 대한 감정평가의 절차와 방법 등에 관한 기준을 고시할 수 있다.

판례

「상가건물 임대차보호법」상의 권리금 관련 주요 판례

1. 「상가건물 임대차보호법」 제10조의4에서 정한 권리금 회수 방해로 인한 손해배상책임이 성립하기 위해서는 임차인이 구체적인 인적사항을 제시하면서 신규 임차인이 되려는 자를 임대인에게 주선하였어야 하는지 여부(원칙적 적극) / 임대인이 정당한 사유 없이 임차인이 신규 임차인이 되려는 자를 주선하더라도 그와 임대차계약을 체결하지 않겠다는 의사를 확정적으로 표시한 경우에는 임차인이 실제로 신규 임차인을 주선하지 않았더라도 위와 같은 손해배상책임을 진다(대판 2022다202498).
2. 「상가건물 임대차보호법」 제10조의4 제2항 제3호에서 정하는 '임대차 목적물인 상가건물을 1년 6개월 이상 영리목적으로 사용하지 아니한 경우'는 임대인이 임대차 종료 후 임대차 목적물인 상가건물을 '1년 6개월' 이상 영리목적으로 사용하지 아니하는 경우를 말하고, 임대인과 새로운 소유자의 비영리 사용기간을 '합쳐서' 1년 6개월 이상이 되는 경우라면, 임대인에게 임차인의 권리금을 가로챌 의도가 있었다고 보기 어려우므로, 그러한 임대인에 대하여는 위 조항에 의한 정당한 사유를 인정할 수 있다(대판 2021다272346).

참고 | 전통시장육성법에 따른 전통시장은 권리금 보호규정에 적용된다.

기출 '국토교통부장관'은 법무부장관과 협의를 거쳐 '표준권리금계약서'를 정하여 그 사용을 권장할 수 있다. (○)

기출

1. 국토교통부장관은 권리금 계약을 체결하기 위한 표준권리금계약서를 정하여 그 사용을 권장할 수 있다. (○) 제26회
2. 국토교통부장관은 권리금에 대한 감정평가의 절차와 방법 등에 관한 기준을 고시할 수 있다. (○) 제26회

5. 분쟁조정위원회

(1) 주택임대차분쟁조정위원회

「주택임대차보호법」 제14조 【주택임대차분쟁조정위원회】 ① 이 법의 적용을 받는 주택임대차와 관련된 분쟁을 심의 · 조정하기 위하여 대통령령으로 정하는 바에 따라 「법률구조법」 제8조에 따른 대한법률구조공단(이하 "공단"이라 한다)의 지부, 「한국토지주택공사법」에 따른 한국토지주택공사(이하 "공사"라 한다)의 지사 또는 사무소 및 「한국부동산원법」에 따른 한국부동산원의 지사 또는 사무소에 주택임대차분쟁조정위원회(이하 "조정위원회"라 한다)를 둔다. 특별시 · 광역시 · 특별자치시 · 도 및 특별자치도(이하 "시 · 도"라 한다)는 그 지방자치단체의 실정을 고려하여 조정위원회를 둘 수 있다.

② 조정위원회는 다음 각 호의 사항을 심의 · 조정한다.

1. 차임 또는 보증금의 증감에 관한 분쟁
2. 임대차기간에 관한 분쟁
3. 보증금 또는 임차주택의 반환에 관한 분쟁
4. 임차주택의 유지 · 수선 의무에 관한 분쟁
5. 그 밖에 대통령령으로 정하는 주택임대차에 관한 분쟁

제16조 【조정위원회의 구성 및 운영】 ① 조정위원회는 위원장 1명을 포함하여 5명 이상 30명 이하의 위원으로 성별을 고려하여 구성한다.

② 조정위원회의 위원은 조정위원회를 두는 기관에 따라 공단 이사장, 공사 사장, 감정원 원장 또는 조정위원회를 둔 지방자치단체의 장이 각각 임명하거나 위촉한다.

④ 조정위원회의 위원장은 제3항 제2호에 해당하는 위원 중에서 위원들이 '호선'한다.

⑤ 조정위원회위원장은 조정위원회를 대표하여 그 직무를 총괄한다.

(2) 상가건물임대차분쟁조정위원회

「상가건물 임대차보호법」 제20조 【상가건물임대차분쟁조정위원회】 ① 이 법의 적용을 받는 상가건물 임대차와 관련된 분쟁을 심의 · 조정하기 위하여 대통령령으로 정하는 바에 따라 「법률구조법」 제8조에 따른 대한법률구조공단의 지부, 「한국토지주택공사법」에 따른 한국토지주택공사의 지사 또는 사무소 및 「한국부동산원법」에 따른 한국부동산원의 지사 또는 사무소에 상가건물임대차분쟁조정위원회(이하 "조정위원회"라 한다)를 둔다. 특별시 · 광역시 · 특별자치시 · 도 및 특별자치도는 그 지방자치단체의 실정을 고려하여 조정위원회를 둘 수 있다.

② 조정위원회는 다음 각 호의 사항을 심의 · 조정한다.

1. 차임 또는 보증금의 증감에 관한 분쟁
2. 임대차기간에 관한 분쟁
3. 보증금 또는 임차상가건물의 반환에 관한 분쟁
4. 임차상가건물의 유지 · 수선 의무에 관한 분쟁

5. 권리금에 관한 분쟁
6. 그 밖에 대통령령으로 정하는 상가건물 임대차에 관한 분쟁

제21조 【주택임대차분쟁조정위원회 준용】 조정위원회에 대하여는 이 법에 규정한 사항 외에는 주택임대차분쟁조정위원회에 관한 「주택임대차보호법」 제14조부터 제29조까지의 규정을 준용한다. 이 경우 "주택임대차분쟁조정위원회"는 "상가건물임대차분쟁조정위원회"로 본다.

6. 임대차위원회

(1) 주택임대차위원회

「주택임대차보호법」 제8조의2 【주택임대차위원회】 ① 제8조에 따라 우선변제를 받을 임차인 및 보증금 중 일정액의 범위와 기준을 심의하기 위하여 법무부에 주택임대차위원회(이하 "위원회"라 한다)를 둔다.
② 위원회는 위원장 1명을 포함한 9명 이상 15명 이하의 위원으로 성별을 고려하여 구성한다.
③ 위원회의 위원장은 법무부차관이 된다.

(2) 상가건물임대차위원회

「상가건물 임대차보호법」 제14조의2 【상가건물임대차위원회】 ① 상가건물 임대차에 관한 다음 각 호의 사항을 심의하기 위하여 법무부에 상가건물임대차위원회(이하 "위원회"라 한다)를 둔다.
1. 제2조 제1항 단서에 따른 보증금액
2. 제14조에 따라 우선변제를 받을 임차인 및 보증금 중 일정액의 범위와 기준

② 위원회는 위원장 1명을 포함한 10명 이상 15명 이하의 위원으로 성별을 고려하여 구성한다.
③ 위원회의 위원장은 법무부차관이 된다.

Chapter 05 경매 · 공매 관련 실무

출제경향 및 학습방법

제5장은 통상 2문제 정도가 출제된다. 법원경매 부분에서는 '경매절차'와 '권리분석' 부분을 반드시 정리하여야 한다. 매수신청대리와 관련된 대법원규칙은 대리업 등록의 요건과 대리권의 범위, 설명사항, 서류의 보관기간, 처벌사유 등을 정리해 두어야 한다.

1 민사집행법에 따른 법원경매

개업공인중개사는 법원경매 물건과 한국자산관리공사 물건의 알선과 입찰을 대리할 수 있으며, '법원경매' 물건의 입찰을 '대리'하는 것을 업으로 하기 위해서는 요건을 구비하여 지방법원장에게 매수신청대리인으로 '등록'을 하고 감독을 받아야 한다.

1. 법원경매의 종류

구분	종류	의의	특징
집행근거	임의경매	담보물권(담보권 실행을 위한 경매)	물적 책임 · 예견된 경매
	강제경매	채무명의(집행권원)	인적 책임 · 예견치 못한 경매
다시 하는 경매	신경매	재경매 이외 경매	유찰시(최저가 저감)★, 불허가결정시(최저가 저감 ×) 등에 해당한다.★
	재경매	잔금미납시하는 경매	① 재경매절차에서는 종전의 매수인은 매수신청을 할 수 없으며, 매수신청의 보증금을 돌려받지 못한다.★ ② 재매각절차에서도 최저가는 저감되지 않는다. ③ 매수인이 재매각기일 '3일' 이전까지 대금 및 그 이자 등을 지급한 때에는 재매각절차는 취소된다.

기출 재매각절차에는 종전에 정한 최저매각가격, 그 밖의 매각 조건을 적용한다. (○) 제21회

2. 경매절차 및 내용 제26회, 제27회, 제28회, 제30회, 제31회, 제32회, 제34회, 제35회

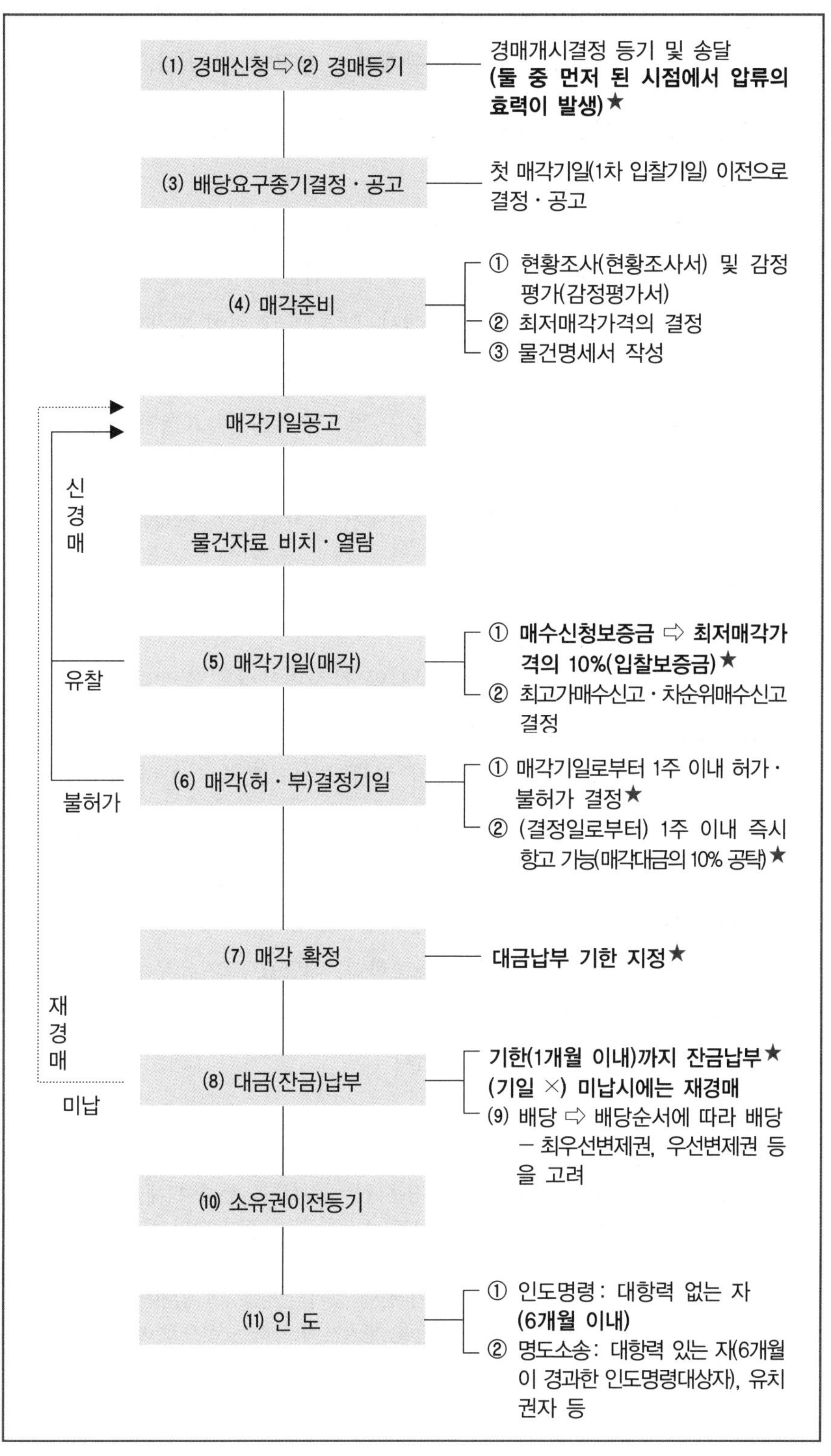

기출 강제경매신청을 기각하거나 각하하는 재판에 대하여는 즉시항고를 할 수 있다. (○) 제28회

참고 | 부동산에 대한 압류는 채무자에게 경매개시결정이 송달된 때 또는 그 결정이 등기된 때에 효력이 생긴다.★

기출
1. 압류의 효력이 발생한 후에 경매목적물의 점유를 취득한 유치권자는 매수인에게 대항할 수 없다. (○) 제21회
2. 매수신고가 있은 후 경매신청이 취하되더라도 그 경매신청으로 발생된 압류의 효력은 소멸되지 않는다. (×) 제18회
3. 경매신청이 취하되면 압류의 효력은 소멸된다. (○) 제28회

기출 임차권등기명령에 의한 임차권등기가 첫 경매개시결정등기 전에 이루어진 경우, 임차인은 별도의 배당요구를 하지 않아도 당연히 배당받을 채권자에 속한다. (○) 제19회

(1) 경매신청

임의경매나 강제경매의 신청을 한다. ⇨ 경매신청에 대하여 개시결정이나 기각결정, 각하결정 등을 하고, 이해관계인은 항고할 수 있다.

(2) 경매개시결정 '등기'(강제경매신청 또는 임의경매신청) 및 '송달'(경매의 적법유효요건)★

① 경매신청을 받은 법원은 경매개시에 대한 개시결정을 하고, 이를 '등기'하여 공시하며, 또한 채무자 등에게 경매개시 결정을 '송달'한다.

② 등기나 송달이 '먼저' 되는 시점에서 '압류'의 효력이 발생한다.★

③ 압류의 효력이 발생된 이후에 임대차계약을 체결한 소액임차인은 낙찰자(매수인)에게 최우선변제권을 주장할 수 없으며, 압류의 효력발생 후에 해당 부동산을 점유한 자는 유치권으로 낙찰자(매수인)에게 대항할 수 없다.★

④ 압류의 효력이 발생된 이후라도, 경매가 취하되는 경우에는 압류의 효력이 소멸한다.★

(3) 매각(경매)준비

① **현황조사 및 감정평가**: 현황조사서와 감정평가서를 작성한다.

② **최저매각가(최저입찰가)결정**: 감정가를 기준으로 법원에서 최저매각가를 결정한다. 입찰시에는 최저매각가 이상의 가격으로 입찰하여야 한다.

③ **매각물건명세서 작성**: 현황조사보고서, 감정평가서, 권리신고 및 배당요구서 등을 토대로 물건명세서를 작성한다.

④ **배당요구의 종기결정 및 공고**: 배당요구할 수 있는 종기를 첫 매각기일(1차 입찰기일) 이전의 날로 정하고 공고한다. 배당요구의 유무에 따라 매수인이 인수하여야 할 부담이 바뀌는 경우, 배당요구할 채권자는 배당요구의 종기가 지난 후에는 이를 철회하지 못한다.

심화학습 배당요구

1. 원칙적으로 채권자가 배당요구를 하여야 배당을 하여 준다. 다만, **그 권리가 경매개시결정등기 이전에 등기가 된 경우에는 등기부를 통하여 채권자임을 확인할 수 있으므로, 배당요구를 하지 않아도 배당을 하여 준다(당연 배당자).**★ 또한 경매를 신청한 자도 당연배당자에 해당한다.★
2. **임차권등기가 첫 경매개시결정등기 전에 등기된 경우, 그 임차인은 별도로 배당요구를 하지 않아도 당연히 배당받을 채권자에 속하는 것으로 보아야 한다**(대판 2005다33039).★

(4) 입찰공고

매각기일 14일 전(2주 전)에 일간신문에 공고한다. 매각기일 7일 전(1주 전)부터 일반인의 물건명세 등 자료를 열람할 수 있다.

(5) 매각 제28회

① **매각방법**: 호가경매, 기일입찰, 기간입찰 3가지 방법이 있다(1기일 2입찰제 가능).★

② **입찰**

㉠ 매수신청 보증금(입찰보증금)의 납부: 법원이 정한 '최저매각가(최저매각대금)'의 10%(10분의 1)를 입찰보증금으로 납부한다.★

㉡ 유찰의 경우: 최저매각가를 통상 20~30%를 저감하여 다시 매각에 부친다. ⇨ 신경매

㉢ 입찰 참여의 제한

입찰에 참여할 수 없는 자	입찰에 참여할 수 있는 자
ⓐ 제한능력자 ⓑ 채무자 ⓒ 재경매에 있어서 종전 매수인★(대금납부를 하지 아니한 종전 낙찰자) ⓓ 집행관 · 감정인 및 그 친족 ⓔ 경매법원을 구성하는 법관 및 법원의 직원 ⓕ 경매 관련 유죄판결 확정일로 부터 '2년' 미경과된 자★	ⓐ 채권자 ⓑ 담보권자 ⓒ 제3취득자 ⓓ 채무자의 가족 ⓔ 물상보증인(임의경매의 경우)

③ **개찰**: 최고가매수인 결정 및 차순위매수신고 접수를 한다.

- 차순위매수신고: 최고가 입찰액에서 보증금을 공제(뺀)한 금액보다 높은 가격으로 응찰한 자에게 자격이 있다.★

심화학습 최고가매수인의 결정

1. 최고가매수신고를 한 사람이 둘 이상인 때에는 집행관은 그 사람들에게 다시 입찰(추가입찰)하게 하여 최고가매수신고인을 정한다. 이 경우 입찰자는 전의 입찰가격에 못 미치는 가격으로 입찰할 수 없다.
2. 이때 입찰자 모두가 입찰에 응하지 아니하거나(전의 입찰가격에 못 미치는 가격으로 입찰한 경우에는 입찰에 응하지 아니한 것으로 본다) 두 사람 이상이 다시 최고의 가격으로 입찰한 때에는 추첨으로 최고가매수신고인을 정한다.

기출
1. 부동산의 매각은 호가경매(呼價競賣), 기일입찰 또는 기간입찰의 세 가지 방법 중 집행법원이 정한 방법에 따른다. (○) 제28회
2. 기일입찰에서 매수신청의 보증금액은 최저매각가격의 10분의 1로 한다. (○) 제26회

기출
1. 재매각절차에서 전(前)의 매수인은 매수신청을 할 수 있다. (×) 제23회
2. 재매각절차에서 전(前)의 매수인은 매수신청을 할 수 없으며, 매수신청의 보증을 돌려줄 것을 요구하지 못한다. (○) 제25회

기출 차순위매수신고는 그 신고액이 최고가매수신고액에서 그 보증액을 뺀 금액을 넘는 때에만 할 수 있다. (○) 제25회, 제31회, 제32회

심화 학습 차순위매수신고인의 결정

1. 차순위매수신고를 한 사람이 둘 이상인 때에는 신고한 매수가격이 높은 사람을 차순위매수신고인으로 정한다. 신고한 매수가격이 같은 때에는 추첨으로 차순위매수신고인을 정한다.
2. 최고가매수신고인과 차순위매수신고인을 제외한 다른 매수신고인은 제1항의 고지에 따라 매수의 책임을 벗게 되고, 즉시 매수신청의 보증을 돌려 줄 것을 신청할 수 있다.

(6) 매각의 허 · 부 결정(낙찰의 허 · 부 결정)★

① 매각기일로부터 '1주일 이내' 매각결정기일에 허가 또는 불허가 결정을 한다.

② 매각불허가결정의 경우에는 불허가 받은 자의 입찰보증금은 몰취되며, 법원은 매각을 다시 한다(신경매).

③ 입찰불가능한 자가 최고가매수신고인인 경우, 불허가 결정된다.

④ 농지취득자격증명을 매각기일에는 제출할 필요가 없으며, '매각결정기일'까지 제출하면 된다. 매각결정기일까지 제출하지 못한 경우에는 불허가 결정된다.★

(7) 허가결정의 확정★

① **매각결정기일로부터 1주일**(7일 이내) **내에 이해관계인의 즉시항고가 없는 경우**: 허가가 확정된다. 매각허가결정이 확정되면 법원은 대금지급기한(1개월)을 정하여 (최고가)매수인과 차순위매수신고인에게 통지하고, (최고가)매수인은 그 기한까지 매각대금을 지급하여야 한다.

② **항고의 경우**: 항고보증금의 공탁 ⇨ 허가 결정에 항고하는 모든 항고인은 '매각대금'의 10%를 항고보증금으로 공탁하여야 하며, 항고가 기각되면(소유자 · 채무자) 보증금은 몰수된다.★★

(8) 매각 잔대금의 납부

대금지급'기한(기일 ×)'(1개월 이내)까지 대금납부와 동시에 소유권을 취득한다.★

(9) 배당

매각대금이 모두 완납이 되면, 법원은 배당순서에 따라 채권자들에게 배당을 하여 준다. 채권자가 매수인인 경우에 법원에 납부할 금액과 배당확정된 금액의 상계 신청이 가능하다.

기출 매각결정기일은 매각기일부터 1주 이내로 정해야 한다. (○) 제21회

기출 경매로 농지를 매수하려면 매수신청시 농지취득자격증명을 함께 제출해야 한다. (×) 제23회

기출

1. 매각허가결정이 확정되면 법원은 대금지급기한을 정하여 매수인과 차순위매수신고인에게 통지하고, 매수인은 그 기한까지 매각대금을 지급하여야 한다. (○) 제18회
2. 매각허가결정이 확정되면 매수인은 법원이 정한 대금지급기일에 매각대금을 지급해야 한다. (×) 제26회
3. 매각허가결정에 대하여 항고를 하고자 하는 사람은 보증으로 '매각대금'의 10분의 1에 해당하는 금전 또는 법원이 인정한 유가증권을 공탁해야 한다. (○) 제28회

참고 | 매수인은 매각대금을 다 낸 때에 매각의 목적인 권리를 취득한다.

기출

1. 매수인은 매각대금이 지급되어 법원사무관 등이 소유권이전등기를 촉탁한 때에 매각의 목적인 권리를 취득한다. (×) 제23회
2. 매수인은 매각대금을 다 낸 때에 매각의 목적인 권리를 취득한다. (○) 제25회, 제31회

심화 학습 **배당순서**(단, 저당권이 설정된 경우를 전제함, 세법은 제외함)

배당순서
① 〈비용〉 경매비용 · 경매목적 부동산에 투입한 필요비와 유익비
② 〈최우선변제권〉 소액임차보증금 중 일정액, 최종 3개월분의 임금채권과 최종 3년간의 퇴직금 및 재해보상금
③ 〈우선변제권〉 (시간순) 물권(전세권 · 저당권 등), 확정일자 있는 임차권
④ 일반임금채권
⑤ 의료보험료, 산업재해보상보험료, 국민연금보험료 등
⑥ 〈일반채권〉 금전채권, 임대차보호법의 적용을 받지 않는 임차권 등

심화 학습 **배당순서**

1. 가압류 뒤에 저당권(근저당권)이 있는 경우에는 가압류와 저당권(근저당권)은 동순위로 안분배당을 한다.
2. 가압류 뒤에 전세권(확정일자 임차권)이 있는 경우에는 가압류와 동순위로 안분배당을 한다.

(10) 소유권이전등기

매각대금을 완납하면 소유권을 취득하나, 차후에 이를 처분하기 위해서는 등기를 하여야 한다(「민법」 제187조 참조).

(11) 인도

① 매각대금을 완납한 매수인(낙찰자 · 경락인)에게 점유자가 점유를 인도하지 않으면 명도의 문제가 발생될 수 있다.

② 매수인에게 법적인 대항력이 '없는 자'의 점유는 간이절차에 해당하는 인도명령의 대상이 된다.

③ 매수인에게 법적인 대항력을 '가지고 있는 자'의 점유는 대항력의 진위를 위한 명도소송으로 해결하여야 한다.

구분	대상자	비고
인도명령	법적 대항력이 '없는' 자(채무자, 소유자 등)	소유권취득 후 6개월 이내에 인도명령을 신청하여야 한다.
명도소송	법적 대항력이 '있는' 자	유치권자, 6개월이 지난 인도명령 대상자는 명도소송의 대상이 된다.

3. 권리분석 제27회, 제29회, 제30회, 제31회, 제33회

원칙은 소제주의이며, 예외로 인수주의가 해당한다.

(1) 말소기준권리★

'저당권, 근저당권, 압류, 가압류, 담보가등기, 경매개시 결정등기' 중 가장 '앞선' 권리가 최종기준권리가 되고, 이를 기준으로 소제와 인수가 결정된다.

(2) 소제되는 권리★

① '저당권, 근저당권, 압류, 가압류, 담보가등기'는 경매매각에서 항상 소제가 되며, 또한 '경매개시결정등기'도 항상 소제된다.★

② 저당권, 근저당권, 압류, 가압류, 담보가등기(즉, 말소기준권리)보다 '뒤에' 오는 용익물권 등은 소제된다.★

③ (다른 말소기준권리가 없는 경우에는) 경매개시결정등기보다 '뒤에' 설정된 용익물권 등은 소제된다.

(3) 인수되는 권리★

① '법정지상권, 유치권, 분묘기지권'은 말소기준권리와 관계없이 낙찰자에게 인수된다.★

② 말소기준권리보다 '앞에' 오는 용익물권 등은 낙찰자(= 매수인)에게 인수된다.★

③ 보증금 전액을 배당받지 못한 '대항력' 갖춘 임차권은 소멸되지 아니한다.★

핵심다지기

권리분석표★★

구분	내용	비고
인수	말소기준권리보다 선순위의 지상권, 지역권, 전세권, 대항력을 갖춘 임차권, 보전가등기 등은 인수된다.	다만, ① 전세권이 배당을 요구한 경우에는 소제된다. ② 대항력을 갖춘 임차권도 배당을 요구하여 배당을 모두 받게 되면 소제된다.
말소기준권리	저당, 근저당, 압류, 가압류, 담보가등기, 경매개시결정등기가 말소기준권리이며, 말소기준권리는 항상 소제된다.	말소기준권리가 여러 개가 있으면 그중에서 '최선순위'가 '최종'말소기준권리가 된다.
소제	말소기준권리보다 후순위의 지상권, 지역권, 전세권, 대항요건을 갖춘 임차권 등은 소제된다.	다만, ① (경매등기이전에 성립된) 유치권, ② 법정지상권(발생), ③ 분묘기지권은 순위에 관계없이 인수된다.

기출

1. 보증금이 전액 변제되지 아니한 대항력이 있는 임차권은 임차건물에 대하여 「민사집행법」에 따른 경매가 실시된 경우에 그 임차건물이 매각되면 소멸한다. (×) 제26회
2. 임차건물이 매각되더라도 보증금이 전액 변제되지 않는 한 대항력 있는 임차권은 소멸하지 않는다. (○) 제21회
3. 최선순위 전세권은 그 전세권자가 배당요구를 하면 매각으로 소멸된다. (○) 제25회, 제26회, 제33회
4. 후순위 저당권자가 경매신청을 하면 매각부동산 위의 모든 저당권은 매각으로 소멸된다. (○) 제21회, 제33회
5. 임차인은 선순위의 저당권자에 의하여 경매가 이루어진 경우 보증금을 모두 변제받을 때까지 임차권의 존속을 주장할 수 있다. (×) 제20회
6. 대항력을 갖춘 임차인이라도 저당권설정등기 이후 증액된 임차보증금에 관하여는 저당권에 기해 주택을 경락받은 소유자에게 대항할 수 없다. (○) 제27회
7. 전세권 및 등기된 임차권은 저당권 · 압류채권 · 가압류채권에 대항할 수 없는 경우에는 매각으로 소멸된다. (○) 제18회, 제33회
8. 압류채권자에 우선하는 권리는 저당권 등 매각으로 소멸하는 권리에 대항하지 못하더라도 매각으로 소멸되지 않는다. (×) 제18회

> 1. '보전가등기'나 '가처분'등기는 말소기준보다 선순위는 인수되며, 말소기준보다 후순위는 소제된다. '담보가등기'와 '가압류'등기를 구별하여야 한다.
> 2. '대위변제'로 인해 인수되는 경우 : ① 저당권, ② 전세권(또는 대항요건을 갖춘 임차권), ③ 저당권의 순서인 경우, 2순위 전세권(또는 대항요건을 갖춘 임차권)자가 선순위 ① 저당권을 대위변제(代位辨濟)로 소멸시킨 경우에는 말소기준권리가 ③ 저당권으로 변경되므로, 이 경우에는 ② 전세권(또는 대항요건을 갖춘 임차권)은 소멸되지 아니하고 낙찰자(매수인)에게 인수된다.

2 한국자산관리공사의 공매

1. 비업무용 부동산 공매

금융기관이나 기업체가 소유하고 있는 비업무용 부동산을 한국자산관리공사가 위탁을 받아 대신 공개매각을 해주는 것으로, 이는 매매계약과 본질적으로 다를 바가 없다.

참고 | 비업무용 부동산 공매는 수탁자산 공매, 수탁재산 공매라고도 한다.

(1) 매각조건 및 특징

① **매각조건**: 금융기관이나 기업체가 제시하는 조건대로 한국자산관리공사는 매각을 하게 된다.

② **안전성**: 금융기관이나 기업체가 법원경매를 통하여 취득한 것이기 때문에 등기사항증명서가 깨끗하게 정리되어 있어 권리분석이 용이하다.

③ **대금납부 편의제도**: ㉠ 분납가능 및 선납감액, ㉡ 사전입주가 가능, ㉢ 명의변경이 가능, ㉣ 대금완납 전 소유권이전이 가능, ㉤ 담보대출도 가능

④ **매각방법**: 원칙적으로 입찰의 방식으로 한다. 다만, 각 입찰에서 유찰되면 다음 차수의 입찰시간까지 '수의계약'을 할 수 있다.

(2) 낙찰 이후 절차

낙찰되거나 수의계약 신청을 하면 5일 이내에 매매계약서를 작성해야 한다. 소유권의 취득은 대금을 납입하고 매각의뢰기관으로부터 소유권이전에 필요한 서류를 교부받아 등기소에 소유권이전등기를 함으로써 소유권을 취득한다.

2. 「국세징수법」상의 압류재산 공매(법원경매와 유사)

「국세징수법」에 따라 국가기관(국세청) 등에서 세금을 납부하지 못한 체납자의 재산을 압류한 후 체납된 세금을 받기 위하여 한국자산관리공사에 매각을 의뢰한 물건이다.

① **법원경매와 유사**: 압류재산에 대한 공매는 법원의 경매와 유사하다. 그러므로 권리분석도 까다롭고 복잡한 것이 일반적이다.

② **소유권 취득**: 법원경매와 마찬가지로 대금을 완납하면 이전등기에 관계없이 소유권을 취득하게 된다.

3 매수신청대리업 제28회, 제29회, 제30회, 제31회, 제33회, 제34회, 제35회

(1) '개업공인중개사'는 법원경매 물건의 알선・소개를 하여 보수를 받고, 또한 경매물건에 대한 입찰을 대행하고 그 대행료를 받는 것을 업으로 할 수 있다. 이러한 경매'대리업'(매수신청대리업)을 하기 위해서는 대법원규칙에 따라 지방법원에 경매대리인(매수신청대리인)으로 '등록'을 하고 법원의 감독을 받아야 한다. 다만, 경매물건에 대한 권리분석이나 물건의 '알선'만을 하는 경우에는 대리업 등록을 할 필요는 없다.★

(2) '개업공인중개사'가 중개업을 수행하면서 경매대리업을 하려면, 경매에 대한 '실무교육'을 수료하여야 하고, 경매대리업과 관련된 '업무보증'을 중개업과는 별도로 설정하여야 한다.★

(3) 소속공인중개사나 중개보조원은 경매매수신청대리업 등록을 할 수 없다.★

개업공인중개사	→	실무교육	→	매수신청대리인
(등록관청에 등록)		업무보증		(지방법원에 등록)

기출

1. 공인중개사인 개업공인중개사는 매수신청대리인으로 등록하지 않더라도, 경매대상 부동산에 대한 권리분석 및 알선을 할 수 있다. (○) 제22회
2. 공인중개사는 중개사무소 개설등록을 하지 않으면 매수신청대리인으로 등록할 수 없다. (○) 제25회
3. 매수신청대리인 등록을 하고자 하는 자는 등록신청일 전 1년 이내에 법원행정처장이 지정하는 교육기관에서 부동산 경매에 관한 실무교육을 받아야 한다. (○) 제18회

1. 매수신청대리권의 범위 ★ 제29회, 제31회, 제32회

개업공인중개사가 경매대리인(매수신청대리인)으로 등록을 하면 다음에 한하여 그 대리업을 할 수 있다.★★

내용	key
① 매수신청 '보증'의 제공	뽀
② 매수신청의 '보증'을 돌려 줄 것을 신청하는 행위	뽀
③ '차순위'매수신고	차
④ 공유자 또는 임대주택 임차인의 우선매수신고에 따라 차순위매수신고인으로 보게 되는 경우 그 '차순위'매수신고인의 지위를 포기하는 행위	차
⑤ 공유자의 '우선'매수신고	우선
⑥ (구)「임대주택법」에 따른 임차인의 임대주택 '우선'매수신고	우선
⑦ '입찰표'의 작성 및 제출	입찰

기출
1. 매수신청대리인으로 등록된 개업공인중개사가 매수신청대리의 위임을 받은 경우 「민사집행법」의 규정에 따른 매수신청 보증의 제공을 할 수 있다. (○) 제21회
2. 매수신청대리업 등록을 한 개업공인중개사는 「민사집행법」 규정에 따른 차순위매수신고를 대리할 수 있다. (○) 제28회
3. 매수신청대리업 등록을 한 개업공인중개사는 (구)「임대주택법」 규정에 따른 임차인의 임대주택 우선매수신고를 할 수 있다. (○) 제24회

2. 매수신청대리의 대상물 ★

매수신청대리의 대상물은 다음과 같다.

① 토지
② 건물 그 밖의 토지의 정착물
③ 입목
④ 공장재단
⑤ 광업재단

기출
1. 「입목에 관한 법률」에 따른 입목은 중개대상물이 될 수 있으나, 매수신청대리의 대상물이 될 수 없다. (×) 제22회
2. 매수신청대리업 등록을 한 개업공인중개사는 「공장 및 광업재단 저당법」에 따른 공장재단 및 광업재단을 매수신청대리할 수 있다. (○) 제19회, 제33회

3. 매수신청대리인 등록 제29회

(1) 등록기관

중개사무소(법인인 개업공인중개사는 주된 사무소)가 있는 곳을 관할하는 '지방법원의 장'에게 등록하여야 한다.★

기출 매수신청대리인이 되고자 하는 공인중개사인 개업공인중개사는 중개사무소가 있는 곳을 관할하는 지방법원장에게 매수신청대리인 등록을 해야 한다. (○) 제23회

(2) 등록요건★

내용	key
① 법원경매에 대한 '실무교육'을 수료하여야 한다.	실
② 매수신청대리업자로 등록하기 위해서는 중개업과 별도의 업무보증을 설정하여야 한다. 법원경매와 관련하여 '업무보증'을 대리업 등록을 하기 전에 미리 설정하여야 한다.	업
③ 공인중개사인 개업공인중개사이거나 법인인 개업공인중개사여야 한다. 그러므로 공인중개사'자격'이 없는 부칙상의 개업공인중개사(중개인)는 경매대리업을 할 수 없다.	자
④ 대리업등록의 '결격사유'에 해당하지 아니하여야 한다.	결

기출 매수신청대리인으로 등록한 개업공인중개사는 업무를 개시하기 전에 위임인에 대한 손해배상책임을 보장하기 위하여 보증보험 또는 협회의 공제에 가입하거나 공탁을 하여야 한다. (×) 제21회

(3) 결격사유★

① 매수신청대리인 등록이 취소된 후 3년이 지나지 아니한 자. 단, '폐업'에 의한 등록 취소는 제외한다.★

② 「민사집행법」에 의한 민사집행절차에서의 매각에 관하여 유죄판결을 받고 그 판결확정일로부터 2년이 지나지 아니한 자★

③ 매수신청대리업무정지처분을 받고 폐업신고를 한 자로서 업무정지기간(폐업에 불구하고 진행되는 것으로 본다)이 경과되지 아니한 자

④ 매수신청대리업무정지처분을 받은 개업공인중개사인 법인의 업무정지의 사유가 발생한 당시의 사원 또는 임원이었던 자로서 해당 개업공인중개사에 대한 업무정지기간이 경과되지 아니한 자

⑤ 위 결격사유에 해당하는 자가 사원 또는 임원으로 있는 법인인 개업공인중개사

기출

1. 중개사무소 개설등록의 결격사유와 매수신청대리인 등록의 결격사유는 서로 다르다. (○) 제18회
2. 중개사무소 폐업신고로 매수신청대리인 등록이 취소된 개업공인중개사는 3년이 지나지 아니하여도 중개업을 등록한 경우, 다시 매수신청대리인 등록을 할 수 있다. (○) 제33회

(4) 등록의 절차

① **등록수수료**: 공인중개사는 2만원, 법인인 개업공인중개사는 3만원(정부수입인지로 납부)

② **등록의 처분**: 지방법원장은 14일 안에 종별을 구분하여 등록하여야 한다.

(5) 등록증 등의 게시의무 key 등 · 보 · 수

개업공인중개사는 다음의 사항을 해당 중개사무소 안의 보기 쉬운 곳에 게시하여야 한다.

① (대리업) 등록증 ② (대리업) 보증의 설정을 증명하는 서류 ③ 매수신청대리 등 보수표

기출 매수신청대리업 등록을 한 개업공인중개사는 매수신청대리인 등록증을 자신의 중개사무소 안의 보기 쉬운 곳에 게시해야 한다. (○) 제28회

4. 대리업무 관련 제도

(1) 법원행정처장의 정보제공 요청권

법원행정처장은 국토교통부장관, 시장 · 군수 · 구청장 또는 공인중개사협회가 보유 · 관리하고 있는 개업공인중개사에 관한 행정정보가 필요한 경우에는 국토교통부장관, 시장 · 군수 · 구청장 또는 협회에 이용목적을 밝혀 해당 행정정보의 제공, 정보통신망의 연계, 행정정보의 공동이용 등의 협조를 요청할 수 있다.

(2) 실무교육★

① 매수신청대리인 등록신청일 전 '1년' 안에 '법원행정처장'이 지정하는 교육기관에서 실무교육을 이수하여야 한다. 다만, 중개업의 폐업신고 후 1년 안에 다시 등록신청을 하고자 하는 자는 제외한다.★

② **교육시간**: 32시간 이상 44시간 이내로 한다.★

③ **내용**: 직업윤리, 「민사소송법」, 「민사집행법」, 경매실무 등 필수과목 및 교육기관이 자체적으로 정한 부동산 경매 관련 과목의 수강과 교육과목별 평가로 한다.

(3) **협회의 공제사업**(업무보증)

책임준비금의 적립비율은 공제료 수입액의 100분의 10 이상으로 한다.

5. 대리업무

(1) 대리행위의 방식★

① **매 사건별 위임장 제출**(원칙): 개업공인중개사는 매수신청대리행위를 하는 경우 각 대리행위마다 대리권을 증명하는 문서(본인의 인감증명서가 첨부된 위임장과 대리인등록증 사본 등)를 제출하여야 한다. 다만, 같은 날 같은 장소에서 대리행위를 동시에 하는 경우에는 하나의 서면으로 갈음할 수 있다.

② **법인인 개업공인중개사의 첨부서류**: 법인인 개업공인중개사의 경우에는 대리권을 증명하는 문서 이외에 대표자의 자격을 증명하는 문서를 첨부·제출하여야 한다.

③ **직접출석**: 개업공인중개사는 대리행위시 매각장소(집행법원)에 직접 출석하여야 한다.★

소속공인중개사는 경매대리를 할 수 없고, 법인인 개업공인중개사는 대표자가 직접 출석하여야 한다. 그러므로 법인인 개업공인중개사는 대표자만 경매에 대한 실무교육을 수료하면 된다.★

기출
1. 개업공인중개사는 매수신청대리행위를 함에 있어서 매각장소 또는 집행법원에 직접 출석하여야 한다. (○) 제29회
2. 개업공인중개사는 위 규칙에 의한 대리행위를 할 경우에는 매각장소 또는 집행법원에 직접 출석해야 한다. (○) 제25회

(2) 사건카드의 작성·비치(보존)★ 제28회

개업공인중개사는 법정서식에 의한 매수신청대리 사건카드를 작성·비치하고, 사건을 위임받은 때에는 사건카드에 위임받은 순서에 따라 일련번호, 경매사건번호, 위임받은 연월일, 보수액과 위임인의 주소·성명 기타 필요한 사항을 기재하고, 서명·날인(「공인중개사법」상의 등록인장 사용)한 후 5년간 이를 보존하여야 한다.

기출 매수신청대리업 등록을 한 개업공인중개사 乙은 매수신청대리 사건카드에 중개행위에 사용하기 위해 등록한 인장을 사용하여 서명·날인해야 한다. (○) 제28회

6. 매수신청대리인의 의무

(1) 신의칙상의 의무

개업공인중개사는 신의와 성실로써 공정하게 매수신청대리업무를 수행하여야 한다.

(2) 비밀준수의무

개업공인중개사는 다른 법률에서 특별한 규정이 있는 경우를 제외하고는 그 업무상 알게 된 비밀을 누설하여서는 아니 된다. 개업공인중개사가 그 업무를 떠난 경우에도 같다.

⑶ 법규 등의 준수의무

개업공인중개사는 매각절차의 적정과 매각장소의 질서유지를 위하여 「민사집행법」의 규정 및 집행관의 조치에 따라야 한다.

⑷ 신고의무★

개업공인중개사는 다음의 어느 하나에 해당하는 경우에는 그 사유가 발생한 날로부터 '10일 이내'에 '지방법원장'에게 그 사실을 신고하여야 한다.

① 중개사무소를 이전한 경우 ② 중개업을 휴업 또는 폐업한 경우 ③ 분사무소를 설치한 경우 ④ 공인중개사자격이 취소되거나 정지된 경우 ⑤ 중개사무소 개설등록이 취소되거나 업무가 정지된 경우

⑸ 매수신청대리 대상물의 확인 · 설명의무

① **확인 · 설명의 방법**: 개업공인중개사가 매수신청대리를 위임받은 경우(매수신청대리 대상물의 권리관계, 경제적 가치, 매수인이 부담하여야 할 사항 등에 대하여) 위임인에게 성실 · 정확하게 설명하고 등기사항증명서 등 설명의 근거자료를 제시하여야 한다.

② **확인 · 설명사항**: 매수신청대리인인 개업공인중개사의 확인 · 설명사항은 다음과 같다. key 기 · 권 · 공법 · 경제 · 부인 ★

㉠ 해당 대상물의 표시(기본적인 사항) 및 권리관계 ㉡ 법령의 규정에 따른 제한사항(공법상 제한) ㉢ 해당 대상물의 경제적 가치★ ㉣ 소유권을 취득함에 따라 부담 · 인수하여야 할 권리 등 사항

③ **확인 · 설명서의 작성의무**: 개업공인중개사는 위임계약을 체결한 경우에는 확인 · 설명사항을 서면으로 작성하여 서명 · 날인한 후 위임인에게 교부하고, 그 사본을 사건카드에 철하여 '5년간' 보존하여야 한다.★

기출
1. 개업공인중개사가 매수신청대리를 위임받은 경우 대상물의 경제적 가치에 대하여 위임인에게 성실 · 정확하게 설명해야 한다. (○) 제23회
2. 개업공인중개사가 매수신청대리 위임계약을 체결한 경우 그 대상물의 확인 · 설명서 사본을 5년간 보존해야 한다. (○) 제21회

기출 중개업과 매수신청대리의 경우 공인중개사인 개업공인중개사가 손해배상책임을 보장하기 위한 보증을 설정해야 하는 금액은 같다. (○) 제21회

7. 손해배상책임의 보장(보증의 설정금액)

손해배상책임의 보장에 관한 보증의 설정금액은 중개업과 동일하다.★

① **법인인 개업공인중개사**: 4억원 이상(단, 분사무소는 2억원 이상씩 추가 설정)

② **공인중개사인 개업공인중개사**: 2억원 이상

참고 | 중개업과 매수신청대리업의 경우, 공인중개사인 개업공인중개사가 손해배상책임을 보장하기 위한 보증을 설정해야 하는 최소 금액은 같다.

8. 금지행위(부작위 의무) ★

매수신청대리업자인 개업공인중개사는 다음의 행위를 하여서는 아니 된다.

① 이중으로 매수신청대리인 등록신청을 하는 행위 ⇨ 이중등록★
② 매수신청대리인이 된 사건에 있어서 매수신청인으로서 매수신청을 하는 행위 ⇨ 자기입찰★
③ 동일 부동산에 대하여 이해관계가 다른 2인 이상의 대리인이 되는 행위 ⇨ 이중대리★
판례: 이중대리는 모두 무효이다.
④ 명의대여를 하거나 등록증을 대여 또는 양도하는 행위 ⇨ 등록증 양도 · 대여★
⑤ 다른 개업공인중개사의 명의를 사용하는 행위 ⇨ 부정사용
⑥ 「형법」 제315조에 규정된 경매 · 입찰방해죄에 해당하는 행위 ⇨ 경매범★
⑦ 사건카드 또는 확인 · 설명서에 허위기재하거나 필수적 기재사항을 누락하는 행위
⑧ 그 밖에 다른 법령에 따라 금지되는 행위

참고 | 매수신청대리인으로 등록한 개업공인중개사는 동일 부동산에 대하여 이해관계가 다른 2인 이상의 대리인이 되는 행위를 하여서는 아니 된다.

9. 명칭의 표시주의 의무

매수신청대리인 등록을 한 개업공인중개사는 그 사무소의 명칭이나 간판에 고유한 지명 등 (법원행정처장이 인정하는 특별한 경우를 제외하고는) '법원'의 명칭이나 휘장 등을 표시하여서는 아니 된다.★

기출 매수신청대리인 등록을 한 개업공인중개사는 법원행정처장이 인정하는 특별한 경우, 그 사무소의 간판에 '법원'의 휘장 등을 표시할 수 있다. (○) 제26회

10. 행정처분

(1) 등록취소

① **절대적**(필요적) **등록취소 사유**: 다음의 경우 '지방법원장'은 대리인 등록을 취소'하여야' 한다.★

> ㉠「공인중개사법」상 중개사무소 개설등록의 결격사유에 해당하는 경우
> ㉡「공인중개사법」상 또는「공인중개사의 매수신청대리인 등록 등에 관한 규칙」에 따라 중개사무소의 폐업신고를 한 경우
> ㉢「공인중개사법」상 공인중개사자격이 취소된 경우
> ㉣「공인중개사법」상 중개사무소 개설등록이 취소된 경우
> ㉤'등록 당시' 매수신청대리인의 등록요건을 갖추지 않았던 경우
> ㉥'등록 당시' 매수신청대리인의 결격사유가 있었던 경우

② **상대적**(재량적) **등록취소 사유**: 다음의 경우 '지방법원장'은 대리인 등록을 취소'할 수' 있다.

> ㉠ 매수신청대리인의 '등록 후' 그 등록요건을 갖추지 못하게 된 경우
> ㉡ 매수신청대리인의 '등록 후' 그 결격사유가 있게 된 경우
> ㉢ 사건카드를 작성하지 아니하거나 보존하지 아니한 경우
> ㉣ 확인 · 설명서를 교부하지 아니하거나 보존하지 아니한 경우
> ㉤ 보수 이외의 명목으로 돈 또는 물건을 받은 경우, 예규에서 정한 보수를 초과하여 받은 경우, 보수의 영수증을 교부하지 아니한 경우
> ㉥ 비밀준수의무, 집행관의 명령에 따라야 할 의무, 매수신청대리인의 금지행위의 규정을 위반한 경우
> ㉦ 지도 · 감독상의 명령이나 중개사무소의 출입, 조사 또는 검사에 대하여 기피, 거부 또는 방해하거나 거짓으로 보고 또는 제출한 경우
> ㉧ 최근 1년 안에 이 규칙에 따라 2회 이상 업무정지처분을 받고 다시 업무정지처분에 해당하는 행위를 한 경우

③ **등록증의 반납**

㉠ 매수신청대리인의 등록취소처분을 받은 개업공인중개사는 처분을 받은 날로부터 '7일 이내'에 관할 '지방법원장'에게 그 등록증을 반납하여야 한다.

㉡「공인중개사법」의 규정에 따라 중개사무소의 개설등록이 취소된 경우로서 개인인 개업공인중개사가 사망한 경우에는 그 개업공인중개사와 세대를 같이 하고 있는 자, 법인인 개업공인중개사가 해산한 경우에는 해당 법인의 대표자 또는 임원이었던 자가 등록취소처분을 받은 날로부터 7일 이내에 그 등록증을 관할 지방법원장에게 반납하여야 한다.

기출 개업공인중개사가 매수신청대리 업무정지처분을 받은 때에는 업무정지사실을 해당 중개사사무소의 출입문에 표시해야 한다. (○) 제25회

④ **표시(제거)의무**: 개업공인중개사는 매수신청대리인 '등록이 취소'된 때에는 사무실 내 · 외부에 매수신청대리업무에 관한 표시 등을 '제거'하여야 하며, '업무정지처분'을 받은 때에는 업무정지사실을 해당 중개사무소의 출입문에 '표시'하여야 한다.★

(2) 업무정지 제28회

기출 매수신청대리업자에 대한 업무정지기간은 1개월 이상 2년 이하로 한다. (○) 제31회

① **업무정지기간**: '1개월 이상 2년 이하'로 한다.★

② **절대적(필요적) 업무정지 사유**: '지방법원장'은 개업공인중개사(이 경우 분사무소를 포함한다)가 다음의 어느 하나에 해당하는 경우에는 그 기간 동안 매수신청대리'업무를 정지하는 처분을 하여야' 한다.

기출 매수신청대리업 등록을 한 개업공인중개사 乙이 중개업을 휴업한 경우 관할 지방법원장은 乙의 매수신청대리인 등록을 취소해야 한다. (×) 제28회

㉠ 「공인중개사법」상 또는 「공인중개사의 매수신청대리업 등록 등에 관한 규칙」의 규정에 따라 중개사무소를 휴업하였을 경우
㉡ 「공인중개사법」상의 규정에 위반하여 공인중개사자격을 정지당한 경우
㉢ 「공인중개사법」상의 규정에 위반하여 업무의 정지를 당한 경우
㉣ 지도 · 감독상의 명령 등의 의무위반을 제외한 상대적 등록취소 사유 중 어느 하나에 해당하는 경우

③ **상대적(재량적) 업무정지 사유**: '지방법원장'은 매수신청대리인 등록을 한 개업공인중개사(이 경우 분사무소를 포함한다)가 다음의 어느 하나에 해당하는 경우에는 기간을 정하여 매수신청대리업무의 정지를 '명할 수' 있다. 다만, 업무정지처분 전에 의견진술의 기회를 주어야 한다.

㉠ 「민사집행법」 제108조 제1호 내지 제3호 가운데 어느 하나에 해당하는 경우. 즉, 다른 사람의 매수신청을 방해한 경우, 부당하게 다른 사람과 담합하거나 그 밖에 매각의 적정한 실시를 방해한 경우, 이들을 교사한 경우
㉡ 매수신청대리의 등록증 등을 게시하지 아니한 경우
㉢ 사건카드 작성, 매수신청대리 대상물의 확인 · 설명서 작성, 보수 영수증의 작성시 등록한 인장을 사용하지 아니한 경우
㉣ 사무소 이전 등의 신고를 하지 아니한 경우
㉤ 감독상의 명령이나 중개사무소의 출입 · 조사 또는 검사에 대하여 기피, 거부 또는 방해하거나 거짓으로 보고 또는 자료제출을 한 경우(이 사유는 상대적 등록취소 사유이나 등록이 취소되지 아니한 경우에는 여기에서 업무정지처분을 받을 수 있다)
㉥ 사무소의 명칭이나 간판에 '법원'의 명칭이나 휘장 등을 표시하였을 경우(법원행정처장이 인정하는 특별한 경우는 제외)
㉦ 그 밖에 이 규칙에 따른 명령이나 처분에 위반한 경우

심화 학습 **대법원예규**(보수)

1. 상담 및 권리분석 보수

① 보수: 50**만원의 범위 안에서 당사자의 합의에 의하여 결정한다.**

② 주의사항

㉠ 4개 부동산 이상의 일괄매각의 경우에는 3개를 초과하는 것부터 1부동산당 5만원의 범위 안에서 상한선을 증액할 수 있다. ⇨ 예를 들어 5개 부동산의 일괄매각의 경우 3개를 초과하는 2개 때문에 60만원까지로 보수의 상한선 범위가 증액될 수 있다.

㉡ 개별매각의 여러 물건을 함께 분석하는 경우에는 1부동산당 5만원의 범위 안에서 상한선을 증액할 수 있다.

2. 매수신청대리 보수

① 매각허가결정이 확정되어 매수인으로 된 경우: 감정가의 1% 이하 또는 최저매각가격의 1.5% 이하의 범위 안에서 당사자의 합의에 의하여 결정한다.

② 최고가매수신고인 또는 매수인으로 되지 못한 경우: 50**만원의 범위 안에서 당사자의 합의에 의하여 결정한다.**

3. 실비

① 보수: 30**만원의 범위 안에서 당사자의 합의에 의하여 결정한다.**

② 주의사항

㉠ 실비는 매수신청대리와 관련하여 발생하는 특별한 비용(원거리 출장비, 원거리 교통비 등)으로써 개업공인중개사는 이에 관한 영수증 등을 첨부하여 청구하여야 한다.

㉡ 매수신청대리와 관련하여 발생하는 통상의 비용(등기사항증명서 비용, 근거리 교통비 등)은 위 보수에 당연히 포함된 것으로 보고 별도로 청구하지 않는다.

4. 사전 설명의무★

개업공인중개사는 매수신청대리 등의 보수 요율과 **보수에 대하여 이를 위임인에게 '위임계약 전'에 설명하여야 한다.**

5. 영수증 작성 · 교부의무★

개업공인중개사는 매수신청대리 등의 보수를 받은 경우 예규에서 정한 서식에 의한 **영수증을 작성하여 서명 · 날인한 후 위임인에게 교부하여야 한다(보관규정은 없음에 유의).** 영수증의 서명 · 날인에는 「공인중개사법」에 의하여 등록관청에 등록한 인장을 사용하여야 한다(**대리업의 별도의 인장등록은 없다**).

6. 보수 지급시기

보수 지급시기는 약정이 있으면, 약정시기에 받는 것이며 약정시기가 없는 경우에는 매각대금의 지급기한일로 한다.★

기출

1. 개업공인중개사는 매수신청대리에 관하여 위임인으로부터 보수를 받은 경우, 그 영수증에는 중개행위에 사용하기 위해 등록한 인장을 사용해야 한다. (○) 제26회
2. 보수의 지급시기에 관하여, 약정이 없을 때에는 매각대금의 지급기한일로 한다. (○) 제28회, 제32회

제36회 공인중개사 시험대비 **전면개정판**

2025 박문각 공인중개사

김상진 필수서 2차 공인중개사법·중개실무

초판인쇄 | 2025. 2. 5. **초판발행** | 2025. 2. 10. **편저** | 김상진 편저

발행인 | 박 용 **발행처** | (주)박문각출판 **등록** | 2015년 4월 29일 제2019-000137호

주소 | 06654 서울시 서초구 효령로 283 서경 B/D 4층 **팩스** | (02)584-2927

전화 | 교재 주문 (02)6466-7202, 동영상문의 (02)6466-7201

저자와의 협의하에 인지생략

정가 26,000원

ISBN 979-11-7262-598-6